JN301427

浅沼信爾・小浜裕久
Shinji Asanuma and Hirohisa Kohama

途上国の旅：
開発政策のナラティブ

Journeys toward Development:
Narratives on Strategy and Policy

勁草書房

はしがき

　途上国の経済発展には，なぜか長い旅のイメージが似合う．多数の途上国が植民地のくびきを解き放ち政治的独立を達成したのは，1950〜60年代だったから，それからすでに半世紀以上の時が流れたことになる．途上国は，それ以来近代化と経済発展を目標に旅を続けてきた．それぞれの途上国は，それぞれ違った「地理と歴史」——すなわち，気候，地質，資源，果ては隣接する国との地政学的関係から国家形成にいたる長い歴史的背景——を背負って，その旅を続けてきた．決して平穏な旅ではなかったはずだ．固有の地理と歴史は，いろいろな問題や制約や障害が旅の途上で出てきたに違いない．そして，途上国はそれらの問題や障害を克服するために，開発戦略を練り，開発政策を実施して来た．なによりも，途上国一つ一つが違った地理と歴史を持っているために，その道程はその国に特有のものとなる．

　われわれにとっても，途上国の経済発展はまた旅のイメージと重なっている．われわれは長い間，何かしら途上国の経済発展と関連した仕事——政策支援や調査・研究——のために幾つもの途上国に旅をしてきた．そして，途上国の経済発展の源泉は何か，どのようにすれば経済発展を成功に導けるのか，成功や失敗の条件は何なのか，等々の問題を考えてきた．

　実は，すでに5年以上前になるが，われわれは，その考えを『近代経済成長を求めて』と題した著書にして上梓している．途上国経済の発展過程を，クズネッツが「近代経済成長」と呼んだ内在的な構造変化のプロセスとして認識して，経済発展のいろいろな要素や要因を論じた．現実の事例を充分意識して，一般論に事例を数多くちりばめたつもりだが，個々の国に特有の経済発展の道程——特に開発戦略と開発政策——の議論が充分ではなかったという思いが残った．そこで，われわれの共著の第二弾として，そこに焦点を当てて書いたのが本書だ．

　本書もまた，勁草書房の宮本詳三氏の編集の役割を大きく踏み超えた協力と激励がなければ，このような形で実現することはなかっただろう．共著第二作の構想はすでに5年以上前にできあがっていた．浅沼，小浜，宮本の三人は

原則月一回書き貯めた（あるいはいつまでたっても「未完」と書かれた）原稿を持ち寄っては，議論を重ねてきた．その原稿検討会を「昼の部」と称し，その後3人以外の友人を加えて「夜の部」としての夕食会．実は「夜の部」が楽しくて，遅々として進まない原稿書きを続けてきた．そんな形でわれわれを激励し続けてくれた宮本さんと「夜の部」の友人たちに深甚の感謝の意を表したい．

2013年7月

浅沼　信爾

目　次

はしがき

序章　開発の旅 ………………………………………………………………… 3

第1章　マレーシア：一次産品と経済発展 …………………………………… 15
　　第1節　「マラヤの魂」 16
　　第2節　マレーシアの建国 19
　　第3節　第1次マレーシア開発計画 20
　　第4節　当時の「ワシントン・コンセンサス」 24
　　第5節　プランテーション・セクターの再興と発展 26
　　第6節　ジャンカ・トライアングル・プロジェクト 33
　　第7節　エピローグ：工業化への道程 38

第2章　シンガポール：通商国家の構築と工業化 …………………………… 43
　　第1節　アジアの「海の都の物語」 44
　　第2節　独立以前のシンガポール 46
　　第3節　シンガポールの独立と将来への不安 50
　　第4節　高度経済成長戦略の形成 54
　　第5節　シンガポールの教訓 60
　　第6節　それから：明日のシンガポール 61

第3章　韓国：漢江の奇跡と産業構造の高度化 ……………………………… 65
　　第1節　イントロダクション：「近くて遠い国」への初めての旅 66
　　第2節　「アジアのバスケット・ケース」：イ・スンマン政権の失敗 69
　　第3節　パク・チョンヒの「開発主義」の政治とテクノクラート 73
　　第4節　後発工業国の課題：「第3次五カ年経済発展計画」 79
　　第5節　政府主導の開発計画と財閥の役割：そのコントロール・システム

の特徴　88
　第6節　「コリア開発モデル」：なぜ成功したのか？　92

第4章　インドネシア：「資源の呪い」を超えて　……………………　97
　第1節　インドネシアの『危険を生きた年』　98
　第2節　1970年代初頭のインドネシア経済　100
　第3節　国営石油公社「プルタミナ」の勃興　101
　第4節　プルタミナ危機　106
　第5節　プルタミナ危機の後始末　109
　第6節　「資源の呪い」とは何か，呪いを恵みに変える方策は？　114
　第7節　インドネシアの経験からの教訓　120

第5章　アルゼンチン：ポピュリズムと経済発展　………………　125
　第1節　イントロダクション：「不条理の国」アルゼンチン　126
　第2節　1960年代のアルゼンチン経済　132
　第3節　バルカルセ・プロジェクト　138
　第4節　アルゼンチン経済開発調査　145
　第5節　アルゼンチン経済の崩壊：「ペロニズム」と「資源の呪い」　152

第6章　ガーナ：国家崩壊と更生の物語　……………………　161
　第1節　アフリカの「黒い星」　162
　第2節　破滅への道　164
　第3節　「アドバイザリー・グループ」　177
　第4節　ワシントン・コンセンサスの処方箋　185

第7章　スリランカ：「天国に一番近い国」の悲劇　………………　193
　第1節　「天国に一番近い国」の悲劇　194
　第2節　経済発展と紛争　199
　第3節　スリランカとマレーシア：「二国物語」　207
　第4節　「二国物語」の教訓　217
　第5節　スリランカ内戦の終結　219

目　次　　　v

第 8 章　バングラデシュ：貧困に喘ぐ「黄金のベンガル」 ……………… 223
第 1 節　イントロダクション：貧困に喘ぐ「黄金のベンガル」　224
第 2 節　遅れてきた「緑の革命」　230
第 3 節　1988 年の大洪水と援助をめぐる国際政治　237
第 4 節　ランカスター・ハウス会議と世銀の「洪水行動計画」　242
第 5 節　ジャムナ橋プロジェクト　247
第 6 節　バングラデシュ経済発展の教訓　256

第 9 章　ネパール：開発の挫折 ……………………………………………… 261
第 1 節　イントロダクション：「貧しく，美しく，そして悲しい」ネパール　262
第 2 節　ネパールという国　266
第 3 節　アルン・プロジェクトの挫折　273
第 4 節　民主化運動，「人民戦争」，そして連邦共和国の成立　285

第 10 章　ブータン：公共政策としての GNH（国民総幸福量）………… 299
第 1 節　イントロダクション：ブータン国王の GNH 提言　300
第 2 節　ブータンという国　303
第 3 節　ブータンの国家存続戦略　311

第 11 章　戦後日本の高度成長：産業政策は成功したか …………………… 319
第 1 節　近代経済成長と国際経済との統合　320
第 2 節　国際貿易への復帰　322
第 3 節　成長・効率と公正の追求　324
第 4 節　貿易自由化　326
第 5 節　産業政策と国際競争　330

終章　開発戦略と政策のナラティブ …………………………………………… 337
第 1 節　アジェモール＝ロビンソンの経済発展理論　337
第 2 節　われわれの「開発の旅」　342

参考文献 ………………………………………………………………………………… 347

あとがき ……………………………………………………………… 359
索　引 ……………………………………………………………… 361

*　各章扉のグラフにつけたシェイドは，その章で論じている時期を表している．
**　データは世界銀行の *World Development Indicators*（WDI）から．所得水準は，GNI per capita, Atlas method（current US\$）．

途上国の旅：開発政策のナラティブ

序章　開発の旅

「その頃も旅をしていた．」（開高健『夏の闇』，最初の一行．3 ページ）

　われわれは，ずいぶんと長く旅をしてきた．ほとんどが，アジア，アフリカ，ラテンアメリカの途上国で，旅の目的は途上国の経済開発だった．わたくしが，世界銀行のエコノミストとして，そんな旅を始めたのは 1960 年代の半ばで，わたくしよりはひとまわり若い小浜さんが国際開発センターのエコノミストになったのはそれより 10 年後の 1970 年代半ばだから，二人合わせると実に 80 年以上になる．旅では，途上国の開発戦略や経済政策やまたあるときには開発プロジェクトの策定の手伝いや調査そしてある場合には実施段階での助言等々の開発の仕事に関わってきた．そして，その途上で，経済発展の「奇跡」や「謎」を数多く間近で見る機会があった．ある場合には，政策の失敗や開発の挫折も見てきた．

　本書は，そうしたわれわれの旅の記録だ．その記録は，われわれの開発の仕事の回想録だが，われわれ自身の仕事は大して重要ではない．重要なのは，われわれが経験した開発の事例だ．経験とは，この場合いろいろな立場で政策過程に関与したか，あるいは傍観者であったとしても，「その場に居た」ことだ．われわれは，歴史家ではないから，その経験を克明に記録に残したわけではない．しかし，「その時，その場」で何が起こっていたかについての記憶は鮮明だ．そして，記憶が鮮明なのは，その時問題になっていた政策や制度，あるいはプロジェクトが国の経済発展に重要だと言う認識があったからだ．われわれの旅の記録は——もちろん旅の記録といっても，通常の意味での旅行記ではないが——われわれの「わたくし」の出てこない「わたくしの履歴書」でもある．われわれにとっては，これら途上国の開発戦略や経済政策やプロジェクトの経験を書くのは，長い間会わなかった古い友人に会いに行くような懐かしさを与えてくれる．

途上国世界を長い間旅してきて，強く印象づけられたのは，第二次世界大戦後半世紀以上の間に世界で起こった大きな出来事が２つあるうちの一つ，第三世界と呼ばれていた途上国の経済発展と貧困削減の成果だ[1]．もちろん，国際社会――いわゆるインターナショナル・デベロップメント・コミュニティ――では，ミレニアム開発目標が悲壮感を持って議論されているし，サブサハラ・アフリカの多数の国にとっては経済停滞が終わったわけではない，さらに高度成長に成功したのは途上国の中の少数の幸運な国だけだと論じる人たちも多い．たしかに，問題がないわけではない．国際開発――特に途上国の経済発展と貧困――の課題はおおむね解決したといって，勝利を宣言して終わりというわけにはいかない．それにもかかわらず，途上国全体の経済発展の成果は大きいと思わざるをえない．今日，世界の経済的なバランスが，中国やインドを含む新興国に移り，すでに世界の総生産の半分が途上国で生産されている事実や，国際政治の場でG20が出現したことは，その成果の証左にほかならない．

経済成長理論でいう「コンバージェンス」（経済成長の収斂）が起こった，あるいは起こりつつあるのだ．先進国経済にある技術の移転を通じて，途上国経済はキャッチアップに成功し，途上国の一部は，先進工業国との格差を縮めている．しかし，経済成長や経済発展，あるいはその帰結としての貧困削減は，エレガントな成長理論が示すような，スムースなプロセスではないし，またそこに技術のギャップがあるから，水が流れるように技術水準の低い方に移転が起こり，その結果としてコンバージェンスが起こる，といった自律的な，あるいは自然発生的なプロセスではない．マクロレベルで一見スムースに見える成長過程では，生産，雇用，所得配分，地域経済，消費構造等々の経済のすべての面で大きな構造変化が起こっているし，また経済の構造変化に応じて，社会や政治にも構造的な変化が起こる．そして，それは文化面にも及んでくる．しかも，その変化は常に一方交通とは限らない．経済成長や経済発展は，まさに複雑系の世界なのだ．

経済成長や経済発展を複雑系として理解すれば，新古典派の経済学に根ざした成長理論やその最新型の内生的な技術進歩を伴った成長理論は正しいが，その正しさは一面的でかつ抽象的レベルにおいてであることがわかる．同時にまた，ダグラス・ノースを始祖とする制度学派の主張も正しい．しかし，それで

---

[1] もう一つは，1990年に起こった社会主義圏の消滅と冷戦の終結だろう．社会主義――特に共産主義――は，20世紀の壮大な社会実験だったが，それは失敗に終わった．

は開発戦略を立てたり，開発を促進する政策を策定するときに，何を信じて，何をガイドにすればよいのか．

長い間途上国の経済成長の問題を研究してきたダニ・ロドリックは，この問題に次のように答えている．1980年代半ばから経済学者たちが注力してきた経済成長の経済学は，進歩と変容を遂げてきた．当初は，自律的な成長と内生的な技術進歩に焦点を当てた理論モデルの追求が主流だったが，それは後になって経済成長の経験の多様性を解明する試みにとって代わった．同様のことが実証研究でもいえる．当初は多数の国々の間の成長プロセスの違いを主要な経済的な変数——たとえば，低所得という初期条件や資本装備率や価格体系の歪み等々——で説明しようとするクロス・カントリー・データに基づいた回帰分析が多く見られたが，最近では経済成長のより深い動因あるいは制約条件と考えられる地理的条件や制度的な要因を分析に取り入れようとしている．

しかし，まだ経済成長の謎が解けたわけではない．いろいろな国の経験の間の差異を説明できるようなモデルや実証分析はない．この知識ギャップを埋める一つの方法は，ある特定国の成長・発展の過程を詳細に，かつ分析的に描いて見る——これをロドリックは，カントリー・ナラティブ（country narrative），あるいはアナリティック・ナラティブ（analytic narrative）と呼んでいる——ことだ．カントリー・ナラティブを通じて，いろいろな国の技術移転と進歩，あるいは資本蓄積に，マクロやミクロ政策，制度，政治のダイナミックス，あるいはその国の初期条件が，国の成長過程にどのような影響を与えたかを探る．そして多数の国について同様の分析を行うことによって，そしてその結果を比較検討することによって，経済成長の謎に迫ることができるかもしれない（Rodrik 2003）．

われわれの経済成長の「経験談」は，ある意味ではロドリックのカントリー・ナラティブによく似たものだ．われわれがここに収録した経験は，単に雑多なエピソードの寄せ集めではない．成功談，失敗談を含んだエピソードの集積から，いろいろなパターンが現れてくる．第1に，過去の経済発展の軌跡を国ごとにたどってみると，どうも経済発展が急速に進む決定的な一時期——それどの程度の長さの期間についてははっきりしない——があって，その時期に重要な開発課題が出てくる．その課題にどのように立ち向かうか，課題を乗り越えられるかどうかによってその後の発展過程が違ってくる．このような決定的な時期が訪れるのは，一度とは限らない．違った開発課題が出てくる可能

性があるからだ．

　第 2 に，経済発展過程で重要なのは，その国の政治指導者あるいは彼らの基盤であるエリート・クラス（指導者層）が国の経済発展に長期的に，かつ強くコミットしていることだ．コミットメントの強さは，レトリックだけではない．自らの短期的な政治的，経済的利益を，長期的な経済発展のためにどの程度トレード・オフできるかだ．同時にまた，強いコミットメントを持った政治指導者を支えるテクノクラートの存在も重要だ．政治指導者のコミットメントだけでは，開発課題を解決するための戦略や政策を作ることも，実施することもできないからだ．なんとしても，テクノクラートの知識や知見，そして政策形成や実施の技能が必要となる．もちろん，この両者の性格は，その国の歴史的な経緯，特に政治的な指導者層が，いかにして指導者層になったか，彼らの利害関係はどの程度国の経済発展と相関しているかといった歴史的，政治権力構造的な制約条件によって決まってくる．

　どの途上国経済でも，政府支出が GDP の 20〜30％ に達する．政府部門における政策決定は，究極的には政治判断に基づく決定だ．そこが民間部門の市場機構での決定とは違うところだ．政府の重要性は，政府支出だけではない．政府は，その政策によって経済に直接的に影響を与え，市場を支えるインスティテューションを作り，また規制する．制度を作るのも，それを運営するのも政府だ．だから，その政府を運営する政治指導者とテクノクラートの役割は重要なのだ．

　しばしば，経済発展との関連で，政府か市場かという議論がされる．政府の重要性——特に政策や制度づくりの面での——は疑うべくもないのだから，この問題は一般論や原則論として議論する価値はなさそうだ．意味があるのは，各論での議論だ．たとえば，ある経済における電力供給システムをどのように改善・改革・発展していくかという問題に対して初めて，一貫供給システムによる安定供給を目指すべきか，もしそうだとしてその役割は国有・国営の電力公社が良いのか，あるいは私企業にその役割を担わせ，政府は規制と監督だけに責任を持つべきなのか，あるいはまた，電源開発，発電，送電，配電をそれぞれ分離して，その間を市場機構でつなぐのか，といった各論に入って初めて役割分担が合理的に議論できる．そして，民間部門がまた十分に発達していない途上国においては，各論になったときにしばしば政府の役割は大きくなる[2]．

また，政治的な指導者層の経済発展に対するコミットメントとの関連で議論されるのは，成長か貧困かの問題だ．われわれはそう思わないが，経済成長が必ず貧困削減に貢献できるとは限らないという問題提起がある．2000年に開催された国連ミレニアム・サミットでは，『ミレニアム開発目標（Millennium Development Goals: MDGs）』と呼ばれる途上国の開発目標が採択された．2015年までに貧困層の人口を半減させることが，その第一目標になっているが，それは，成長は必ずしも貧困削減に結びつかないという考え方——一部の人々の間ではほとんど信念に近い——に基づいているようだ[3]．しかし，成長と貧困の関係は，すぐれて経験的な問題だ．経済成長が続いていても，貧困が蔓延っているような国もある．特に石油輸出国のような天然資源の採取と輸出で成長を達成している国には，そのような国がある．しかし，第二次世界大戦後の途上国一般の経験から限る限り，経済成長は貧困削減の最も効果的な政策のように思われる．ミレニアム開発目標が採択された後で，国連は世銀とIMFに毎年目標達成度を調べ，リポートするように要請した．2012年の『グローバル・モニタリング・リポート（Global Monitoring Report）』によれば，2015年に設定された貧困削減目標は，すでに2010年に達成された．目標の基準年である1990年には途上国人口の実に43％が1日当たり1.25ドル（2005年購買力ベース）の貧困線より低い所得水準だったが，2010年にはそ

---

[2] 2006年に世界銀行をはじめとする国際援助機関と民間のファウンデーションは，経済成長政策に深い経験と洞察を持った世界的な19人を委員として，「経済成長・発展諮問委員会」を立ち上げた．座長には，ノーベル経済学賞の受賞者であるマイケル・スペンス（Michael Spence）を据え，委員には，アジアからはインドの計画委員会副委員長のモンテク・アルワリア（Montek Singh Ahluwalia），インドネシアの当時中銀総裁のブディオノ（Boediono），シンガポールの元首相のゴー・チョクトン（Goh Chok Tong），韓国の元首相ハン・ダクスー（Han Duck-soo，韓悳洙），中国の人民銀行総裁周小川（Zhou Xiaochuan）を擁した委員会だった（残念ながら日本人は入っていない）．この委員会の報告書は，The Commission on Growth and Development（2008）として発表されている．この報告書は，第二次世界大戦後に高度成長に成功した13カ国の経験から政策教訓を引き出そうとしているが，その報告書も政治指導者のコミットメントとテクノクラートの重要性を次の言葉で強調している．"Sustained growth does not happen spontaneously. It requires a long-term commitment by a country's political leaders, a commitment pursued with patience, perseverance and pragmatism."(p.2); "Strong, technocratic teams, focused on long-term growth, can also provide some institutional memory and continuity of policy." (p.3). この委員会の座長を務めたマイケル・スペンスは，2011年に *The Next Convergence*（Spence 2011）という本を書いて，同じ主張をしている．

[3] この問題については，浅沼・小浜（2007）の第6章「貧困削減と国際開発援助」を参照．

れは半減されたのだ（*Global Monitoring Report 2012*）．21世紀に入ってからの世界経済の成長加速と途上国経済の高い成長が，その主たる要因であった．

　第3に，経済発展過程で，政府の政策や制度づくりが重要だということだ．政治指導者やテクノクラートの存在が大切だということは，とりもなおさず彼らのとる経済発展のための戦略や政策や制度づくりが大切だということだから，これは同じことではないかと考えられるかもしれない．しかし，ここで問題にしたいのは，われわれはどのような戦略や政策が経済発展を促進するための有効かを知らないことだ．いろいろの戦略や政策が提案され主張されてきた．輸入代替工業化，輸出主導型工業化，国営企業の創設を含む産業政策，国内市場保護政策，政策金融政策，ワシントン・コンセンサスなど，枚挙にいとまがない．しかし，われわれが時には経済を危機に陥れるような試行錯誤を通じて経験から学んだ教訓は，経済成長を促進する開発戦略や政策はほとんどすべてどの途上国経済にも，どの発展段階でも，またどのような国際環境においても効果的だといった時空を超えて普遍的なものは存在しない，ということではなかろうか．

　「カントリー・ナラティブ」を提唱したダニ・ロドリックは，『経済学は一つ，処方箋は多数』と題した著書の中で，適切な成長政策はほとんどいつの場合でも，コンテキスト・スペシフィック（context-specific）——すなわちその場，その時の状況による，と言っている．経済学の原理が違うわけではない．ただ，経済の構成員である家計や企業や投資家が経済活動を営んでいる環境が，特に彼らが直面する機会や制約条件が違うからだ（Rodrik 2007, p.4）．さらにまた，先に引用した経済成長・発展諮問委員会の報告書も，「今日の悪い政策は，往々にしてあまりにも長く続けられた昨日の良い政策だ．(Today's bad policies are often yesterday's good policies, applied for too long.)」と言っている（Commission on Growth and Development 2008, p.29）．

　途上国の開発戦略や経済政策は，特定国のその発展段階で，その時期に，その置かれた環境に適したものでなければならない．いうなれば，開発戦略や政策は，「一期一会」的な性格を持っている．そしてそれを理解し，策定し，実施するためには，多くのカントリー・ナラティブを積み上げて，それを検討することによって何が有効で，何が有効でないかを判断しなければならない．われわれの成功や失敗を含んだ「経験談」も，カントリー・ナラティブだ．

第1章では，1960年代にマレーシアが直面した開発戦略の問題を取り上げる．マレーシアは歴史的にはゴムや錫を産出する資源国として発展してきた．一方，1950年代，1960年代には，一次産品輸出は成長のエンジンにはなりえないというのが，国際社会のコンセンサスだった．そのためにほとんどの国が輸入代替工業化路線をとった．しかしマレーシアは，意図的にそのコンセンサスに背いて，大規模土地開発を敢行し，オイルパームやゴムのプランテーションを造成して，一次産品輸出を梃子とした経済成長を図った．これは，その戦略と政策を決めたマレーシアの第1次開発計画の策定と大規模土地開発の嚆矢となったジャンカ・トライアングル開発プロジェクトの物語だ．

　第2章は，シンガポールの通商国家建設と輸出主導工業化戦略の物語だ．1964年シンガポールがマレーシアから分離して独立国家になったとき，リー・クワンユーをはじめとする進歩行動党の幹部は，シンガポール経済が自立できるかどうかに強い危惧を抱いていた．そこで，従来の中継貿易中心の経済を輸出生産のための製造業基地に作り替えると同時に，香港のような地域の金融センターに育て上げるというビジョンを作り，そのために政府自体が主導する国営企業を作り上げ，シンガポールを往年のベニスのような通商・産業国家にするという戦略的決定をした．これは，その成功物語だ．

　第3章では，1970年代の韓国が登場する．開発国家建設あるいは開発独裁体制の元祖のようにいわれているパク・チョンヒ政権は，1972～76年の第3次五カ年計画を通じて，日本や台湾をモデルにした輸出主導型工業化と重化学工業化路線を追求するというビジョンを描いた．韓国は，シンガポールと並んで輸出主導型工業化に成功した最初の国の一つだが，その当時韓国の比較優位だった労働集約的な軽工業では長期の経済の繁栄は達成できないと考え，比較優位の域外にある重化学工業を政府主導で建設して，将来の工業国としての韓国の礎を築いた．そのためには，アメリカ一辺倒の経済関係を変えて，輸出と資本導入先として，日本や世界銀行に焦点を定め，そのためには反日という外交原則まで改めて日本との国交回復を実現した．韓国の浦項製鉄や現代造船等々の世界的企業は，そのような背景で生まれた．これは，その国造りの成功物語だ．

　第4章は，1970年代にインドネシアが経験した「プルタミナ（Pertamina）危機」と呼ばれる国際収支危機のエピソードをめぐる物語だ．1970年代のオイルショックによって，インドネシアの石油・ガス資源の輸出がインドネシ

ア経済を大きく変えた．経済・財政の石油・ガス依存体質は一段と増した．石油・ガスの開発と生産の独占権を持つ国営公社プルタミナが権力を持ち，まさに「国家の中の国家」として開発分野で中央政府を凌駕する影響を持つようになった．しかしその結果，プルタミナの志向した産業政策が失敗し，インドネシア経済全体を危機に陥れることになった．「資源の呪い」が顕れたのだ．この章では，インドネシアの中央政府のテクノクラートがいかにして，この資源の呪いからインドネシア経済を救ったかを書く．危機からの脱出だけでなく，石油・ガスへの依存体質の改革の政策が成功したことは，資源の呪いが決して運命ではなく，政策が陥りやすい落とし穴に過ぎないことを示している．この章では，インドネシアのケースを下敷きにして，資源の呪いの一般理論も論じている．

　第5章の主役のアルゼンチンは，マレーシア，シンガポール，韓国，インドネシアの物語と違って，失敗と挫折の物語だ．アルゼンチンは，世界に珍しい「退行国」とでも呼べる国で，歴史的には一時世界の第2位の高所得国にまで上り詰めた後で経済衰退の道を辿った．衰退の原因は，輸入代替工業化路線という開発戦略の意図せざる影響である．輸入代替工業化自体は，開発戦略として至極まっとうといえる．しかし，そのためにとられた各種の産業保護政策は，工業分野における既得権益を生み，利益グループを作り上げた．利益グループは，民間企業だけでなく，都市部の労働者を擁する労働組合のグループも入っていた．彼らの政府の政策に対する影響力が強くなると，彼らのレントシーキングが政策に反映される．結果は，国際競争力のない高コスト産業と，もともと比較優位のあった農牧畜産業の軽視——生産性上昇努力の放棄と過小投資——になって現れた．アルゼンチンのこのような戦略・政策の失敗を長期間にわたって支えてきたのは，第二次世界大戦以前から続いてきたペロニズムだ．ペロニズムは，都市の産業労働者に媚びるポピュリズムで，財政規律の破綻からマク経済の安定性を危うくする．財政赤字，労働争議，ハイパーインフレ，為替危機，等々も，その帰結だ．この章では，アルゼンチンの牧畜業の停滞と為替政策が起こした対外債務危機を議論する．

　第6章は，ガーナの国家崩壊の危機と更正の物語だ．これもまた成功譚ではない．ガーナ経済は1970年代後半にかけて破綻した．それと同時にガーナ国家も機能不全に陥った．その原因もまた——アルゼンチンのケースと同様だが，より鮮明な形で現れている——開発戦略とその影響だ．1960年代に，

ガーナは輸入代替工業化路線を開発戦略として採用すると同時に，それを達成する手段・体制として経済統制（Control Regime）を実施した．その政治経済的ダイナミックスが，政治権力と特定企業グループの癒着関係を生み，工業プロジェクトを失敗させ，金の卵を産むココア産業を疲弊させ，対外債務破綻を起こし，その結果経済は破綻した．この経済破綻に至るプロセスを，逆行させて経済の更正に導いたのはクーデターによって政権の座についたローリングズの改革だった．これが，この章の物語だ．

　第 7 章では，スリランカの悲劇を物語る．第二次世界大戦後に独立を果たしたときのスリランカは，東南アジア，南アジアの近隣諸国の中で最も豊かな国だった．しかし，それから半世紀後の今日，スリランカ経済はそれら諸国の後塵を拝している．スリランカは政治面でのシンハラとタミルの多民族国家の統治に失敗した．最近まで内戦が続き，経済発展に向けられるべき政府の政策努力は，民族紛争に向けられた．さらに，民族紛争が表面化しなかった時期において，政府の経済政策は，経済発展よりも平等な所得配分を重視した．スリランカのような発展途上の段階では，それはともすれば食糧やその他の消費財に対する補助金政策となって顕れて，財政を圧迫する．多民族間の統治の失敗と成長政策の欠如のために，スリランカ経済の発展は大きく遅れることになった．スリランカほど，大きな成長の可能性を長期にわたって浪費してきた国も珍しい．

　第 8 章はバングラデシュの経済成長とインフラ建設の物語だ．バングラデシュがパキスタンから分離して独立国になったのは 1971 年のことだが，それ以前もまたそれ以降も長い間バングラデシュは南アジアの最貧国で，しかも経済は停滞していた．しかし，1990 年代になってこの国に成長と発展の兆しが現れた．遅れてきた「緑の革命」と輸出のための繊維産業――特に縫製産業――の発展がこの国を停滞から成長路線に押し出したのだ．バングラデシュの自然環境はことのほか厳しく，さらなる発展と貧困削減には大規模のインフラ構築が必要だ．この章では，インフラ・プロジェクトの典型的な事例として，バングラデシュを二分するジャムナ河の架橋プロジェクトと洪水対策プログラムの組成から実施までの経緯を物語る．今後地球温暖化が進むと，アジアの大河流域は高波と洪水の危険にさらされる．バングラデシュの経験からは，その対策実施の先例として教訓が得られる．このようなプロジェクトが，往々にして国際政治のダイナミックスに巻き込まれる事実も注目に値する．

第9章では，ネパールに光を当てる．ネパールの物語は2部構成で，第1は大規模水力発電プロジェクトの頓挫だ．ネパールはこれといった資源のない，自然の厳しい内陸国で，ヒマラヤから流れる河川の水資源だけが可能性を秘めている．それを水力発電に利用して，できれば国内消費だけでなくエネルギー不足のインドに輸出しようというアイデアから出発したプロジェクトが，なぜ頓挫したのかの物語だ．それは，ネパールの絶対王制の支配下にある政府が大規模なプロジェクトを遂行する能力に欠けていたのも一つの理由だ．その後ネパールは「人民戦争」と呼ばれる内戦に突入し，2000年代半ばになって和平が成立し，いま新しいネパール連邦共和国が作られている．この章では，新しい国の形としての連邦制を議論する．

　第10章にはブータンが登場する．ブータンの先代の王，ジグメ・シンゲ・ワンチュック王が提唱した「国民総幸福量」は，世界的にもてはやされる公共政策の概念になった．これは政策ではなく政策目標だが，なぜそれがブータンで生まれたか，なぜブータンがそのような公共政策目標を必要としているかが議論されることは希だ．この章では，ブータンはどんな国で，なぜ国民総幸福量が政策の重要な指導理念になりうるかを議論する．

　最後に第11章で，第二次世界大戦後の日本の経験を議論する．本書で物語ってきた国々の開発政策の成功や失敗事例を見ると，広い意味での産業政策 (Industrial Policy) の成功や失敗の例が多い．シンガポールや韓国は明らかに成功例だし，インドネシア，ガーナ，アルゼンチンは，ある時期を取り上げて見る限り，失敗例だ．日本の戦後の高度成長は，最も華やかな成功例だといえるだろう．しかし，日本を成功に導いた産業政策とはいったい何だったのか．成功と失敗が入り交じる世界の数多くの経験の中で，なぜ日本は成功したのか．産業政策が成功する条件とは何なのか．この章では，日本の産業政策をこのような視点から議論した．日本の産業政策の経験は，市場の自由化，開放体制，政府の介入——特に産業に対する保護政策，競争環境の維持等々産業政策を考える際に考慮すべき政策についての数々の貴重な教訓を与えてくれる．

　これら11の章に盛られた物語は，日本を含めて11カ国で，途上国の代表的な国々すべてをカバーしているとはいえない．中国もインドも，それにブラジル，ロシア，南アフリカといった新興市場国の代表選手BRICSのどれも入っていない．さらに，これらの国々について議論されるトピックスは，必ずし

も現時点での開発課題というわけではない．本書におけるこれら11カ国の章の順序は，われわれの経験の時系列によっている．日本だけが例外だ．小浜さんは，途上国の開発問題を追及する過程で，日本を開発経済学の観点から「再発見」した．従来の特殊日本的な日本経済論ではなく，より普遍的な開発経済の問題としての視点から再評価しようと試みたのだ．本書に収まられた日本の章は，その再評価の一部で，いわゆる産業政策を扱っている．いまだ工業化のプロセスにある途上国の政策形成に，多くの含意を提供している．

　国についても政策課題についても，本書で扱われるサンプルは少ない．それにもかかわらず，われわれがここで議論した開発政策のエピソードが，今後途上国の開発政策を考えるうえで重要な含意があると考えるのは，これらの物語がすべてインサイダーの物語だからだ．シェイクスピアは，「世界は舞台だ」と言ったが，開発の世界はわれわれの舞台だ．われわれは，その舞台に立つ俳優にしかすぎず，ある国のある局面では舞台の上を通り過ぎていくエキストラに近い俳優だったし，また別の国の別の局面では短い台詞を与えられもした．珍しかったが，主役に語りかける機会もあった．しかし，いずれの場合も舞台に立っていたのは事実で，だから舞台からのインサイド・ストーリーを語る資格はあると思う．そして，政策に関する限り，インサイドからの視点は重要だ．これらの章の中で，時々「わたくし」が顔を出す．このわたくしが，われわれ二人のうちの誰であるかは重要ではない．どちらかがインサイダーとして舞台に立っていた事実，語られる物語がインサイダーのそれであることが重要なのだ[4]．

---

[4] William Shakespeare, *As You Like It, Act II*. "All the world's stage, And all the men and women merely players".

第1章 マレーシア：一次産品と経済発展

Courtesy of the University of Texas Libraries, The University of Texas at Austin.

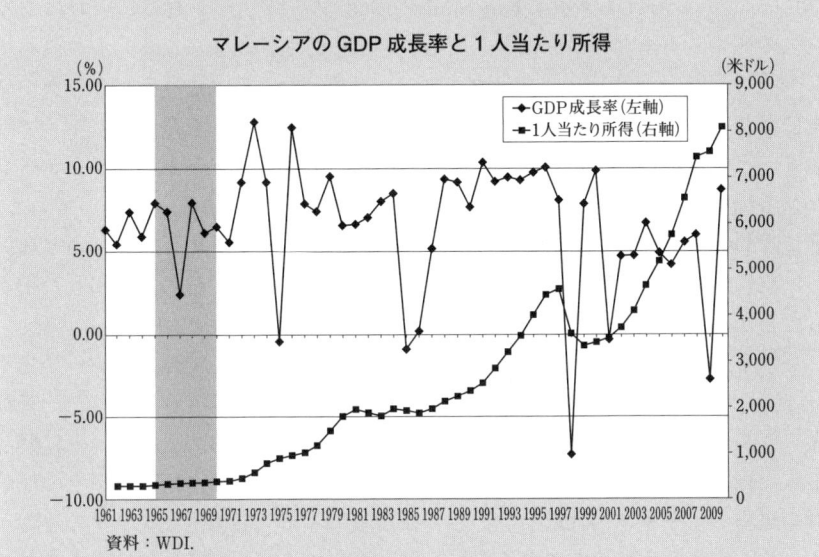

マレーシアのGDP成長率と1人当たり所得

資料：WDI.

第1節　「マラヤの魂」

　マレーシアに行ったことのある人は，誰でもマレーシアが新興工業国の一つで，問題があるとすれば，OECD諸国のような先進工業国群の一員になるために，いかに産業の高度化を図るかに苦悩しているか，いかにしていわゆる「中進国の罠」にはまり込まないようにするかに努力している国だという印象を持つに違いない．首都のクアラルンプールに行けば，長い間世界一高いビルといわれたペトロナス・ビルを中心に，高層ビルが建ち並び，至るところで交通渋滞が起こり，しかも高級車が多く見られる．昔多く見られた道路沿いの露天屋台や汚い中華街は，片隅に押しやられている．赤道近くの熱帯の国，多民族が思い思いの格好で混雑をきわめているほかには，マレーシアを典型的な途上国と呼ぶのが憚られるほどだ．

　しかし，これは最近のことで，ほんの一，二世代前には，マレーシアの様相はまったく違っていた．1930年といえばわたくしが生まれる10年近く前になる．その年のフランスの最高の文芸賞，ゴンクール賞は「マラヤの魂」（原題"Malaisie"）に与えられた（Fauconnier 1965）．ゴンクール賞は，いわばフランスの芥川・直木賞で，原則として若い無名の作者が対象になる．それにしても，その著者——アンリ・フォコニエ——はまったく無名なうえに，フランス人になじみのないマレー半島のジャングルにおけるゴム園を舞台として，プランターと呼ばれるヨーロッパ人の入植者，そこで働くインド系のプランテーション労働者，付近の部落（カンポン）に住むマレー人の暮らしを描いている．そこでは自然は豊饒で，時間はゆっくりと流れていた．人々は貧しいとはいえ，食に飢えて目がギラギラと殺気立ったり，栄養失調で腹の飛び出した子どもたちが見られるほどの極端な貧困とは無縁だった．

　もちろん都市部に行けば，事情は多少違っていた．そこでは，マレー半島が19世紀以来イギリスの植民地として栄えてきた事実が明らかであった．首都クアラルンプールの中心部には，イギリス植民地官僚たちがクリケットに興じる広い緑のグリーン（広場）があり，それを囲んで裁判所，政庁舎やその他政府の建物，イギリス国教教会，そして植民地に不可欠な瀟洒なクラブの建物がある．そこからそう遠くないところに，アングロ・ムガル様式と呼ばれるスタイルの鉄道の駅舎がある．

第1節 「マラヤの魂」

　クアラルンプールをマラヤの城下町だと考えると，植民地政府の中核に隣接する地域には，食べ物の腐った甘酸っぱい匂いを発散する中華街や金細工を売るインド人商人が店を開いているインド人街があって，マラヤが宗主国からの入植者と移民労働者と「地の民（ブミプトラ）」と呼ばれるマレー人からなる多民族国家であることを物語っていた．実は，ブミプトラの中にも，マレー半島の経済発展に誘われてスマトラから移住してきたインドネシア人たちが多数いるのが現実だった．

　マラヤは——そして今日東マレーシアと称されるサバやサラワクはもちろんのこと——中国の黄河や長江流域やインドネシアのジャワ島のように人口稠密な国ではなかった．海岸に近い平野部で稲作と漁業を生業とするマレー人とプランテーションの長屋（ロング・ハウス）で生活するインド系住民，そして至る所に進出した中国人はいたが，国土の大部分は未開のジャングルのまま残っていた．その当時は，人口の集積地から一歩踏み出せば，まさにジョセフ・コンラッドが描いた未開の光景が見られた．

　当時のマラヤといえば，半分眠っている印象しか湧いてこない．しかし，大きな変化がなかったわけではない．マラヤは，ゴムと錫の輸出で栄えた開放経済であったがために，世界経済と国際政治の強い影響を受けてきた．その当時のマラヤは真の開放経済というに値した．貿易はもちろんのこと，直接投資は宗主国イギリスばかりでなく，フランスやその他のヨーロッパ諸国から入っていた．たとえば，ガスリーやハリソン・クロスフィールド等のイギリス系プランテーション会社の傍らで，フランスのソシエテ・ジェネラル・フィナンシールというフランス系の会社がプランテーションの開発と経営をしていた．人の移動についてマラヤは開放的で，中国系，インド系の労働者が移住していた．マレー人の多くは，ジャングルの奥深くでのプランテーション長屋での生活を嫌い，また中国人労働者は扱いが難しいと考えられていたので，南インドからの労働者が移入された．しかしまた，満州民族支配を嫌って清朝の中国から南に逃れた中国人も多くいた．

　マラヤは，このような開放経済であったから，ちょうど「マラヤの魂」が出版される1年前に始まった世界大不況の影響を強く受けざるをえなかった．世界の自動車産業の勃興で年々増大していたゴムに対する世界の需要は激減し，ゴム市況は想像を絶する惨憺たる有様だった．マラヤの第2の輸出産品である，錫の運命も似たり寄ったりだった．それからのマラヤは運に見放され

たように災難続きだった．世界大不況の影響がまだ癒えないうちに，1941 年には太平洋戦争が勃発した．太平洋戦争というと，われわれはすぐに真珠湾攻撃を想いうかべるが，日本軍はほぼ同時にマラヤ半島の東海岸に上陸し，マラヤ半島を縦断してシンガポールを攻略している．マラヤの東海岸に上陸した日本軍は，自転車部隊（いわゆる「銀輪部隊」）を駆ってイギリス軍のシンガポール防衛ラインの構築を許さずにシンガポールに入った．

日本軍によるマラヤ，シンガポール，サバ，サラワクの軍事占領は第二次大戦終了の 1945 年まで続いた．日本の敗戦後には，イギリス軍が戻ってきてマラヤは再びイギリスの植民地に戻った．マレーシアの人たちが言う「再占領 (Re-occupation)」である．1960 年代に，わたくしの同僚であったイギリス人エコノミストは，最後まで再占領という言葉にいらだちを隠さなかった．しかし，第二次世界大戦の直前から最中にかけてアジアの植民地で沸き立っていた独立機運は強く，マレーシアでも太平洋戦争の終結後は独立を目指した政治活動が盛んだったから，終戦後に元の宗主国軍が戦前の秩序を回復するために入っていたときには，マレーシアはイギリス軍に再占領されているという印象が強かったのは否めない．

第二次世界大戦の終了は，マラヤに平和をもたらさなかった．太平洋戦争中に，抗日活動で自信をつけたマラヤ共産党主導の反乱が早くも 1948 年に起きている．マラヤ全土に広がるゲリラ戦を抑えるために，イギリスをはじめ英連邦軍が多数投入された．しかし，多大の人的物的資源を投入した内戦は，1960 年まで解決しなかった．

ここでこのような国際政治的出来事にページを割いたのは，この間——すなわち 1930 年から 1960 年にわたる 30 年間にわたって——マラヤの植民地政府もマレー人のエリート層や華僑系ビジネスマンもマラヤの長期的な経済発展に注意を向ける余裕がなかった事実に注意を向けたいからだ．マラヤの主産品であるゴムは，ゴムの樹からとれるラテックスが原料であるが，ゴムの樹は植林してから 7 年後にようやくラテックスを産する．また，ゴムの樹からラテックスが十分に採取できるのは約 20 年間程度といわれている．それ以降は樹の生産性は落ちる．1960 年になって平和が戻ったとき，マラヤのゴム産業の生産性は下落傾向にあった．同じく太平洋戦争の被害にあった東アジア諸国の中で，マラヤの経済水準はまだ高かった．しかし，マラヤの将来をどうするか，どのような経済発展の戦略をとるかは，独立後のマラヤ連邦政府，あるいは新

しく設立されるマレーシア政府にゆだねられた．

第2節　マレーシアの建国

　2007年にマレーシア政府の人たちと会うと，きまってペンスタンドやペナントあるいはバッジなどの小物をくれた．マレーシアの前身であるマラヤ連邦の建国は1957年8月31日で，2007年がちょうど建国50周年に当たるので，政府はたくさんの記念品を用意したらしい．しかし，マレーシアの70歳以下の人たちは，建国当時のことはほとんど記憶にないだろう[1]．それほどマレーシアとそれを取り巻く国際環境は変わったわけだ．

　1950～60年代の東南アジアは，国内的にも国際的にも政治的混乱と変動に特徴付けられていた．マレーシアは，いかにしてイギリスの植民地としての地位を捨てて国際的な政治的独立を達成するかという課題を抱えていたし，その最中に共産党指導の内乱があった．シンガポールの状況もよく似ていた．伝統あるシンガポールの労働党と民主社会主義を党是とするリー・クアンユー率いる人民行動党（People's Action Party: PAP）は，全シンガポールを巻き込んだ死闘を繰り広げていた．サラワク，ブルネイ，サバの英領ボルネオ植民地も時代の波に乗って政治的な独立を考えざるをえなかった．

　宗主国のイギリスは，早晩これらの植民地に政治的独立を譲渡するのは決まったのも同然であるとの認識はあったが，独立後のマレー半島諸国をどのような形で英連邦にとどめておくか，東南アジアを覆う冷戦の最中にこの地域の安定をどのように確保するか，またともすれば中国本土になびくと思われるこの地域の華僑人口と華僑勢力をいかにして中和するかに心を砕いていた．そこから出てきた解決策が，「大マレーシア構想」である．実は，「大マレーシア構想」は単に「マレーシア構想」と呼ばれていたのだが，のちにシンガポールがマレーシアから離脱した後で，もともとのシンガポールを含めたマレーシアと区別するために，ここでは「大マレーシア（The Greater Malaysia）」と呼ぶことにする．リー・クアンユーは当初から都市経済シンガポールのヒンター

---

[1] ちなみに，マレーシア建国当時はその一部であったシンガポールの首相，リー・クアンユーは，1998年に自叙伝を執筆したが，その序文の中で，自分が自叙伝を書くのは今日の若いシンガポールの人たちにシンガポールの辿ってきた厳しい歴史を再確認してもらい，今日の繁栄が助長する自信過剰を戒めてほしいからだ，と書いている（Lee 1998, p.8）．

ランドであるマラヤ連邦との合併を望んでいたが，マラヤ連邦の指導者，トゥンク・アブドゥル・ラーマンは，中国系人口が大多数を占めるシンガポールと合併すれば，マレー系・中国系・インド系の人口比率が変わり，経済的に劣位に立つマレー人の地位が脅かされるのではないか，またそれに伴って，マラヤ連邦の政治的な安定が脅かされるのではないかと考えて，終始消極的な態度を崩さなかった．そこで，イギリスの植民地省は，ボルネオ諸地域を加えることによって，新しい「大マレーシア」内の人種構造をマレー人優位にする案を作り，マレーシアの政治的指導層を説得したのである．また，ボルネオの諸地域には，マラヤ連邦とシンガポールとの合併によってこの地域の開発が促進される，そしてその結果ボルネオの諸地域は利益を享受できるという見通しを強調して説得した[2]．

第3節　第1次マレーシア開発計画

「大マレーシア」構想の第一義的な目的は国内外の政治的な安定であった．ということは，裏を返せばマレーシア設立交渉の過程で，将来の経済的発展のビジョンや戦略はほとんど議論されなかったということだ．「大マレーシア」を形成する地域は，それぞれ植民地時代に，近隣の東アジア諸国に比べ格段に高い経済発展の水準を達成していた．その大きな要因は，これら地域が地域の持つ豊富な資源をベースに一次産品輸出産業を発展させてきたことにある．マレー半島のマラヤも，サバやサラワクも一次産品の輸出経済だ．都市国家のシンガポールでさえも，マラヤやボルネオ——そしてインドネシア——のゴムや胡椒あるいは錫などの輸出とこれら地域が必要とする輸入の中継貿易を一大産業として発展してきた．一次産品の国際市況は変動が激しく，また一次産品価格の趨勢は長期的な低落傾向にあると思われていたから，これら地域はある程度余裕のある現在とは対照的に，悲観的な将来見通しを持った地域だと考えられた．この将来に対する漠然とした不安は，将来のマレーシアの発展を考える

---

[2] この間の経緯については上記のリー・クアンユーの伝記に詳しい（Lee 1998, Chapters 22-28）なお，当初合併の交渉に入っていたブルネイが最終的には「大マレーシア」に入らなかったのは，当時のブルネイのスルタンがブルネイの石油資源を独占したかったからだといわれている（Lee Kuan Yew, *op.cit.*, p.481）．ブルネイの石油を独占的に支配してきたシェル石油が，ホスト国がブルネイからマレーシアに代わるのを嫌って，ブルネイの独立を支持したのもうなずける．

際に大きな影響を及ぼした．

　これは，もともとの「大マレーシア」構想の発案者であるイギリスもよく認識していたから，その経済面を子細に検討するために，世界銀行に経済調査団を派遣してくれるよう要請した．こうして実現したのが，フランスの経済学者，ジャック・リュエフ（Jacques Rueff）を団長とする1963年のリュエフ・ミッションである．もともとマラヤ連邦とボルネオの諸州との間には経済的な補完性（Complementarity）は弱い．両方ともプランテーションをベースとする一次産品輸出を生業としている．また，より発達したマラヤには，膨大な未開のしかも農業に適した土地があるから，マラヤのプランテーション資本がボルネオに進出する誘因があるわけではない．マラヤとボルネオをつなぐ要因があるとすれば，それはこれら地域の商業・工業の集積地として機能できるシンガポール以外にない．そこで，リュエフ・ミッションは，「大マレーシア」内の共同市場（Common Market）——財やサービスだけでなく，資本やヒトについても——の設立を勧告し，そのための国家機構の設立を提案した．

　通貨については，これら地域のすべてが，もともとイギリス植民地政府が作った「海峡通貨委員会（Straits Currency Board）」発行の「海峡ドル（Straits Dollar）」を共通通貨として使用する共通通貨圏が成立していたから，何ら問題はない．むしろ大マレーシアの発足後はカレンシー・ボードに代わって，自前の中央銀行を作るべきかどうかが問題だった．リュエフ・ミッションは，当面この問題は扱わないこととした．より重要な問題は，これら地域の財とサービスの共同市場を作るときに，対外的な共通関税をどうするか，だった．マラヤとシンガポールがそれぞれ自国の産業実態に合わせて作り上げてきた関税を共通関税として設計し直さなければならないが，マラヤとシンガポールの商業・産業界の利害は一致するわけがない．そこでなんとか妥協が成立する道筋を立てるために中立的な立場で大マレーシア全体の利害を考える連邦関税委員会が必要になってくる．また，財政問題も重要だ．「大マレーシア」が成立してシンガポールがその一州になり，シンガポール政府が単なる一地方政府になった場合，シンガポールの中継貿易からあがる関税収入をすべてクアラルンプールの連邦政府に持っていかれては，シンガポール経済は成り立たない．また一方，シンガポールの経済活動から生じる税収を当てにできなければ，ボルネオ諸州の開発のために必要なインフラ整備は考えられない．そこで，連邦と各州の地方政府の税源と税収をどのように配分するかが重要になってくる．リ

ュエフ・ミッションは，このような国家の経済機構のデザインを提示した．
　世界銀行は，マレーシア政府の要請を受けて，翌年の1964年にも経済ミッションを派遣している．このミッションは，リュエフ・ミッションが描いた基本的な国家機構を前提として，「大マレーシア」の将来の経済発展ビジョンや戦略を考え，新政府の第1次マレーシア開発計画（1966～70年）策定を援助する役割を担っていた．実は，わたくしがマレーシアを訪れたのはこのときが初めてで，わたくしは世界銀行極東局（のちに東アジア局）の若いエコノミストだった．そのときのわたくしの担当は貿易と国際収支の見通しを作ることで，「大マレーシア」ベースでは存在しない貿易統計・国際収支統計の推計に中央政府とシンガポール政府の若い経済官僚とともに徹夜で計算機を叩いて推計をしたことは忘れられない．また，ボルネオのサバ州とサラワク州の経済統計はないに等しかったから，ボルネオに出かけてあらゆる数字をかき集めて国民所得統計と国際収支統計を推計したのも思い出になっている[3]．この作業は，第1次マレーシア開発計画の一章の草案になった[4]．
　このミッションの作業はスムースにいかなかった．作業半ばで，シンガポールの「大マレーシア」からの離脱が決定されたからである（1965年8月）．もともと，イギリスからの政治的独立を将来の経済的な自立を目的としてマラヤとの合併を唱えていたシンガポールの「大マレーシア」離脱は，われわれ関係者一同にとってはショッキングな出来事であった．われわれの全マレーシアベースの統計作業がまったく無駄になったばかりではない．マレーシア経済の将来ビジョンが消滅したのだ．しかし，よく考えてみると，政治的指導者の志向も統治構造も違うマラヤとシンガポールが政治的独立のためにした政略結婚は，早晩破綻する運命にあったのかもしれない．
　1957年にマラヤ連邦が独立して以来，マラヤの政治統治構造はあまり変わっていない．過半数を占めるマレー人と，3分の1の人口を有する中国人とその他の大半を占めるインド人をどのように融和させるかは，難しい政治的な問題である．マレー連邦では，当面の民族間の融合・同化は現実的でないとの判

---

[3] このときの統計推計作業の仲間は，マレーシアでもシンガポールでも経済官僚としてのちに指導的地位についている．ちなみにシンガポールの仲間の一人は，のちにシンガポール第2代の首相になった大蔵省入省直後のゴー・チョクトンであった．
[4] The Government of Malaysia, *First Malaysia Plan 1966-70*, The Government of Malaysia, 1965.

断から，マレー系市民を代表するマレー民族統一党（United Malays National Organization: UMNO），中国系市民を代表するマレー華人協会（Malaysian Chinese Association: MCA），インド系市民を代表するマレー・インド国民会議（Malayan Indian Congress: MIC）の3党がそれぞれの民族集団を束ねたうえで，その3党が連携して統一党（Alliance Party）を作り国の統治にあたるといった政治形態をとってきた．その政治的考え方の根底には，マラヤ連邦独立に際して作られた1957年のマラヤ憲法の基本的な了解，すなわち政治と政府部門におけるマレー系市民にある種の特権的地位を与えるのと引き換えに，中国系・インド系の住民に市民権を与え，国家の法的な保護の対象にするという了解——これは当時「偉大なる取引（Big Bargain）」と呼ばれた——があった．一方のシンガポール人民行動党（People's Action Party: PAP）は，民族融和推進を唱える社会民主主義政党で，「大マレーシア」成立後は，全マレーシア的な国民政党としてマラヤ半島に進出を計画していた．UMNOとPAP，そしてMCAとPAPの間には，最初から緊張と確執があった．それが，シンガポールで起きたマレー人による暴動を契機として表面化し，ついにシンガポールは「大マレーシア」からの離脱をせざるをえない状況になってしまったのだ．

　第1次マレーシア開発計画は，このようなきわめて困難な状況で策定されなければならなかった．それまでに考えられていた開発のビジョンと戦略は，一からやり直しとなった．そして新しいマレーシア国政府は，いくつもの難しい政策判断を迫られることになった．第1に，プランテーション産業と鉱物資源の採取を基幹産業とするマレーシアを，将来的にどのような経済に発展させていくのか．第一次産業に将来はあるのか．もしないとすれば，何を成長産業にすればよいのか．やはり工業化——特に輸入代替工業化——を開発戦略の中心に据えるべきなのだろうか．今後工業化路線を進むであろうシンガポールとの競合は，どのように解決すればよいのか．第2に，マレーシアの農業をどうすればよいのか．輸出生産に将来はあるのか．それともマレー農民の基盤である稲作等の国内消費向けの食糧生産を中心とした農業発展を考えるべきか．もしそうだとすると，従来ゴム生産の中心だったプランテーションやその周りに自然発生的にできたゴムの小規模農園を食糧生産に転用することになるが，そのためには灌漑設備等のインフラストラクチャーに投資をする必要がある．第1次マレーシア開発計画は，このような国の将来にとって長期にわた

第4節　当時の「ワシントン・コンセンサス」

　マレーシア政府がこれらの問題にどのような政策判断を下したかを論じる前に，当時の「ワシントン・コンセンサス」がどのようなものであったかを知っておく必要がある．もちろん，「ワシントン・コンセンサス」は，ジョン・ウィリアムソンが作った言葉で，1980年代に途上国経済に必要不可欠とされた構造調整政策のことで，当時はそんなものは存在しなかった[5]．しかし，当時のワシントン界隈には，すでに途上国開発戦略はかくあるべしという途上国開発論が盛んで，そこではある種のコンセンサスがあった．「ワシントン・コンセンサス」もどきはすでに存在していたし，その途上国政府への影響力は大きかった．それは，次のように要約できる[6]．

　第1に，第二次世界大戦前多くの発展途上国は植民地経済として発展してきた．その特徴は，先進工業国が必要とする原材料や食糧——すなわち一次産品——の生産と輸出に特化した経済構造であった．すでに政治的な独立を達成していた途上国もまた事情は同じで，一次産品の輸出によって工業品の輸入を賄うという貿易のパターンが定着していた．しかし，第二次世界大戦後一次産品の生産と輸出は途上国経済の「成長のエンジン」にはなりえないだろうと考える．先進工業国の技術進歩のペースは速く，その技術進歩は工業製品生産に必要とされる投入量を節約する方向に向かっている．たとえば，送電，電気製品，自動車の電気系統に使われる銅の製品単位当たりの必要量は減少している．さらに，天然の産物に代わる工業製品が多数現れてきた．たとえば，ナイロン等の繊維がそうだし，また天然ゴムにとって代わって合成ゴムが生産されるようになった．その結果，先進工業国の途上国からの一次産品に対する需要の伸びは小さくなる．先進国の対GDPの一次産品需要の所得弾力性が小さい

---

[5]「ワシントン・コンセンサス」という言葉の歴史を，ジョン・ウィリアムソン自身が説明しているのは，Williamson（2003）．この中で，ウィリアムソンは，オイルショックと累積対外債務によって経済破綻に直面した1980年代のラテンアメリカその他の途上国経済がとるべき需要供給両面の構造改革を要約して，財政規律をはじめとする財政改革，貿易・為替の自由化，国営企業の民営化等々の10項目を挙げている（浅沼・小浜 2007, pp.140-145）．

[6] この「1950～60年代のワシントン・コンセンサス」をよく伝えるのは，Meier and Seers (1984) および Meier (1987) である．

とすると，増大する人口を養うためにも，また先進工業国との所得格差を少しでも縮めなければならない途上国が，成長を支えるために一次産品の増産に励んでも，その結末は長期的な第一次産品価格の下落を招くだけだろう．

　第2に，このような国際市場の環境に直面して，途上国が成長のためにとりうる手段は工業化しかない．工業化を推し進めることによって途上国経済全体の生産性が上昇し，1人当たり所得の向上も望める．しかし，工業製品の生産で先進国と競争するのは，先進国と途上国の技術レベルの差と生産性の差を考えると現実的ではない．そのうえ，たとえ競争力のある製造業製品を先進国に輸出しようとしても，失業に悩み，雇用創出に腐心している先進工業国は輸入障壁を設けて途上国からの輸入を阻止するだろう．解決策は，国内市場向けの，いわゆる輸入代替工業化戦略にある．たしかに国内市場は小さく，そこから生まれる需要は当初は多種の製造業を支えられないかもしれない．しかし，工業化を政策として推進すれば，製造業に従事する労働者には賃金所得が生じるから，それが国内需要の増大につながる．そうすれば，そこにある種の好循環が生まれ，成長が加速する．現存の輸入を代替することから始まる工業化が成長の原動力になるのだ，というのが輸入代替型工業化の論理である．国内の「幼稚産業」育成のためには当初は政府の保護政策が必要で，先進国産業からの競争を緩和するために関税障壁を高め，金融面・税制面での優遇措置をとる必要もある．

　第3に，工業化のためには資本蓄積が不可欠となるが，途上国には製造業に投資をする投資家層がいない．資本家はいても商業資本家で産業資本家はいない．第二次世界大戦後は，いまだ国際資本市場は復興していないし，直接投資をする多国籍企業も活発ではない．特に途上国に対しては，興味を示さない．そのような状況で，少なくとも初期的に資本家・投資家の役割を果たせるのは政府だけだ．一国の政府はある程度の資本を持っているから投資のリスクを担うことができる．かといって社会主義的な体制をとると現存の私企業セクターを活用しないことになる．おそらく理想的な経済体制は公企業と私企業とが並存する混合経済体制だ．さらに，将来への不確定要因を減らすためには，将来見通しを設定する計画経済的アプローチが望ましい．

　第4に，途上国経済の多くはある種の「貧困の罠」に陥っている．低所得，低貯蓄，低投資，低成長の悪循環がその罠である．その悪循環を打ち破るためには先進工業国からの資本導入が必要となるが，第二次世界大戦後の世界で

は，国際投資の復活は望み薄だ．そこで，先進工業国政府から開発援助の形で資本導入をする必要がある．開発援助は，途上国の低い貯蓄水準を補ってより高い投資を可能にするだけでなく，投資財などの輸入に必要な外貨を増やす．さらに，開発援助が投資プロジェクトに投資されれば，投資に体化された先進技術の移転にもなる．

もちろん「1950～60年代のワシントン・コンセンサス」に異議を唱えるエコノミストもいた[7]．しかし，途上国に開発アドバイザーとして派遣されてくるエコノミストの大半はこのような戦略的見通しを信じていた．

第5節　プランテーション・セクターの再興と発展

第1次マレーシア開発計画は，こうした国際的知的雰囲気の中で策定された．第1次マレーシア開発計画は，単なる五カ年計画ではない．マレーシアの建国という政治的なイベントに次いで，これからのマレーシア経済をどのように発展させていくかの基本的な戦略と政策——また，経済政策の基本原則——を決め，それを国民と世界に開陳するのが，第1次計画だった．政府サイドで計画策定のリーダーシップをとったのは，当時副首相であったトゥン・ラザックだった．トゥンク・アブドゥル・ラーマン首相はマレー貴族の出で，穏やかな人格者との評判もあり，人をまとめることの上手な穏やかな政治家だった．しかし，歳のせいもあり，政策の策定や実施は副首相に任せてきた．だから，共産党分子の内戦との戦いも，マレー側でイギリス軍と連携しながら指揮をとっていたのはトゥン・ラザックであった．

彼は，1960年に内戦が終了すると同時に，「内戦は終了した．しかし戦いは続く．今度の戦いは独立マラヤから貧困を駆逐する戦いだ」と宣言した．そして，当時クアラルンプールの西部の小高い丘の上にあった首相府に設置されていたオペレーションズ・ルーム（戦略室）を今度は経済開発戦略のオペレーションズ・ルームに仕立て上げた．あらゆる経済データ，報告書，プロジェクト情報，プロジェクト地図等を備えたこの部屋で，彼は開発計画，開発プログラム，投資プロジェクトの検討，策定，実施の陣頭指揮をとった．彼を支えてい

---

[7] たとえば，途上国の一次産品輸出が今後も途上国経済の成長のエンジンになると主張していたバイナー（Viner）や政府開発援助の不要論を説いたバウアー（Bauer）等が，これらエコノミストの代表例だが，当時の議論では圧倒的な少数派だった（Meier and Seers 1984）．

第5節 プランテーション・セクターの再興と発展

たのは，首相府に属する経済計画室（Economic Planning Unit: EPU），大蔵省，誕生まもない中央銀行（Bank Negara Malaysia），そして統計局のマレー系，中国系，インド系をミックスした若いテクノクラート経済官僚たちだった．マレーシアがその後高成長を遂げ，工業国として発展したのは，国の発展にコミットした指導者層とそれを支えるテクノクラートたちの存在に負うところが多い．テクノクラートというと，欧米の大学で学位をとった大学教授やトップ官僚を思い浮かべるが，マレーシアの場合はそうではない．ほとんどがマラヤ大学の優等生で，上級官僚試験を受けて政府官僚となった建国の情熱に燃えた若者たちだった．

建国当時のマレーシアは，東南アジア諸国の中でも比較的高い1人当たり所得水準を保っていたが，それはひとえに天然ゴムと錫の生産・輸出のおかげだった．当時マレーシアは，天然ゴムと錫の世界最大の輸出量を誇っており，総輸出の55％，GDPの約30％はこの2つの一次産品だった[8]．

しかしこれら産業の将来は決して明るくはなかった．第二次世界大戦後の天然ゴムと合成ゴムの競争は激しく，すでに全ゴム消費量の半分以上が合成ゴムに占められていた．第二次世界大戦中に，ゴムは戦略物資ということで極端な供給不足になり，その結果合成ゴムの技術進歩が起こった結果だ．1960年から65年の5年間には，マレーシアのゴムの輸出量は84万トンから94万トンに増大したにもかかわらず，35％近い輸出価格の下落で，輸出額は6％も減少した．わたくしが第1次計画のために準備した輸出予測では，この価格の下落傾向は1966〜70年の計画期間中にさらに悪化し，価格下落は20％にも上るものと予測されている．錫はまったく逆の問題を抱えていた．先進工業国の需要に陰りは見られず，価格上昇が見込まれたが，マレーシアの錫の埋蔵量は枯渇気味で，生産量は毎年減少を続けていた．

このような状況のもと，マレーシア政府はゴム産業，ひいてはプランテーション・セクターをどうするかの決断を迫られた．マレーシアの人口は当時年率3％に上る勢いで増加しており，すでに失業が顕在化していたから，第1次計画は雇用の創出に焦点を当てた成長政策が要請されていた．錫産業が創出する

---

[8] The Government of Malaysia, *First Malaysia Plan 1966-70*, The Government Printing Office, 1965. 本文中の数値は同計画文書あるいはWorld Bank（1970）．後者はわたくしが初めてミッション・チーフを務めた世界銀行経済ミッションのレポートである．

雇用は多くない．また，製造業は未発達で，鉱業と合わせても全雇用の10%にも満たない．だから急成長を遂げたとしても雇用問題の解決に大きく貢献するだけの規模になっていない．一方マレーシアには膨大な未開発のジャングルがある．政府が行ったマレー半島の土地調査では，未開の土地の少なくとも半分は農業に適した土地であることが判明している．また，そのすべてが開発されてもまだマレーシアの森林地帯は膨大で，環境問題は生じない．したがって，少なくとも当面の間，マレーシアは経済成長のために新しい土地開発，しかも農地開発が可能であると同時に不可欠となる．

さて次の問題は，新しく開発する土地を何に使うかである．ここでは2つの問題がある．第1に，マレーシアの主要輸出産品であるゴムやマレーシアの土壌に適したオイルパーム等の栽培を目的としたプランテーションを新たに作るという選択がある．第2に，「1950～60年代のワシントン・コンセンサス」のように，ゴムやオイルパームの国際価格はすう勢的に下落を続けるであろうから，新たに開発する土地は，コメその他の国内消費用食糧生産に回すという選択もある．その当時のマレーシアは国内消費のためにコメを輸入していた．マレーシアの近隣のコメの輸出国としては，従来タイ，ビルマ（現ミャンマー）とベトナムがあったが，第二次世界大戦後は，ベトナムもビルマも政治不安と経済政策の失敗から東南アジア地域にコメを輸出し続けることができるかどうかは大いに疑問だった．さらに，プランテーションはもともとイギリスをはじめとする外国資本あるいは小規模プランテーションは中国系の資本によって開発されたものが多く，一方稲作はマレー系の小農が主役であったから，新しい土地から生じる経済的利益の配分はマレー系市民により多く利益があがるような選択をすべきだという議論もあった．

これはマレーシア経済の将来を左右するきわめて戦略的な政策で，マレーシア政府内外で熱い議論が戦わされた．これはわたくしが世界銀行の経済ミッションの先輩から聞いた話であるから伝聞の域を出ないが，リュエフ・ミッションがマレーシアで現地調査をしていたときに，そのメンバーであった農業コンサルタントがマラヤ大学で講演を依頼され，出かけて行って「マレーシアは，過去のしがらみを捨てて，ゴム生産に対する今後の投資は諦めるべきだ．投資資金の無駄だ．さらに現存するゴムの樹はすべて引っこ抜いて，稲作の畑に転換すべきだ」という趣旨の主張をしたそうである．世界銀行のエコノミストたちもこの問題には大きな関心を示し，経済分析を進めている最中でもあり，ま

第5節　プランテーション・セクターの再興と発展

たコンサルタントのマラヤ大学での講演はミッション・チーフの許可なく行われたので，件のコンサルタントが大学からホテルに帰り着くや否やミッション・チーフは彼を即刻その場でクビにしてワシントンに送り返したという．いかに激しい論争が繰り広げられていたかを示すエピソードだ[9]．

マレーシアは，第1次マレーシア開発計画を策定する過程で，この問題に決着をつけた．マレーシア経済の将来をゴムとオイルパームに賭けるという決定である．第1次マレーシア開発計画では，公共投資の主たる眼目はゴムとオイルパーム生産を目的とする大規模土地開発と既存の小規模ゴム園における生産性の低い古いゴム林を高収量品質の新しい樹に植え替えるプログラムだった．何よりもマレーシア政府のゴムの土地生産性上昇に対する強い信念がその根拠だった．もともと，植民地時代から，マレーシアは強力なゴムの研究機関，「国立ゴム研究所（Rubber Research Institute of Malaysia: RRI）」を持っている．その研究機能を維持するために，プランテーションが輸出するゴムに一定の輸出税をかけて，その収益をそっくりRRIの経費にあてる仕組みを作っていた．RRIは長期間にわたってゴムの樹の品種改良を重ね，高収量の品種を作り上げてはプランテーションや小規模ゴム園に普及してきた．1960年代のマレーシアのゴム園では，1930年代から続いた大不況，第二次世界大戦，共産党分子の内戦のために生産寿命を過ぎた樹が多く，植え替え投資が行われなかったから，土地生産性は低かった．多少改善したとはいえ，1965年時点での全国平均はエーカー当たり年675ポンドとなっている．一方，新規に開拓された土地では，1,300〜1,500ポンドの生産が見込まれた[10]．一方，オイルパームについては，すでにナイジェリア，コンゴ民主共和国，インドネシア等の主要輸出国の間でマレーシアが輸出シェアを伸ばしている．やはりマレーシアでは高い土地生産性が期待できた．

期待される生産性の向上を計算に入れると，ゴムやパームオイルの国際価格

---

[9] わたくしはこのエピソードを当時の世界銀行極東局のチーフ・エコノミスト，William M. Gilmartin 氏から聞いた．彼は第1次マレーシア開発計画の準備支援ミッションのミッション・チーフで，当時のマレーシアのトゥンク・アブドゥル・ラーマン首相が書いた第1次計画の前文の謝辞は彼とその他の世界銀行ミッションメンバーにささげられている．

[10] 当時のゴムの研究は，品種改良によって理想的なゴムの樹を探し出すのに50年もかかるような，息の長い研究だった．遺伝子工学は存在さえせず，太陽光と水を，どのような土壌で，どのような肥料を使って，どんな品種のゴムの樹を作るか，接ぎ木と品種の交配を試行錯誤で模索して，20年にわたって最大量のラテックスを生じるゴムの樹を探し出すプロセスだ．

の予想される下落は充分に生産費の削減で対応することが可能である．現に，第1次マレーシア開発計画のもとで進められた大規模土地開発プロジェクトでは，輸出価格の下落を勘定に入れてもプロジェクトの収益率が，ゴムの場合は10%以上，オイルパームの場合は20%弱となっている．ゴムとオイルパーム生産の土地開発は充分経済性を持っているということになった．

　もう一つ問題があった．プランテーション農業は人手を必要とする．雇用創出に役立つのだ．しかし，プランテーションはジャングルの真ん中に作られる．そこでの労働者とその家族の生活は厳しい．もちろんある程度以上の規模のプランテーションには学校もあるしクリニックもある．しかし，プランテーションでは，すべての労働者がロング・ハウスと呼ばれる長屋で，文明から隔離された生活を強いられる．そのため現地のマレー人はプランテーションで働くことを嫌い，プランテーションの経営者は，はるかインドから労働者を受け入れることになった．しかもプランテーションの所有者や経営者は植民地の支配者であったイギリス人が多い．いずれにしても，新興独立国マレーシアにとってプランテーションのイメージは悪い．そこで，新規に独立を勝ち取った政府が植民地時代の匂いを放つプランテーションを作るのはいかがなものか，という意見が出てくる．雇用にありつけるとはいっても，はたしてマレー人や中国人が新しいプランテーションに移住するだろうか，という疑問もある．

　この問題に対する解答として，プランテーションに参加する移住者にプランテーションの所有権を買い取らせることが考案された．ただ，労働者家庭に個々に所有権を譲渡することはしない．あくまで共同所有とする．買い取りのための資金は政府が提供し，返済はプランテーションの建設期間中の労働によって行う．魅力的な村落と家屋，学校・病院等のコミュニティー・インフラ，そして共同所有の夢を提供することによって，プランテーションの悪いイメージを払しょくすることができた．

　わたくしは当時，ゴム生産の生産性向上を根拠とするプランテーションのための大規模土地開発投資は正しい選択だと思っていたし，いまもそう思っている．だいたいゴムの生産に必要なのは自然環境に恵まれた土地，太陽と雨，労働力，そして一番重要なのはゴム原料のラテックスを樹としての寿命の20年にわたって最も多量に出すゴムの樹だ．投入財の中で輸入しなければならないのは肥料くらいのものだ．マレーシアのゴム産業が，天然ゴムを産するタイ，インドネシア，スリランカ等に比べて格段に高い生産性を誇っているのは周知

の事実だ．強敵の競争者はしたがって先進工業国の合成ゴム産業ということになる．ゴムは主として自動車のタイヤに使用される．第二次世界大戦後の世界見通しとして，先進諸国ではいわゆるモータリゼーションが進み，中流階級の乗用車所有はますます盛んになることは目に見えている．だから，ゴムの需要サイドに問題はない．要するに合成ゴムとの競争に勝てる天然ゴムの生産さえできればよいのだ．

　天然ゴムの樹を植えてラテックスがとれるようになるまで約7年かかる．当時の情報では合成ゴム工場を立ち上げるまでの懐妊期間は4年程度といわれていた．もし，天然ゴム生産者が将来の価格下落を心配して新規投資をしなければ，将来ますます大きなマーケット・シェアを合成ゴムに奪われてしますことは目に見えていた．それに対抗するためには，合成ゴム生産者に先駆けて投資をして，7年後には生産能力が増大することを周知の事実とする．それでも合成ゴム産業が投資をして，その結果価格下落があれば，マレーシアは通貨切り下げをして輸出競争力を強化することもできる．もっとも当時はIMF制度のもとにおける固定通貨制度全盛の時代であったから，この可能性については，考えていたとしても誰も口にしなかった．

　第1次マレーシア開発計画の目玉は，ゴムとオイルパーム・プランテーションのための大規模土地開発とする．これが第1次マレーシア開発計画の核心だったことに間違いはない．しかし，だからといってその他の成長の源泉が無視されたわけではない．プランテーション・セクターに対する投資の懐妊期間は長い．ましてや，まったく未開拓のジャングルを切り開くことから始める場合は，なおさらだ．そこで，すでにマレーの小農が稲作を行っているところで，灌漑設備がないために一毛作しかできないところには，ダム建設によって灌漑を可能にして，二毛作にすると同時に，当時フィリピンの国際稲研究所（IRRI）が開発した高収量の新しい品種を導入することにした．マレーシアのおける「緑の革命」の始まりだ．マレー半島の北部のタイ国境に近いところに，ムダ河（Muda River）と呼ばれる河が東から西に流れてインド洋に注いでいる．この流域では伝統的に稲作が行われていたから，ムダ河にダムを建設し，灌漑用水を引けば，流域の多くの地域で二毛作が可能になる．このプロジェクト――当時のマレーシアにとっては大規模開発プロジェクトだった――がマレーシアの「緑の革命」の皮切りになった．

　また，マレーシアは，新産業促進法（Pioneer Industries Act）という製造業

への投資を促進するための税制面での優遇措置を盛り込んだ産業政策を実施した，まさに外国資本導入のパイオニアだった．新規の投資に対して一定期間の無税措置をとり，またクアラルンプールのペタリンジャヤと呼ばれる近郊に工業団地を作り外資を導入しようとした．ただ，その当時輸入代替工業化路線をとっていたインドやインドネシアと違っていたのは，新たな国営企業群を作って工業化の役割を任せたり，あるいは高い輸入関税による新産業保護政策をとらなかったことだ．それは，製造業部門が伝統的にイギリスをはじめとする外国資本と華僑資本に占められ，マレー人の民族資本は常に脇役でしかなかったからかもしれない．そして，マレー人が主役の政府も，製造業部門に乗り出す能力はなかった．たしかにマレー，中国，インド系市民の民族政党の連立政党がマレーシアの統治を行っていたが，華僑の指導者層は幾世代もマレーシアで商業・金融を営んできたババ・チャイニーズと呼ばれる商業資本だったが，新産業のための強力なロビー勢力とはならなかった．1960年代のいわば穏健な開放経済体制を保持したうえでの工業化政策の唯一ともいえる例外は，小規模製鉄プラントのプロジェクトだった．

　当時の途上国にとっては——特に工業化を進めようとしている途上国政府にとっては——「鉄は国家なり」で，自前の製鉄プラントを持つことは夢であり誇りだった．マレーシアも例外ではなく，何らかの形で製鉄プラントを建設したいと望んでおり，世界銀行や当時世界銀行グループで製造業部門を担当していたIFC（国際金融公社）と話し合いをしたりしていた．世界銀行だけでなく，国際的な製鉄企業との話し合いの結果，マレーシアに小規模の製鉄プラントを作ることになった．ただし，国際的な民間企業との合弁事業にして，IFCも資本参加する．そして，日本の八幡製鉄（新日本製鉄の前身）が，このプラントの合弁相手となって，技術移転をすることになった．このプロジェクトの特徴は，製鉄に必要なコークスを輸入する代わりに，当時マレーシアで進んでいたゴムの樹の植え替えの副産物であるゴムの古木——利用されずにゴム園で腐るにまかされていた——から炭を作り，それを石炭の代替品として使用したことだ．計画されたときには，ゴムの古木を利用するのは実に目新しく面白い発想だったが，それまで廃材としてうち捨てられていた古木に経済的な価値があるとわかったとたんに，華僑商人が乗り出して，すぐにゴムの古木の価格は上がってしまい，当初計画していた投入価格の節約は実現しなかった．

第6節 ジャンカ・トライアングル・プロジェクト[11]

　ジャンカ・トライアングル・プロジェクトは，世界銀行がマレーシアで手がけた最初の大規模土地開発プロジェクトだ．わたくしがこのプロジェクトのことをよく憶えているのは，マクナマラ総裁が1968年に世界銀行に就任して最初の理事会に提出されたプロジェクトで，当時世界銀行でマレーシア担当のエコノミストだったわたくしは，このプロジェクトの背景を理事会で説明することになったからだ．理事達が取り囲む大きな丸テーブルの片隅に座り，プロジェクトのプレゼンテーションをするのは，わたくしにとって初めてのいわば理事会デビューで，しかも厳しいことで知られるマクナマラ総裁の最初の理事会ということで，大変緊張したのを記憶している．

　1950年代にマレー連邦政府が実施した国土調査の結果，マレー半島には，広大な未開発の熱帯原始林が存在し，そのうえそれらの大部分が農地として開発可能であることがわかっていた．マレー連邦の土地は，すべて主権者である州政府の所有で，土地の利用者は州政府から99年の借地権を買い取ることになっていたが，州政府が管理する土地は連邦政府の許可がなければ借地権を売却することはできないことにもなっていた．連邦国家といいながら，マレー連邦は――その後継者であるマレーシア同様に――中央集権的な法体制のもとで中央集権的な国家運営を行っていたからだ．

　太平洋戦争が終わり，1960年にはその後に起こった共産党の反乱も収まると，民間の林業会社やプランテーション会社から未開発の原始林に対する需要が急増した．当然国土開発のためにこの未開発の土地を開発しなければならない．しかし，そのための政策をどうするかについては，いろいろの問題を考慮しなければならなかった．まず，森林保護区として未来永劫に森林のままで残したい地域については，植民地政府がとっていた森林保護政策を踏襲することにした．植民地政府は，熱帯雨林のマホガニーやチークのようなハードウッドは成木になるまでに約60年を要するという理由で，毎年面積の60分の1に限り伐採の対象として林業者の入札にかけていた．また，入札に成功した業者

---

[11] このプロジェクトに関して詳細は，World Bank, *Jengka Triangle Project: Malaysia*, TO617, World Bank, 1968 および World Bank, *Second Jengka Triangle Project: Malaysia*, PA-31a, World Bank, 1970.

> **ジャンカ・トライアングル・プロジェクト（1968）プロファイル**
>
> **マスタープラン**：マレーシアの東海岸中央にあるパハン州のジャンカ・トライアングルと呼ばれる地域の原生林地帯を，ゴムやオイルパームのプランテーションとして開発する．約12万ヘクタールがこの地域に含まれるが，そのうち約7万ヘクタールは未開発で，地味はオイルパームなどの植物に適している．マスタープランによれば，10年がかりの開発で，この地域を開発して，約9000の農民世帯を入植させて，4万ヘクタールのゴムとオイルパーム園を作り，2万ヘクタールの森林保護区を残すとともに，その森林地帯から伐採される木材をベースとした製材業も設立する．
>
> **ジャンカ・トライアングル・プロジェクト**：このプロジェクトは，マスタープランの第1フェーズと位置付けられるもので，マスタープランの約3分の1の1万3,000ヘクタールの原生林を開発する．このうち1万1,000ヘクタールは，オイルパームを植え，その他は入植者の住宅（多少の野菜畑をつける）やインフラストラクチャーに使用する．プロジェクト完成後は，毎年約5万4,000トンのパームオイルと1万3,000トンのパーム種子の生産が見込まれる．
>
> **プロジェクトの実施**：プロジェクトの実施には，道路等のインフラストラクチャーは別にして，すべてFELDAがマネージする．
>
> **プロジェクト・コストとファイナンス**：第1フェーズのプロジェクト総コストは，約3,000万ドルと見積もられ，そのうちの約2,200万ドルがFELDAのプランテーション投資（土地開発，入植者住宅，オイルパームのプロセス設備等）で，800万ドル相当を連邦政府の道路，上下水道，学校，医療クリニック等の社会的インフラ投資に充当する．世界銀行は，1,400万ドルの借款をマレーシア政府経由で，FELDAに貸し付ける．
>
> **プロジェクトの費用対便益**：プロジェクトの生産物は，100％輸出される見通しだから，マレーシアの外貨収益に貢献する見通し．プロジェクトの内部収益率は，将来のパームオイルとパーム種子の輸出価格に左右されるが，プロジェクト策定当時，約16％と推計された．

には，伐採した後を植林する義務を負わせていた．

　問題は，森林保護区以外の未開の森林をどうするか，だった．当然，プランテーション会社は，新しいプランテーションのために借地権の売却を求める．しかし，植民地時代と何ら変わらない国有林の利用には，政治的に問題が生ずる．そのうえに，土地なし農民や半失業に近い農民が多数いるので，新規の土

第6節　ジャンカ・トライアングル・プロジェクト

地開拓は彼らのために解放するか，あるいはプランテーションを作るにしても，民間資本ではなく国営にしてプランテーション労働者の福祉を保障すべきだとする考え方が有力になってきた．そこで，名目的な所有者である州政府が主体となって土地開発事業が行われることになった．マレー連邦政府は，そのような州政府の土地開発事業を支援する目的で，1956年に連邦土地開発機構 (Federal Land Development Authority: FELDA) という公社を設立していた．当初公社の事業は，州政府の土地開発事業に開発資金を融資することが主だった．しかし，州政府には，開発プログラムを策定して，プロジェクトを組成・実施・運営するスタッフもいなければ彼らを指導する強力な地方政治家もいない．そのうえ，このような新しいタイプの開発事業をするとなると，連邦政府や地方政府の複数の縦割り機構の間の調整が必要になってくる．結局，州政府に任せておいては，開発は遅々として進まないから，FELDA 自体が直接的に開発事業に取り組むことになっていった．

　第1次マレーシア開発計画では，この FELDA の土地開発事業を，飛躍的にスケールアップしようということになって，そこで世界銀行が関与することになった．国際的なコンサルタントがマスタープランを作成したが，それは 1970 年代半ばまでに実に 3 万 7,000 ヘクタール——これは実にシンガポールの領土の半分以上の広さだ——の原始林を開発し，そこにゴムやオイルパームを植えて，9,000 戸の農家を移住させるという大規模な計画だった．開発するのは，クアラルンプールから西にパハン州の首都クァンタンに向かう幹線道路沿いのジャンカ・トライアングルと呼ばれる森林地帯で，首都クアラルンプールに近く，またこの幹線道路は西海岸のクラン港 (Kelang Port, もとは Port Swettenham と呼ばれていた) に通じているから，ゴムやパームオイルの輸出のための運び出しに便利だという理由で選ばれた．これをいくつかのフェーズに分けて実施する．

　このような新規の土地開発は，都市の住宅地開発になぞらえるとわかりやすい．団地を作って，それを一戸建て住宅として賃貸あるいは分譲する方法がある．あるいは賃貸の集合住宅を建てるか集合住宅を建てて，分譲する方法もある．農業の場合には，戸建て住宅の建設は，政府機関がインフラを作ったうえで，小作に借地をさせるかあるいは借地権をここの農家に売却することだ．この場合の問題は，農民に主体性を持たせるのはよいが，過去の経験からすると農民は最新の農業技術を知らないし，使わないから生産性が低くなることだ．

集合住宅の場合には，何らかの形のプランテーションになるから，賃貸の場合には従来のプランテーションと変わらなくなり，農民はプランテーション労働者になる．政府機関が関与している限り，労働者の福祉はある程度考慮されるにしても，やはり植民地時代のゴム園の特徴は残る．そこで，マレーシア政府は，新しい試みとして，いわば大規模集合住宅を作り，これを区分所有者に分譲する分譲形式のプランテーションを作ることにした．まったく新しい組合タイプのプランテーションにしたのだ．

ジャンカ・プログラムの第1フェーズに選ばれた地域は，ジャンカ・トライアングルの中でも勾配の低い土地だったから，ゴムよりもオイルパームに適していた．そのうえに，当時のゴムとパームオイルの長期的な価格予測は，パームオイルの方が有利でプロジェクト収益率はパームオイルの方が高かった．オイルパームは，品質劣化を防ぐためパームの収穫直後に集中して処理をする必要から，小規模農園には適していない．生産性とプロセス・コストを考えるとどうしてもプランテーション方式を考えざるをえない．しかし，区分所有者としてプロジェクトに参加するのは，貧しい土地なし農民あるいは零細農民だ．となると，彼らに対する長期融資を考える必要がある．また，新規にオイルパームを植えるわけだから，成熟するまでの4年から5年間は，融資資金の返済はもとより，生活のための所得さえない．そこで，FELDAは，区分所有権（借地権）を担保に支払い猶予4年，返済10年のローンを組んで，しかし最初の数年は，区分所有は特定の場所ではなく，集合的な借地権の一部とし，またその間は開発中のプランテーションの労働者として働いて生活費を稼ぐことにした．区分所有者は，道路や学校，病院等々のインフラストラクチャー以外のプランテーション開発のフルコストをローンで払うことになった．プロジェクトの策定にあたっては，参加農民の家族数をできるだけ多くするように，しかし同時に今後20年位の期間は，稲作地帯の小農家庭よりもよほど豊かに暮らせるようにという考慮から，1世帯当たりの区分所有を約10エーカー（すなわち4ヘクタール）とすることにした．

プロジェクトを実施するとなると，その他にもいろいろと考えなければならないことがあった．たとえば，広いジャンカ・トライアングルをフェーズに分けて開発をする目処としてどの地域から手をつけるかが議論されたが，その決め手になったのは，マレー虎の生息地だ．近くの村人の話では，時々虎が出没する．そのときには村人が総出で鍋をたたいたりすれば，虎は何ら害を加え

第6節　ジャンカ・トライアングル・プロジェクト

ることなく森に消える．それでも，将来ジャンカ・トライアングルが虎の生息地でなくなるとすると，彼らを虎の自然保護区の方に追いやらなければならない．そうした考慮から，開発は南から北にかけて順次行うことにした[12]．

また，9,000世帯に上る農民を移住させるわけだから，どのような村落を作るのかを考えなければならない．プロジェクトの議論のときには，100世帯位の村落か，あるいは400世帯位の村落にするのかが問題になった．学校やモスクや医療クリニック，日用品を売るマーケット等の社会インフラの効率という観点からは，村落は大きい方がよい．しかし，農民の食住接近——すなわちオイルパーム農園へ歩く距離——から考えるとより小さい集落が望ましい．この議論の最終的な決め手になったのは，実はまったく別の要因，ゲリラ等が出てきたときに村落の防衛を容易にするには，大きな村落がよいという，共産党反乱のときの教訓だった[13]．

このようにして始まったFELDAの大土地開発プログラムは，世界銀行が最初の借款から3年後に，すでに第2フェーズのために第2の借款を供与した事実からも明らかなように，成功を収めた．第2のプロジェクトの場合は，第1とほとんど同規模だったが，オイルパームだけでなく，ゴム園を加えている．ゴムの投資収益率はオイルパームよりは低いが，傾斜地にはゴムの方が適していたからだ．そのうえ，第1のプロジェクトでは，原始林の伐採は民間の業者を使ったが，第2プロジェクトでは，ジャンカ森林プロジェクトと称するサブ・プロジェクトを作って，伐採だけでなく，製材等を扱うコンプレックスを作っている．

プロジェクト実施にあたっては，もう一つ問題があった．プロジェクトに入植する農民をどのようにして選択するかだ．ジャンカ・トライアングルのインフラストラクチャーは，すべてFELDAが面倒を見てくれる．学校も，医療

---

[12] 当時は，環境保護団体やロビーはいまだ存在しなかったが，プロジェクトの策定にあたった専門家は，森林保護や森林を生息地とする動植物の保護には，十分注意を払っていた．

[13] 共産ゲリラから住民を守るために，また共産ゲリラに食糧などを徴発する機会を与えないために，イギリス軍はいわゆる「新村」を作って付近の小村落の住民を移住させた．同様の戦術は，アメリカ軍がベトナムで採用したが，マラヤにおけるような成果はあがらなかった．わたくしは，このプロジェクトの土地開発が始まって間もなく，ジャンカ・トライアングルを訪ねたことがある．現地のマネジャーに，プロジェクト実施で何か問題が起こっていないかと尋ねると，彼は最初に入植した農民の一人が他人の妻と懇ろになって，一騒動持ち上がりそうになったのだが，話し合いで妻をスワップすることで解決した，と笑って話していた．それ以外は，プロジェクトは支障なく実施されていた．

クリニックも，水道や電気も，入植者に何不自由ない生活が保証されている．そのうえ，他の零細農民に比べて格段に良い所得と生活水準が将来にわたっても期待できる．だから，入植者を公募すれば応募者が殺到するであろうことが予測された．もともとのこのプロジェクトの発想は，当時増大していた貧しい土地なし農民あるいは零細農民に生活基盤を与えようというものであったから，その考えに沿った選択基準を作った．そこで，応募資格としては，すべてのマレーシア国民――事実中国系マレーシア人も選択されている――を公募対象にすること，結婚していて，家族は21歳以上あるいは16歳以下――労働力となる家族で，子どもは中学生まで――であること，農民の場合には1ヘクタール以下の農地を所有する零細農民であること，すべての国民を対象にするために農業の経験は問わないこと，とした．この条件をクリアーした応募者から選ぶのだが，その際マレーシア政府の希望でパハン州の住民を入植者の50％まで優先的に選ぶ，さらに20％の優先枠を共産党反乱鎮圧に従事した元兵士に与えることとした．

ジャンカ・トライアングル・プロジェクトは，成功だった．その成功の要因は，未開発の農業に適した土地があり，輸出に適したパームオイルやゴムという商品があり，商品の輸出のためのインフラがすでにそろっており，そしてFELDAというプロジェクトを施行する能力を持った機構があった，というだけではない．ここに述べたように，まさに「神は細部に宿る」的なプロジェクトのあらゆる点に注意を向けたプロジェクト組成作業があったのだ．また，プロジェクト自体が成功だったばかりでなはない．これがFELDAの大規模土地開発プロジェクトの新しいテンプレート（模範となる基準）となって，FELDAは同様のプロジェクトをマレー半島南部のジョホール州，ジャンカ・トリアングルのあるパハン州等々に広げ，マレーシアのゴム産業の再興とパームオイル産業の繁栄に貢献した．もちろん，FELDAだけの成果でないにしても，マレーシアは一大天然ゴムの輸出国であるし，最近インドネシアに追い越されるまでパームオイルの世界第一の輸出国だった．

第7節 エピローグ：工業化への道程

2006年世界銀行は，他の国際的な援助機関を誘って，21人の世界の経済発展に貢献してきた政治指導者と学者（ノーベル経済学賞の受賞者である

マイケル・スペンスとロバート・ソロー）で構成される「成長と発展委員会（Growth and Development Commission）」を立ち上げ，貧困削減等政策目標達成には不可欠の経済成長を長期にわたって持続させるためには，どのような戦略と政策が必要かを，世界の戦後の経験に基づいて検討することにした．この委員会の結論は，2年後の2008年に「成長報告書（The Growth Report）」として発表されている[14]．

この報告書が長期にわたる高度経済成長の成功事例として取り上げているのは，1950年以来，年平均7%以上のGDP成長率を25年以上にわたって達成してきた途上国13カ国で，マレーシアはそのうちの一つだ[15]．この報告書の定義によるマレーシアの高度成長期は，1967年から1997年の30年間で，その結果1967年には790ドル（米ドル換算，2000年価格）でしかなかった1人当たりの国民所得は，2005年にはその5.6倍の4,400ドルに達している．プランテーション部門の成長は，この高度成長に大きく貢献した．しかし，30年間にわたる高度成長のすべてが，プランテーションをはじめとする農業あるいはプランテーション部門の成長で維持できたわけではない．第1次マレーシア開発計画が始まった頃は，GDPの約3分の1は，農業部門で生み出されていた．また，その農業生産額の60%はゴム生産が占め，ゴムが全労働力の30%を占めていたし，ゴムはまた全輸出の半分を占めていた．マレーシア経済で，このような重要なウェイトを持っていたプランテーション部門のオイルパームへの多角化と成長は，1960年代，1970年代を通じてマレーシアの高度成長の源泉となった．

マレーシアの高度成長期の中頃では，マレー半島の東海岸と東マレーシア（サバ，サラワク）沖の南シナ海で発見された石油・ガス資源の開発と輸出がGDP成長を維持する要因になってくる．同時に，外資導入の促進といくつかの輸出特別区の創設，それを梃子としてマレーシア国内に作られた労働集約的な製造業が，マレーシアの高度成長を支えるようになった．この工業国としてのマレーシアの建設は，また別の経済成長のエピソードだ．

それでは，マレーシアの高度成長期の初期の経験——それがこの章のテーマ

---

[14] 序章 p.7, 脚注2）を参照．
[15] これらの成功例は，それぞれ時期は違っているが，マレーシアの他に，ボツワナ，ブラジル，中国，香港，インドネシア，日本，韓国，マルタ，オマーン，シンガポール，台湾，タイ，である．

だが——から，どのような教訓を導き出せるか．一国の経済成長や発展の歴史と経験を描き，そのポリティカル・エコノミーのダイナミズムを解釈することは容易ではない．いろいろの違った意見が出てくるだろうことは容易に理解できる．さらにそこから何らかの教訓を引き出すとなると，それ以上に違った考えが出てくる．だから，この章で紹介したマレーシアの経済発展のエピソードの教訓は，必然的に主観的なものにならざるをえない．わたくし自身が，マレーシアの経験からの教訓として引き出したのは，次のような点だ．

第1に，経済を高度成長路線に導くためには，成長・開発戦略が不可欠だ．そう言うのは簡単だが，現実には，一国経済が置かれたそのときの国内，国際的な環境で実現可能な戦略を作るのは，至難の業だ．その国がその時点でどのような発展段階にあるのか，どのような資源——天然資源，人的資源，すでに存在するインフラストラクチャー等々——が成長に利用できるのか，他の同じような境遇にある途上国に対しての競争力はあるのか，等々を考慮したうえで，実施体制を築かなければならない．成長戦略とそれを現実のものとする政策がなければ，高度成長が自然発生的に起きるわけがない．

第2に，発展段階や資源の賦与状況にかかわらず，すべての途上国に適用できるような発展戦略は存在しない．成功の可能性を持った戦略は，多分にそれぞれの国によって違う．戦略の有効性を保証する条件は，その国の置かれたそのときの状況によって変わってくる．有効な戦略は，コンテクスト・スペシフィックなのだ．第1次マレーシア開発計画が発足した当時，マレーシアは広大な未開発の土地を持っていたし，またまだ未利用・未普及の農業技術を蓄積していた国立ゴム研究所（RRI）や民間のプランテーション会社があったし，さらにまた，ゴムやパームオイルなどの輸出のためのマーケティング機構をはじめとするインフラストラクチャーが存在した．これらの条件が，マレーシアの一次産品輸出重視の戦略を成功に導いたのだ．

その当時の「ワシントン・コンセンサス」が輸入代替工業化戦略だったことを思い出していただきたい．そして，その戦略が有効である条件を無視して，盲目的にその戦略を追求したスカルノ大統領時代のインドネシア，エンクルマ大統領とその後継者たちのガーナ，等々の国が成長戦略に成功しなかったばかりか，経済を破綻に至らしめたという事実も，戦略のコンテクスト・スペシフィックな性格をよく表している．一次産品輸出国間の国際競争は激しい．したがって，もし多数の途上国が，マレーシアと同じような一次産品輸出重視の戦

略をとっていたとすれば，あるいは競争激化の結果，一次産品価格は低下趨勢を強めていたかもしれない．ある意味では，マレーシアの成功は，他の途上国の失敗のうえに築かれたのかもしれない．

　第3に，開発戦略には，いわば賞味期限があることだ．これは，戦略がコンテキスト・スペシフィックであることからも明らかなのだが，ある特定の戦略が有効な期間は限られている．途上国の経済成長は，いろいろな意味で現実と可能性の間のギャップを埋めることであり，現実が可能性にキャッチアップする過程だ．マレーシアの場合，1950年代，60年代にはゴムやオイルパームの生産部門で，植え替えや新規の土地開発の投資によって，この部門の生産性が飛躍的に改善することが見込まれた．これは，雨水に頼っていた稲作でも同じで，「緑の革命」は高収量の品種を導入し，肥料や灌漑に投資することによって生産性を向上させた．しかし，新技術や新しい経営・運営方法によって可能となる生産性向上にも限度がある．そして，その結果その部門の労働者の所得水準は停滞することになる．一方，経済の他の部門での成長が続いているとすると，相対的にその部門で働く人々の所得水準は低くならざるをえない．その部門は，もうその段階で成長の源泉ではないことになる．ジャンカ・トライアングルのようなプランテーションでは，またムダ河流域の緑の革命が起こった地域の農民は，当初は皆からうらやまれる「農民貴族」だった．しかし，それから30年，40年たったいまでは，「貧困スポット」になっているところが多い．わたくしが，開発戦略には賞味期限があるというのは，まさにそのことで，ある部門での現実と可能性のギャップが埋まった後では，開発戦略は転換せざるをえないのだ．

　第4に，成長・発展戦略に強くコミットした政治指導者や指導者層の存在も重要だ．また，そうした指導者を支えるテクノクラートの存在は欠かせない．途上国の多くの政治指導者は，経済発展へのコミットメントを口にする．しかし，そのコミットメントがどの程度強いかどうかは，その他の政治目的とのトレードオフが出てきた場面でよく現れる．マレーシア独立の政治的な指導者たちは，皆反植民地主義者だった．ジャンカ・トライアングル・プロジェクトのような大規模土地開発にあったては，植民地時代の経済を特徴付けるプランテーション様式の開発方法には，政治家のセンチメントとしては大いに反発していいところだ．しかし，小規模農園とプランテーションとの間の生産性の差異という厳然たる事実を前に，当時のマレーシアの政治指導者は，プラン

テーション方式を是認した．さらに，そのような政治的なセンチメントと土地なし農民や零細農民に仕事を与えるという政策目的を，どちらを否定することもないような区分所有をベースにしたプランテーションを考案したのは，政治指導者を支えるテクノクラートたちだった．

　いま思い返してみても，マレーシア建国当時に第一次マレーシア開発計画でとられた開発戦略とそれを具現化したジャンカ・トライアングル・プロジェクトのマスタープラン，それにマスタープランをプロジェクトとして現実のものとしたいくつもの大規模土地開発プログラムは，マレーシアの高度経済成長の強固な礎を築いたと思う．

第2章　シンガポール：通商国家の構築と工業化

Courtesy of the University of Texas Libraries, The University of Texas at Austin.

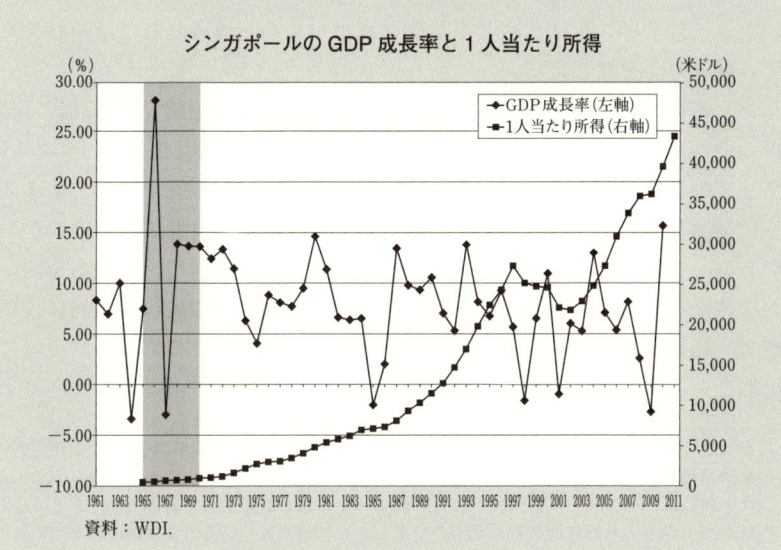

シンガポールのGDP成長率と1人当たり所得

資料：WDI.

第1節　アジアの「海の都の物語」

わたくしがシンガポールを最初に訪れたのは1964年だからもう40年以上昔のことだ．それ以来何回シンガポールを訪ねたかは記録をとっていないのでわからないが，行くたびに上空から眺めるスカイラインが変化している．最近では，アジアのマンハッタンとでも呼べるような景観に驚かされる．40年前には猥雑なアジアの港町だったのが嘘のように思われる．

その変貌を一口で表す言葉は，経済発展をおいてほかにない．何しろ大英帝国の東アジアへのゲートウェイ――ヨーロッパと東アジアの中継港――として建設されたシンガポールの1人当たりGDPは，2007年には日本を抜いてアジア第1の豊かな国になったのだから．シンガポールの1人当たりGDPはすでに1970年代には大英帝国の宗主国であるイギリスを超えていた．

まさに奇跡というのに相応しい驚異的な経済発展の記録は，天から降ってきたものではない．シンガポールの独立以来政権を担当してきた人民行動党の指導者たちの考え抜かれた開発戦略と賢明な政策運営によって勝ち取られた結果だ．アジアでは知られたリー・クワンユー，ゴー・ケンスイ，ゴー・チョクトン，ホン・スイセンをはじめとするシンガポールの指導者たちには，わたくしは深い尊敬の念を禁じえない．

シンガポールの経済発展の歴史は，わたくしに塩野七生が『海の都の物語』で描いたベニスの数世紀にわたる興亡の物語を思い起こさせる[1]．ベニスは，イタリアの都市国家の一つとして1797年にナポレオン戦争で滅亡するまでの約10世紀にわたって栄えた国家であるが，その発展と繁栄にはいくつかの特徴がある．まず，この都市国家の生まれた背景が面白い．中世の強力な国に特徴的な豊かな資源，特に肥沃な土地がないアドリア海の湿地に人工的に造られた国だ．発展と繁栄の最中にも国家の版図は拡大したわけではない．ベニスは植民地を造る代わりに，商業の根拠地を海外――アドリア海に面する港町をは

---

[1] 塩野七生『海の都の物語―ヴェネツィア共和国の一千年』（上・下），新潮社，2001年．ベニスの経済発展については，アジェモールとロビンソンも特記している．しかし，彼らが考えるベニスの興亡は，ベニスの支配体制が商人階級すべてに開かれたものであったか，あるいは特権階級の権力保持のために閉じられたものであったかに絞られている．彼らによるとベニスの繁栄は，特権階級が権力を独占する体制づくりに成功したときに終わったのだ（Acemoglu and Robinson 2012, Chapter 6）．

じめとしてエジプトのアレクサンドリアまでの地中海の主要交易拠点——に貿易のための商館を多数持つようになった．強力な軍事国家ではなかったから国家存続のために，西ヨーロッパのカトリック教国でありながら，東ローマ帝国や後にはトルコ帝国，地中海の回教国とも緊密な通商関係を築き上げた．何よりもベニスの経済的な利益を国家運営の大原則にしたことがわかる．

　第 2 の特徴は，このような環境で独立国を運営する必要があったので，国の指導者は常に国家存亡の危機感を持って国家の発展と運営にあたってきた．それはベニスがとった国家体制によく反映されている．この当時の国の支配階級は大地主が普通であったが，ベニスの場合は本国には農地は存在しない．したがって経済の基礎は通商——それもベニス自体の産品ではなく第三国貿易を中心とした——にあった．その通商も，民間の商人に任せるわけではなく，国家が強力な行政指導によって介入・管理する体制を作り上げた．塩野がイェール大学の中世経済史の権威，ロベツ教授の言葉を借りて言ったように，「ヴェネツィア共和国は，現代の私企業の会社と同じように経営された」のだ（塩野 2001（上），p.183）．ベニスの繁栄は，商業技術と外交を巧みに駆使した近隣地域の交易ネットワークの構築の上に築かれた．

　第 3 に，ベニスのような小国が，長期にわたって東西の交易路を独占して，第三国産品の交易だけで繁栄できるわけがない．当然，ジェノアをはじめとするライバルが登場する．ポルトガルやスペインなどの新しい交易路を求める国も強力な競争者としてベニスを圧迫する．そこで，ベニスがしたことは交易先の多角化とともに，ベニス領域内の毛織物業を振興したことである．すなわち，ベニスは交易相手としてポルトガルに対抗して地中海市場に出てきたトルコやその支配下にあるエジプトに交易網を張り巡らした．スペインやポルトガル等の厳格なカトリック教国が交易関係を結ばないイスラム教国との取引関係もいとわなかった．また，ベニスはもともと西アジアの香味料をヨーロッパに売りさばくと同時に，北部ヨーロッパの繊維製品を地中海を通じて売りさばいて利益を得てきたが，北部ヨーロッパの産物や製品がポルトガルやスペイン経由でアジアに出回り始めると，ベニス領域内に毛織物産業を興した．多角化は，毛織物の他に，絹織物や砂糖にまで及んだ．交易先の市場と産品の多角化で示したベニスの機会主義的な発展は，実に鮮やかだった（塩野 2001（下），第 10 話「大航海時代の挑戦」）．

　ベニスの経済的な基盤と繁栄をこのように特徴付けると，それはまさにシン

ガポールのたどってきた道だといわざるをえない．

第2節　独立以前のシンガポール

シンガポールが1965年に経験した国家としての存亡の危機がどのようなものであったかを語るには，それ以前のシンガポールの状況を知る必要がある．シンガポールはもともと大英帝国のアジアへのゲートウェイとして作り上げられた植民地で，大英帝国の東アジアの通商と海運のハブであった．それが歴史的にどのようにして出現したかを興味深く語っているのは白石隆の『海の帝国』である（白石2000）．しかし，第二次世界大戦前のシンガポールは，シンガポールを含むマレー半島の支配者であったイギリス統治のもとで，華僑商人と中華系の労働者「クーリー」の町で，富と貧困が隣り合わせの海洋都市国家だった．1950年代にシンガポールに住んでいた無名のイギリス人小説家，ドナルド・ムーアが書いた『スマトラからの嵐』という小説には，1950年代も終わりになってシンガポールの独立が政治のアジェンダに上ってきた頃の，共産党のフロントである社会主義党とその支持基盤の労働組合や中華系学校の学生と現状維持に利益を見出す官僚や医者や法律家などのプロフェッショナルそしてシンガポールを拠点にして東南アジア地域で商業活動を行う華僑商人たちの繰り広げる社会的騒乱が描かれている[2]．1950年代のシンガポールを特徴付けるのは，港湾労働者を含む失業者の群れと高い出生率，荒れはてたスラムの連なり，停滞する中継貿易だった．

そんな環境の中でひときわ目立ったのは教育システムの英語教育校と中華系の中国語を使用する学校の2つの系統の間の断絶だった．英語教育を受ければ，イギリスの植民地の中で専門職に就けるし，政府官僚としての将来もある．いわばエリート教育を受けられる．一方，中華系の学校は，もともと財政基盤に乏しく教育の質は低く，卒業生は政府官僚としての資格もなく，また外資系の企業で働くために必要な英語の素養もない．だから，中華系の学校は社会主義活動家を育成する豊かな土壌となっていた．中国本土での共産党勢力の台頭と中華人民共和国の設立は，中華系の学校や労働組合をベースとする活動家たちに強い刺激を与えた．

---

[2] Moore (1959)．ちなみにこの本のタイトルのThe Sumatraは，シンガポールでインドネシアのスマトラ島からシンガポールに吹き上げる台風のことを意味する．

第2節　独立以前のシンガポール

　一方,英語教育校を経てきたエリートたちも,黙っていたわけではない.リー・クワンユーやゴー・ケンスイを中核とする社会民主主義者たちは,人民行動党（People's Action Party: PAP）を結成し,シンガポールの自治・独立を求める運動の中で,左派との間に熾烈な政治闘争を繰り広げ,最終的には1959年の総選挙（植民地の枠内で限定された自治政府の）で勝利をおさめた.これ以来シンガポールは人民行動党政府に統治されることになる.もちろん当初は,自治政府を手中に収めたにしても,在野の労働組合運動家を中心とする政治勢力が消滅したわけではなかったから,労働争議や政治デモなどの騒乱がなくなったわけではなかった.何よりも,シンガポールをどのようにイギリスからの独立に導くかという一大政治課題に取り組まなければならなかった.

　その解決策として考えられたのがマレー連邦との合併・統合である[3]. 当時停滞し続ける中継貿易を経済の基盤とするシンガポールが,人口200万人規模の都市国家として経済的に自立できる可能性はほとんど皆無に近いと考えられていた.経済的な自立のためには,どうしてもヒンターランドが必要になる.とすれば同じイギリスの植民地として経済的には一体として統治されてきたマレー連邦と統合するのが最良の解決策であった.両国は,海峡ドルと呼ばれる共通通貨を持ち,株式市場も航空会社も共通で,経済的な一体感は強かった[4]. しかも,シンガポールとマレー連邦の統合は,宗主国イギリスの利益にも一致する.マレー連邦はすでに1957年に政治的独立を達成していた.第二次大戦後の長い共産党ゲリラとの戦いを経た後である.中国本土での中華人民共和国成立を契機として,東南アジアでは社会主義勢力が強くなっていたから,中華系人口が大多数を占めるシンガポールが独立した暁に社会主義化する怖れは,当時としては十分に現実的だった.だから,スエズ以東から暫時撤退を考えているイギリスとしては,シンガポールを単独で独立国として東南アジアの真中に残しておきたくなかった.

　しかし,この「大マレーシア構想」にはいくつかの難題があった.マレー連

---

[3]　シンガポールとマレー連邦の統合のいきさつは,次に詳しい. Lee (1998), Tan (2008), Lee (2008).

[4]　もともとペナン,マラッカ,シンガポールを占拠してその商業活動の拠点としたのは東インド会社であるが,1858年にこれらは海峡植民地（Straits Settlements）として統合されて,イギリスの直轄植民地となった.これが,後にマレー連邦州（Federated Malay States）に発展する.その植民地の共通通貨として海峡カレンシー・ボードによって発行されたのが海峡ドル（Straits Dollar）で,シンガポール・ドルとマレーシア・リンギットの前身だ.

邦の側から見れば，マレー連邦とシンガポールを合併させると全人口に占める中華系人口の割合が半分近くなり，マレー人の国家としての性格が失われる．もともとマレー連邦を形成するにあたって，マレー系・中華系・インド系のそれぞれの民族の指導者層の連合体として，マレー民族統一党（UMNO），マレー華人協会（MCA），マレー・インド国民会議（MIC）の連立政党国民連合（National Front）が統治するという方式で民族間の利害調整を行う体制を作った[5]．中華系人口が対多数のシンガポールが加わると，その微妙なバランスが崩れる恐れがある．しかも，シンガポールは，人民行動党という社会民主主義者の指導者に率いられて大マレーシアの一部になる．思想的な志向の違いが，政治的な不協和音を生み出すかもしれない．さらに，マレー連邦の支配体制の一翼を――特に経済分野で指導的地位を――担う MCA にしてみれば，その経済上の指導的地位をシンガポールの商業資本家に奪われかねない．当時 MCA の領袖は，マラッカをベースに商業・プランテーション・金融のコングロマリットを率いるタン・シュウシン（Tan Siew Sin）で，UMNO や MIC の指導者よりシンガポールに対する抵抗感を強く持っていた．

　シンガポール側には，大きな経済問題があった．もともとマレー連邦との合併は，シンガポールだけでは経済的な自立が達成できないからという理由から生まれたものだ．しかし，もしシンガポールがマレーシアの一部になり，その結果シンガポールの自由港という地位を失うことになれば，中継貿易の拠点として存立していたシンガポールの経済的な価値はなくなり，シンガポールの経済的な繁栄は過去のものになってしまう．だから，自由港としての地位は死守する必要がある．また，シンガポールの経済的水準は，マレー連邦のそれより高いから，財政収入も多い．しかし一方中継貿易港とそれを支える都市経済を運営するためのインフラ投資をはじめとする政府支出も多くならざるをえない．大マレーシアの地方政府となったシンガポールから関税権や徴税権が連邦政府に移管され，そのうえ中央政府の予算決定権がシンガポールからクアラルンプールに移された後で，シンガポールの経済を繁栄させるための政策がとれるだろうか．こう考えてくると，当然マレー連邦との合併は，シンガポールの権益を守るための条件を付けたものにならざるをえない．マレー連邦は，そのような条件を呑む用意があるだろうか．たとえば，シンガポールの自由港とし

---

[5] 第 1 章 p.23 を参照．連立政党国民連合はまた統一党（Alliance Party）とも呼ばれる．

ての地位を守りながら，どうやってマレー連邦の産業保護をすることができるのだろうか．このように大マレーシアの関税政策一つをとっても難問が待ちかまえていた．

　イギリスが仲介に入り，このような難問は結局次のように解決された．まず，合併後の中華系人口が多くなることについては，大マレーシアにイギリスの北ボルネオの植民地，サバとサラワクを加えることによって全マレーシアに占める中華系人口の割合を低く抑えることにした．やはり北ボルネオにあるブルネイは，当初大マレーシア構想に興味を示したが，ブルネイ内で産出する石油資源をクアラルンプールの中央政府に取られてしまうのではないかと怖れ，交渉途中で不参加を決めた．また，この解決策は，全マレーシア内の中華系人口の割合を抑えることはできても，マレー人比率を上げられたわけではない．なぜなら，サバやサラワクの住民は自分たちをマレー人だと考えていなかったからである．

　経済問題はより難しかった．シンガポールにとっては，自由港の地位をなんとか守る必要があると同時に，マレー連邦との間で関税同盟に基づく共通市場を作るように働きかける必要があった．東南アジアでの国際的な中継貿易活動は現存するシンガポール経済の生命線だ．しかしまた，マレー連邦との共通市場ができないのであれば，合併は単なる政治同盟となってしまってマレー半島全体をヒンターランドとして経済的な自立を目指すシンガポールの目論見は果たせないことになる．両国間で大臣レベルの「連邦・シンガポール合併に関する政府間委員会」(Inter-Governmental Committee on Federation/Singapore Merger: IGC) を作って交渉を始めたが埒があかない．政治的な問題については間をとりもって合併・統合を推進してきたイギリス当局も経済問題では仲裁をする自信がない．そこで，両国は世界銀行のアドバイスを求めることにした．

　要請に応えて世界銀行は，1963年にフランスの経済学者，ジャック・リュエフ（Jacques Rueff）を団長とする経済ミッションを送った．このミッションは世銀のスタッフからのちにマレーシア担当のエコノミストとなるわたくしのボス，ウイリアム・ギルマーティン（William Gilmartin）という当時の世銀極東局のチーフ・エコノミストが事実上のチーフであった．彼の勧告は，第1に将来の工業化を目的とした保護関税については独立の権限を持つ関税委員会（Malaysian Tariff Board）を作り，そこで一定期間シンガポールに保護関税の

拒否権を与えるように委員の選定を行う，第2に政府の歳入を目的とした関税収入については一定割合をシンガポールに分与する，第3にシンガポールから生じる税収の一部はサバやサラワクなどのマレーシア内で比較的発展の遅れた地域の開発支出のためにあてる，というものであった．より具体的には，シンガポール州から生じる税収の40%を連邦政府に移転すると同時に，サバ，サラワクにはシンガポール政府から開発借款を供与するというものだった．この勧告は，紆余曲折ののちに両国が受け入れるものとなった．最終的な合併交渉はイギリス政府の仲介のもとロンドンで行われたが，詳細については最後まで利害対立が解けず，イギリス政府の仲介者は最後の手段として，両国の交渉団は妥結まで交渉の場を離れないこととし，食事はもちろん水も出さずに交渉をすすめさせた．まさに体力勝負の根気比べをさせたわけだ（Tan Tai Yong 2008, p.141）．

幾多の妥協の産物ではあったが，マレーシアは1961年来の交渉の結果1963年夏に成立した．しかし「大マレーシア構想」はシンガポールの経済的自立の回答とはならなかった．1965年にシンガポールはマレーシア離脱を余儀なくされたからである．

第3節　シンガポールの独立と将来への不安

「大マレーシア」の中央政府を支配する国民連合の指導者たちと特別なステータスを持っているにしても一地方政府になったシンガポールの指導者たちの間には政治思想的にも，将来に対する見通しや思惑にも，容易に超えられない溝があった．その溝は，単なる権力闘争でもなく，あるいはまた民族間の紛争でもなかった．

マレーシア（今後シンガポールを除いた大マレーシアを単にマレーシアと呼ぶことにする）は，いうまでもなく多民族国家で，独立国家マレー連邦として発足した当時には，マレー系人口は中華系，インド系，その他のヨーロッパ系の混血グループの半分に満たなかった．マレーシアはもともとの住民――ブミプトラ（Bumiputra，地の民の意味）――の国で，中華系やインド系は宗主国イギリスが商業やプランテーション・鉱業労働者として連れてきた移民の群れでしかないと信じるマレー系住民には，中華系による支配が現実になるのではないかという怖れが抜きがたくしみ込んでいる．したがって，それぞれの民

族政党，すなわちマレー人の UMNO，中華系の MCA，インド系の MIC の3つの政党が連盟を組んで，いわばそれぞれの民族のボス・グループが国を統治するという政治体制をとってきた．それぞれの民族の指導者階級の利益を集団で守る体制だったわけである．

　一方のシンガポールも多民族国家であることに変わりはない．しかし，中華系が大多数を占めるうえに，政治の実権を握っているのは共産党と闘ってきた社会民主主義者の人民行動党だ．政治指導者の掲げる理想は，民族や人種にかかわりなく公正で豊かな社会を築くことで，どのグループや階層についても既存の利益を守ることにはない．

　1963年のシンガポールで行われた地方選挙が，この違いを明らかにした．3党連合のナショナル・フロント（国民連合）はシンガポールのマレー系市民をターゲットに，その勢力圏をシンガポールにも広げようとキャンペーンを開始した．一方，人民行動党も，マレー半島本土に進出を計画した．その結果は，シンガポールにおける中華系市民とマレー系市民の間の紛争の頻発であった．規模的には大きくなかったが，すでに一国となった大マレーシアの警察権はクアラルンプールが握っている事実が状況を混乱させた．シンガポール政府は，このような紛争を直接に解決する手段を持たなかったからである．

　クアラルンプールとシンガポールの争いは，ともすればマレー系と中華系の民族の争いと見られがちであるが，それは必ずしも正しくない．将来を見越したときに，大マレーシアの経済の中心がシンガポールになるかあるいはクアラルンプールになるかは，両者の経済をベースとする2つの中華系グループの利益に大きくかかわっている．事実，シンガポール政府で経済を担当するゴー・ケンスイ副首相とクアラルンプールの中華系の利益を代表し，中央政府で大蔵大臣を務めるタン・シュウシンの関係は最悪だった．

　1965年になってシンガポールとクアラルンプールの関係はますます険悪になり，ついに同8月に大マレーシアのアブドゥル・ラーマン首相は，シンガポールの追放を決意し，8月9日にシンガポールは独立国となった．1960年代初頭から続いてきた大マレーシア設立の試みは，失敗に終わった．

　シンガポール——特に人民行動党の指導者たち——にとって「大マレーシア設立」の挫折は手痛い衝撃だった．リー・クアンユーとその盟友たちは，マレー連邦との合併によって将来的に自立的な経済発展が可能になるという政治要綱を掲げてシンガポールの選挙を戦ってきた．その戦略がまったく無効にな

ってしまったのだ．当時のシンガポールの指導者たちにとって，マレーシアから独立して経済の自立的な発展は考えられなかった．

シンガポールの当時の経済は，シンガポール港とそれを支える貿易・金融のインフラストラクチャーを基盤とした東南アジア地域の中継貿易がその中核だった．また，シンガポール島の東部，センバワンに位置するイギリス海軍の基地は，常時4万〜5万人の労働者を雇い入れていた．中継貿易は，マレー連邦，インドネシア，ベトナム，フィリピン，タイ，等々の中継貿易の対象になる経済の発展に依存する．この時点での見通しでは，これら諸国の貿易の高い成長は見込めなかった．そのうえに，これら諸国は国際貿易活動をできる限りシンガポールなどの中継に頼らず，直接に輸出国・輸入国との貿易ルートを作ろうとして港湾設備や商社機能を改善・構築しようとしていた．さらにスカルノ政権下でのインドネシア経済の停滞と混乱がシンガポールの中継貿易市場に悪影響を及ぼした．もちろん，大マレーシアとインドネシアの半戦争状態の「対決 (Confrontation)」の間も，シンガポールとスマトラ島の間の商取引——インドネシアにとっては密輸だがシンガポールにとっては公の貿易活動——は絶えることがなかった．シンガポール側ではインドネシア側からやってくるサンパンのための特別の桟橋まで用意されていた．そして，スマトラ島で生産される天然ゴムをはじめとする農産品がシンガポールに流れ込み，再輸出されていた．

スカルノの対決戦略の間は，多数のゲリラがインドネシア側からシンガポールに潜入していた．事実，わたくしがシンガポールに滞在中も海岸のレストランで食事をしていると，毎夜必ず2,3発のプラスティック爆弾の炸裂音が聞こえたし，また時々花火のような閃光弾が打ち上げられ，潜入してくるゲリラを海上で措置しようとするシンガポールの警察行動がうかがえた．それにもかかわらず，インドネシアとシンガポールの人の行き来は頻繁で，わたくしはよくシンガポール大学の人に連れられて，市内の安ホテルで中国から数世紀前にインドネシアに輸出された骨董陶器を売りにきたインドネシア商人に会いにいったものだ．しかし，これではシンガポール経済の将来を支える要因にはなれない．

さらに，イギリス政府は大英帝国の遺産の海軍基地を閉鎖しようとしていた．第二次世界大戦後のイギリス経済の凋落ぶりは目を覆うばかりだった．労働組合と企業家間の反発はすさまじく，それがインフレと過小投資，そして究

極的には低成長の悪循環を生み，また同時にイギリスの国際収支を悪化させた．国際収支圧力は，ポンドに対する圧力となって顕れたが，国際準備通貨としてのポンドと国際的な金融センターとしてのシティーを守りたいイギリス政府は，ポンドの切り下げを先延ばしにしてきた．しかし 1967 年に 15% のポンド切り下げに踏み切らざるをえなかった（Eichengreen 2007, pp.229-238）．ポンドの切り下げは，シンガポールのカレンシー・ボードが保有するポンド・スターリング資産の減価以外に，直接的にはシンガポール経済に悪影響を与えたわけではない．しかし，イギリスが国力を失うと同時に，イギリスはインドとそれ以東から，そしてついにはスエズ以東のイギリス軍基地を閉鎖した．財政負担に絶えられなかったからだ．シンガポールにあったイギリス海軍の基地とその付随施設（造船所等）も閉鎖される．これはシンガポールに二重に重圧をかける．まず，当時のシンガポールの人口増加率は，他の途上国と同じく高かった．若い人口構造は，早晩労働市場への多数の若者の流入をもたらす．まさにその時期にセンバワンの海軍基地が閉鎖されれば，失業率は高まり，社会不安の原因となる．そのうえ，イギリス海軍のシンガポールからの撤退は，シンガポールが自衛のために自前の軍隊を持たなければならないことを意味する．今度は，シンガポール自身の財政への負担は免れない．

　シンガポールのような小国では，市場規模は小さく，輸入代替型の工業化も経済成長率の加速と雇用創出の助けにはならないだろう．わたくしは当時世界銀行のエコノミストで，シンガポールも担当地域に入っていた．そこで，シンガポールの将来を占う意味を込めて，簡単なシンガポール経済の成長モデルを作ってみた．その骨組みは，シンガポールの中継貿易活動は，近隣諸国の経済成長率と輸出・輸入の成長率に依存する，イギリスの海軍基地は閉鎖される，シンガポールの製造業は農産物の加工と中継貿易関連の単純な製造業が主で，これはシンガポール経済全体の成長に依存する，といった単純なものだった．そして，その前提と係数をいろいろと変えて将来予測を試みたのが，結論的に相当無理をしてもシンガポールの長期的な GDP 成長率を 4% 以上にすることはできず，新規の雇用吸収は無理で，長期的な失業率の上昇というまことに悲観的な見通ししかでなかった．

第4節　高度経済成長戦略の形成

　あとから振り返ると，シンガポール経済は1966年から第1次オイルショックが世界経済を襲った1973年まで平均で10％以上の成長を達成した．1966年に9％，その2年後の1968年には14％とも報道された失業率は，1974年には4％にまで下がっている．独立シンガポールが当初抱えていた困難な経済問題を考えると，ほとんど奇跡に近い快挙だったといえる．

　それではこのような高度成長はどのようにして達成されたのだろうか．一言でいえば，逆境を克服するために立てられた成長戦略の先見性とその戦略を果敢に実行に移したシンガポールの指導者の指導力の賜物だと考えられる．

　シンガポールの伝統的産業である中継貿易に将来性がなく，そのうえに宗主国イギリスは自国の経済困難を理由に海軍基地を撤退させることを計画している．そんな環境でシンガポール経済を発展させ，若年労働者に新規の雇用を与えるためには工業化の道しかないという結論は容易に到達できる．当時誰しもそう考えていた．しかし，人口200万人の都市国家にそのような可能性があるだろうか．独立直後にシンガポールを訪れた外国の調査団は，解決策はシンガポールとマレーシアの共同市場，もしそれができなければせめて自由貿易圏を作り上げるほかにシンガポールの工業化を推し進める手立てはないとの趣旨の勧告をしている．しかし，シンガポールの独立によって悪化したマレーシアとの間で共同市場ができるなどと考えることは政治的にはまったく非現実的なアイデアでしかなかった．

　そのうえ，中長期的には経済成長が第一義的に重要な政治課題であるとわかっていても，短期的にはまず独立国としてしなければならないことがあった．まずは国防である．それまで，安全保障の傘を提供していたイギリスはスエズの東から撤退する．シンガポール国内には極左の華僑系グループと尖鋭なマレー民族主義者の団体がいて内紛が発生する可能性があった．またインドネシアはシンガポール独立後もコンフロンテーション政策を変えていなかった．シンガポール国内の内紛に近隣国家が軍事的な介入をしないという保証はどこにもなかった．そこで緊急に自前の軍隊を作る必要があった．

　シンガポールの，というよりはリー・クワンユーの指導する人民行動党首脳部の特徴がよく現れていて面白いのは，その際のアドバイスをどこに求めるか

第 4 節　高度経済成長戦略の形成

であった．常識的には前宗主国イギリスに軍事顧問団を要請して，そのもとで軍隊を作るところを，シンガポールは自国に似た状況で国の独立を守ってきたイスラエルに助言を求めたのである．当時のアジア地域の国際政治状況から，四面楚歌で国の安全を担保するためにイスラエルの経験に頼ったのである．特にシンガポールの場合は，都市国家だ．軍艦がちょっと国外に出ればすぐに隣国の領海に入ってしまう．空軍のジェット機であれば飛び立ったとたんに外国の領空侵犯ということもありうる．軍隊を持ったことのない国が，このような状況下で，しかも短期間に国防体制を作り上げるのは並たいていのことではない．となると，自然にイスラエルがある種のモデルということになる[6]．

シンガポールを挟むような形になっているマレーシアもインドネシアもイスラムの国だ．だから，シンガポールがイスラエル人の軍事顧問団を受け入れるのは政治的にデリケートだ．そこで，対外的にはメキシコからの軍事顧問団ということにした．わたくしも当時その話を聞いてなぜメキシコからアドバイザーを入れるのだろうと不思議に思ったことを覚えている[7]．しかし，メキシコ人ならイスラエル人のような顔と皮膚の色を持っているし，アジアの政治には関係がないので，近隣諸国を刺激しない．

軍隊の育成には，人民行動党のナンバー 2 で事実上副首相として経済を担当していたゴー・ケンスイ財務大臣があたった．彼とイスラエルの縁が，後々のシンガポールの工業化戦略に大きく関係してくる．しかし，この話は後に回すことにして，国防体制の構築の次に喫緊の課題は，イギリスが去った後の海軍基地をどうするかであった．当時のシンガポール政府の推計では，イギリスの海軍基地のシンガポール経済に対する貢献度は，GDP の 20% 相当に上った．基地は 3 万人の従業員を雇用し，間接的には 4 万人の人々が基地のおかげで生活している状況だった．また，基地は全部で 1 万 5 千エーカー，実にシンガポール全土の 11% を占めていた．この問題を担当したのは，のちにゴー・ケンスイに並んでシンガポール経済の発展を指導したホン・スイセンで，首相府の中に新設された基地経済転用局（Bases Economic Conversion Department）の長官として，ブループリントを作成した．いろいろなアイデアが出されたが，結局カジノを設立する案や石油精製所に転用する案は退けら

---

[6] もっともイギリス政府は，マレーシアとの関係に配慮して，進んでシンガポールの防衛体制構築に協力しようという気はなかったようである．
[7] これについてはのちにリー・クワンユーが，書いている．Lee（2008, pp.29-31）．

れ，イギリス海軍の造船所は民生用の造船所として，グルカ兵の兵舎だったセントーサ島はリゾートに，空軍の飛行場は埋め立て等によって拡張されて最終的には今日のチャンギ国際空港として，また海軍の倉庫のあった土地はのちのシンガポール大学のキャンパスに，それぞれ生まれ変わることになった．

　最も重要な中長期的な政治課題は，マレーシアというヒンターランドを失ったシンガポール経済をどのように成長・発展させ，シンガポール人の雇用を確保するかであった．先にも述べたとおり，工業化がその答えであることは明白であったが，どのような工業化かとなるとはっきりした答えは見えなかった．1960年初頭には，シンガポールはすでに経済開発庁（Economic Development Board）を設立して工業の振興に努めてきた．また，1960年代半ばにはシンガポール島の西南部に大規模なジュロン工業団地（Jurong Industrial Estate）を設立して製造業への投資を推進した．

　わたくしも世界銀行の調査団の一員としてシンガポールを訪問したときに，ゴー・ケンスイ大臣の案内でジュロン工業団地を訪れたことがある．彼が熱っぽく語る夢とは対照的に雑草に覆われた空き地ばかりが目立ち，決して成功しているプロジェクトとは見えなかった．事実，経済開発庁と民間資本の合弁で始められた製紙プロジェクトは，慢性的な水不足に悩むシンガポールで水を浪費し，水を汚染しただけだった．そのほかにも，これも経済開発庁との合弁でできた陶磁器のプロジェクトがあり，景徳鎮のコピーなどを作っていたが——そしてわたくしも大きな壺を買ったことがあるが——これも失敗したプロジェクトに分類できる．当時唯一有望だと思われていたのはやはり政府と合弁で日本の石川島播磨（当時）が作ったジュロン造船所（Jurong Shipyard）だ．最初1,000～2,000トン級の，そしてのちには数万トンのタンカーも作れるようになったが，韓国と違って造船のための鉄板からエンジンまですべて輸入に頼る必要のあるシンガポールでは，造船はそれほど利益のあがる分野ではなく，雇用創出効果も大きくなかった．シンガポールを通過していく船舶の修理や整備事業のほうがむしろ成功していた．

　ある外国人の助言が，このような工業化の伸び悩みを打開する契機となった．残念ながらその助言はわたくしが当時働いていた世界銀行から出たものではない．世界銀行は，マクロ経済政策，インフラストラクチャー等々の公的部門の問題には強かったが，民間部門が主体となる製造業や金融の分野は苦手で，シンガポール政府に対して工業化戦略面で有用なアドバイスはできてい

なかった．代わりに，もともと国連開発計画（UNDP）の専門家としてシンガポールにやってきたウインセミウス（Albert Winsemius）というオランダ人の専門家が長期にわたってリー・クアンユー，ゴー・ケンスイ，ホン・スイセン等のシンガポールの指導者のアドバイザーになった．彼は，シンガポールの工業化戦略とともに後で述べる国際金融市場創設に大きく貢献したといわれている[8]．

しかし，シンガポール工業化戦略の基本構想は，実はゴー・ケンスイ大臣がイスラエルとの縁で出会ったマイヤー（E. J. Meiyer）という経済計画の専門家が出した．彼の考えはこうだった．まず当時の途上国の多くが目指していた輸入代替型の工業化はシンガポールには不適だ．200万人の市場でできることは非常に限られている．かといって香港が志向するような労働集約型の繊維産業も，賃金水準の比較的高い後発のシンガポールが大きく発展するのに役立つと思われない．したがって，労働集約的な産業から資本集約的な産業へ，そしてさらに技術集約的な産業へという製造業の自然な発展段階を無視して，技術水準の高い製造業，しかも輸出志向的な製造業を目指すべきである．これをリープ・フロッグ（Leap frog，馬跳び）戦略と呼ぶようになったが，それが成功するにはいくつかの条件が満たされる必要があった．

第1は，技術を持った投資家の存在である．シンガポールの在来の資本家といえば，中継貿易を主とする商業資本家が多く，製造業発展の担い手にはなれない．したがって外国からの直接投資，それも当時注目を集めていた多国籍企業（MNC）に頼らざるをえない．当時の途上国における論調は，多国籍企業は途上国経済の搾取者で開発の助けにはならない．むしろ，途上国の先進国経済への依存度を高め，途上国経済を脆弱にする，という従属理論（Dependency Theory）的なものが有力だった．しかし，シンガポールは積極的に多国籍企業を誘致しようとしたのである．この決定は，ウインセミウスやマイヤーの助言だけでなく，リー・クアンユーの確信に基づいていた．彼は，ちょうどこの頃，長年にわたる政権担当——特に独立運動とマレーシアとの合併交渉——に疲れ果てて，一時期サバティカル休暇と称して，ハーバード大学のケネディ・スクールに特別フェローの資格で身を寄せていた．そこで，当時多国籍企業論を華やかに打ち上げていたヴァーノン（Raymond Vernon）教授と議

---

[8] 前出のリー・クアンユーの回顧録（Lee 1998）のほかに，坪井（2010，第5，6章）．

論する機会があり，多国籍企業の行動様式や経済効果をよく知っていたのである．

第2に質の高い労働力の存在である．近隣諸国に比べ賃金水準は高かったが，比較的に教育水準の高い労働者をシンガポールは持っていた．当時は中華系の人口の中には中国語，しかも福建語等の方言しか話せないものが多かったが，中等以上の教育を受けたものには中国語のほかに英語とマレー語（シンガポールの国語）ができるものが多かったからアメリカの多国籍企業には都合がよかった．難をいえば，シンガポールでは伝統的に労働運動が盛んだったことである．労働争議の可能性は海外投資環境の重要な一因である．この点については，社会民主主義者の集まりである人民行動党は，シンガポールの経済発展を優先させることが長期的には雇用を増加させ，雇用条件の改善を促し，ひいては労働者の福祉を増大させると考えて，その趣旨を国民に理解してもらうように，ある種の社会契約を提案した．1968年の雇用法（Employment Act）や産業労働関係法（Industrial Relations Act）はその一端で，労使関係をバランスのとれたものにすることを目的としていたし，1972年の国家賃金協議会（National Wage Council）の設立も賃金レベルの野放図な上昇がシンガポールの投資環境を悪くして，ひいては経済全体の利益を損なうという理由で，政府の賃金決定への介入を意図したものであった．

その一方で，労働者の老齢年金基金としての中央年金基金（Central Provident Fund）を拡大強化し，住宅開発庁（Housing Development Board）による一般民衆に対する住宅の供給を推し進めた．これについては，政府は早くから香港の住宅政策を見習って，低コストの高層住宅を建設し，1960年代の終わりには人口の30％程度を住宅開発庁のアパートに収容できるようになっている（この時点では香港の50％にはまだ及ばなかったが）[9]．

第3は，ハード・ソフト両面から見たシンガポールのインフラストラクチ

---

[9] わたくしは世界銀行のシンガポール担当エコノミストとしてシンガポールを訪れるたびに，住宅開発庁を訪れることにしていた．当時の長官であったハウ・ヨンチョン氏は，そのたびになぜ世界銀行は低所得者向けの住宅供給に融資をしないのかとの世銀批判を繰り広げたことをよく覚えている．さらに当時世銀は途上国の人口政策支援をしていなかったが，シンガポールは活発な家族計画庁（Family Planning Board）を持っていた．そこの長官の話が面白く，わたくしはここもシンガポール訪問時に訪れていた．1960年代終わりに当時の世界銀行の総裁であったマクナマラが，世銀内に人口局（Population Department）を新設した際に初代局長として招聘したのは，カナガラトナム（Kanagaratnam）というこのときの長官であった．シンガポールの人口計画は，世界で評判になるくらいの成果をあげていたのだ．

第4節　高度経済成長戦略の形成　　　　　　　　　　59

ャーの整備である．もともと海洋港を核とした都市国家であったからインフラと外国人投資家等の生活環境は格段によかった．そのうえに，電力，道路，港湾設備等の近代化が積極的に推し進められた．そしてこの面では世界銀行は大きな貢献をした．まだコンテナ船を受け入れる設備のある港が先進国の港にも少なかった時代に，シンガポール港はいち早くコンテナ・ターミナルを建設して，中継港としての機能を強化した．途上国で停電が日常茶飯事であった時代に，工業用・民生用の電力供給は需要を十分満たしていた．またシンガポール内ならどこでも30分以内で車で行けるように道路整備と自動車所有規制が実行された．まもなく，中華街特有の汚さを持った港町だったシンガポールは，日本に勝るとも劣らない清潔な街となった．その過程で，厳しい罰金制度を導入し，"Singapore is a fine country"，ときれい（Fine）と罰金（Fine）をかけて揶揄されるようにもなったくらいだ．

　ではこのリープ・フロッグ戦略の成果はどうであったか．最初の成果は，アメリカの多国籍企業でも技術力に定評があるテキサス・インスツルメントが最新の工場をジュロン工業団地に建設したことで現れた．それからの動きは世界の主要電気・電子機器メーカーが競ってシンガポールに進出してきたことでわかる．フィリップス，ナショナル・セミコンダクター等々である．そのほかにも伝統的な労働集約産業がシンガポールに集まってきた．たとえば繊維産業もシンガポールを東南アジア地域の拠点とするようになってきた．そして，1970年代末には，シンガポール政府は「第2次工業化政策」と称して労働集約的な産業の新規流入を抑制してより技術集約的な，付加価値の高い産業を奨励するようになった．まさに，リープ・フロッグ戦略は成功したのである．

　シンガポールの経済発展にはもう一つの面がある．それはシンガポールをアジア地域の国際金融市場として発展させたことである．もともとシンガポールには中華系の地場の銀行が多数あり，東南アジア全域の華僑企業に金融サービスを提供していた．しかし，彼らの資本力と華僑人脈ネットワークに依存する金融活動には限界があった．その限界を破り，シンガポールを国際金融市場に育てたのはシンガポール政府である．ここでまたリー・クアンユーのアドバイザーのウインセミウスが登場する．彼は，ロンドンでシティーのバンカーとの話し合いから，ニューヨーク市場が閉まった後ロンドン市場が開くまでの中間にあるシンガポールは，時差を利用したオフショア・バンキングの拠点になる条件を備えているという感触を得た．そして，そのアイデアをゴー・ケンス

イやホン・スイセンと検討し，勝算を持ってどのアジア諸国にも先駆けてオフショア・バンキング市場の構築にとりかかったのである．政治的な安定，緩い資本規制，強固なカレンシー・ボードと金融監督当局，スイスに匹敵する銀行守秘義務，オフショア・バンキングの規制緩和，しっかりした通信インフラ，等々の条件も整っていた．国際的な商業銀行は数多くシンガポール市場に参入してきた．また，より育成が難しい国際的な資本市場に関しては，もともと経済開発庁の下部機関として設立されたシンガポール開発銀行（Development Bank of Singapore）は合弁で日本の大和証券と DBS-Daiwa という証券会社を設立し，アジアダラー債券市場を作っている．

第5節　シンガポールの教訓

　以上がシンガポールの初期の経済発展の物語であるが，その成功に際立って特徴的なことがいくつかある．第1は，経済発展戦略の重要性だ．必ず成功するようなフォーミュラは存在しない．途上国は皆それぞれ違った歴史的な背景を持っている．ある場合にはどうしても払拭できない歴史の重みを背負い続けていかなければならない場合もある．また，途上国が国際社会の一員として存在する限り，国際的な政治・経済の環境から自由ではありえない．そのような環境を前提として，実現可能な経済発展のビジョンを作り，実現のための戦略を策定することは経済発展にとって最重要である．シンガポールの場合は，シンガポールが工業化拠点の構築と国際金融市場の育成の努力をしていた時代には，中国は文化大革命の最中にあり，ベトナムは内戦の最中だった．当然シンガポールの競争者の香港の将来見通しは明るくなかったから，それがシンガポールに幸いした．強力な競争者が脱落していたのだ．また，ベトナム戦争に対してどのような外向的なスタンスをとるかをめぐって，もともとのASEAN 5カ国の関係はよくなった．さらに，アメリカ，ヨーロッパ，日本の多国籍企業が成長して，全世界的な展開を見せ始めていた時期でもあった．このように，シンガポールを取り巻く国際環境がシンガポールにとって有利に働いたのも事実である．しかし，その環境を最大限に利用してシンガポールの経済発展を可能にした戦略の果たした役割は大きかった．

　第2は，国の指導者の能力とリーダーシップである．リー・クアンユー，ゴー・ケンスイ，ホン・スイセンといった人民行動党の指導者が自ら経済成

長の戦略を作り上げた．マキアヴェリは，その「君子論」の中で，賢い君子だけがよい助言者の賢い助言を受け入れると述べているが，まさにそのとおりで，ウインセミウスにしてもマイヤーにしても，この指導者たちの理解力がなければその助言は無駄に終わったと思われる．さらに，ひとたび戦略が策定された後，指導者のリーダーシップがなければそれを実行するのはとうてい不可能であったろう．それを実行に移すために，まず戦略を国民と共有しなければならない．それには政治力がいる．また，実行のためには少数の指導者だけでは足りない．政権に就いて以来人民行動党は若い有能な人材確保に努力してきた．また政府の官僚組織には，後にリー・クアンユーの後継者として第2代首相になったゴー・チョクトンのような学者のようなテクノクラート（Scholar-technocrat）を経営者としての経験をつませている．たとえば，シンガポール経済開発庁は国営の海運会社，ネプチューン・オリエント・シッピングを設立したが，ゴー・チョクトンはその初期の経営者だった．シンガポール経済開発庁やシンガポール開発銀行，あるいはそれらの子会社はもとより，住宅開発庁やシンガポール港公社にしても，このような有能な経営者なしには，他の途上国に典型的な非効率的な国営企業群になっていたであろう．

　第3に，これらすべてのシンガポール人とその指導者を衝き動かしてきたのは，シンガポールの存亡の危機だったのではなかろうか．1950年代には，共産主義者との戦いがあった．いろいろな意味での新生中国に飲み込まれる恐れがあった．独立してマレーシアから離脱した後は，自立的な経済発展を遂げなければ，国の存亡にかかわるという強い危機感があった．シンガポールの発展は，この危機感の存在なくしては可能でなかったのではなかろうか．

第6節　それから：明日のシンガポール

　わたくしが身近に経験したシンガポールは，半世紀近くも前のシンガポールだ．シンガポールの奇跡に近いような高度成長がもてはやされてから長くなるが，シンガポールの驚くべきところは，いまだに高度成長を持続しているところだ．さすがに1997年から1998年にかけてのアジア通貨危機と2007年から2008年にかけてのサブプライムローン問題，リーマンショックを発端とする世界大不況の影響を受けて，成長率は一時マイナス成長になった．しかし，それは世界経済の動向に強く影響されるような構造を持ったシンガポール経済に

は，驚くべきことではない．むしろ，半世紀にまで及んだ高度成長の結果，1人当たり GDP は，46,200 ドル（2011 年，世銀データ）と日本のそれを凌駕するようになった事実は，シンガポールの成長モデルの成功と持続力を物語っている．

　しかし，経済発展の戦略は，対象となる国の発展段階や内外の経済環境によって変わってくるし，また変わらざるをえない．したがって，シンガポールの場合も半世紀以上続いてきたシンガポール・モデルの「賞味期限」を考えなければならない時期が来ているのかもしれない．PAP の統治体制を作り上げたリー・クアンユー等の指導体制はすでに第 2 世代に移行している．リー・クアンユーの息子，リー・ションロン（Lee Hsien Loong）を党首とする体制がそれだ．しかし，その体制に対するシンガポール市民の支持率は明らかに下落している．何が問題になっているのだろう．

　この半世紀にわたって，シンガポールは発展戦略の基本を変えてこなかった．その基本とは，強い政府主導のもとで外資――特に技術の先端を行く多国籍企業と戦略的に作られた国営企業に成長の原動力たる投資と輸出を依存する戦略だ．もちろん投資と輸出の内容はシンガポールの発展とともに少しずつ変わってきた．当初は繊維産業といわゆる E&E，すなわち電気・電子産業の製品や部品の製造，それに加えて東アジアの金融センター活動が中心だった．いまでは，政府が目標にしているのは，製造業では薬品開発等のジェネティック・エンジニアリングだ．また，製造――すなわち「ものづくり」――そのものではなく，ものづくりの素になる研究開発活動（R&D）の拠点になることだ．さらに高度な，高付加価値のサービス活動を推進しようとしている．金融では，単なるアジア地域の金融センターというだけでなく，ロンドンと並ぶ中国人民元取引のハブとなることを目指している．金融と並んで，アジア地域の物流のセンターとして活動，アジア全域の教育や医療サービス，それにカジノ等を含む観光・娯楽センターもシンガポールの新しい経済成長の源泉になると期待されている．シンガポールには政府投資公社（Government Investment Corporation: GIC）とタマセック持株会社（Temasek Holdings Pte. Ltd.）という 2 つのソブリン・ファンド（Sovereign Wealth Fund）があるが，タマセック持株会社はもともと政府の持株会社として，シンガポールの重要産業に投資をしてきた．それが，最近では海外投資――中国，インドネシア，オーストラリア，タイ，等々の会社やプロジェクトに――を熱心に行っている．シンガ

ポール自体——しかもシンガポール政府が自身のファンドを使って——による海外直接投資を，将来の成長の源泉の一つにしようとする意図が明らかだ．

　しかし，デパートのように品揃えを流行を追って変えていくだけで，経済成長を持続させていくことができるのだろうか．また，それがシンガポールのこれからの四半世紀の国民的課題だろうか．1960年代から1990年代にかけてシンガポールが経済成長を第一義的な政治課題としたのは，マレーシアとの国家統合の決裂の後で経済的自立を図ること，そのうえでシンガポール市民の雇用確保と生活水準の向上を達成する必要があったからだ．その目的は，当初の期待以上に達成できた．だからこそリー・クアンユーの人民進歩党（PAP）は第二次世界大戦後に類を見ない長期政権を維持できたのだ．シンガポールの政治体制が民主主義といえるかどうかについては，政治学者の間でも議論がある．シンガポールは，政治形態としてはイギリスを模した議会民主主義体制だ．しかし，PAPの選挙戦略や対メディア政策，あらゆる合法的な手段を使っての反対派の排除，等々は，PAPが権威主義的なイデオロギーを持っていることを示している．それにもかかわらず，PAPの長期政権が可能だったのは，国民がシンガポールの経済発展の成果を評価した，すなわちPAPの政策を支持してきたからだ．PAPは，経済成長と同時にシンガポール国民のための福祉政策を追求してきた．それは，大規模な公営住宅の建設，保健と老齢年金制度の確立，教育制度の充実に現れている．そのうえ，シンガポールは経済的に平等な社会だ．シンガポールには，政治的・経済的な権力を持った資本家階級は存在しない．資本は，国家か外国の多国籍企業のものだ．アジェモールとロビンソンは，『独裁制と民主主義の経済的起源』の中で，シンガポール国民は現状維持に満足していて，政治体制を変えたいという動因を持っていなかった，と結論付けている（Acemoglu and Robinson 2006, pp.353-354）．

　シンガポールの持続的な成長に対する挑戦は，過去半世紀にわたる高度成長の結果として起こっているシンガポール社会の変化だ．これは，他の途上国でも起こっていることだが，シンガポールの1人当たり所得水準が上昇した結果，女性の平均出生率が低下した．長期にわたって人口規模を維持するために必要な特殊合計出生率は2.1——すなわち1人の女性が生涯を通じて生む子どもの数が平均2.1人となる——といわれているが，シンガポールの平均はいまや1.2まで低下している．この趨勢が長く続くと，シンガポール社会の老年人口は増大する．もともとシンガポールの人口規模は小さかったから，経済成長

を促進するためには移民に門戸を開放してきたし，また外国人労働者の受け入れに積極的だった．いまや，労働人口に占める外国人の割合は38%にまでなっている．

　ここに問題がある．外国人労働者がシンガポールの労働人口不足を補うための低賃金労働者である場合は外国人労働者の流入はシンガポールにとって望ましい．しかし，経済発展戦略が先端技術を使った製造業（ジェネティック・エンジニアリング等），R&D活動，高付加価値サービス（高等教育，医療，金融）の発展と拡張を目指すと，現存のシンガポール人のプロフェッショナルでは不十分で，どうしても高賃金の外国人タレントを輸入する必要が生じる．もともと，シンガポールの経済発展は，外資と多国籍企業の技術と経営資源に依存してきた．そのうえ，新しい産業の担い手までも外国から輸入しなければならないとすると，シンガポールの経済発展は誰のためのものになるのだろう．

　ここから，これからのシンガポールの経済発展は，シンガポール人の経済的利益を擁護するものではなければならない，そのためには過去半世紀にシンガポールの経済的成功をもたらしたシンガポール・モデルを変えなければいけないかもしれない．少なくとも将来のシンガポール経済の発展は，老齢化するシンガポール国民が厚い社会福祉と成熟した経済を享受できるようなものに変えていく必要がある．最近年におけるPAPに対する支持率の低下は，シンガポール・モデルについて国民の間で疑問が生じていることを示している．

第3章 韓国：漢江の奇跡と産業構造の高度化

Courtesy of the University of Texas Libraries, The University of Texas at Austin.

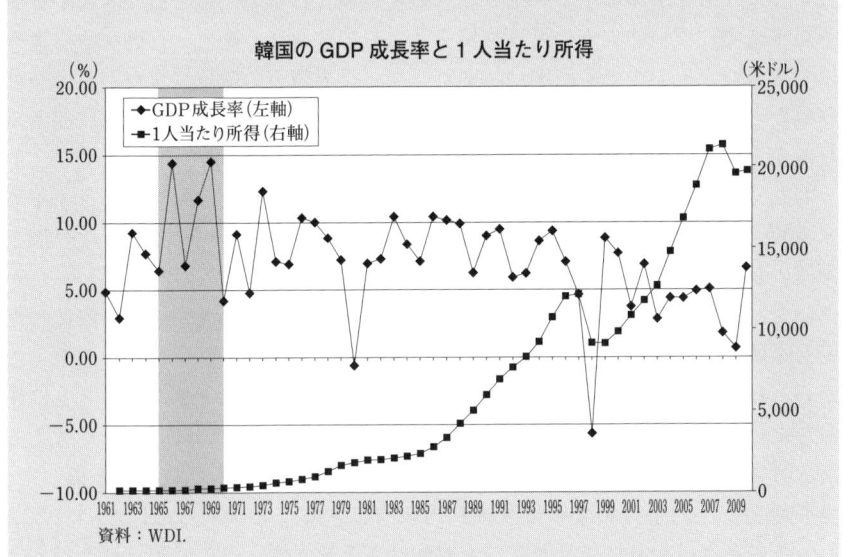

韓国の GDP 成長率と1人当たり所得

資料：WDI.

第1節　イントロダクション：「近くて遠い国」への初めての旅

　日本人にとって韓国は本当に近い国だと思う．テレビをつければ，いわゆる「韓流」のメロドラマや時代劇をやっているし，街には韓国料理店があちらこちらに目につく．福岡から数時間フェリーに乗ればプサン市だし，東京からでも沖縄に行くよりはやくソウルに入れる．

　しかしいまから30年，40年前までは，韓国はまさに「近くて遠い国」だった．わたくしが初めてソウルを訪れたのは，1970年だった．わたくしは当時世界銀行の東アジア局（「極東局」と呼ばれていた）でエコノミストとして働いていたが，あるとき当時の局長の韓国訪問のお供としてカバン持ちを命じられた．第二次世界大戦後の外交断絶を終結させた日韓基本条約は1965年であったから，日韓国交回復がなってからまだ5年しかたっていない時期で，国民レベルの反日感情は厳しく，日本人のソウル市街の一人歩きは危険だといわれていた時代である．

　当時わたくしはアジアに仕事で訪れるときには，必ず第二次世界大戦中――というよりも太平洋戦争中――にこれらの地域で日本軍が何をしてきたかを調べたうえで，現地の人々の対日感情を考慮して注意深く発言・行動をするようにしてきた．その中でも韓国は特別だった．世界銀行の職員，すなわち国際公務員だといってもしょせんは日本人だから，韓国の人たちにどのように迎えられるか，大いに危惧感を持っていた．

　わたくしがお供をしたアジア局長は，レイモンド・グッドマンというイギリス人で，彼の韓国訪問中には，韓国経済発展の司令塔といわれていた経済企画院の長官主催のキーセン・パーティー（妓生，いわゆる芸者パーティー）があった．その席上で，局長は企画院長官に，今度の世銀の人事異動の際にわたくしを韓国・台湾・日本（日本はすでに世銀からの借り入れはしていなかったから，日本に限っては借款関係はなかった）担当のシニア・エコノミストに任命したいが，わたくしが日本人であるという理由から，韓国政府はどう考えるか，日本人エコノミストが韓国担当として問題なく働けるだろうかと聞いた．世界銀行が，人事の相談を借り入れ国政府にすることはめったにない．しかし，このときばかりは局長としても心配せざるをえず，そこで顔見せということでわたくしを自分のカバン持ちとしてわざわざソウルまで連れてきたのだ．

第1節　イントロダクション：「近くて遠い国」への初めての旅

　この質問を受けたテー（太完善）企画院長官は，すぐにわたくしのほうに顔を向け，「浅沼さんはおいくつになられますか」と聞いてきた．わたくしが1938年生まれだと応じると，それでは自分の息子と同い年で，実質的には戦後の教育を受けた日本人だねと言い，自分の横にわたくしを座らせ，「いまから5年前に，まさにそこにあなたの国の首相が座っていたのですよ．それは，日韓条約を締結のときでした」と話し，わたくしが韓国担当のシニア・エコノミストになることを祝福してくれた．

　それから1973年に世銀を離れるまで，韓国を担当したが，その間韓国に滞在している間は——たった一度日本大使館の参事官と会食したとき以外は——決して日本語をしゃべらず，また日本人ビジネスマンと接触することもなかった．正式にわたくしを韓国担当に任命したときの局長の，「これから韓国CIAが君の身元を徹底的に洗うよ．多少とも日本の政府や業界にかかわりがあると思われると，仕事に支障が出ると思われるから，よほど気をつけるように」という忠告を忠実に守ったのだ．

　余談になるが，このキーセン・パーティーで，当時の韓国経済の様相を特徴的に表すことがあった．そのパーティーは，ソウルで最も高級とされる料亭で催されたが，最後に出てきた食事は白米のご飯ではなく，麦飯だった．1970年代になっても，韓国の食糧事情は悪く，政府は国民に麦飯や麺類の食事を奨励しており，小売り段階では白米だけの販売は禁止となっていた．政治家や政府高官が集まる料亭で白米のご飯が出されていることが判明すると，これは政治的なスキャンダルになるばかりでなく，指示を出したパク大統領に対する反発にもなるということで，どこの料亭でもレストランでも白米の食事が出ることはなかったのだ．

　1970年代初めの韓国経済は，それからの経済の行方を決める重要な戦略的岐路に立っていた．パク・チョンヒ（朴正熙）を首班とするクーデターが起こったのが1961年，アメリカ等の政治的圧力のもとで政府の民政化を実施して，パク・チョンヒが大統領選での勝利を経て大統領になったのが1963年．1960年代前半の韓国経済成長は決して悪くなく，1960年代後半には高度成長を達成している．しかし，国内の輸入代替産業を徹底した保護と労働集約的な輸出産業の育成を両輪に続けてきた高度成長の持続可能性は常に懸念材料だった．輸出志向型の工業化路線を走っているのは韓国だけではない．台湾，シンガポール，香港をはじめとするいわゆる「アジアの四小竜」が韓国との熾烈な

輸出競争を繰り広げている．さらに，早晩その他のアジア諸国も韓国に追いついてくるだろう．ラテンアメリカの諸国も輸入代替工業化の夢から覚めてアメリカ市場に参入してくるかもしれない．一方，その当時の韓国経済に，さらなる産業構造の高度化——すなわち重化学工業の構築——を達成するだけの実力があるかどうかは大いに疑問だった．韓国企業の財務はことのほか脆弱で，不況になれば多くの「不良企業」が発生した．成長を阻む一大要因は国際収支の壁で，なんでもありの輸出振興や韓国人軍属のベトナムへの出稼ぎも国際収支圧力を緩和することができず，アメリカ政府への経済援助依存体質はいまだ続いていた．しかし，産業構造の高度化という，「中進国の命題」は避けて通れない政策課題だった．

　この課題をどのように達成するか，成功の可能性はあるのか，等々の問題意識を政策に凝縮させたのが，1972年を初年とする第3次五カ年計画だった．そして，1970年にはこの五カ年計画をめぐって韓国政府，アメリカ政府，IMF/世銀をはじめとする国際機関の内外で議論が沸騰した．日本も，日韓条約に基づいて戦時賠償と長期の円借款を通じて，韓国経済を支援する立場にあったから，この論争に巻き込まれていた．後に韓国経済の象徴となる浦項製鉄（POSCO）や現代造船の建設はこの論争を通じて現実になったのだ．

　いまから振り返ってみると，韓国経済の発展は実に画期的だった．そしてその成功は，わずか10年余りで世界一になった現代造船や20年を待たずに世界的な製鉄会社に成長した浦項製鉄に象徴的に現れている．韓国の経済発展について書かれた文献も多い．しかし，第3次五カ年計画の策定作業を真近で見てきたわたくしが持っている印象は，韓国の経済成長は戦略，政策，計画遂行のすべてのレベルで，経済学の教科書的な分析には当てはまらない異端の要素を数多く含んでいた，というものだ．「輸出志向型工業化戦略」の成功であったとか，あるいは「市場自由化政策」が韓国経済の高度成長の原因であったというような単純化された説明だけでは説得的ではない[1]．もっと複雑なポリティカル・エコノミー的な要素を含んだ，堅固な開発主義的志向を持った強力な政府の存在なくしては，とうてい達成できない，ハイリスク・ハイリターンの開発だった．ほとんどの文献は，韓国の熱に浮かされたような開発政策現場の臨場感と雰囲気を伝えていないように思われる．唯一の例外は，アリ

---

[1] たとえば，典型的な単純化された議論としては，Krueger（1998）および渡辺（1978，第4章），がある．

ス・アムスデンの『アジアの次なる巨人―韓国と後発工業化』ではなかろうか (Amsden 1989). わたくしも, 政策現場にいた一人として, 韓国政府の政治的指導者層とテクノクラートの情熱が, 韓国経済発展の大きな要因だったと思う.

第2節 「アジアのバスケット・ケース」：イ・スンマン政権の失敗

「あの国はバスケット・ケースだよ」という表現を使うことがある. バスケット・ケースとは, 本来は何らかの事情で四肢を失った人のことで, いわばダルマさん, 籐編みのバスケットに入れてケアするからだ. 国の場合, あの国は国際的なバスケット・ケースだよといえば, 経済が全く破綻状態で, 国際的な援助で支えるよりほかにしようがないような状態をいう. 今日では考えられないことだが, 韓国は1945年の独立以来1960代初めまで, アジアのバスケット・ケースとして扱われてきた. 当時の韓国を取り巻く国内的・対外的な経済環境は厳しかったが, 新しい韓国の政治指導者とエリート層の経済政策運営はもっと悪かったからだ.

太平洋戦争が日本の敗戦で終結したあと, 韓国に平和が訪れたわけではない. 日本の植民地統治が終わった後の空白は, 3年にわたるアメリカ占領軍政府の統治下にあった. しかし, 1948年には韓国は, 長い日本の植民地支配に終止符を打って, 独立を果たし, ハワイから帰国したイ・スンマン（李承晩）を大統領とする新政権が誕生した. しかし, 冷戦の勃発は朝鮮半島での内戦――というよりも本当は西側陣営の統領たるアメリカ対社会主義陣営を代表するソビエトと新生中国の代理戦争の趣きが強い朝鮮戦争――によって人々の生活と経済活動は完全に破壊された.

1953年に朝鮮半島は南の韓国と北朝鮮に分断された形で停戦を迎え, 38度線の南の韓国経済をどのようにして安定させ開発するかが国民にとって第一義的に重要な政治課題として浮上してきた. しかし, この課題は, イ・スンマン政権を支える政治指導者や政策担当者にとって気の遠くなるような困難な問題だった.

長い日本の植民地時代に韓国経済が全く開発されなかったわけではない. しかし, 日本の植民地政府と進出企業が工業化を進め, そのためのインフラ建設を押し進めた地域は, いまや北朝鮮に属していた. 韓国は, 主として農業

地域として，日本の農業生産を補完する役割を与えられていた．戦後日本の植民地政府，軍，企業が去った後で，第1に手をつけなければならなかったのは，日本企業が所有していた土地と財産の分配だった．アメリカ占領軍政府によって，日本で実施されたと同じような農地改革が実施された．生産設備の配分は，形式的には公募・入札によって行われたが，汚職の蔓延を促した．当時日本も戦争による生産設備の破壊で国民の生活水準は極端に低くなっていて，「インド以下的生活水準」などという言葉が流行ったが，韓国の国民1人当たりGDPは，やはり極端に低く，朝鮮戦争終結時にはわずか80ドル（1965年価格）で，1960年代の初めまで100ドルを超えることはなかった．ハイパーインフレになることはなかったが，経済のインフレ圧力は相当のもので，1954年から1958年の年平均は30％以上（GDPインプリシット・デフレーターをベースとして）に達した．輸入需要を賄うべき輸出は輸入の4分の1にも満たず，しかも輸出の大半は，アメリカ駐留軍との取引，いわゆる特需に占められていた．それでも，この期間——1954年から1958年は朝鮮戦争の破壊からの復興期と特徴付けられており，GDPは年平均で5.5％の成長を遂げた[2]．

それに貢献したのは，休戦の年に締結された米韓相互安全保障条約に基づいて供与されたアメリカの援助資金の流入である．これによって韓国の国民の最低生活が保障され，経済復興のための投資が可能になったのである．しかし，毎年のアメリカの援助額は，アメリカ政府と議会が決定する．一向に自立的な回復傾向を見せない韓国経済に対して，アメリカ政府は援助資金の削減を主張し始める．そしてその結果，1958年から1962年にかけては，インフレはおさまったものの，経済は停滞し，GDP成長率は年率3.6％に減速した．

1960年に起こったいわゆる「4月革命（"April Revolution"）」は，1950年代末の経済停滞とその原因と考えられるイ・スンマン政権の失政と大いに関係がある．もともとイ・スンマンは，アメリカの占領軍政府が政権に就かせた人物だ．40年近くもアメリカに住み，プリンストン大学の博士号を持ち，クリスチャンでオーストリア人の妻を持つ韓国独立運動の立役者として，第二次世界大戦中からアメリカ政府——特にその諜報機関——と関係が深かった人物

---

[2] ここで引用されている統計は，Bank of Korea, *Economic Statistics Yearbook*, 1969による（David C. Cole and Princeton N. Lyman, *Korean Development: The Interplay of Politics and Economics*, Harvard University Press, 1971 に部分的に収録されている）．

だ．イ・スンマンを支える政治家グループは，韓国社会では「両班（リャンバン）」と呼ばれる歴史的な地主・支配階級出身の保守主義者で，日本の植民地時代もエリート階級として持ち上げられていた人たちの集まりだった．しかし，日本の植民地時代と朝鮮戦争を通じて韓国社会の封建制度的な社会組織は破壊されていたし，特に韓国の場合，社会階層といえば，一握りの両班グループと大多数の貧農階層しかなかった．そこでは，個人ひとりひとりが直接に国家権力と接触し，ある場合には対峙する．中間的な社会組織はなく，国民と政治権力の関係は直のかかわりである．このフラットな社会構造を，元外交官でかつ韓国に詳しい政治学者のグレゴリー・ヘンダーソンは，韓国の政治を誰でも彼でも巻き込まずにはおかない「渦巻型の政治」と称した．このような政治構造を持つ社会は，ともすれば中央集権的，権威主義的，官僚主義的な政治体制を持つ傾向がある（Henderson 1968）．冷戦が始まって以来のアメリカ政府は，民主主義者であっても社会主義的志向のある政治家を忌避したから，韓国の保守的な両班出身のエリートを政府の中核に据えた．

　アメリカから帰国したときにすでに70歳を超えていたイ・スンマン大統領は，両班の代表のような権威主義的な人物で，戦後の若い世代——特に高校や大学のインテリ——とは世代的なギャップが大きすぎた．イ・スンマンが実施した選挙の不正を原因に，高校・大学の学生と教師の反発が広まり，街頭デモとその抑圧の繰り返しの末に，ついにアメリカ政府からも引導を渡されて，イ・スンマンが夫人フランチェスカとハワイに亡命したのが1960年の4月で，これが韓国で「4月革命」として知られるようになった政治変革である．その後には，反対党（民主党）のチャン・ミョン（張勉）が政府の首班になったが，この民主内閣も長続きはせず，1961年にはパク・チョンヒと陸軍・海兵隊の士官グループがクーデターを起こし，成功することになる．

　いまからパク・チョンヒのクーデターを思い返してみて強く印象付けられるのは，このクーデター——日付をとって「4.19（サー・イル・グー）」と呼ばれる——が日本の「2.26事件」と類似していることである．日本の2.26事件は，「昭和維新」を標榜するいわゆる皇道派が時の政権に対して不満を持ち，高橋大蔵大臣等の政府要人を暗殺したうえで企てたテロと軍事クーデターであったが，過激派の青年将校の多くは，農村出身で時のエリート階級出身ではなかった．韓国のクーデターを敢行したのは，パク・チョンヒ陸軍大佐と数人の士官で，その首謀者は，後に首相として政権を支えたキム・ジョンピ

ル（金鐘泌）で，陸軍士官学校の8期生でかつパク・チョンヒとは姻戚関係にあった．彼は，後に韓国にそれまでになかった KCIA（韓国中央情報局）と民主共和党という新しい政治機構を創設した人物として知られている（Cumings 2005, p.358）．クーデターの指導者たちは，ほとんど農家の出で，韓国の伝統的なエリート階層とは関わりがない．だから，クーデターの指導者たちの思想的な傾向は，むしろ「4月革命」の立役者たちの学生や彼らを後押しした教師たちに近く，当時の「両班」の出自を持ち，抗日運動を指導してきた年配の韓国指導者たちとは隔たっていた．事実「4月革命」の学生のデモに際しては，その抑圧を命じられた兵士たちの間には，学生側への同情を持っているものが多数いた．貧困にあえぐ農民や都市労働者のために，なんらの経済的な支援もしてこなかったイ・スンマン政権に対する反発は強く，それがクーデターに対して好意的な市民の反応に現れていたし，またクーデターが無血で成功した背景であると考えられている．韓国駐留のアメリカ軍は，クーデター計画は事前に知らされていなかったようだ（Cumings 2005, p.353）．しかし，イ・スンマン大統領の後継者であるチャン首相に指導者としての資質はないと判断していたアメリカ政府は，チャン首相の要請にもかかわらず，クーデターを抑制しようとはしなかった．ただ，当時のケネディ政権は，事あるごとにパク・チョンヒに対して民政へ早急に移行するように政治的圧力をかけた．そして，それが2年後の1963年の大統領選挙になった．

　クーデターが成功した翌日，「革命委員会」が出した声明文は，腐敗と社会悪の撲滅と同時に，「自立経済」の建設を掲げている[3]．政治的には反共とアメリカとの軍事同盟の存続を謳っているが，腐敗払拭も自立経済も共に当時の韓国経済にとって最重要なアメリカの援助の頸木からの脱却を意味している．民政後のパク政権の経済発展に対するコミットメントとそのためにはほとんど手段を選ばない政策姿勢は，すでにこの声明文に現れているし，また，クーデター直後から政治課題として浮上してくる日本との国交回復も，アメリカのほかにも，資金源・技術・市場を確保したいというパク政権の開発戦略の一環だ

---

[3] Cumings（2005, p.353）．さらに詳しくは，Henderson（1968, p.183）．クーデターの成功後，革命委員会は6項目のいわゆる「革命公約」を発表したが，この6項目は，①反共体制の強化，②アメリカおよび他の自由主義圏諸国との関係強化，③汚職およびその他の社会悪の根絶，④新しい社会倫理の確立，⑤自立経済の達成，⑥これらの目的達成後に清廉な民間政治家への政権委譲，を含んでいた．

った．さらに，パク大統領は，クーデター直後に出版した本の中で，国家建設の事例として日本の明治維新を持ちあげている．しかし，彼が国家建設・経済開発のモデルとしたのは，自身がよく知っている軍部の支持を背景とし，上からの指導で強引に進められた日本による満州工業化のモデルではなかったかといわれている（Cumings 2005, p.311）．経済を既存の財閥（チェボル）に任せておくと，権益の追求に血道をあげ，政府の開発政策を腐敗させ，国の経済発展の阻害要因になる．むしろ，国家資本主義的な政府による計画と指導，そして国策会社による開発の実施が望ましい，という考え方だった．財閥を制御しなければ，経済の腐敗と停滞が避けられないと確信していたのだ．

第3節　パク・チョンヒの「開発主義」の政治とテクノクラート

　パク政権の基本的な開発戦略をいくつかのキーワードで表現できないだろうか．わたくしは，キーワードとして，「急速な工業化による成長」，「政府主導の経済計画」，「死に物狂いの輸出振興」，「金融の国営化と金融による財閥（チェボル）支配」の4つを挙げたい．この4つのキーワードのうち最初のものは開発戦略の目的で，あとの3つは目標達成のためのインスティテューション化された政策手段だと解釈できる．ここであえてインスティテューション化という耳慣れない言葉を使うのは，それらが工業化という目標を達成するための戦略的な柱として制定された政策原則に近い概念だったからだ．
　先に述べたように，クーデターによって成立したパク政権は，1963年に民政に移行した．テクノクラートによる経済政策運営は，その副産物といえなくもない．民政移行と同時に，パク・チョンヒは与党組織としての民主共和党を創設したが，その結果軍事政権の指導者の多数は政党役員になって，行政府から去った．このようにして生じた真空地帯を埋めたのは，アメリカ留学帰りを含む新しい世代の官僚と新たに政府官僚になった大学教授等のプロフェッショナルである．軍事政府時代に，古手の官僚は政府部内の影響力を失っていたし，また軍事政権の首脳部にいた軍人政治家・軍人官僚では1960年代初頭の経済混乱を解決できないことがわかった．そこで，若い，教育を受けた年代の政策担当者が必要とされたわけだ．韓国のこの時代を，「開発独裁体制」と特徴付ける人たちがいるが，成功した開発独裁体制の一つの側面は，権威主義的政治体制のもとで政策の策定と実施をテクノクラートが担当したことにある．

たとえば，スハルト政権下の経済政策の成功も，官僚組織の外から導入されたテクノクラート大臣，次官，局長レベルの人材によるところ大であった[4]．

そこで，パク政権は，経済の安定化政策をとると同時に，経済政策の司令塔としての計画機能を作り上げた．もともと米韓合同経済協力委員会という組織があって，経済運営と援助の基本方針はそこで議論されてきたが，この委員会の韓国側のカウンターパートとしてはアメリカ援助を管理する復興部なる省庁があった．パク・チョンヒは，これを改組し，財務部（財務省）の予算局を分離して復興部と合併して，予算権限（後には統計局も吸収した）を持った経済企画院を設置した．そして経済企画院長官は副総理を兼務，すべての経済関連省庁を統括・監督して，経済計画を策定・執行する権限を与えられた．開発戦略と経済政策の責任と権限は，このようにして経済企画院に集中することになった．権限の集中は，また初代長官のチャン・ケヤン（Chang Key-young，張基栄）の指導力によるところが大きい．また，経済企画院は，新しい，テクノクラティックな組織であったから，古い官僚組織に居場所を見つけられなかったアメリカからの留学帰りや大学関係の経済専門家が集まって新しい政策集団を形成するようになった．

1970年に，わたくしが最初に世界銀行の経済調査ミッションの団員として韓国を訪れたときに，最初に訪問したのは経済企画院で，そこでブリーフィングを受けたあとで財務省や韓国銀行（中央銀行）に行って経済政策や経済状況の話を聞いた．しかし，当時でもまだ経済政策で重要な役割を果たしており，欠かせない訪問先としてはアメリカ援助庁（アメリカ政府の国際援助機関，国際開発庁（Agency for International Development: AID））の現地オフィスがあった．大統領府のあるソウルの北の丘は青瓦台（チョンワデー）と呼ばれるが，そこから南に下ってくる通りは官庁街になっている．その一角に小ぶりのビルがあり，職員200人ばかりの当時としては大きなAID在外ミッションが居を構えていた．そのうえに，潤沢な予算を使って，アメリカの有名大学の国際経済，国際金融，地域研究者の多くをコンサルタントとして韓国に連れてきては経済政策に関する報告書を書かせていた．後に有名になったアメリカの国際経済学者や開発経済学者で韓国に短期専門家として来たことのないエコノミストは皆無といってよかった．

---

[4] 本書第4章「インドネシア：資源の呪いを超えて」を参照．

第3節　パク・チョンヒの「開発主義」の政治とテクノクラート　　　75

　AID はまた経済政策に関するシンクタンク，韓国開発研究所（Korea Development Institute: KDI）設立（1971年大統領令により設立された）を支援して，そこにアメリカ留学帰りの新進気鋭のエコノミストを集めて，韓国経済の開発計画と政策を検討させた．ちなみに初代の KDI 所長には，後に財務長官や企画院総裁，退官後は韓国開発銀行の総裁等を務めたキム・マンジェー（Kim Man-je，金満堤）がいた．最初にこれらテクノクラートを束ねたのはチャン・ケヤンだが，その他にもソウル国立大学の経済学部等から若い教授レベルのエコノミストが政府に入っている．パク大統領のテクノクラートの使い方のうまさは，たとえばテクノクラートの経済官庁の長官人事に現れている．これはと目をつけた人物を，まず大統領府付きの顧問団の一員として青瓦台に連れてくる．その働きを見極めたうえで，経済省の統領としての器量があると認めれば，財務省やその他の省庁の長官に任命する．韓国の重化学工業化時代に財務部長官，企画院総裁の要職に就いたナム・ダクスー（Nam Duk-soo，南悳祐）氏もその一人だ．
　パク・チョンヒ大統領は，これらの知識人テクノクラートを使って，政治の焦点を経済発展に向けた．日米安保条約をめぐって日本の政治が国民の間に亀裂を作ったあとを受けて，池田内閣が所得倍増計画を引っ提げて政治の焦点を経済発展に大きく舵を切ったが，パク大統領の「経済成長の政治」は，まさにそれを思い起こさせる韓国政治のパラダイム転換だった．イ・スンマン大統領の政治志向が，非植民地化，反共産主義，政治・社会の安定のキーワードで表せるとすれば，それとは対照的にこれらエリートは，経済開発を第一義的な国家の課題と認識していたようだ．また，どこにも明文化されてはいないが，韓国経済の開発の基本原則を作りそれを共有していたようだ．
　その基本原則とは，第1に，経済開発は韓国経済の段階的な工業化である．当初は所得増加と雇用確保のために軽工業を推進する．しかし，ある段階で重化学工業を立ち上げる．第2に，経済開発における政府の主導的な役割である．産業の主体は民間企業だが，政府は民間の企業群を市場と価格機構の管理を通じて指導する．その指導要綱となるのが経済計画である．民間企業を指導する政策手段としてはその他に政府の投融資や重点企業に対するより直接的な規制や支援をする．第3に，重要な投資の意思決定は，完全に民間企業に任せず，政府が介入する．企業の所有と経営は，もちろん民間企業にゆだねられるのだが，開発に決定的な影響を与えるような投資の決定には，政府の意思

が入ってくる．第4に，投資財源を確保するために，外資導入を積極的に進める．また，輸入財源と外資借款の返済のために，そしてより広い意味で国際収支と財政の持続可能性を維持するために，経済政策の最重要課題として輸出振興を優先する．最後に，経済発展のためには，まず経済成長を最優先する．当然所得分配の格差，地域間での産業発展の格差等は政治的に重要な問題はあるが，経済成長自体がこれらの問題を軽減する手段になりうる．また，経済の安定と成長は，韓国のような経済ではトレードオフの関係にあるが，インフレといったような経済安定は，経済成長のためにはある程度犠牲にせざるをえない．

　パク政権を作り上げた軍人政治家の多くの出自は農民だ．だから，パク政権が農業部門を軽視していたわけではない．しかし，緑の革命や農村の生活改善運動である「セマウル（新農村）」運動は，ある程度経済開発が軌道に乗り始めた1970年代を待たなければならなかった．工業部門の発展のペースが速く，農業人口の工業部門への流出が進み，その段階で始めて新しい高収量のコメの普及や農村の生活環境を改善するインフラ投資を主軸とする政策的な動きが出てきたのだ．それまでのパク政権の農業政策は，農業部門の主産物であるコメの価格をつり上げて，生産を奨励してコメの輸入を抑制すると同時に農村人口の所得向上を図ることを主としてきたが，それだけでは農村部の経済状況を改善できないことが認識されたのだ（World Bank 1972a）．

　パク政権の経済政策担当者が，まず最初に手掛けたのは輸出振興である．先にも触れたとおり，1960年代初めの韓国の輸出は農産物，海産物，鉱産物が大宗を占め，工業製品は5分の1にも満たなかった．しかも，韓国に駐留する米軍（国連軍として）の物資・資材調達——いわゆる特需——が半分以上を占めているのが現状だった．それが，わずか5年位の間に工業製品輸出が3分の2に，10年間では4分の3以上になった（表3.1）．輸出マーケットとしては，従来日本に対する農産物・海産物が多かったが，この間に北米やヨーロッパに対する製品輸出が飛躍的に伸びた．また，1960年代後半には，ベトナム戦争が激しくなるなかで，韓国の建設やその他サービス輸出が輸出の増加に貢献している．

　輸出の飛躍的な伸びは，自然に起こったことではない．ある意味では，韓国政府のなりふりかまわない輸出振興政策が功を奏したのだ．新しい輸出振興政策は1964年に集中している．まず，ウォンの対ドル・レートの130ウォ

表 3.1　1960 年代韓国の輸出

	1960	1965	1968
A. 商品輸出の構成（％）			
農産物	21.9	8.7	4.3
海産物	17.7	13.7	10.2
鉱産物	42.2	15.3	8.2
工業製品	18.2	62.3	77.3
B. 財・サービス輸出の構成（百万米ドル）			
商品輸出	32.3	175.1	486.8
軍事輸出（サービスを含む）	62.6	74.0	216.6
その他サービス輸出	21.5	40.7	172.2

出所：Cole and Lyman (1971, p.134).

ン/ドルから 257 ウォン/ドルへの大幅切り下げが実行された．そしてそのうえで，単一レート・変動相場制度を採用した．この制度の特徴は，外為証書（Foreign Exchange Certificate）にある．輸出業者（韓国駐留アメリカ軍の調達も輸出に含まれる）は，稼いだドルを韓国銀行に売却する義務があるが，韓国銀行は輸出業者に外為証書によって支払いを行う．輸入業者は，外為証書を使って資本財や原材料を輸入してもよいし，外為証書を市場で売却することもできる．外為証書には韓国銀行が時折介入する市場が立っており，この当時は韓国銀行が毎日決めるドル相場を上回るプレミアムで売り買いされていた．

　新しい為替制度が採用されて国際収支はある程度改善したので，次いで政府は輸入の数量制限を関税に置き換えるようになった．残っている数量制限品目についても，輸出業者は優先的に輸入許可が与えられた．また同時に，主として金融手段を使った輸出奨励政策をとるようになった．この奨励政策は実に広範で，輸出金融は言うに及ばず，輸出産業のための原材料輸入借款，設備投資借款等が優遇金利で輸出産業に提供された．

　このときにとられた政策は，一般的に輸出入・為替の自由化であると解釈されることが多いが，現実はそうではない．政府のとった政策は，輸入制限や高関税によって国内産業保護を続けると同時に，輸入代替工業化政策の欠点である輸出に対する負のバイアスを取り除き，輸出振興を促すという二本立ての政策をとったのだ．要するに，ある意味では国内産業と輸出産業の間に壁を作り，別個の産業部門として育成することにしたのだ．当時韓国のアメリカ向

け輸出で伸びていたのは，縫製業や装身具等の軽工業品だった．香港と熾烈な競争をしながら，低賃金労働者を使っていわゆる「1ドルシャツ」をアメリカの量販店に輸出をしたり，製造業者が韓国の農村を回って女子の髪を買いあさり，それを原料に鬘や付け睫等を作ってはやはりアメリカの量販店に売ることから韓国の工業製品輸出は始まったのだ．しかし，いつまでの廉価品輸出というわけにいかず，次第に質の良い製品を売るようになる．そのときに問題になるのは，韓国国内の繊維産業では高品質の繊維が生産できないことだ．このような状況で，韓国政府は国内の繊維産業の保護はそのままにしておいて，輸出生産のための繊維製品に限っては，たとえば日本からの輸入を許可する．このような二本立ての政策をとったのだ．

　政府の規制や政策は，すべて輸出奨励に向けられた．時期的にはもう少しあとになって輸出特別区のようなものが作られたが，そこでは電気料金のようなインフラ費用や借地代等の経費さえも，輸出産業であれば優遇処置を受けることができた．しかし，輸出産業は各種の優遇政策を享受する特権を与えられるだけではない．特権を得る対価として，輸出実績のパフォーマンスが要求される．そしてパフォーマンスのハードルは，企業が実力をつけるにしたがって高く設定されるようになった．パフォーマンスのモニタリングは非常に厳格に運用された．経済企画院が中心になって，月次の輸出目標が財閥（チェボル）別，会社別に設定される．そして目標と実績が，毎月行われる大統領経済ブリーフィングで報告される．そして，パフォーマンスが悪いと判断された企業には，それ以降投資プロジェクトの認可や投資資金融資，あるいは輸入許可等々の面で全く政府の裁量に基づいた罰則的処置がとられる．

　月次の大統領経済ブリーフィングは，経済と企業を規制・管理する経済企画院のスタッフにとっても緊張を迫る厳しいものだった．わたくしがあるとき世界銀行経済ミッションでソウルに滞在していたときのことであるが，経済企画院の次官補が，「浅沼さんは，口を開かなければ韓国人に見えるから，一度大統領経済ブリーフィングに連れてってやろう」と言ってくれたことがある．わたくしが喜んでそれに応じると，わら半紙にガリ版刷りの主として統計表からなるプレゼン資料を渡され，玄関で大統領の到着を待つようにいわれた．青瓦台からの黒塗りの自動車を何台も連ねたモーターケードが来て，青白い顔をしたパク大統領が経済企画院の玄関を通るのを直立不動の姿勢で迎え，経済企画院総裁自ら講堂に案内する．彼が壇上の椅子に座るとすぐに，スタッフに

よるブリーフィング——マクロ経済情勢から会社別の輸出業績等のミクロ情報までを広範にカバーする——が始まり，それが1時間半程度続く．その間大統領は，終始無表情で聞き役に徹し，時々短く鋭い質問を発する．ブリーフィングは，ほとんど儀式で，大統領が弁を振るうようなことはない．しかし，大統領はこのブリーフィングでの情報をもとに，閣僚，各省庁スタッフ，テクノクラート，そして主要企業のパフォーマンスの評価をしていたようだ．ある経済人に，輸出目標から実績が大きく離れ，それが会社自体の問題から生じたとして，何が起こるのかと聞いたことがあるが，答えは，たぶん大統領府からの指令で何人もの税務署員が会社の会長室を占拠して，仕事にならないなどの嫌がらせを受けるだろうというものだった．このようなターゲットとモニタリング，そしてパフォーマンスの押しつけが，韓国の輸出の飛躍的な増大に重要な貢献をしたであろうことは容易に想像できる．

第4節　後発工業国の課題：「第3次五カ年経済発展計画」

　韓国の軽工業をベースとする輸出主導型工業化路線は，成功した．これが，韓国の1967年から1971年までの第2次五カ年計画の物語だ．この間の経済成長率（実質GNPベース，年平均）は，実績9.5%と目標値7.0%を大きく上回り，国内貯蓄率や外資流入（海外貯蓄率）も予測を大きく上回った．輸出の年平均増加率は実に35.2%（ドル，名目ベース）だった．そして，誰も韓国経済はアジアのバスケット・ケースだというような議論をしなくなった．むしろ，香港，シンガポール，台湾と並んで，「アジアの四小竜」の一つ，輸出主導型工業化路線の成功例として世界で議論されるようになった．

　しかし，パク大統領の開発目標は，韓国経済の軽工業化よりははるかに高かった．重点産業育成による韓国経済の重化学工業化が，1970年代の優先課題とされた．日本の通産省の政策——それは将来発展可能性を秘めていると見られる産業部門を特定して，各種の優遇処置をとってその発展を促進するいわゆる「インダストリアル・ターゲッティング」を特徴とする重点産業育成政策だと考えられていたが——にならって，すでに第2次五カ年計画中に「機械工業振興法」，「造船工業育成法」，「電子工業育成法」，「石油化学工業育成法」などの個別産業育成のための法律が制定されており，第3次五カ年計画では重化学工業と技術集約産業の立ち上げが目標とされていた．

問題は，重化学工業化のための技術と資本の導入をどうするか，だった．すでに 1960 年代半ばに日韓国交回復がなっていたが，これも韓国側からすれば日本経済の技術と資金を獲得して，極端な対米援助依存から逃れるためだった．当時の韓国世論の論調は，「韓国民は，歴史的，政治的，社会的，文化的にも，まだ日本を受け入れる準備ができていない」というのが主流だったにもかかわらず，アジア地域の経済大国になりつつある日本との関係なしには，韓国経済の重化学工業化を達成できないという理由でパク政権が強行したのだ．日本側としては，日韓国交回復は，第二次世界大戦後の日本の世界とアジアへの復帰のプログラムの一環と言ってよく，戦後賠償と開発借款供与という対価を払っても達成したい政治課題だった．また，韓国経済が将来発展すれば，日本の輸出市場として重要になるだろうことは，容易に見通せた．

　技術と資金の導入のためにアプローチしたのは日本だけではない．それまで，あまり深くなかった世界銀行との関係強化も図られた．日韓国交回復が達成されたのを待って，世界銀行をチェアマンとする韓国援助協議会（Consultative Group for Korea: CGK）が立ちあげられ，アメリカ，日本，主要ヨーロッパ諸国が参加する援助グループが積極的に韓国の経済発展に協力する体制ができた．

　もちろん韓国側からすれば，韓国援助協議会の意義は，まず韓国経済の工業化のための資本と技術導入を，過度のアメリカ依存から脱却して多角化する，そしてそうすることによって韓国経済を政府の考えどおり自由に運営することにあった．援助国側にとっては，韓国は国際政治上重要な東アジアにおける社会主義陣営に対する砦であったから，韓国経済が安定的に成長することを望んでいた．アメリカをはじめ援助国の多くは，パク政権の性急な工業化の野望はたぶんに冒険主義的で，韓国経済を不安定にする可能性があると考えていた．もともとアメリカ政府が連れてきたコンサルタントたちは，韓国は農業や鉱業部門の開発と生産性の向上にもっと力を入れるべきで，工業化のスピードがそのために多少遅れたとして仕方がないと考えていた．当初アメリカ援助庁（AID）のもとで，経済計画の作成を支援・指導していたアメリカ経済コンサルタント会社，ロバート・ネイサン等も「韓国経済のバランスのとれた開発」を指針としていた．

　被援助側と援助側ではこのように思惑がかけ離れていたから，当然韓国援助協議会の会合──とその前哨戦ともいうべき事前の打ち合わせ会合──は，開

発戦略の賛否をめぐる熱気のこもった議論の場となる．世界銀行は，国際開発金融の世界で力を発揮し始めた日本に，1970年代初めに東京事務所を開設した．韓国政府は，すでに東京にハイレベルの資材調達ミッションを置いて，賠償とそれに付随して供与された円借款を利用して大規模かつ広範な分野にわたって日本の技術と資本を導入しようとしていた．そこで，第1回目の韓国援助協議会を東京で開催しようということになったが，そこで論争になったのは第3次経済開発計画期間の成長率をどの程度に設定するか，だった．韓国側は10％を超える高度成長の存続を主張する一方，世銀を含む援助国側は韓国の国際収支見通しと債務返済能力の限界を考えて8％台を主張する．成長率論争の裏には，この時期に大々的な重化学工業化プログラムを敢行するかどうかの問題があった．そして，その象徴として取り上げられたのが浦項（ポハン）綜合製鉄所（POSCO）プロジェクトだった．

　もともと1970年代初頭の時点で，韓国政府がとりうる選択肢は3つあった．第1には，それまでの軽工業化路線，特に輸出主導型の軽工業を拡張するという戦略である．この戦略をとると，韓国の成長率はアメリカをはじめとする輸出市場にどの程度進出できるかによって決まってくる．資本や技術導入の必要性は，それまでの延長で大幅に変わることはない．労働集約的な産業であるから，賃金水準の大幅な上昇は期待できないし，賃金上昇は国際競争力の低下につながる．第2に考えられる戦略は，それまで比較的軽視されてきた農業部門と鉱業部門の改善に努め，韓国経済のより「バランスのとれた成長」を目指すことだった．援助国の中でも，アメリカのAIDは国内の農工格差を悪化させないという理由で，この路線を支持していた．この路線を選択した場合には，当然成長率は緩やかになるが，資本と技術の導入ペースはより現実的になる．第3の可能性は，第3次五カ年計画期間を産業構造の高度化の時期と捉え，重化学工業化を推進することである．パク政権はこの第3の路線を選んだ．そのためにこそ日本との国交回復を国内の反対を抑えて強行し，韓国援助協議会の設立を国際社会に要請して，資本と技術の導入先を広げたのである．援助国側は，これまた当然のことに，重化学工業化路線がもたらす資本・技術導入の増大，その結果起こるかもしれない国際収支圧力や対外債務支払い困難を危惧していた．

　韓国政府の重化学工業化路線の焦点は，具体的には鉄鋼，化学，自動車，造船，工作機械，電子工業の各分野で政府と民間——韓国の場合には政府が影響

力を行使できる財閥（チェボル）が中心であったが——が一体となって大規模な投資を実行するというがいわば「ビッグプッシュ」にあった．後々にあって振り返ってみると，韓国のビッグプッシュ政策は，これらすべての分野で成功したわけではない．世界的に知られるようになる成功は，このうち製鉄と造船で，前者は政府企業が，後者は財閥が主体となって実行した事例である．

　韓国政府は，浦項に新たに建設する一貫製鉄所を賠償と円借款を利用して，新日鉄の技術協力をベースに実施することを考えていた．そこで，対日本政府の強烈なロビー活動が開始されたが，新日鉄は日本政府に下駄を預け，日本政府は世界銀行がこのプロジェクトの実施が韓国のマクロ経済に悪影響を及ぼすものでないとの判断であれば支持するという態度をとった．このようにして，浦項プロジェクトの是非が韓国援助協議会東京会議で議論されることになった．世銀はこの時点ですでに世銀の民間部門プロジェクト融資部門である国際金融公社（IFC）のエンジニアの手になるプロジェクトの簡単な事前調査を済ませており，日本政府による賠償と円借款によるファイナンスと新日鉄の技術的な支援があれば，プロジェクトは成功するという判断に達していた．本会議前に，日本外務省の経済協力局長と世銀のアジア局長の打ち合わせがあったが，その席で日本政府は世銀の判断を示したメモを要請したので，同席したわたくしが「韓国が浦項プロジェクトを実施しても，マクロ経済——特に国際収支と対外債務返済能力——を不安定にしない」という趣旨のメモを世銀名で書くことを命じられた．このようにして，国際社会も韓国政府の重化学工業化路線を実質的に支持することになった．

　韓国の製鉄プロジェクトに対する世銀の支持は簡単に得られたわけではない．何しろ当時のお金で36億ドルのプロジェクトは，単一プロジェクトとしては世銀の歴史上最大の投資プロジェクトだった．それまでにも韓国政府は，1960年代にすでに一貫製鉄所を建設したいという意向を持っていたが，世銀のプロジェクトチームは，インドやトルコの経験に照らして，一貫製鉄プロジェクトは韓国経済にはその素地ができていないので，経済性に疑問がある，とする意見を表明していた（Amsden 1989）．問題になったのは，一貫製鉄所経営の経験がないなかで，ある程度の規模の経済が享受できるだけの需要を確保し，生産性を確保できるかであった．韓国の経済構造は急速な工業化とともに激しく変化していたから——そしてまた，将来の構造変化はより激しいものになることが予想されたから——需要予測は容易ではなかった．

第 4 節　後発工業国の課題：「第 3 次五カ年経済発展計画」　　　　83

　わたくしが経済企画院長官の部屋を訪れたあるときに，長官の机の上にガラスのカバーが置いてあり，その下に韓国，台湾，日本の 3 国の経済統計が置かれているのを見つけ，これは何のためですかと長官に質問したことがある．長官の答えは実に興味深いもので，「わたくしは，韓国経済は『韓国＝（15 年前の日本）×⅓』という公式で予測できると思うのですよ」というものだった．すなわち，韓国の 5 年後の鉄鋼の需要量を求めるとすれば，日本の 10 年前の鉄鋼需要量を 3 で割ればよい．韓国の時系列統計では，産業構造が変化するなかで確かな予測がおぼつかないときには，ある意味では単純だが妥当な国際比較で予測をすればよい．彼はそう言って，1970 年代半ばには浦項製鉄は 250 万トンレベルの生産能力を十分正当化できると力説したのだ．

　それまで韓国に一貫製鉄所はなかったが，製鉄業がなかったわけではない．しかし，これだけの規模の一貫製鉄所プロジェクトとなると，既存の製鉄会社にそれを遂行する能力があるとは思われない．また，韓国の財閥のどれかにこのプロジェクトを押し付けることも可能ではあったが，韓国政府はどの財閥にとってもこれだけの大規模なプロジェクトを未経験の分野で遂行するのはリスクが大きすぎると判断したようだ．そこでこのプロジェクトは，一大国家プロジェクトとして，浦項製鉄（POSCO）は国有・国営のプロジェクトとし，CEO にはパク大統領の友人の退役軍人のパク・テジュン（朴泰俊）を起用した．パク・テジュンは，国有の韓国タングステン会社を再建した大統領の盟友としてよく知られていたからだ．

　そのうえで，パク大統領じきじきに POSCO に対して，国を挙げてこのプロジェクトを支援するが，直接的な補助金は出さない，しかしまた，POSCO は当初から利益をあげるように経営されるべきである，また国際競争力を得るために，国内需要の多寡にかかわらず生産量の 30% を輸出するべきだという厳しい目標を課した．

　浦項は釜山から東北 100 キロ程の沿岸にある村で，浦項製鉄所が建設され，また近くに特殊製鉄等の製鉄関連産業のコンプレックスができるまで，小さな漁村だった．韓国政府は，重化学工業化を進めるにあたって，産業集積の拠点を既存のソウル・インチョン（仁川）・ベルトから南の釜山を中心とする地域に移すことにした．ソウルは，敵対する北朝鮮との国境線からわずか 30 キロメートルそこそこで，有事の際には北の攻撃にさらされる恐れがあったからだ．プロジェクトが始まったときには，インフラは皆無に近かった．だか

表 3.2 浦項綜合製鉄（POSCO）の歴史

年月日		備考
1967 年 7 月	一貫製鉄所のサイトを浦項に決定.	
1967 年 11 月	鉄鋼業振興委員会開催.	
1968 年 3 月 20 日	設立総会.	
1968 年 4 月 1 日	浦項総合製鉄（Pohang Iron and Steel Co., Ltd.: POSCO）設立.	
1973 年 7 月 3 日	浦項製鉄所第 1 期工事完了.	粗鋼年産能力 103 万トン.
1976 年 5 月 31 日	浦項製鉄所第 2 期工事完了.	粗鋼年産能力 260 万トン.
1978 年 12 月 8 日	浦項製鉄所第 3 期工事完了.	粗鋼年産能力 550 万トン.
1981 年 2 月 18 日	浦項製鉄所第 4 期工事完了.	粗鋼年産能力 850 万トン.
1983 年 5 月 25 日	浦項製鉄所第 4 期拡張工事完了.	粗鋼年産能力 910 万トン.
1985 年 5 月 5 日	光陽（Gwangyang）製鉄所第 1 期工事開始.	
1987 年 3 月 3 日	工業科学技術研究所（Research Institute of Industrial Science and Technology: RIST）設立.	
1988 年 6 月 10 日	株式上場.	
1990 年 12 月 4 日	光陽製鉄所第 3 期工事完了.	粗鋼年産能力 1,750 万トン.
1992 年 10 月 2 日	光陽製鉄所第 4 期工事完了. 浦項総合製鉄（POSCO）設立 25 周年.	粗鋼年産能力 2,080 万トン.
1994 年 10 月 14 日	民営化.	
1994 年 12 月 7 日	FINEX 工場完工.	
1995 年 10 月 27 日	株式ロンドン市場上場.	
1999 年 3 月 31 日	粗鋼 2,800 万トン体制確立.	
2000 年 10 月 4 日	民営化完了.	

資料：浦項綜合製鉄（POSCO）website
(http://www.posco.com/homepage/docs/eng/html/company/posco/s91a1010010m.html).

ら POSCO は港湾施設，自家発電，工業用水施設，道路，鉄道等々のインフラを作る必要があったが，政府はそのための低金利・長期の融資を準備したし，また鉄道の貨物料金や工業用水供給の水道料金，ガス供給のガス料金に割引レートを適用することにした．

このようにして，浦項製鉄所の建設は開始された．浦項製鉄所の生産能力は何段階にも分けて増設が繰り返され，韓国独自の技術が育っていくのであるが，少なくとも当初は壮大なる技術移転と呼ばれるにふさわしいようなオペレーションだった．もともと浦項製鉄所への投資資金は，日本からの賠償金とそれに伴う円借款があてられることになっていたが，このようなひも付きの援助資金が最新の製鉄設備を誇る日本の援助資金であったから，投資資金と

第4節　後発工業国の課題：「第3次五カ年経済発展計画」

最新の技術をうまく結合することができた．ちなみに設備の多くは日本からの輸入で，技術コンサルタントには，新日鉄（一部日本鋼管も入っているが）が指名され，製造工程それぞれに「日本グループ」と称されたコンサルタントが張り付いた．さらに，浦項の技術陣の実に600人近くが，操業開始以前に日本やオーストラリアで実地の訓練を受けている．それだけではない．浦項製鉄自体の組織構造までが，新日本製鉄をモデルとしたといわれている（Amsden 1989, p.295）．

　パク政権下の韓国政府の重化学工業化戦略は，すべて浦項製鉄のように国有・国営企業によって遂行されたわけではない．たとえば，後に世界一に成長する造船に関しては，政府はその当時韓国で最大の財閥（チェボル）に成長しつつあった現代グループに造船分野に進出するよう働きかけた．驚くべきは，現代グループは建設業を中心とする財閥で，造船分野の経験は皆無だったことだ．それだけではなく，韓国政府は韓国造船・機械会社（Korea Shipbuilding and Engineering Corporation: KSEC）という国有・国営会社を持っていた．この会社はもともと日本植民地時代に三菱系の造船会社として設立されたものを，戦後韓国政府が引き受けて運営してきたもので，当時としては技術的に最も優れた韓国造船会社だった．わたくしは，当時の政府がなぜこの会社を使わずに，全く経験のない現代グループに造船業の発展を託す決定をしたのかその背景は知らない．推察では，造船業は単に船を造るだけでなく，いくつもの関連産業を作り出す．デザインの問題だけでなく，エンジンの製造も必要だし，浦項製鉄が作り出す鉄製品の他にも多くの材料を必要とする．そのうえに，現代グループ自体が自社の作る船舶の所有者になってもおかしくない．政府がこのような多方面に国有・国営企業のネットワークを広げるつもりはない．そのような状況判断から，韓国経済にとって将来重要な輸出産業になる可能性を秘めた造船業は，体力ある財閥に任せるべきだという政策決定に達したとしても不思議ではない．もともとパク政権時代のテクノクラートは，政府は産業育成に主導的な役割を果たすべきであるが，産業の主体は民間企業であるべきだと考えていたようだ．もちろん，政府がいろいろの政策手段を通じて民間企業をコントロールできる限り，という条件付きで．

　政府も現代グループも，全く経験のないところから日本の造船業と競争できるような大型船舶の建造ができるような造船所を作り上げるには，多額の設備投資と技術導入が不可欠であると認識していた．1970年代当初の試算では，

投資資金の所要額は約9億ドルで，浦項製鉄所の36億ドルには及ばないものの，当時の韓国経済の規模から考えると超大型投資プロジェクトであった．当然，現代グループ独力では外国から融資を受けられないから，政府は政府保証を付けて外国借款を受けさせる計画であった．そこで，また世銀が議長を務める韓国援助協議会が登場する．国際援助グループの支持がなければ，外国からの借款はおぼつかない．

　わたくしは，現代グループのチュン（鄭周永）会長が世銀グループを説得しようとワシントンを訪れたときのことをよく覚えている．たしか1970年だったと思う．彼は，国際援助グループの支持を要請するだけでなく，できれば世銀グループで途上国の民間企業の投資を支援する立場にあるIFCの融資を受けたいとの希望も持っていた．世銀の韓国担当者とIFCのエンジニアと会談したが，そのときに世銀グループは，現代グループが考えているのはシンガポールに日本のIHIとの合弁として設立されたジュロン造船所（Jurong Shipyard）のようなもので，3,000から5,000トン級の比較的小型の船の建造だと考え，賛成の意を表明した．だから，チュン会長が，自分は20万トン級の船の建造を考えていると言うと，全く経験のない造船所がそのような大型船を建造するのは無謀に近い冒険だと反論した．そのときのチュン会長の反駁が揮っていた．彼は，「現代グループの中核企業は，現代建設だ．いままでに何階建てものビルを何棟も立ててきた．船なんかそんなビルの底に鉄板を張っただけのものじゃないか．わが社にできないはずはない」．結局，世銀グループは，十分な外国からの技術移転を条件として，現代グループの造船業への参入に賛意を表することにした．

　わたくしは，その後現代造船所が建設される朝鮮半島釜山から東北の沿岸にあるウルサン（蔚山）を訪れたが，その時点ではそこは，なにもない2つの漁村にすぎなかった．案内してくれた現代建設の職員は，この2つの漁村をつぶして大規模な造船所を作り，日本を打ち負かすような造船所に育て上げると，熱っぽく語ったが，造船業に関して何も知らないわたくしは，本当にうまくいくのだろうかという心配でいっぱいだった．夜になって，近隣にホテルなどもなく，韓国式の旅籠でオンドルの上に敷いた布団にくるまって9億ドルの外貨借款が韓国経済の債務支払い能力に与える影響を考えていたのを覚えている．

　韓国政府は，この辺鄙な漁村を近代的な造船所にするためのインフラを惜し

第 4 節　後発工業国の課題：「第 3 次五カ年経済発展計画」　　　　　　　　　　87

みなく提供した．港湾，道路，鉄道，エネルギー，等々，浦項製鉄所に提供したインフラとほとんど同じインフラを整備して現代グループに使用させた．金融支援は，当初投資のための外国借款に政府保証を付けただけでなく，現代造船が製造した船舶の購入を希望する外国の船会社に対しての各種保証までも，政府保証を付けることにした．

　造船技術の海外からの移転は，これまた浦項製鉄と同じく，周到に計画された，実に大規模のものだった．まず，造船所自体のデザインはスコットランドの海洋設計会社，A&P アップルドアー（A&P Appledore）社に任せる，船の設計と造船プロセスについてはこれまたスコットランドの造船会社，スコットリスゴー（Scottlithgow）から，そのうえにヨーロッパの造船技師を多数 3 年契約で雇う，さらに造船ノウハウを学ぶために日本の川崎造船と契約を結ぶ．70 人以上の現代造船社員がスコットランドのアップルドアーに送られ，また 200 人以上の社員が川崎造船の造船所で訓練を受けた．

　現代造船が操業を始めたのは 1973 年だから，ちょうど第 1 次オイルショックと重なる．世界の海運業界は不況にみまわれ，現代造船の船出は厳しいものだった．それでも，ジョージ・リバノス（George Livanos）というギリシャ船主から 26 万トン VLCC 2 隻の注文を受け，操業を開始した．そして 10 年後の 1984 年には，累積で 1000 万トンを超える実績を有する世界最大の造船会社となった．その間，当初現代建設の一部門だった現代造船（現代重工業と後に改名）は独立した現代グループの中核会社となり，現代グループ内には現代商船会社（Hyundai Merchant Marine Company）が創設されて現代造船が建設した船舶を使用するようになったし，また現代造船の中に船建造のデザイン機能を設立するとともに，現代グループのグループ会社として現代エンジン重機械製造会社（Hyundai Engine and Heavy Machinery Manufacturing Company）を設立して，船舶用エンジンを自前で作れるようになった．現代造船の成功に促されるように，他の財閥グループであるサムスン（Samsung）とデウー（Daewoo）も造船分野に参入して，韓国は世界最大の造船王国となった（Amsden 1989, Chapter 11）．

第5節　政府主導の開発計画と財閥の役割：
そのコントロール・システムの特徴

よく韓国の重化学工業化政策を通じて，政府とチェボルは一心同体になった，あるいはリスク・パートナー（Risk partners）になったといわれる（Lim 2003）．しかし，それでは政府が財閥を何らかの手段を使って支配したのか，あるいはその逆で財閥が政府を財閥の利益追求の目的で使ったのかといった，政府と財閥の相互の力関係，支配関係は理解できない．韓国に関しても，その他のアジア諸国の政府とビジネスの関係と同じく，ビジネスが主として経済的な利益を政治家あるいは政府官僚に与えることによって，交換条件として自らに有利な政策を政府が取るように仕向けたり，あるいは政府からの事業契約を獲得したりする，いわゆるレントシーキング・モデル（rent seeking approach）が当てはまるという説がある．一方，韓国の場合は，そうではなくて，国の経済発展を第一義的な政治目標とする政権が，民間企業に一般的にあるいは特定の企業グループに各種のインセンティブを提供することによって，企業にある特定の投資や生産をさせるという開発国家の政治経済モデル（Developmental state model）の方が，少なくともパーク政権時代には当てはまるという論もある．さらに，イ・スンマン時代の韓国には前者のレントシーキング・モデルがより当てはまり，その差がイ大統領の時代の経済停滞とパク大統領時代の高度成長の差だと論じる人たちもいる（Haggard, Lim, and Kim 2003, Chapter 1）．

わたくしは，パク政権時代に限って言えば，開発国家モデルが当てはまると思う．それを如実に示したのが1972年夏の経済安定と成長に関する緊急大統領令（Presidential Emergency Decree for Economic Stability and Growth, August 3, 1972）だ．そのちょうど1年前1971年の夏に世界経済を大きく動揺させる事件があった．当時のアメリカ大統領ニクソンと彼の外交アドバイザーのキッシンジャーは，この年冷戦で対峙する中国との国交回復を図ったが，これが有名なニクソンショックだ．しかし，これとは別にもう一つのニクソンショックがあった．1960年代を通じてアメリカの国際収支は悪化を続けていた．また，国内的にはスタグフレーションに苦しんでいた．国際収支の悪化は，貿易収支の大幅赤字だけでなく，将来の為替レートの変化を見越した短

第 5 節　政府主導の開発計画と財閥の役割：そのコントロール・システムの特徴　　89

期資金の流出にも表れていた．いわゆるドル危機はこうして 1971 年の初めに顕著になった．それに対するニクソン政権の政策対応が，1971 年 8 月 15 日のニクソンショックだった．それまでブレトンウッズ体制のもとで維持されていたドルの金への兌換性は中止，同時にアメリカへの輸入には一律 10% の課徴金と繊維・縫製品の輸入制限，国内的には価格・賃金の凍結という厳しい政策パッケージで，日本や韓国というアメリカ市場向けの輸出が生命線であった経済にとっては大きなショックだった．

　韓国経済にとって間が悪いことに，韓国経済自体が 1960 年代の高度成長を通じて加熱気味で，財政赤字も広がり，インフレ圧力も高く，国際収支圧力も強くなっていたから，1970 年には経済安定化政策をとり，IMF の経済安定プログラムを採用した．その内容は，金融引き締め，ウォンの為替レート切り下げ（変動為替レート採用で 3.5%，その後 13.5%），民間企業の外貨資金借り入れの制限，外貨資金借り入れに対する政府保証の制限，等々だった．ニクソンショックによってアメリカの輸入需要が弱まり，それにつれて日本の輸入需要も弱くなる状況の中で，投資需要を満たすために借り入れた外資（サプライヤー・クレジットを含む），国内銀行からの借り入れの返済に困った韓国企業の多くは当時韓国経済に大規模に存在した街金融——いわゆるカーブ・マーケット（Curb market）——から多額の借り入れをした．1971 年末には，製造業部門の企業の平均負債・資本比率は 400% にも達し，数百社にも上る企業が債務履行不能になっていたといわれている（Wonhyuk Lim 2003）．闇金融からの融資も限界に達し，韓国企業を債務破綻の危機が襲った．多数の企業が倒産すれば，これらの企業に融資をしている韓国の銀行も危ない．

　わたくしは，当時世界銀行の韓国担当のエコノミストをしていたから，この状況を見て韓国政府はどのような政策対応をすべきなのだろうと悩んでいた．ちょうど 1972 年の 6 月から 7 月にかけて世銀の経済調査ミッションが韓国に出ることになっており，わたくしがそのミッションのチーフ・エコノミストを務めることになっていたから，韓国政府に進言するアイデアを探していた．当初考えたのは，1930 年代の大不況時代に，やはり多数の企業が破綻しそうになったとき，イタリア政府がとった方策を参考にすることだった．イタリア政府は，債務超過に陥った企業を引き取り，政府の持ち株会社として産業復興公社（Istituto per la Reconstruzione Industriale: IRI）を設立，IRI が産業救済にあたったのだ．時の政府はファシスト政府であったが，この産業国有

化政策はイデオロギーに基づくものではなく，世界大不況に対する政策対応という単なる歴史的な偶然だ．戦後，IRI は，銀行の他，鉄鋼，機械，電話，化学，造船，海運，航空，放送，高速道路，建設等の多数の企業を擁する一大コングロメレットになった．わたくしは，この歴史的事例が参考になると考え，IFC の同僚で元ローマ大学の経済学の助教授をしていた IRI に詳しいイタリア人にこのミッションに加わってもらうことにした．ミッションメンバーよりも一足先にソウルについて当時韓国銀行（中央銀行）の副総裁をしていた一橋大学の先輩でペク（白）さんに真っ先に相談にいくと，彼も何らかの政府による企業・銀行救済が必要という判断で，自分は第二次大戦前の日本の鈴木商店や台湾銀行の事例を調べているのですよと語ってくれた．いずれにしても，財政資金を使って破綻企業を国有化する，銀行債務は政府がその一環として肩代わりする，というアイデアを韓国の実情に照らして政策化するのが喫緊の課題だった．

　そうこうするうちに韓国の大統領府が対応策を考えている，相当に抜本的な政策だという話が伝わってきた．それは，われわれのミッションが去ったあとの 8 月 3 日に発表されたが，わたくしが想像もできなかった内容のものだった．先にも触れたように，IMF プログラムに基づく金融引き締めと外貨借り入れ規制にあって，韓国企業は資金繰りを街金融に求めた．もちろん短期，高利の闇資金で，これをどのようにして処理するかが大きな問題だった．ところが，大統領令の案文では，短期の銀行借り入れを大統領令によって強制的に 3 年の据え置き期間を含む 8 年の長期借り入れに換え，金利は当時の市中金利を大きく下回る年率 8% とすると同時に，街金融の残高もまた強制的に 3 年の据え置き期間を含む 8 年の長期借り入れとし，金利は年率 16.2% とする，もし企業のオーナーが自分の会社に短期化し付けをしている場合には，これを資本金に転換することも可能，となっていた．もちろんそれだけではない．そのほかにも，財務省内に産業合理化基金（Industrial Rationalization Fund）を設けて重要な産業の近代化投資や合理化（M&A）等に融資や融資保証を付けることなどを含んでいた．そのうえで，銀行貸し出し金利を引き下げる，為替レートを安定させる，インフレを抑制し，公共料金の値上げをしないなど企業環境の改善を約束している．

　問題は，街金融の処理だ．もともと闇金融といわれるほどだから実体は一切わからない．このような強制的な債務繰り延べを現実にはどのようにして実

行するのか．このわたくしの疑問に対しては大統領府から実に明快な返答がきた．まずすべての街金融を貸し手の住所を担当する税務署に貸付けの詳細とともに届けることを義務付ける．もし届け出がない場合には，そのような貸借契約は無効とし，借り手の返済義務を免除する．このようにして届け出られた貸借について前記の規定を課する，というものだった．このような政策が大統領令一本で可能なのかという驚きと同時に，闇で貸し手になっている政界・財界の有力者たちを相手に回して，日本でいえば江戸時代の徳政令に似た方法で困難な民間企業の債務問題を解決して，国の経済にとって重要な企業グループを守ろうとする政府の決意に感心した覚えがある．

　パク政権下では，政府と財閥グループは確かに共生関係にあった．しかし，1972 年の大統領令に現れた関係は，明らかに政府による民間企業のコントロールであって，その逆ではない．パク政権の後期になると，その産業政策は，前にも述べたように一般的な輸出産業振興から重化学工業の育成に変わり，重化学工業設立の担い手として，一貫製鉄のような特殊の例を除いては，破竹の勢いで拡張と多角化を進めていた財閥を指名し，いろいろな手段で政府の意に沿う投資を行う財閥を支援するようになる．それまでの製造業の分野に関しては中立的な政策から特定産業の育成を支援する産業政策へと転換したのだ．しかも，大規模な投資ができる財閥の数は限られていたから，韓国経済の規模を考えると，新規分野に数社が参入できるわけではない．そうなると必然的に特定分野の産業育成は，政府と特定財閥の交渉事になるし，育成のための支援は特定財閥に対する支援ということになる．後に，アジアのクローニー・キャピタリズムと欧米のエコノミストやポリティカル・アナリストからある種の侮蔑を持って呼ばれるようになる政府とビジネスの関係はこのようにしてできていったのである．

　この関係において，最も重要な役割を果たしたのは金融である．一度民営化された銀行は，パク政権下で再度国営化された．IMF や世銀のような韓国援助グループからは，しばしば商業部門の民営化が勧告されたが，政府は頑として聞く耳を持たなかった．それは，政府による財閥のコントロールには，金融が最も有効な手段であることを政府がよく理解していたからだ．輸出主導型の工業化のプロセスで，国内産業の保護に関税障壁を使うことには限界がある．また，特定プロジェクトのために政府がインフラを提供したり，特別の公共料金（特に電力等のエネルギー価格）を提供する効果も限りがある．とすれば，

高度成長を続ける韓国経済の投資需要に対して政府の判断で選択的に投資資金の配分を決める，しかも政府が優先順位が高いと認める事業には低金利で投資資金を割り当てるのは，非常に有効なインセンティブとなる．低金利の外資の取り入れも企業にとっては魅力的だが，このチャネルもまた政府の規制で財閥のコントロールに使用できる．このような動機に基づいて，パク政権は銀行システムすべてを国有・国営とした．これによって，重化学工業化路線が続いていた期間には，銀行貸し出しの半分以上，設備投資の4分の3までが政府の優先分野のために貸し出され，投資されたという（Panagariya 2008, p.119）．

第6節 「コリア開発モデル」：なぜ成功したのか？

　大多数の開発経済学者は，韓国経済の奇跡に近い高度成長の達成は，開放経済体制を維持して輸出主導型の工業化路線をとったこと，また市場経済主義的な経済政策を追求した成果だと理解しているようだ．ただ，現実は違い，政府の特定産業に照準を絞った産業政策と広範な政策的介入に大いに助けられたと考えている「修正主義者」が少数いる．

　わたくしもその修正主義者の一人で，1960年代から1970年代にかけてのパク・チョンヒ政権を支えていた政治指導者と経済計画と政策をデザインし，かつ実行したテクノクラートの韓国経済の発展に対する情熱とコミットメントが，成功の大きな要因だったと考えている．その「開発主義的国家」体制のもとで，韓国経済の発展のモデルを日本や台湾の工業化と高度成長に求め，拡大するアメリカ市場と後には日本市場に焦点を合わせた輸出産業主導の工業化戦略と中進国の壁を打ち破るための重化学工業化路線を追求した．明らかに政治指導者とテクノクラートのビジョンと計画が，壮大な成長と経済構造改革をリードしている．しかし，その実現のために，たとえばインドが行ったような混合経済，すなわち民間企業セクターと競合する多数の国有・国営企業の設立と民間企業の投資活動を認可制にして政府の経済計画にしたがわせるような計画経済体制を作り上げたわけではない（Panagariya 2008）．原則として，工業化のための投資は民間企業，特に20を数える財閥の手に委ねられた．そのうえで，政府は，いろいろな手段によって，新規の産業部門に対する投資収益率が高まるような政策をとって，民間の投資を政府が優先度が高いと考える特定分野に誘導した．政策手段はさまざまで，たとえば韓国南部の沿海部に新たに

産業集積を作るためのインフラ——これには既存の工業地帯であるソウル周辺と南部の中心都市プサンを連結する交通網等を含む——の建設から，租税面での優遇処置，エネルギー等の価格補助，等々が含まれていたが，何よりも有効な手段と考えられていたのは，輸入のための外資割り当てと優遇金利による投資金融（これには外貨借り入れの枠の割り当てと政府保証を含む）だった．そのために銀行をはじめとする金融機関はすべて国有・国営で政府のコントロールのもとに置かれた．

　パク政権のもとでの経済発展は成功したのか．政権が誕生した第1次五カ年計画（1962～66年），パク政権の高度成長の政治が本格化した第2次五カ年計画（1967～71年），そして重化学工業化路線が展開された第3次五カ年計画（1972～76年）の15年間を通じて，経済成長のペースは加速して平均年率10％近くの成長率を維持した．またこの間，実質賃金も（第1次五カ年計画期間を別にして）ほとんど同様のペースで伸びている[5]．さらに経済構造を見ると，1960年代に10％台でしかなかった製造業のGDPに占める割合は30％になった．そしてこの第二次産業の飛躍的な成長は雇用にも現れている．実績から見る限り，パク政権の成長戦略は明らかに成功だった．

　それでは，このような特徴を持つ「コリア開発モデル」は，他の途上国で再現可能なのだろうか．この問いに直截的にイエス・ノーの答えを出すのは容易ではないが，「コリア開発モデル」から学ぶべき教訓は数多い．しかし，パク政権下の韓国が追求した経済発展戦略が，ハイリスク・ハイリターンの戦略だったことは否定できない．アムスデン（Amsden 1989, p.13）はかつて，ワシントン・コンセンサスの「正しい市場価格を基礎として経済運営を行うべし」とする原則をもじって，「韓国政府は，意識的に正しくない価格を設定することによって，投資機会を作り出した」と言った．このアムスデンの指摘はまさに韓国経済発展戦略の正鵠をついているが，それができたのは，何よりも政府とビジネスの共生関係で，政府が主導権を握り，政治指導者が経済成長と発展に強いコミットメントを持っていたからだ．この関係が逆であれば，それこそ韓国経済はクローニー・キャピタリズムになって，「意識的に正しくない価格の設定」が発展よりはレントの創出，すなわち正しくない方向への正しくない価格設定が行われただろう．

---

[5] 韓国経済は，1970年代に労働市場の転換点を通過したと考えられる．Bai（1982）参照．

パク政権下で政治家とビジネスの間に癒着関係が生じ，汚職がなかったわけではない．むしろ，パク・チョンヒの後継者たちが汚職事件で断罪された事実からも，広範な汚職があったことは否定できない．パク政権下での汚職は，大統領府に蓄積された「統治資金」という名目の秘密政治工作資金に現れている．しかし，それにもかかわらず，政治指導者が，自身の蓄財のために経済政策自体に手を加える，「汚職による政策の歪」をもたらしたとは考えられない．
　よくパク政権は，「開発独裁」と特徴付けられる．確かに，パク政権は権威主義的要素を持った開発国家だった．もしこの当時の韓国が民主制の政治体制だったら，はたして現実にとられた戦略や政策は可能だったか，また現実に挙げられた実績をあげられたか．これもまた容易に答えることのできない歴史のIF だ．先に述べた政府とビジネスの共生関係は，ビジネスによる選挙資金の提供を通じて，レントシーキング・モデルになっていたかもしれない．また，韓国は歴史的に労働運動の盛んな国であるから，民主制のもとでは労働組合運動はさらに激しくなって，結果的に民間企業の投資収益率を低下させることになっていたかもしれない．
　ここに挙げたのは，「コリア開発モデル」のリスク・ファクターの一部である．現実には，韓国の開発主義的な工業化戦略は 1979 年に終焉した．パク・チョンヒ大統領は，この年の 10 月に暗殺された．パク・チョンヒ時代の終わりである．それに先立つ 4 月に，総合経済安定化プログラムが発表されている．重化学工業化プログラムの優先分野に対する投資が増大したが，それは対外借り入れでファイナンスされたから，対外債務は増加した．これとは別に韓国の建設業者の多くはオイル・ブームにわく中東に進出して得た利益を国内の不動産市場に還流させ，結果として地価は高騰した．また，海外からの資本流入が増大しているにもかかわらず，ウォン為替レートを据え置いた．その結果国内に流動性が蓄積した．これらの要因が重なって，引き締め政策を余儀なくされたのである．短期的には財政金融の引き締めが，このときのプログラムの特徴だが，同時に長期的には金融の自由化もプログラムに盛り込まれている．
　1980 年代初頭には，金融セクターの自由化が動き出す．商業銀行の民営化，銀行以外のいわゆる証券等の金融機関への参入の自由化，特定産業に対する優遇金利等の廃止，いわゆるダイレクテッド・クレジット（特定産業への政策金融）の縮小，金融部門への外資導入，等々が順次実施された．それまで自前の金融機関を持たず，金融のチャネルで政府の支配を受けていた財閥はマーチャ

ント・バンクと称する証券会社をグループ企業として設立し，それを経由してさらに外資導入に走ることになる．そして，それがアジア金融危機の時に短期資金の大量の流出となって現れ，韓国はアジア危機の犠牲者となる．そしてそれを契機に財閥改革が政策課題に乗せられる．このようにして「コリア開発モデル」自体が消滅していくのが1980年代，1990年代の韓国経済の進展だった．

第4章 インドネシア:「資源の呪い」を超えて

Courtesy of the University of Texas Libraries, The University of Texas at Austin.

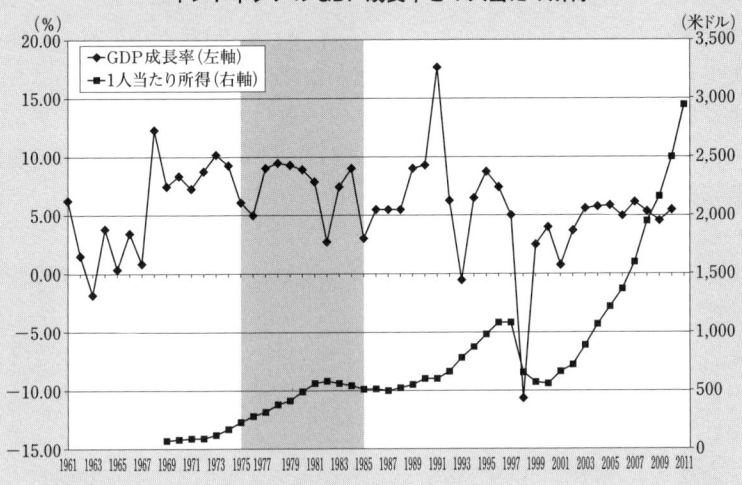

インドネシアのGDP成長率と1人当たり所得

凡例:
- ◆GDP成長率(左軸)
- ■1人当たり所得(右軸)

左軸: (%) -15.00 ~ 20.00
右軸: (米ドル) 0 ~ 3,500
横軸: 1961 ~ 2011

資料:WDI.

第1節　インドネシアの『危険を生きた年』[1]

　わたくしは1960年代の半ばから世界銀行のエコノミストとして東アジアを歩き回ってきた．しかし，インドネシアを初めて訪れたのは比較的遅く，1975年になってからだ．しかも，そのときの仕事はインドネシアが後で「プルタミナ危機」と呼ばれるようになる対外債務危機・国際収支危機に陥って，その「危機管理の助っ人」として雇われた国際金融顧問団の一員としての仕事だった．このグループは，「アドバイザリー・グループ」とか，あるいは米・英・欧の3投資銀行の国際金融専門家からなるグループという意味で「ザ・トロイカ」とか呼ばれ，わたくしは当時ニューヨークに本部を置く投資銀行，クーンローブ（後にリーマン・ブラザーズ），の日本代表をしていた．それから8年間ほとんど毎月のように東京とジャカルタを往復することになった．

　それまでわたくしは何となくインドネシアを敬遠してきた．なぜか．ずっと昔に自分の頭の中でアジアの地図を思い描き，そこに出てくる国々を，長期的な将来経済発展の見通しがある国を緑に，全然希望を持てない国を黒に，そして何ともいえないと感じる国には黄色に塗る癖があった．もちろんごく限られた情報と印象しか根拠はなかった．しかし，インドネシアは常に黒一色で，見通しの立てられる四半世紀くらいには——すなわち20世紀中には——経済発展の兆しが現れるかもしれないという淡い希望さえも持っていなかった．ほとんど諦観にも似た悲観的見通しはいま思い返してみると，インドネシアの人たちが「旧体制」と呼んでいるスカルノ時代末期のインドネシア経済崩壊があまりに強い印象をわたくしの頭の中に残していたからかもしれない．それまでにわたくしがかかわってきた国，マレーシアやシンガポール，そして韓国は2世代先には明るい未来があるように思えたのに，インドネシア経済は悲観しか与えてくれない．わたくしが働いていた世界銀行の東アジア局・マレーシア・シンガポール課の隣はインドネシア課で，そこで働く同僚でヴァウター・ティムス（Wouter Tims）というオランダ人エコノミストの悲観一色の話を聞くにつけても，自ら進んでインドネシアに関与しようという気になれなかったのだ．あまりよい言葉ではないが，英語にバスケット・ケース（Basket Case）

---

[1] Koch（1978）．スカルノ末期の政治的陰謀の渦巻くジャカルタを舞台としたジャーナリストや外交官のラブストーリー．本章では，スハルト時代の危機の年（1975年）を指している．

第1節 インドネシアの『危険を生きた年』

という言葉がある．四肢その他に障害のある赤ん坊のことで，自分で動き回ることもできないので，大きな籠に入れて育てているのでバスケット・ケースと呼ばれるのだ．その当時，件の同僚がわたくしに話してくれたインドネシアの印象は，まさにバスケット・ケースと呼ぶにふさわしいような「低開発国」であった．

その状況を大きく変化させたのは2つの出来事だった．第1にスカルノ政権の崩壊とインドネシアの人々が「新体制（New Order Regime）」と呼ぶスハルト政権の成立とそのもとでの経済回復努力，第2に，その後数年して到来した第1次オイルショックがそれである．この2つの出来事は，インドネシア経済の回復と発展に希望をもたらしたと同時にまたインドネシアを資源豊富な途上国を襲ういわゆる「資源の呪い」の危険性にさらすことになった．そしてインドネシアは，東アジア諸国の中では珍しく，資源の呪いの罠に落ちる寸前までいった経験をした．これがいわゆる1975年のインドネシアの「プルタミナ危機」である．プルタミナとはインドネシアの国営石油・ガス公社のことだ．当時インドネシアの経済政策を握っていたのは「テクノクラート」と呼ばれるインドネシア大学経済学部教授を中心としたグループだったが，スハルト大統領に近く，石油という利権の渦巻く世界にはテクノクラートの影響力は及ばなかった[2]．そのプルタミナが事業を拡張しすぎて，放漫経営のために債務不履行に陥ったのがプルタミナ危機で，それはインドネシア国自体の国際収支危機にまで発展した．それが契機となってテクノクラート・グループはプルタミナの支配権を確立し，このようにしてインドネシアの資源の呪いは回避された．

後で詳しく述べるように，テクノクラートはプルタミナ危機の後始末のためにアメリカ，イギリス，フランスの投資銀行の専門家からなる国際金融顧問団を招聘したが，先に述べたようにわたくしは当時アメリカのクーンローブ

---

[2] 「テクノクラート・グループ」は，また「バークレー・マフィア」と別称される．アメリカ援助庁（AID）は，スカルノ政権時代にODAの一環として多数の若い学生をアメリカに留学させた．この留学生のグループはスハルト政権下で経済調整大臣を務めたウィジョヨ・ニティサストロをはじめとする多数の大臣や次官を輩出した．ウィジョヨをはじめ主要メンバーの留学先がカリフォルニア大学のバークレー校（University of California at Berkeley）であったので，スハルト政権の経済政策閣僚のグループを「バークレー・マフィア」と呼ぶ人たちが現れた．たとえば，最近の文献では（佐藤2011，第5章）では，このバークレー・マフィアの末裔のことが出てくる．

(Kuhn Loeb & Company) という投資銀行で働いていて，多少アジアのことを知っているので，この顧問団の一員としてインドネシア政府のために働くことになった．これがわたくしがその後長年にわたりインドネシアにかかわる契機となった．

第2節　1970年代初頭のインドネシア経済

1970年代初頭のインドネシア経済は，経済政策の不在とでもいう状況から，混乱のただなかにあった．もともと植民地宗主国であったオランダはインドネシアのことを「東インドの驚異的な富 (Fabulous Riches of the East Indies)」を持つ国と呼んでいたが，現実のインドネシアは当時の極貧国の一つで，人口の60%近くが貧困ライン以下の生活をしていた (World Bank 1993)．インドネシアの初代大統領スカルノ政権の時代は，後に「旧体制 (Old Order Regime)」と呼ばれるようになるが，その後期，すなわち1970年代初頭には権力政治主導の経済政策不在のために，国の経済は崩壊していた．だから，スカルノ大統領に代わって政権を奪取したスハルト大統領のもとにおけるいわゆる「新体制 (New Order Regime)」での経済政策の最優先の仕事は経済の安定と構造改革となった．そのおかげで一時年600%を超えたハイパーインフレも収まり，スカルノ時代の対外債務整理と新たな援助資金の流入に助けられて，経済は成長路線に乗ることができた．

しかし実体経済の構造は，いまだ植民地経済の様相を強く残していた．インドネシアの当時の輸出の70%は石油，天然ゴム，コーヒー，錫，パームオイル等々のいわゆる一次産品だったし，政府歳入の過半は石油会社の支払う所得税等の収入と輸入関税に占められていた．なかでも石油はひときわ重要な位置を占めていた．もともとインドネシアの石油は，1885年にオランダ人のプランテーション主が偶然にスマトラで発見したのを契機に発展したとされているが，1930年代には世界の3大メジャーがスマトラとジャワで操業するまでになっていた．事実太平洋戦争のはじめに日本軍が南進してインドネシアを占領したのも，アメリカの対日本石油輸出禁止の政策にあって石油入手の道を閉ざされた日本が，インドネシアの石油資源を奪取するのが動機だったといわれている．

インドネシア独立のときに発布されたいわゆる1945年憲法は民族主義・

反植民地主義思想を反映して,「インドネシア領内の天然資源は国家によって管理される」(第33条)と規定している.しかし当時のインドネシア政府には石油のような天然資源を管理する能力はなかったから,外国石油会社の操業は事実上「放任 (Let Alone)」するという政策がとられていた.しかし1960年になって,スカルノ大統領は法律第44号によって,憲法の規定に則って,「石油・ガスの採取は国家によって行われるべきで,したがって石油・ガスの採取活動はすべて国有企業の責任となる」とした.しかし,当時石油・ガス関連の事業に携わっていたインドネシアの国営石油会社は,新たな鉱区の探索や開発はもとより,既存の鉱区からの原油生産さえこれを仕切るだけの技術力も経営管理力もなかったから,同法律は「石油採取の権利を有する国有企業が事業を実施することができない場合には,当面の処置として,石油・ガス大臣は国有企業のコントラクターの資格で第三者をその事業にあてることができる」という移行処置を付け加えざるをえなかった (Bresnan 1993, p.169).こうして「請負事業 (Contract of Work)」の概念ができ,当時インドネシアで操業していた石油メジャーの3社,すなわちロイヤル・ダッチ・シェル (Royal Dutch Shell),カルテックス (Caltex) およびスタンダード・バキウム (Standard Vacuum) は,それぞれが保有する発掘権を放棄したうえで国営石油会社の請負業者となり,インドネシア国内に持っていた精製や流通施設はすべて国営企業に売却した.

第3節 国営石油公社「プルタミナ」の勃興[3]

スハルトが政権をとって数年のうちに,インドネシアの石油・ガス産業はさらに再編されることになる.最初あった3社の石油会社が,単一の国営石油会社プルタミナに統合されたのだ.そして国の代理人として石油・ガスの探索・開発・採取・精製・販売のすべてのプロセスに独占権を持つ公社プルタミナの総裁 (President-Director) にはイブヌ・ストオという軍人――中将 (Lieutenant General) の位を持っていた――が任命された.イブヌ・ストオという人は,もともと医者だったのが独立戦争にインドネシア義勇軍の一員

---

[3] プルタミナの勃興と失墜の記述は,わたくし個人の回想による部分が大きい.そのほかに参考文献としては,Asanuma (1997), Bresnan (1993), McDonald (1980), Prawiro (1998), Woo, Glassburner, and Nasution (1994) を参照.

として加わったあと軍人となった経歴を持っており，独立後は軍に属する石油会社，プルタミナの社長を務め，のちには石油・ガス大臣の職にあった．彼は，プルタミナの総裁になると，国際石油会社と軍の石油会社との交渉が複雑な請負契約に代わって，「生産分与契約（Production-Sharing Agreement）」という合弁方式を考案して，国際的な石油メジャーではなく「独立系（Independents）」と呼ばれる中小石油会社と多数新規鉱区の探索・開発の契約を結んだ．この政策は大成功をおさめ，1950年代には，日産15万バレル程度だったインドネシアの石油生産は，1980年代のピーク時には150万バレルと実に10倍に増えた．

1973年の第1次オイルショックは，インドネシアの石油産業に大きな変化をもたらした．インドネシアの石油・ガス独占企業としてのプルタミナの富は増大したし，またその結果インドネシアの富も増大した．石油価格高騰の翌年，すなわち1974年のインドネシアの総輸出額の実に70%が石油収入によるものだった．この比率は1979年の第2次オイルショックでさらに80%に増えることになる．同様に，政府歳入に占める石油の割合も60%を超えた．

ストオ将軍——イブヌ・ストオはそう呼ばれていた——はもともとインドネシア陸軍では戦略物資の調達・配置等を担当する兵站業務で名をあげた人で，彼がのちに国営企業の社長になり石油・ガス大臣に任命されたのは，彼の企業家としての経営手腕を買われてのことだった．彼の才能を見込んだスハルト大統領は，優先的に達成したい開発プロジェクト等を，権限や責任分担の範囲等に煩わされることなくストオ将軍に頼みこむ，そんな関係が2人の間にできあがった．ストオ将軍は，スハルト大統領の「なんでもできる（Can do）」辣腕の右腕になったのだ．ストオ将軍は，プルタミナに入ってくる石油収入を使って，権限外の分野にも開発投資をするようになったし，プルタミナの監督権限を持つ鉱業大臣の指揮下に入るのを潔しとしなかった．

こうしてプルタミナはストオ将軍の独立帝国の様相を帯び始める．そのうえに，石油収入が増えるにしたがって，その帝国は大きくなっていった．プルタミナは天然ガスを液化するLNG生産の合弁企業を設立したが，これはまだ石油・ガス公社の権限の範囲内といえる．しかし，そのほかにも，多数の石油・ガス探索，開発・採取に携わる建設事業やコンサルティング・サービスのための合弁事業を立ち上げた．また，石油・ガス事業で使う鋼材，パイプその他の材料を扱う合弁も立ち上げた．石油関連のビジネスマンのためにという名目で

第3節　国営石油公社「プルタミナ」の勃興

当時のインドネシアとしては高級ホテル，インドネシアでは例外的な設備の整った病院，航空会社までも作った．日本での石油販売のための合弁会社も日本に作った．いってみれば，プルタミナは，石油・ガス部門に外資を誘致するために必要とされるインフラはすべて合弁あるいは自前で作り上げようとしたのだ．

石油・ガス産業のためとはとうていいえない分野にもプルタミナは多数の投資プロジェクトを立ち上げた．たとえば，スマトラの大規模米作農園，化学品製造，肥料その他の化学品の梱包，冷凍食品製造・販売，保険事業等々雑多な分野の事業を，子会社を通じあるいは国際的な合弁会社として手がけた．プルタミナの破綻時にまだ計画中のプロジェクトとしては，オレフィンとアロマティックス製造プロジェクトとシンガポール近くのバタン島に計画していた石油精製と石油備蓄基地プロジェクトがある．

プルタミナの合弁企業やプロジェクトの中で，最も悪評高かった3つのプロジェクがプルタミナの投資の性格をよく表している．第1は，クラカタウ製鉄プロジェクト（Krakatau Steel Mill）だ．このプロジェクトはもともとスカルノ時代にソ連の経済・技術援助で始められたが，スカルノ大統領の失脚で放置され，設備は風雨を浴びて錆びるにまかされ，工場は雑草がはびこるにまかされていた．プルタミナはこのプロジェクトを蘇生しようとしたが，まったく経済性のないプロジェクトだった．

第2に，洋上肥料工場プロジェクト（Floating Fertilizer）がある．このプロジェクトのアイデア自体は大変面白い．インドネシア島嶼のあちこちに天然ガス田が点在するが，大多数は埋蔵量が少なくLNGやLPG装置を設置して採取する価値がない．そこで，船上に肥料工場を設置しこれら小規模ガス田の近くに係留して天然ガスを使って肥料を生産する．ガスの埋蔵量が枯渇した時点で船を次のガス田に移動させる．このような自由に移動可能な肥料工場——いってみれば「ジプシー肥料工場」——を使うことによって小規模の天然ガス田が利用可能になると同時に肥料プラントの設備費用を小さくすることができる．このプロジェクトのためにプルタミナは，ドイツから中古の砕氷船まで購入したが，結局波による振動をいくら最小化しても肥料製造プロセスにおける化学反応が危険なしに起こる保証はないとの技術的な理由によって洋上肥料プロジェクトのアイデアをあきらめざるをえなかった．プロジェクト準備にかけた費用は，砕氷船の購入代を含めてすべて無駄になったわけである．

第3のプロジェクトは最も悪評が高かったもので，このプロジェクトの失敗がストオ将軍のプルタミナ帝国の破局をもたらした．プルタミナは石油輸出のために海運業務も行っていたが，その石油生産の伸びとともに保有するタンカーのトン数も増え，総トン数800万トンを超え，インドネシアの海軍を凌駕するにいたった．1970年代初頭にストオ将軍は，さらなるタンカー保有の拡大を計画し，スイスの事業家でインターマリタイム銀行（InterMaritime Bank of Switzerland）のブルース・ラパポート（Bruce Rappaport）からタンカー数隻を購入する契約を結んだ．分割払いの条件が付いていたが，その支払いのためにプルタミナはシンガポールの銀行市場で商業手形を発行・割引するという方法で資金を調達したから，当然商業手形の満期がくれば，それをロールオーバーする必要があった．プルタミナの資金繰りは，このロールオーバーが順調にいくかどうかにかかっており，それがうまくいかない場合には厳しい流動性困難が待ち受けている．現実に起こったのは，このような資金繰りの悪化だった．

　破綻までの時期には，プルタミナは製造業部門への投資や農業への投資を行い，中央政府の国家開発計画庁（BAPPENAS）に並び立つ開発機関の地位を占めるようになった．中央政府はといえば，当時は経済安定に全力を費やしており，マクロ経済安定を優先させた経済政策フレームワークでは大々的な開発投資を遂行する余裕はなかったからである．そのうえ，スカルノ時代に累積し，返済不能に陥った対外債務の異例の長期債務繰り延べをアメリカ，日本，世銀等の援助国や援助機関と交渉し終わったばかりで，「ビッグプッシュ」的な工業化政策を打ち出せる状況になかった[4]．第1次オイルショックが起こっ

---

[4] 開発経済学の教科書では，「ビッグプッシュ」という言葉は，しばしば「貧困の罠」との関連で使われる．途上国，特に極貧国は，低生産性→低所得→低貯蓄→低投資→低成長という貧困の悪循環あるいは罠にはまっている場合が多い．この悪循環には，マルサス的な人口増がもたらす1人当たりの低所得や，低所得がもたらす人的資本の低生産性も関係する．低投資は，低所得によって市場規模が小さく，投資のインセンティブが低いことも原因する．このような貧困国が陥った罠から抜け出す一つの方策は，ODAやその他の外国資金をベースに，大規模な工業化投資プログラムを実施することだ．政府が民間投資を促進してもよいし，でなければ，国営企業を作って投資プログラムを実施すればよい．ビッグプッシュの一時的なショックが，低成長あるいは貧困の罠から経済を抜け出させ，成長の好循環へと経済を導く．もともとこのような主張は1950年代，1960年代に開発援助（ODA），混合経済体制や計画経済，あるいは輸入代替工業化戦略を正当化する理論的基礎となった．最近では，ジェフリー・サックスが類似の主張をしている．Sachs（2005）．

てからは，プルタミナの国際金融市場における信用は，中央政府より高くなったから，プルタミナは国際商業銀行から資金を取り入れて合弁事業や投資プロジェクトにつぎ込むことができた．

その結果当時のインドネシアには，2つの異なった開発ビジョンと開発戦略が誕生することになった．一つは，中央政府の経済政策担当者，より正確には国家開発計画庁，財務省，中央銀行等の経済官庁を掌握しているテクノクラート集団のポリシー・メーカーたちのビジョンと戦略である．彼らの考え方は，のちに「ワシントン・コンセンサス」と呼ばれるようになる政策から公営企業の民営化政策を除外したものに非常に似通っている．すなわちマクロ経済安定と開放経済体制の維持を重視し，ミクロ面では投資プロジェクトの経済性を重視すると同時にできる限りの規制緩和をして市場と民間企業の活力を活発化することを主眼としていた．

これと対照的にストオ将軍の開発ビジョンは，盲信ともいえるほど技術と技術導入に信頼を置いたものだった．彼がいろいろな局面で明かした考え方から推測すると，彼は多数の高度技術を使用した「ハイテク」プロジェクトを立ち上げることによってインドネシアの工業化を短期間で飛躍的に達成できるはずだと信じていたようである．だから，インドネシアの工業化をジャンプ・スタートさせる政策努力を，比較優位原則や投資プロジェクトの期待収益率の計算等々の煩わしい作業に邪魔されたくない．それは，まさにテクノクラートのような「小人の小さな考え」で，そんなことをしていたらインドネシア経済は長期にわたって植民地経済構造から抜け出せず，貧困国の地位から抜け出すこともできない．実は，インドネシアでこのような開発哲学を持っていたのは，ストオ将軍だけではなく，テクノクラートあるいはバークレー・マフィアに対して「テクノロジー派（Technologists）」あるいは留学先から「ヨーロッパ主義者（Europeanists）」と呼ばれていた人たちがいる．よく知られている典型的なテクノロジー派は，ドイツで博士号をとって，ドイツのメッサーシュミットという航空機製造会社で技術者として高い地位についていた，そしてスハルト政権崩壊の後大統領になったハビビ（Bacharuddin Jusuf Habibie）だ．

こうして「国の中の国（State within State）」が生まれ，プルタミナの増大する権力と拡大する事業を抑制するチェック・アンド・バランス機能は失われた．当時インドネシアのメディアとインテリ，特に学生の間でプルタミナとストオ将軍に対する懸念がなかったわけではない．特にプルタミナがストオ将

軍や彼の仲間たちの私利私欲を満たすための汚職の巣であると考えた彼らは，街頭デモまで動員して抗議の声をあげた．これに対して，スハルト大統領は，「4人委員会」と呼ばれる大統領諮問員会を設立し，プルタミナの経営が正常に行われているか，特に汚職の事実はあるのかを調査すると約束し，ある程度の譲歩を試みた．この委員会の最終報告書は，プルタミナの経営陣に対して厳しい評定を下した．プルタミナは，それを監督する権限を持つ鉱業大臣の大臣令をはじめとする各種の指令や指揮にしたがわなかったこと，そのうえプルタミナが受け取る石油収入のうち国庫に納めるべきものさえもプルタミナのプログラムやプロジェクトに流用し，結果として納めるべき税金が滞納となっている，と報告書はプルタミナを批判している．その結果，1971年の法律第8号が制定され，その法律にしたがってプルタミナの経営陣を監督する取締役会が設立された．この取締役会の会長には鉱業大臣が，取締役には国家開発計画庁長官と財務大臣を入れることになった．1971年法律第8号の意図するところは明確で，テクノクラート・グループがプルタミナに対する影響力を行使することができるようにすることであった．しかし，蓋を開けてみるとこの試みも結局は失敗に終わったといわざるをえなかった．スハルト大統領と「特別の関係」を持つストオ将軍は，取締役会を無視し続け，それに対して大統領も反対しなかったからだ．この段階で，インドネシアの「資源の呪い」を回避する政策努力は失敗したかに思えた．

第4節　プルタミナ危機

　プルタミナが石油・ガス関連の分野から製造業や果ては農業分野に進出していく過程で，それらの投資活動をファイナンスするために政府に代わって石油会社や原油の購入先から受け取った収入を流用しただけではなかった．プルタミナに対するサプライヤーや国際商業銀行から資金を借り入れたので，プルタミナの対外債務は雪だるま的に増大した．いまやプルタミナの国際金融市場における信用は，インドネシア政府のそれをはるかに凌駕していたし，またオイルショック後にロンドンやシンガポールで拡大したユーロドル市場やアジア・ドル市場は，産油国のペトロダラーの溜まり場となっていたから，借り手市場となっていた．したがってプルタミナのような積極的な借り手は大歓迎だった．

第4節 プルタミナ危機

　当時プルタミナは，国際的な会計事務所の監査を受けた財務諸表を作成していなかった．それどころか，未監査の財務諸表さえ持っていなかったから，プルタミナの財務状況は全く不明だった．国際商業銀行は，このようなプルタミナに，産油国の国営石油・ガス会社であるから債務返済能力には何ら問題はないという，いわば憶測だけで，厳しい審査もなしに貸し付けを続けていたわけである．その意味では，プルタミナに貸し付けていた銀行は，銀行の役割の一つである合理的な資源配分機能を果たしていなかった．当時のユーロドル市場は，まさにアメリカの西部開拓時代のようで，入ってくるペトロダラー資金を右から左に還流させるためには何でもありで，ロンドンやシンガポールの銀行は借り手を求めて激烈な競争をしていた．銀行の審査業務がおろそかにされたばかりでない．このような雰囲気の中でプルタミナの財務の健全性は，ほとんど問題にされず，何よりプルタミナ自身の財務管理能力が失われた．プルタミナの多岐にわたる活動を管理するために，プルタミナは実に6部の経理部を作っていたが，それらを統合・管理する経理本部や経理本部長は設けていなかった．その結果，次第にストオ将軍もまたその周りの経営陣もプルタミナの真の財務状況を把握できなくなってしまった．

　インドネシア経済全般に責任を持つテクノクラートたちは，この事態を深刻に受け止め，なんとかプルタミナの暴走を止めるためにIMFの助けを借りることにした．その時点ではIMF融資の必要はなかったにもかかわらず，IMFとスタンドバイ協定が結ばれた．なぜなら，IMFのスタンドバイ協定は，一種の条件付き借入契約で，その条件の一つとして政府および公営企業の中期の対外借り入れに上限が設けられるのが決まりだったからである．この場合の中期借り入れとは1年超15年未満の満期を持つ借款で，15年超の満期は世界銀行やその他の援助機関の半分グラントのような性格の開発金融が多く，その借り入れはむしろ推進すべきだし，1年未満満期の借り入れは通常貿易金融が多いからその総額を制限するのは好ましくない，という考えに基づいていた．IMFのスタンドバイ協定は，IMFと国の間の条約に似た性格のものであるから，インドネシア側では，大統領令を発布し，国営企業によるすべての外国からの中期借入は財務大臣の認可を必要とすることにした．

　それにもかかわらず，プルタミナの対外借り入れをなんとか抑制しようとするテクノクラートの政策努力は報われなかった．それは，プルタミナと国際銀行が，IMFスタンドバイ協定の抜け道を見つけ，その抜け道を多用する戦

術に出たからだ．まず，国際商業銀行はプルタミナのために15年超満期の借款を組むようになった．ただ，15年超の満期といっても，15年を超えて返済される部分はほんの一部で，ほとんどすべての返済は15年以内に終わるような仕組みが使われた．しかし形式的には15年超の満期ということで，IMFスタンドバイ協定の中期借り入れ規制に抵触しなかった．また，プルタミナはそのほかにも，短期の商業手形を銀行に割り引いてもらって，それをロールオーバーすることによって，実質的には中期の借り入れと同じように考えていた．

プルタミナは，このようなファイナンスを使って事業の拡張を続け，プルタミナの対外債務はそれに伴って増大し続けた．しかしそれも1974年までだった．その年が暮れる前に国際金融市場の様相は一変したのである．第1次オイルショックの影響で世界経済は減速した．世界経済が減速すると，世界の石油需要は下落し始めた．その最中にアメリカの上位と中位の境界線に位置するフランクリン・ナショナル銀行（Franklin National Bank）とドイツのヘルシュタート銀行（Herstadt Bank）が破産した．銀行の貸出態度が急変した状況下で，プルタミナは膨大な短期借り入れをロールオーバーしなければならなかった．その短期借り入れ期間も最初は6カ月が，後には3カ月という風にどんどん短期になっていった．ついに，1975年の2月，3月に，厳しい流動性不足に陥ったプルタミナはアメリカのリパブリック・ナショナル・バンク・オブ・ダラス（Republic National Bank of Dallas）とカナダのトロント・ドミニオン・バンク（Toronto Dominion Bank）に数千万ドルの返済ができず，債務不履行になった．銀行借款契約には通常クロス・デフォルト条項（Cross-Default Clause）という項目があり，これによると借り手が一つの銀行に対して債務不履行行為を行うと，それはすべての銀行に対する債務不履行を連鎖的に引き起こすようになっている[5]．プルタミナの場合2行に対しての債務不履行は，プルタミナに債権を持つすべての銀行に対する債務不履行を引き起こした．こうして，インドネシア政府の歳入の半分もの石油収入を誇ったストオ将軍のプルタミナ帝国はあえなく崩壊した．まさに「資源の呪い」が現実

---

[5] 通常借り手は，複数の貸し手から資金を借りるが，この場合借款にはクロス・デフォルト条項（Cross-default clause）が条件として付けられる．クロス・デフォルト条項は，借り手が返済困難に陥った場合に，返済期限が最初に来た貸し手がデフォルトを宣言して，借り手の資産などを他の貸し手に先駆けて取り付けるのを防ぎ，一貸し手に対するデフォルトは他の貸し手に対するデフォルトだとみなして，他の貸し手に劣後しないように貸し手の資産を取り付けできるようにする条項だ．

のものになり，インドネシア第2の開発機関とストオ将軍の開発戦略も消えていくことになった．

第5節　プルタミナ危機の後始末

　スハルト大統領は，政権に就いたときから，経済の安定と発展を重要視してきた．スカルノ大統領の経済政策の失敗を目の当たりにした彼は，自身の権力維持のためにもインドネシアの多数を占める農民の生活水準の向上を優先的な政治課題と考えていた．そして，その政治的目的達成のための戦略と政策づくりを大学の経済学教授転じて政策担当者となったテクノクラートたちに託した．スハルト大統領の信任厚いこれらテクノクラートたちは，ウィジョヨ・ニティサストロ（Widjojo Nitisastro）教授を指導者として，アリ・ワルダナ（Ali Wardhana），モハメド・サドリ（Mohamed Sadli），エミル・サリム（Emil Salim），スブロート（Subroto）の諸教授たちからなるグループで，スハルト大統領の内閣に入閣し，それぞれ経済政策調整大臣，国家開発計画庁長官，財務大臣，鉱業・エネルギー（石油・ガス）大臣，等々の経済政策担当者になった．このテクノクラートとかあるいは「経済チーム」と呼ばれる人たちのグループは，スハルト大統領の新体制のもとで，経済の安定と成長路線への回帰に活躍し，また IMF，世銀，アジア開銀，アメリカ，日本をはじめとするインドネシア支援グループからそのための開発援助を取り付けることに成功した[6]．

　これら学者グループとスハルト大統領の関係は一夜にしてできたものではなかった．スハルト大統領が長期政権を目指し，そのためには経済発展を達成し，その果実を一般大衆にもたらさなければならない．一般大衆の支持なくして長期政権の維持は不可能であるという認識を持っていたことは疑いない．彼は，自分が民主主義的なプロセスによらないで政権にとどまることを正当化するのは，インドネシアを安定的に統治すると同時にその経済を発展させると

---

[6] アメリカ留学組の大学教授を中核とする「テクノクラート」は，多少経歴は違うが，よく似た経済政策に対する考え方を持ったメンバーも加わるようになった．典型的なのは，オランダで経済学を修めた，元中央銀行総裁，元財務大臣，元経済調整大臣のラディウス・プラウィロ（Radius Prawiro）だ．彼自身が，自分のことを「後でテクノクラートのグループに加わった」と言っている．Prawiro（1998, p.82）．

いう実績であると考えていた．その当時のインドネシアの指導層の考えは，そのためにはインドネシア社会と経済を早急に近代化する必要があるが，その原動力となりうるのは独立戦争を成功裏に遂行した軍部と軍人しかいない．軍人は，独立達成後も，インドネシア社会の近代化のために先兵としての役割を果たさなければならない．そのためには，軍事と治安の分野に閉じこもらないで，もっと社会・経済分野で活躍すべきだ．このような考えから，のちにインドネシアの人たちが「ドィフンクシ（Dual Functions, 二重機能)」と呼ぶようになった概念が生まれた．ただし，もともと独立義勇軍で活躍してきたインドネシア国軍の将校たちは，社会のことも経済のことも実社会の経験もなければ知見もない．そこで，インドネシア大学をはじめとする学者グループが，軍の将校や指揮官に社会科学，とりわけ経済学の基礎を教えるためのセミナー・プログラムが設けられて，実際に軍人が「近代化のエージェント」としての役割を果たせるようにしようという学習活動が興った．スハルト大統領が，インドネシアの主たる経済学者と知己を得たのは，このような活動を経てであった．そしてその過程で，スハルト大統領のウィジョヨ教授ほかのエコノミストに対する信頼と信認が育まれた．

　プルタミナ危機が表面化して，その深刻さがわかると，スハルト大統領は今度もまたテクノクラートに危機管理と問題解決を委ねた．彼は，テクノクラートに危機管理を委ねた証として，自分の朋友であるストオ将軍をプルタミナ総裁の地位から解任した．しかし，ストオ将軍は解任されただけで，背任や汚職についての責任は追及されなかった．危機管理を託されたテクノクラートは，すぐにアメリカ，イギリス，ヨーロッパ大陸の主要な投資銀行3行の国際金融専門家から構成される国際金融顧問団を設立した．当時テクノクラートと国際金融界との接触はなかったから，この決定は国際金融界では多少の驚きをもって迎えられた．人々は，インドネシアのテクノクラートが経済安定と回復で協働者の立場にあったIMFあるいは世銀に援助を求めるに違いないと考えていたからである．テクノクラートは，もともとプルタミナ危機はプルタミナのサプライヤー・クレジットと国際商業銀行からの借款が原因なのだから，IMFや世銀といった国際金融機関や主要援助国の援助機関を巻き込むと問題を一層ややこしくするだけだ．民間の金融機関と直接取引をしたほうが迅速な対応ができそうだという判断をしたと推測される．テクノクラートは，1967年から1970年にかけて世銀を中心としたスカルノ債務の処理に携わった経験

第5節　プルタミナ危機の後始末

があり，公的機関との債務繰り延べ交渉がいかに煩雑で困難かを身をもって体験していたからである．

危機が表面化してからわかったことだが，プルタミナの財務管理は無謀や無分別というよりは怠慢による重過失とでいったほうが当てはまる性格のものであった．それは，サプライヤー・クレジットや銀行借り入れといった債務の記録が整っていなかった事実によって明らかだ．だから，テクノクラートと「アドバイザリー・グループ」と呼ばれるようになった国際金融顧問団のスタッフが最初にしたことは，借入契約を一つずつ貸し手の記録と照らし合わせながらチェックしてプルタミナの債務のデータを作る作業だった．そしてこの作業が進展するにつれてプルタミナの債務の全貌が明らかになってきた．すなわち，サプライヤー・クレジット，銀行借り入れ，買掛金，割賦購入もろもろすべて合わせると，実に105億ドルの対外債務があることが判明した．もちろん105億ドルというのは当時の貨幣価値ベースで，当時インドネシアの輸出総額（国際石油会社に支払う生産費および生産分与分を含む粗輸出額）が70億ドル超であったことから，これがインドネシアにとっていかに大きな債務であったかがわかる．

テクノクラートが作った危機対策は3本の柱を中心としていた．第1に，プルタミナの債務はすべてインドネシアの中央銀行であるインドネシア銀行が肩代わりする，そしてインドネシア銀行の名前で借り換えを行うことにした．これは実に重要な政策決定だった．プルタミナの債務は，いわゆるソブリン・デット——主権国家の信用をベースにした債務——ではなかったから，プルタミナを破産処理に持ち込むことも法的には可能であった．しかし，インドネシア経済に占めるプルタミナの重要性を考えると，その場合には，今後インドネシア政府もインドネシア企業も国際金融市場に対するアクセスを失うことになる．それは相当将来の話とはいえ，インドネシアの国際的な信用にとって好ましいことではない．一方，インドネシアの中央政府（インドネシア銀行を含めて）がプルタミナの債務を肩代わりした場合には，そのとたんインドネシアは債務返済の重圧から国際収支危機に直面する可能性がある．しかも国際収支危機ということになると，これはテクノクラートの責任ということになる．肩代わりが凶とでるか吉とでるかは，借り換えが成功するか否かにかかっていた．結果としては，アメリカ，ヨーロッパ，日本の銀行団とのインドネシア初の大型シンジケート・ローンの交渉は成功し，その過程でインドネシア政府の

国際金融市場での信用が確立されるというおまけもついた．

　第2の柱は，日本輸出入銀行借款のような公的保証の付かないサプライヤー・クレジット，貿易金融から生じた買掛負債，割賦融資に絡む負債等々の主としてプルタミナ関連の業者に対する負債の取り扱いだった．これらの負債は，すべてプルタミナとの商取引の結果生じたものであり，その商取引に何らかの汚職行為が絡んでいた可能性は否定できない．そこで，テクノクラートはアメリカの法律事務所の弁護士を雇い，これら商取引の契約書を細かく吟味し，汚職行為等の不正行為やあるいは契約の法的な不整備を探り出した．その情報をもとに——ある意味では業者の弱みに付け込んで——購入価格と支払い条件の再交渉を行った．その結果，大多数の契約の価格は3割がた割引され，また支払いはおおむね年率7％の利子付きで7年の割賦返済になった．

　第3の柱も，第1・第2の柱に劣らず重要であった．プルタミナが破綻したときにも，まだ多数のプロジェクトが進行していたし，そのための借款交渉も行われていた．いろいろな資材の購入も続けられていた．テクノクラートに率いられた政府の危機対策チームは，これらの進行中のプロジェクトをすべて再評価し，ある程度の違約金の支払いを覚悟のうえで経済性のないと思われるプロジェクトをキャンセルした．これらプロジェクトの中にはオレフィンや芳香族製造プロジェクトのような石油化学工業プロジェクトが含まれていた．また，ある程度の変更を加えれば将来経済性が見込まれるが，優先度の低いプロジェクトについてはプロジェクトの実施を延期することとした．先に触れた洋上肥料工場プロジェクトはその例で，このプロジェクトはのちに普通の肥料工場プロジェクトに姿を変え，日本政府の援助で融資されたASEAN肥料工場プロジェクトとなって実現した．さらにまた，インドネシアにとって開発戦略のうえから重要で優先度の高いプロジェクトについて，ファイナンスを優先的に考えて，実施を促進することとした．良い例が，日本市場向け輸出のために開発されたアチェとカリマンタンの大規模LNG増産プロジェクトである．

　このようにしてプルタミナ債務の肩代わりと借り換えは成功裏に終わり，インドネシアは辛くも国際収支危機と「資源の呪い」を回避することができた．危機が回避されただけではない．この結果，テクノクラートはこの危機を通して対外債務管理のシステムを作り上げることに成功した．対外債務管理については国家開発計画庁，財務省，中央銀行というテクノクラートが指導する3省庁が認可権と管理責任を持つ．そのうえで，国家開発計画庁はODA関連融

第5節　プルタミナ危機の後始末

資プロジェクトの審査と認可を行う．そして，財務省は輸出信用とサプライヤー・クレジット，インドネシア銀行は国際金融市場からの借り入れに認可権と管理責任を持つ，というシステムがそれである．また，すべての国営企業の対外借り入れは財務大臣の認可を必要とすることになった．プルタミナの財務に中央政府の財務大臣が直接にかかわることになったのだ．さらにまた，プルタミナの進行中のプロジェクトを再評価するという困難な作業は——またキャンセル・フィーやその他の課徴金の支払いという高い対価を支払うことになったにもかかわらず——国営企業の開発プロジェクトに，すべてのプロジェクトは財務健全性と経済性の基準と満たさなければならないという大原則を確立する前例になった．

　しかし，プルタミナ危機のなによりも重要な成果は，政府がインドネシアの石油・ガス資源の採取から得る収入を国庫に納めさせ，国営企業の勝手な流用を阻止する体制を作り上げたこと，そしてインドネシアの石油・ガス独占体であるプルタミナの経営に対する影響力——というよりはむしろ支配力——を中央政府の経済政策担当者が掌握したことにある．テクノクラートは，国の発展について自分たちのビジョンと戦略を持っていた．プルタミナ危機後は，彼らはその戦略を着々と実施することになる．彼らに対抗する，石油・ガス輸出からの収益を流用する第2の開発機関が存在しないいまとなっては，石油資源を源泉とする富は，「資源の呪い」から「資源の恵み」に姿を変えたからだ．

　テクノクラートが追及していた農業分野での「緑の革命」はジャワ，バリ，そしてスマトラの一部ではすでに達成されつつあった．テクノクラートは，外資，内資を問わず，また輸出市場向け，国内市場向けを問わず，製造業に対する投資を推進することによって，究極的に石油・ガス資源への経済の過度の依存体質を改善することを次なる開発目標にした．そして，1980年代初頭から1990年代初めにかけて，セクター別の構造改革・政策改革に着手した．まず，石油・ガスからの収入と保護関税からの収入に対する依存度の高い国家歳入構造を改善するために，大がかりな税制改革を実施した．そのうえで，貿易と投資の自由化を推し進め，外国投資を促進した．また，その一環として金融市場と銀行部門の自由化も行った．そればかりではない．1983年には，第2次オイルショックで世界経済がスローダウンするかもしれないとの予測に基づいて，インドネシア通貨，ルピアの国際競争力を維持するために38％もの通貨切り下げを実行している．また1986年にはさらに45％の通貨切り下げを

実行し,同時にそれまでの固定通貨制度から年々の変動幅を持ったクローリング為替相場制度に移行した.このようなテクノクラートの輸出と政府歳入の石油・ガス依存体質から脱却するという戦略は,1980年代の終わりにはすでに期待された成果をあげた.インドネシアの石油生産が日産150万バレルのピークを過ぎて75万バレルを下回るようになり,また経済成長とともに国内需要が増加したこともあいまって,今日のインドネシア経済に占める石油・ガスの比重は1970年代,80年代に比べ,見る影もない.

第6節 「資源の呪い」とは何か,呪いを恵みに変える方策は?

このインドネシアのプルタミナ危機から「資源の呪い」について——特に呪いをどのようにして回避するか,あるいはむしろもっと積極的な態度で,「資源の恵み」に変えるにはどうすればよいかについて——どのような教訓を引き出すことができるのだろう.もちろん,インドネシア一国の,しかも一時期の経験が,資源の呪いか,資源の恵みかという問題に単純明確な答えを提供してくれるわけではない.しかし,資源の呪いが発現するメカニズムとその発現を抑えるための条件を明らかにしてくれる.

まず「資源の呪い」とは何かの考察から始めよう.「資源の呪い」は通常「天然資源が豊かに賦与されている国は,いろいろな理由によって経済発展が遅れる」と定義されている.しかし,本当にそうだろうか.この問題に先駆的な業績を残したサックスとワーナーは,「資源の呪いは相当に堅固な事実だ」と断言している (Sachs and Warner 1999, pp.43-46).しかし,天然資源の豊富な賦与をはじめとして輸出構造の多角化等の貿易に関する構造的な特性と経済成長の関係を実証的に分析したリーダーマンとマロニーは,「天然資源の輸出は,経済成長に負ではなく正の影響を及ぼしているようだ」と正反対の結論を導いている (Lederman and Maloney 2006, Chapter 1).

なぜこのように違った結論が出るのか.一つには,これらの基礎となっている分析は,いわゆるバロー・リグレッションと呼ばれるクロスカントリー分析で,その分析手法には大きな方法論的欠陥があることが指摘されている[7].そ

---

[7] バロー・リグレッションは,普通クロスカントリー成長回帰分析とも呼ばれる.経済成長に影響を与えると想定されるいくつかの要因と結果としての経済成長率の間にどのような関係が存在するのかを多重回帰分析で求める分析方法だ.この場合は,輸出に占める天然資源の貢献度と成

のうえ，天然資源といっても性格の違うものがあるから呪いの程度には差異があるかもしれないし，またそれがどのような経済的メカニズムを通じて呪いという現象を引き起こすのかを明らかにしないとはっきりした結論は出てこない．

資源の呪いを論じる経済学者の一派は，資源の呪いは農業，鉱業部門で産するすべて一次産品に特徴的なもので，それは経済に占める一次産品生産の割合が高くかつその第一次産業の利潤率が高いと，国内の投資資源がその部門に集中し，製造業やその他の工業部門への投資が締め出されてしまう．その結果，工業化が遅れるというのがこの派の議論だ．これは，いわゆる「オランダ病」の概念を一般化した議論で，一次産品輸出による外貨収入は，実質為替レートを高くするので，製造業をはじめ他の貿易可能財の生産に携わる産業の国際競争力が殺がれる．そのために，投資家は製造業等への投資を手控え，結果として経済成長が遅れる，という議論に通じる．

もちろんこの議論が成立するためには，第一次産業と第二次産業の間に，何らかの違いがなければならない．その違いは，製造業では絶えざる技術進歩によって生産性向上が見込まれるが，第一次産業の場合はそのような生産性向上が見込まれない，という点にある．農業では生産性向上には自然条件からくる限界がある．また石油・ガスに代表される鉱業部門では資本集約的な生産方法がとられるが，途上国の鉱業生産は多国籍企業による遠隔地の飛び地（エンクレーブ）での操業が多く，国内での雇用創出も限られたものになる．すなわち，技術移転や人的資本蓄積を通じての経済全体に及ぼす波及効果は少ない．一方，製造業の場合は，規模の経済が働き，学習効果を通じる技術進歩と生産性の向上が期待できる．これら両部門で使われる技術の性格の差が生産性向上の限界になるかあるいは推進力になるかの差だ．

リーダーマンとマロニーが指摘するように，この議論はまさにプレビッシュ＝シンガー命題（Prebisch-Singer Thesis）そのものだ．彼らは，輸入代替工業化戦略を採用する以前のラテンアメリカ経済の経験から明らかなように，天

率に相関関係があるかどうかが問題になる．資源の呪いの分析では，問題になるのはまず天然資源の定義（鉱産物に限るのか，農産物も入れるのか？）をどうするか，さらにそれと成長率との因果関係をどう考えるのかだ．より一般的には，バロー・リグレッションは，因果関係を捨象したブラック・ボックス，「理論なき計測」だし，成長要因に政策や制度や自然環境といった計測の難しい要因を扱うのは難しい．より詳しくは，浅沼・小浜（2007, 第2章，補論 2.1「成長回帰分析について」）を参照．

然資源の開発を主導力とする経済発展は早晩失敗する，と主張していた（Lederman and Maloney 2006, Chapter 1）．プレビッシュとシンガーは，すでに1950年に同様の主張をしている（Prebisch 1950, Singer 1950）．工業国の一次産品に対する需要は長期的に弱まる傾向がある．なぜなら，先進工業国で絶え間なく起こっている技術進歩の結果，工業製品1単位当たりに必要な原材料は，減少する．すなわち，原材料に対する需要の伸びは，傾向的に成長率より低くなる——すなわち原材料に対する先進国の所得弾力性は低くなる．ということは，原材料を輸出する途上国にとっての原材料輸出と工業製品輸入の交易条件は，長期的に悪化せざるをえない．途上国がいくら一次産品の生産を増加しても，交易条件の悪化のためにGDPに対する成長効果は，輸出価格の低落に打ち消されてしまい，成長に寄与しない．したがって，一次産品輸出は途上国の経済発展のエンジンにはなりえない．途上国は，国内市場向けの製造業を育成しない限り高い経済成長は期待できない，というのがプレビッシュとシンガーの主張で，これが輸入代替工業化戦略の理論的根拠とされた．

　これとは別の考え方をする派もある．この派の考えはこうだ．石油・ガスあるいはその他の鉱物資源は究極的に国家が所有する．そして，国家は鉱物資源の採掘から多額のレント収入を得ることになる．コーヒー，天然ゴム，パームオイル，カカオ，等々の農産物は，もちろん天然資源の産物とはいいながら多額のレントを生み出すわけではない．レントの生じるところには必ずレントを自らの利益のために追求する人たちが現れる．彼らのレントシーキングのための活動によって政府の政策は捻じ曲げられる．たとえば，政府の資源収入が急激に増えた場合には，政治家も政策官僚も経済性の低いプロジェクトに投資をしたり，見た目には派手でも実質的な効果の期待できないプログラムに消費してしまう．それ以上に困ったことには，潤沢な政府収入はしばしば政治家や官僚の汚職を助長する．このような公的資金の誤用・乱用・流用を原因として起こる経済成長の鈍化は，資源の呪いの「強欲効果（Voracity effect）」とでも呼ばれる政治経済的な効果であると考えられないだろうか（Collier 2007, Chapter 3, Collier and Goderis 2007）．強欲効果の経済に対する長期的な影響は想像以上に大きなものだと思われる．苦労して租税制度を創り，税収を挙げる必要がない場合には，徴税のための機構をはじめとする公共財政制度を構築する努力も怠りがちになる．また徴税自体は国民の不満や不平のもとになるわけだから，どうしても徴税される側の意見を政府の政策に反映させる必要が出

てくる．すなわち，政治体制における民主主義的制度の発展も遅れる可能性がある．さらにまた，レント収入の配分をめぐって，国内に政治的あるいは軍事的な内紛が生じる可能性もある．

ここに述べたような議論——資源が創出するレントと経済発展の関係に関する議論——は，近年注目を浴びている制度経済学の理論的枠組みに基づいている．ちなみにある実証分析は，制度的な発展度合いを計量化して一つの変数を考え，天然資源の賦与度と経済成長の関係を調べると，制度的に発展した国の場合には資源の呪いは存在しないと主張している（Sala-i-Martin and Subramanian 2003）．もし資源の呪いがあるとすれば，それはその国の制度的な発展に対する影響を通じてである．アフリカの政治経済の大御所であるベイツは，この議論を「天然資源が豊かなアフリカの多数の政府は，（国民と国富の）保護者としての立場を捨てて，その収奪者となる誘惑に負けてしまい，アフリカ大陸の豊かな天然資源を収奪することに国家権力を行使するようになる」と要約している（Bates 2008, p.121）．

資源の呪いについては，ここに述べた2つの説のほかにもう一つ「価格の不安定性効果（Volatility effect）」とでも呼ぶべきものがある．天然資源の豊かな経済は，生産・輸出活動を一次産品に依存するようになる．しかし，一次産品の国際価格は，需要国である先進工業国の景気変動の影響を受けて大きく変動する．さらに，自然災害や生産国の政治不安等の供給側の要因も，価格変動を増幅する．歴史的には，1930年代の世界大不況や，第二次世界大戦後の朝鮮戦争時，1970年代の2つのオイルショック，そして21世紀になってからの一次産品ブーム，といった事例から明らかなように，時々ブームとバスト（市況の急騰と暴落）に見舞われる．

そこで，バン・デル・プルーグは，「資源の呪いの本質は資源価格の激しい変動にある」と論じている（van der Ploeg 2007）．一次産品の生産と輸出に対する依存度の高い国の経済運営は難しい．民間部門にせよ政府部門にせよ，長期の投資計画はほとんど不可能になってしまう．ブーム時には政府収入が増えるから，政府支出を増大させる政治的な圧力は大きくなる．逆に，不況期には一度増やした政府支出を抑制しようとしても政治的な抵抗があるし，また不況の経済に対する悪影響を緩和するためには景気対策の政府支出が必要になる．結果としては，ブーム時にも不況期にも財政は拡張傾向となり，中・長期的な観点からの財政と国際収支の持続可能性が脅かされることになる．そして，政

府の借款や国債発行による借り入れは過大なものになりがちだ．なぜかというと，ブーム時には多くの開発プロジェクトが計画され，そのための資金供与に応じる銀行その他の金融機関も多くなる．一方，不況期がくれば政府は財政赤字をファイナンスするためにはコスト高であっても借り入れをするからだ．

さて問題は，ここに述べたような「オランダ病」，「強欲効果」，「価格の不安定性効果」あるいはこの3つの要素の組み合わせによる資源の呪いが存在するとして，その呪いから逃れる方策は何かである．資源の呪いを論じた研究が数多くあるのに比較して，資源の呪いから逃れる政策の研究は少ない．ということはたぶんその解決が難しいことのように思える．いろいろな政策や方策が論じられてきているが，たとえばその中には，資源収入は政府が使わずに国民全員に分配してしまうべきだ，などという全く非現実的な，根本的に逃避主義的なアイデアさえ真面目に議論されている（Sala-i-Martin and Subramanian 2003）．

ここでは資源の呪いに3つの性格の違った効果があることを述べたが，解決策も当然この3つの効果に対応したものでなければならない．たとえば，オランダ病のマクロ経済的な影響は，適切なマクロ経済政策によって十分対応可能である．たしかに天然資源の生産と輸出によって実質為替レートは増価するかもしれないが，そうならないように為替レートを政策的に誘導することはできる（Humphreys, Sachs, and Stiglitz 2007, Chapter 7）．また，天然資源に関係のある第一次産業以外の産業に対しては補助金をはじめとして各種の保護政策をとることもできる（van der Ploeg 2007）．さらに，サックスによれば，資源収入を工業部門の発展のための投資と貧困削減のための支出に限定して使えば，オランダ病の経済に対する悪影響を避けられる．そのためには，第一次産業依存型の産業構造を変えるため経済構造多角化政策がとられなければならない．

現実には経済構造の多角化は工業化を意味するが，それはそんなに容易なことではない．過去の経験では，いくつもの途上国が資源の呪いのオランダ病や価格不安定効果を理由に，輸入代替工業化路線をとって，そのために国内産業保護と称して貿易障壁を設け，為替制限措置を課してきた．それが高コスト産業と国際競争力の喪失につながり，低成長の原因となってきた事例は数多い．ある意味では，資源の呪いが，輸入代替工業と国内産業保護政策を「正当化するための知的基盤（Intellectual justifications）」となってきた（Lederman and

Maloney 2006, Chapter 1). リーダーマンとマロニーによれば,「内向的工業化戦略は, イノベーションをもたらさず, 新しい技術の導入から生じるレントよりは政策的に作り出された独占から生まれるレントに依存するような生産部門を作り上げた. そして同時に成長可能性のある第一次産業部門にも不利に働いた」のである. すなわち, 資源の呪いにまつわるレントを国際産業保護が生み出すレントで置き換えただけということだ.

資源の呪いの影響のうちで, 強欲効果をどう殺ぐかは難しい問題である. その難しさは, 多分に強欲効果は経済効果というよりも政治経済的な性格を持ったものだからだ. 石油・ガスの産出国の中には,「安定基金 (Stabilization Fund)」,「歳入平衡基金 (Revenue Equalization Fund)」,「ソブリン・ウエルス・ファンド (Sovereign Wealth Fund)」等々のいろいろな名称で呼ばれる機構を設立して, 資源収入を将来に備えて蓄積する政策をとってきた国が多い[8]. このような基金は, いま現在使う必要のない資源収入を海外資産に投資して将来に備えるわけだから, 当然オランダ病を引き起こすこともなければ価格の不安定効果を相殺することもできる. しかし, このような基金が必ず期待した効果を生むわけではない. なぜそうなのかは容易に理解できる. 理由が何であれ, 手元にある資金を使いたいという政治的な欲求と圧力をコントロールするためには, 政治の指導者がそれをさせないという強い決意を持っている場合に限られる. そのうえに, 基金を政治的な干渉から隔離して, 基金の運営を専門家に任せることによって基金の目的以外には基金の資金を使用できなくするような制度的仕組みを作るのは容易ではない. 何しろ, 政治家の要求を抑えるような仕組みを作るのに, 政治家の協力が必要とされるからだ.

強欲効果を抑える方策としては, 資源収入と支出の透明性 (Transparency) を高めることだという主張がある. たとえば, 鉱物資源の探索, 開発, 採取に携わる多国籍企業にどのような権利を供与したか, そしてその見返りとしてどのような支払いを受けたのか, その収益をどれだけ国庫に納めたのか, 国庫からの支出はどれだけあったのか, 等々の資金の流れをすべて公表する. 公表の義務は政府機関だけでなく, 多国籍企業にも課す. このようにして資金の流れを透明にして誰でも見られるようにすれば, 一連の流れに関連する機関や

---

[8] 代表的なこの種の基金としては, State Petroleum Fund (Norway), Copper Stabilization Fund (Chile), General Reserve Fund (Kuwait), Macroeconomic Stabilization Fund (Venezuela) がある. 詳しくは, Davis et al. (2001) を参照.

個人の責任の所在が明らかになる．だだし，現実に資金の流れの透明性が，政治家や政府官僚の責任ある行動を惹起するかどうかは，その国のメディア，市民団体——それに途上国の場合には国際的な援助機関やNGO——が政府に対してどれだけ強い発言権と影響力を持っているかどうかにかかわっている．しかし，いかに強権的な政府といえども，国民の声を全く無視し続けるわけにはいかないから，資金の流れの透明性は明らかに強欲効果を抑えるのに有効だろう．

多くの実証研究が示唆するのは，よく機能する制度を持った国，言い換えればガバナンス構造のしっかりした国は資源の呪いにかからないということだ．だから，強欲効果を抑制する最も効果的な方策はガバナンス強化ということになる．それはまさしくそのとおりなのだが，国の制度的な発展，特によく機能するガバナンス機構の発展は，その国の経済的発展度合いに依存する．いわば，経済発展とガバナンス機構の発展は相互に影響を与え合う関係にある．ガバナンスは経済発展の内生的な変数であるといえる．だから，政策論としてガバナンス構造の強化を論じる場合には，政府機能のどの部分が重要かに焦点を当てなければ，効果的な解決策にならない．

第7節　インドネシアの経験からの教訓

前節で論じたのは資源の呪いの一般論であった．それでは，インドネシアの経験から資源の呪いを恵みに換えるためのどのような教訓を導き出すことができるのだろう．もちろん，インドネシアがプルタミナ危機を契機として資源の呪いを回避できたという事実は，インドネシアという国の特殊性，プルタミナ危機が起きたときの国内的・国際的な環境の特殊性，等々の特殊インドネシア的要因が入り込んでくるから，世界のどの途上国にも通用する一般的に適用可能な教訓を導き出すのは難しい．しかし，プルタミナ危機の経験を仔細に検討してみるとある程度一般性のあるものがあるように思われる．ここでは，それが何であったか，ある程度わたくしの主観を交えて議論したい．

第1の教訓は，資源の豊富な途上国は「資源の呪い」にかかる宿命にあるのではないということだ．天然資源が豊かに賦与されている国は，それを恵みとして経済発展を有利に進めることもできる．資源の呪いとは，政策や制度整備の面でしっかりした経済運営のフレームワークを持たない途上国が陥りや

すい一つの罠だと考えるべきだ．経済運営のフレームワークの未発達が意味するものは，良いガバナンスの欠如，あるいはインスティテューショナルな脆弱性とほとんど同義と考えてよい．あるいは政府や民間の組織と市場機構やそれを規制・監督する制度が未発達なことと言い換えてもよい．しかし，そのような一般的な概念は実社会の政策担当者にとって何の役にも立たない．必要なのは，もっと具体的な政策や制度改革のアイデアなのだ．プルタミナは，インドネシアがまさに経済発展のために資金を必要としたときに，多額の資金を経済性のない投資プロジェクトために浪費した．浪費の動機は，非現実的な工業化戦略ビジョンと私利私欲のための汚職だ．長期的に見れば，プルタミナ危機はあるいは幸運が偽装したもの（Blessing in disguise）だったのかもしれない．なぜなら，プルタミナ危機のおかげで，資源の浪費には終止符が打たれ，資源の呪いは回避され，テクノクラートが石油・ガスの資源とそれから生じる資源収入をコントロールする権力を握るようになったからだ．

　第2に，プルタミナ危機を通じてのインドネシアの経験は，資源の呪いを恵みに換えるのに必要ないくつかの必要条件を示唆しているようだ．必要条件の一つは，公共財政管理（Public Financial Management）のシステムが機能しているかどうかである．公共財政管理システムとは，わかりやすくいうと，資源収入を国庫に納めさせ，その支出を管理する公共部門の予算・会計制度とその運営ということになる．といっても，いま流行りの業績ベースの予算システム（Performance-based budgeting）や支出効果ベースの予算配分制度（Outcome-based expenditure allocations）が必要とされているわけではない．

　もともと公共部門におけるすべての政策は究極的には政治家が政治的目的のために決定する．最終決定権は政治家の掌中にある．しかし一方では，目先の利益しか考えず，道徳的な節度も欠如しているうえに，自己の利益に関しては強欲このうえもない政治家も多い．ここに，政策運営の専門家集団，すなわちテクノクラート官僚——あるいは国際的なドナー・コミュニティ——の役割がある．テクノクラートは，政治家の政策決定に必要な政策形成や選択肢の提示に役立てる．公的資金の配分と支出を決める予算と公会計のシステムは，公共財政管理の中核をなすばかりでなく，まさに公的部門のガバナンスの中核機構であるといえる．政府予算と公会計が地方政府や公営企業等のすべての公的機関を包括的にカバーするべきなのはもちろんだ．

　インドネシアの場合，石油・ガスから生じる国家収入の流れを，国家開発計

画庁や財務省等のマクロ経済政策省庁を運営してきたテクノクラートがコントロールするようになって，資源の呪いは資源の恵みに変わったといっても決して誇張ではない．

第3にインドネシアの経験は，資源の恵みを経済発展のために有効に使うには，長期の経済発展戦略と中・長期の開発計画が欠かせないことを示している．政策の持続可能性や投資の経済性は，そのような発展戦略と発展計画に基づいて判断されるべきだからだ．インドネシアの場合，プルタミナ危機が終わったあとでも，その経済構造を過度の石油・ガス依存から脱却させるための一連の構造改革——貿易，財政，投資，通貨，金融制度等の広範な部門の改革——を実施するのに10年以上かかった．その間，テクノクラートの開発戦略とそれに基づく開発計画は資源収入の配分と支出のガイドラインとなったのだ．

現在多くの途上国で，経済計画や計画省庁の役割が軽視される傾向にある．その結果，開発計画に携わる部署の権威と権力は著しく弱くなった．しかし，インドネシアの事例が示すのは，セクターを担当する省庁や地方を担当する地方政府が策定するそれぞれのセクターや地方の発展計画の寄せ集めではなく，国全体の経済発展戦略や開発計画が重要だということである．それがあってこそ，経済全体の構造改革と新しい制度の構築が可能になる．また，国全体の発展戦略と開発計画は，それぞれの省庁が策定する野心的な計画や政策に対してチェック・アンド・バランスの役割を果たし，それらが国全体の計画と整合的であるかどうか，あるいは財政資金の枠に当てはまるかのチェック機能を果たす．

第4に，インドネシアの経験は，政治的指導者のリーダーシップの重要性を物語っている．資源収入を管理する法的な枠組みが大切であることはいうまでもない．インドネシアの場合には，憲法が天然資源の採取に関する国家の役割を規定していた．また，それに基づいて石油・ガス採掘については国家の独占とするプルタミナ法が作られた．外国企業は，生産分与契約（プロダクション・シェアリング・アグリーメント）に則ってコントラクターの資格でしかインドネシアの石油・ガスに投資できないことになった．また，国家の独占企業体であるプルタミナのガバナンス体制改善のために1971年の法律第8号が制定され，監査役会（Board of Commissioners）が設立された．これらの法的枠組みは，後々のプルタミナの運営に有用だった．

第7節 インドネシアの経験からの教訓

　しかし，プルタミナ危機以前のインドネシアでは，これらの法律の条文は強力な政治勢力によって無視されてきた．危機が始まってからのストオ将軍とテクノクラートの間に戦わされたプルタミナのコントロールを競っての闘争は，結局は政治指導者であるスハルト大統領の決断によってのみ決着をみた．テクノクラート側が勝利を獲得したのは，スハルト大統領が政治的な安定と経済的発展の実績をベースに自身の長期政権による統治を正当化しようという考えを持ち，その実績を損なうかもしれない政策の失敗を避けるためにプルタミナの監理をテクノクラートの手に委ねたからだといえる．

　インドネシアの経験の一番重要な教訓は，資源の呪いは資源の豊富な途上国の宿命ではなく，単に経済運営上で陥りやすい罠の一つにすぎないということだろう．豊かな資源は，政策さえ適切であれば，経済発展の恵みになるはずだ．

第5章
アルゼンチン：
ポピュリズムと経済発展

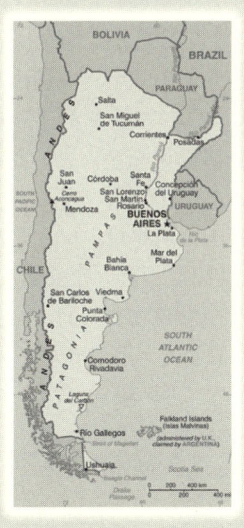

Courtesy of the University of Texas Libraries, The University of Texas at Austin.

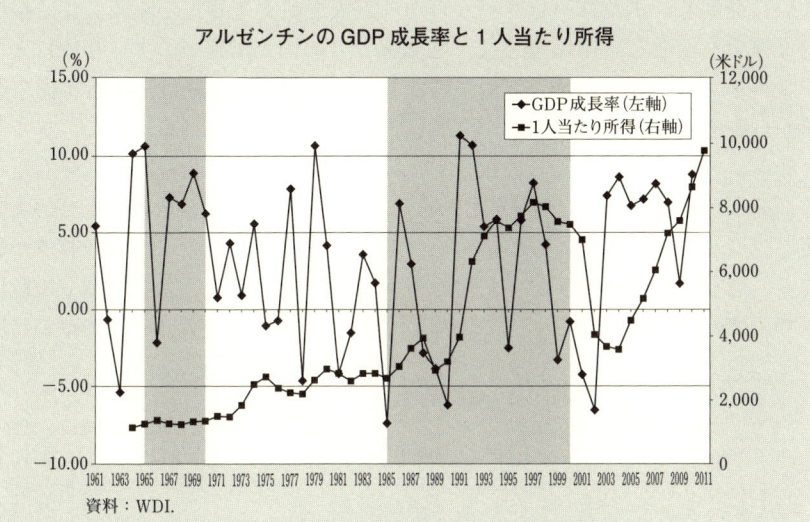

アルゼンチンのGDP成長率と1人当たり所得

資料：WDI.

第1節　イントロダクション：「不条理の国」アルゼンチン

アルゼンチンは豊かな国だ．かつては3,000万人の人口の倍6,000万頭の牛がいたこともある．小麦を輸出し，トウモロコシを輸出し，牛肉を輸出して，外貨を稼ぐ．この豊かさが「資源の呪い」をもたらし，ペロニズムというポピュリスト経済政策を産んだ．世界大恐慌のころは世界トップテンの生活水準を誇っていた．1965年でもアルゼチンの1人当たり所得は，1,230ドル[1]．これに対し日本の所得は，900ドルであった．ブエノスアイレスの街を歩くと，「かつて先進国だったンだなあ」という印象である．ブエノスアイレス中心の銀行街も重厚な建物だらけだったが，インフラのメインテナンスはひどいものだった．わたくし[2]がアルゼンチン経済開発調査をやっていた頃（1980年代半ば）はまだ，古い銀行には木でできたエスカレーターまでが現役で動いていた．

アルゼンチンの歴史は，栄光と挫折のサイクルだ．しかもそのサイクルは幾重にも重なっている．長期の歴史的な動きと，その趨勢の中での中期のサイクルだ．長期のサイクルは，19世紀の後半に畜産と農業でアルゼンチン経済が大いに発展し，またヨーロッパから300万人を超える移民が流入して，経済的な繁栄を謳歌し，1914年までに1人当たりの国民所得で，アメリカに次いで世界第2位になった後，経済停滞と経済衰退の趨勢を続け，高所得国の範疇から脱落して今日にいたっている．このような趨勢的な流れの中で，アルゼンチンは常に社会的な階級間抗争が，政治と経済政策の運営に混乱をもたらし，それが軍部のクーデターをもたらし，しかし軍人の独裁政権も社会的な安定と経済的な発展をもたらせないことが明らかになると，そこで民政移管が起こる．選挙で勝利を収めるのは民衆の歓心を買うことの上手な人気取りの政治家で，彼の人気取り政策，ポピュリスト政策が失敗して，サイクルの最初に戻

---

[1] 表5.1は，マディソンの推計による戦前期からのアルゼンチンと日本の所得比較．この推計によると，世界大恐慌の頃（1930年）アルゼンチンの所得は日本の倍以上であり，先進国を見渡しても，有数の豊かな国であった．表5.2からわかるように，アルゼンチンは上から13番目．図5.1は，世界銀行のデータベースによるアルゼンチンと日本の所得（名目）の変化を比較したものである．

[2] この章には，実は2人の「わたくし」が出てくる．「バルカルセ・プロジェクト」のわたくし（浅沼）と「アルゼンチン経済開発調査」のわたくし（小浜）だ．

第 1 節 イントロダクション：「不条理の国」アルゼンチン

図 5.1 アルゼンチンと日本の 1 人当たり GDP

注：GNI per capita, Atlas method (current US$).
資料：World Bank.

る．こんな軍人独裁，民主政府，社会政治の混乱，クーデター，というサイクルが中期のサイクルだ．よくもまあ，歴史から学ばずに，歴史を繰り返してきたものだと，半ば呆れ，半ば感心する．歴史は繰り返す．最初は悲劇として，そして 2 度目は茶番として，という言葉を思い出さずにはいられない．しかし，それが長期の衰退の原因だとなると，笑ってはいられない．

わたくしがアルゼンチンに顔を出すようになったのは，大来ミッションの副団長・チーフエコノミストとしてだから，1980 年代の初めまでアルゼンチンの悪名を高めていた軍人政権が退場し，ラディカル党のアルフォンシン政権が誕生した後だ．1980 年代初めのアルゼンチンは，自由主義者，民主主義者，社会主義者，等々の反軍事政権の政治運動家が不法逮捕され，殺害される「汚い戦争（the Dirty War)」と呼ばれる政治的抑圧が続いていた．何千人というv わゆる「消えた人たち（los Disaparecidos, the Disappeared)」が出た．アルゼンチンの歴史の中でも，とりわけ際だったこの暗黒の時代の後で出てきたアルフォンシン政権は，大きな負の遺産を抱えていた．ハイパーインフレ，対外債務返済不能，財政の全くの破綻が新政権のハードルで，これを乗り越えなければ，アルゼンチンの長い衰退の過程をとどめることは無理だった．

表 5.1　1 人当たり GDP 比較（1990 年の購買力平価で換算した実質ドル）

	アルゼンチン	日本
1870	1,311	737
1890	2,152	1,012
1900	2,756	1,180
1913	3,797	1,387
1914	3,302	1,327
1930	4,080	1,850
1945	4,356	1,346
1950	4,987	1,921
1960	5,559	3,986
1961	5,862	4,426
1962	5,677	4,777
1963	5,455	5,129
1964	5,926	5,668
1965	6,371	5,934
1966	6,321	6,506
1967	6,399	7,152
1968	6,578	7,983
1969	7,037	8,874
1970	7,302	9,714
1971	7,530	10,040
1972	7,635	10,734
1973	7,962	11,434
1980	8,206	13,428
1990	6,433	18,789
2000	8,581	20,738
2001	8,124	20,736
2002	7,181	20,755
2003	7,744	21,092
2004	8,353	21,576
2005	9,019	21,976
2006	9,679	22,420
2007	10,407	22,950
2008	10,995	22,816

出所：Angus Maddison, *Statistics on World Population, GDP and Per Capita GDP, 1-2008AD*.

表 5.2 大恐慌時の 1 人当たり GDP 比較（1990 年の購買力平価で換算した実質ドル）

	1928	1929	1930
西ヨーロッパ			
オーストリア	3,657	3,699	3,586
ベルギー	5,139	5,054	4,979
デンマーク	4,785	5,075	5,341
フィンランド	2,707	2,717	2,666
フランス	4,431	4,710	4,532
ドイツ	4,090	4,051	3,973
イタリア	3,016	3,093	2,918
オランダ	5,720	5,689	5,603
ノルウェー	3,106	3,387	3,627
スウェーデン	3,885	4,145	4,306
スイス	6,171	6,332	6,246
イギリス	5,357	5,503	5,441
西ヨーロッパ 12 カ国合計	4,298	4,393	4,297
アイルランド	2,737	2,824	2,897
ギリシャ	2,234	2,342	2,258
ポルトガル	1,470	1,610	1,571
スペイン	2,584	2,739	2,620
西ヨーロッパ 4 カ国（小国）合計	3,294	3,366	3,291
西ヨーロッパ 30 カ国合計	4,017	4,117	4,022
欧州移民の諸国			
オーストラリア	5,452	5,263	4,708
ニュージーランド	5,141	5,262	4,960
カナダ	5,172	5,065	4,811
アメリカ	6,569	6,899	6,213
欧州移民の諸国合計	6,402	6,673	6,028
東ヨーロッパ			
アルバニア		926	
ブルガリア	1,219	1,180	1,284
チェコスロヴァキア	2,977	3,042	2,926
ハンガリー	2,415	2,476	2,404
ポーランド	2,117	1,994	
ルーマニア	1,225	1,152	1,219
ユーゴスラヴィア	1,314	1,364	1,318
東ヨーロッパ 7 カ国合計		1,942	
元ソ連邦諸国合計	1,370	1,386	1,448

ラテンアメリカ 8 カ国			
アルゼンチン	4,291	4,367	4,080
ブラジル	1,158	1,137	1,048
チリ	3,332	3,455	2,859
コロンビア	1,490	1,505	1,474
メキシコ	1,857	1,757	1,618
ペルー	1,754	1,908	1,663
ウルグアイ	3,906	3,847	4,301
ベネズエラ	3,057	3,426	3,444
ラテンアメリカ 8 カ国合計	2,039	2,053	1,913
ラテンアメリカ 15 カ国			
コスタリカ	1,685	1,582	1,626
キューバ	1,639	1,505	
エルサルバドル	1,055	1,041	1,045
グァテマラ	1,557	1,720	1,776
ホンジュラス	1,547	1,499	1,563
ニカラグア	1,590	1,750	1,415
中国		562	568
インド	706	728	726
インドネシア（チモールを含む，1999 年まで）	1,130	1,147	1,141
日本	1,992	2,026	1,850
フィリピン	1,392	1,413	1,382
韓国	1,190	1,118	1,049
タイ		793	
台湾	1,100	1,133	1,150
マレーシア	1,389	1,682	1,636
スリランカ	1,257	1,336	1,265
トルコ	1,063	1,213	1,249

出所：Angus Maddison, *Statistics on World Population, GDP and Per Capita GDP, 1-2008AD*.

　アルゼンチンの政策を,「われわれの常識」で理解しようとするとストレスがたまる. 民主主義で最も重要な要素の一つである「チェック・アンド・バランス」が働かない国だといってもいい.

　後で述べるように, アルゼンチンは「デフォルト慣れ」していて, 国の借金もまともに返さないのが得策だと考えている節がある. 2001 年の危機で, アルゼンチンの円建て国債で痛い目にあった日本の年金基金もあったはずだ. Cruces and Trebesch (2011) の推計によれば, ヘアカット率は 79%（Table 2, p.30）. おおざっぱにいえば 100 億円のアルゼンチンの円建て国債を持って

いた年金基金は21億円しか戻ってこなかったということだ．

　短期的にはデフォルトは「得」に見えるかもしれない．100億ドル借りて20億ドルしか返さなくてよいなら，かなり高い利回りをオファーしても，「得」かもしれない．だが，中長期的に考えれば話は違ってくる．デフォルトすれば一定期間国際資本市場で資金調達ができなくなるし，国際資本市場に復帰できても，高い利回りをオファーしなければ，誰もアルゼンチン国債を買ってくれない．ペルーのアラン・ガルシア大統領も，1期目は，「対外債務は輸出額の1割しか返さない」と宣言して国民の喝采を受けたが，結局対外借り入れが不可能になって，ペルー経済は停滞した．その教訓から，次に大統領になったときは，そのような国民受けはするが外国から総スカンを食うような政策はとらなかった．

　フォークランド諸島（アルゼンチンは，もちろんマルビーナス諸島という）をめぐるイギリスとの紛争でもクリスチーナ・フェルナンデス大統領の行動は国際政治の常識からはなかなか理解しがたい．2012年4月，コロンビアのカルタヘナで開かれた第6回米州首脳会議の共同宣言でフォークランド諸島（マルビーナス諸島）が触れられなかったことが不満でフェルナンデス・アルゼンチン大統領は，途中で帰国したといわれる．彼女に言わせれば，各国首脳との二国間会談では，誰もが「マルビーナス諸島はアルゼンチンのものだ」と言っていたのに，なぜ共同宣言にそう書かないのか，ということだろう．しかしある国の首脳が言っていたように，二国間会談では，「マルビーナス諸島はアルゼンチンのものだ」と言わなければうるさいから「そうだそうだ」と言うが，共同宣言にそれを謳うのは別のことなのだ．

　さらに理解しがたいのは，2012年4月の元国営石油会社YPFの再国有化だ．アルゼンチン政府がYPFの株式51％を接収し，再国有化するというのだ．資金不足に悩むアルゼンチンは，YPFがあげる利益で燃料貿易の赤字を賄おうとしているという．YPF株のうちスペインの石油会社レプソル保有分だけを接収するという．いまどき外資の接収などという政策をとる国があるのにまず驚かされる．アルゼンチン政府にいわせると，YPFがもっと稼げる能力がありながら業績が低迷しているのは，レプソルが投資を怠っているからだという．目先の困難に対処するためには，長期的な不利益など考えない国なのだろうか．

　このような「われわれに理解できない」政策の背景には，アルゼンチンのシ

ェールガス埋蔵量が，中国，アメリカに次ぐ世界第3位で，ヨーロッパ全体のシェールガス埋蔵量を上回るという現実があるのだろう．しかし，地下にあるシェールガスを開発し外貨を稼ぐようにするには，莫大な投資と水圧破砕法（Hydraulic Fracturing）などの技術が必要なこともまた現実なのだ．中国の投資に期待しているのかもしれない[3]．中国の2010年の対中南米投資の約40%はアルゼンチン向けで，ほぼすべてがエネルギー部門向けだった．2012年4月17日の『フィナンシャル・タイムズ』の「lexコラム」が言うように，

Argentina loses, YPF loses, and Repsol loses - it's enough to make you cry. If this is how Argentina treats its largest foreign investor, it will be dancing alone tango. （アルゼンチンも損をし，YPFも損をし，レプソルも損をする．エビータの歌ではないが，泣くしかない．これが外資に対するアルゼンチンのやり方なら，一人で勝手にタンゴでも踊って頂戴．）

なのだろう．ここでも「it's enough to make you cry」だ．「エビータの亡霊」が生きているのかもしれない．

第2節　1960年代のアルゼンチン経済

　アルゼンチンは不思議なところだ．美しい自然と過酷な自然があって，プレモダンとポストモダンが奇妙に入り交じり，素朴とデカダンが際だって——アルゼンチンはわたくしに平衡感覚を失わせるような印象を与える．アルゼンチンといえば，誰でも想起するタンゴもそうだ．ブエノスアイレスの港町の色町で生まれたと言い伝えられるタンゴは，別離や片恋，裏切りを歌う演歌で，伝統的なタンゴはプレモダンの世界だ．しかし，いま流行しているピアソラのタンゴは，世界大戦間に流行ったヨーロッパのコンティネンタル・タンゴの遙か先を行くポストモダンの退廃だ．
　もう一人のわたくしは，そのアルゼンチンに一度だけ，しかも1960年代の半ばに行ったことがある．当時わたくしは，世界銀行に若手のヤング・プロフェショナルとして採用されたばかりで，世界銀行のプロジェクト局農業部で，

---

[3] 中国の温家宝首相は2012年6月下旬中南米を訪問し，ブエノスアイレスではアルゼンチンとの国交樹立40周年記念式典に出席した．

第2節　1960年代のアルゼンチン経済

エコノミスト兼フィナンシャル・アナリストをしていた．そして，そこで最初の仕事が，アルゼンチンに対する畜産推進プロジェクトの審査ミッションに加わってアルゼンチンに行くことだった．ミッションへの参加を言い渡されたときに，わたくしは不思議に思ったものだ．プロジェクトは，「バルカルセ畜産推進プロジェクト」と呼ばれるプロジェクトで，バルカルセという豊かなパンパのど真ん中の町を中心に，1,000ヘクタール級の畜産農家の畜産事業を改善することを目的にしたものだ．アルゼンチンといえば，牛肉，トウモロコシや小麦，等々の農業輸出で豊かになり，ラテンアメリカのパリと称される華やかな都市を築いた国だ．なぜいまさら世界銀行が，畜産については先進国であるはずのアルゼンチンに——しかもパンパのど真ん中の大畜産農場に支援をするのか，実に不思議に思ったものだ．

　当時の世界銀行のプロジェクト局は，わたくしの目にはあたかも「開発のオリンポス山」のように思えた．そこには，アメリカのテネシー流域ダムの開発経験を持つ，世界的に有名な水力発電ダム建設の神様，日本の戦後農地改革を手がけたことのある農地改革の神様，農業協同組合の神様，ハイウエー建設の神様，等々の神様がいるところだった．畜産に関しては，ニュージーランド人で，長くニュージーランドの畜産を指導してきたドクター・マクミーカンという神様がいた．わたくしは，この畜産の神様にわたくしの素朴な疑問をぶつけて見たところ，ドクター・マクミーカンは牧畜のこともアルゼンチンのことも何も知らない日本人に，親切に答えてくれた．

　わたくしのような素人は，牧畜というとアメリカの西部劇を思い浮かべる．そして，牧草の生える平原があって，そこここに水場があれば，それで牧畜業が成り立つと思っている．たしかに，アメリカ西部でも，オーストラリアやニュージーランドでもそういう時代があった．そして，未開拓の牧草地のあるブラジルなどの途上国では，いまでもそうだ．しかし，アメリカ，オーストラリア，ニュージーランドはいうに及ばず，アルゼンチンのような牧畜業の確立した国では，それは通用しない．土地所有制度が確立していて，牧場の規模は（買収という手段を除いては）簡単に拡大することはできない．したがって，一定の面積の土地で牧牛の数を増やすには，第1に牧草の質をより栄養のあるものに改良していく必要がある．第2に，牧牛にとても大切な水場の管理だ．第3に，牧牛自体の質を改良していくことが大切だ．良い，多量の肉だけでなく，毎年規則正しく子牛を産むような牧牛が望ましい．たとえば，

ニュージーランドでは，牧場主はこれらすべての面で，不断の努力を重ねてきた．牧場主だけではない．政府も農業省や食肉マーケティング・ボード等の組織を通じてこれらの改良・改善や牧牛の健康管理の努力を重ねてきた．

アルゼンチンの牧畜業は，牧場主も政府も生産性拡大の真剣な努力をもう何十年としてきていない．その意味で，アルゼンチンは昔の牧畜先進国から後進国に成り下がってしまった．パンパのような自然条件に恵まれた平原を持ったアルゼンチンが，そこにある可能性を十分に実現していないのは悲しいことだ．このプロジェクトが契機になって，アルゼンチンで牧畜部門の発展が起こり，またそれが契機になってラテンアメリカの他の牧畜途上国で同様のことが起これば，これらの国の経済発展に大いに寄与できる．少なくともラテンアメリカの牧畜の可能性は大きい．さらにドクター・マクミーカンは，今度のプロジェクト・ミッションには牧場経営，土壌，獣医学，等々の専門家が行くので，わたくしにはエコノミスト兼フィナンシャル・アナリストとして，彼らの意見をできる限り数量化して，牧畜改善事業が牧場主にとっても，また国の経済にとっても高い収益率が期待できることを示してほしい，と話してくれた．

ラテンアメリカの政治経済の分析に，『アルゼンチン資本主義の危機』という著書を残したポール・ルイスは，1960年代のアルゼンチンを「政治の膠着と経済の衰退 (Political Stalemate and Economic Decline)」と表現したうえで，さらに「国家の機能停止 (Paralysis of the State)」と特徴付けている (Lewis 1990, Chapter 11)．そのような状況になったのは，アルゼンチンに固有の長い歴史的な，そして構造的な理由がある．IMFの財政局の局長として，長くアルゼンチンの経済政策を見つめてきたヴィト・タンツィは，アルゼンチンの経済政策の問題を「ほとんど財政問題につきる (It's mostly fiscal)」というと同時に，彼の最近の著書の第1章に「ペロンと恒常的な財政問題の出現 (Peron and the Creation of the Permanent Fiscal Problem)」と題して，財政問題がペロニズムに深くかかわっていると述べている[4]．

豊かなパンパとヨーロッパから流れ込んだ多数の移民と資本をベースに，牛肉，小麦，トウモロコシ等々の農産物輸出で富を築いたアルゼンチンは，第一

---

[4] Tanzi (2007, p.5 and Chapter 1). もっとも，タンツィがアルゼンチンを繁く訪れるようになったのは1970年代半ばからで，アルフォンシン政権やメネム政権時代の経済政策にかかわってきた．

第 2 節　1960 年代のアルゼンチン経済

次世界大戦勃発の頃には，アメリカに次いで 1 人当たり所得ベースで世界第 2 位の豊かな国になった．生産性の高い畜産業・農業部門のほかに，移民と高所得はアルゼンチンの工業発展を推進し，都市化が進み，ブエノスアイレスを中心に都市労働者が社会的なグループとして現れた．しかし，アルゼンチンの富の源泉である牧畜・農業部門は，富裕な地主階級に握られていて，彼らは「パンパの農牧畜・輸出ブルジョワジー」とでもいうような階級を形づくっていた．同時にまた，彼らはほとんどブエノスアイレスやパリ等の海外都市に居を構える不在地主だった．都市化と都市の繁栄にとってのこの社会階級の人たちの貢献は大きかった．アメリカやオーストラリア，ニュージーランドのような自作農家の層が生まれなかったのは，スペインの植民地支配の負の遺産だとアルゼンチン出身のプレビッシュは述べている．アメリカやオーストラリアの場合と違って，アルゼンチンに大量の移民が流入した時期には，すでにパンパの土地所有体制は，確立していたから，彼らは都市労働者になるか，あるいは農・牧場の雇い人になるかの選択しかなかったのだ．不在地主階級はまた，圧倒的な経済力を基礎に，政治の面でも実質的な寡頭政治体制を作り上げた．プレビッシュは，これもまた植民地時代から続く「ラテンアメリカの呪い」だと断じている（Dosman 2008, pp.33, 48）．

　農・牧畜部門と都市の工業部門が共存・共栄でき，ともに成長を謳歌できる世界情勢が続いている間は，パンパ・ブルジョワジーの寡頭体制は安泰だった．しかし，世界大不況と第二次世界大戦は，この状況を一変させた．アルゼンチンの輸出産業は大打撃を受け，経済不況の影響を強く受けた都市労働者――特に労働組合運動に組織・指導された都市労働者階級――が，ポピュリスト政治家フアン・ペロンの出現の場を作ることになった（Smith 1989, p.12）．世界大恐慌は，アルゼンチンのパンパを中心とする輸出産業に大打撃を与え，アルゼンチン経済全体もその影響を強く受けざるをえなかった．それまでのアルゼンチン経済は，世界経済に組み込まれていたから，それは当然で，またそれに対するアルゼンチンの政治家やその他の指導者の反応も，至極当然のものだった．世界経済を中心（Center あるいは Core）と周辺地域（Periphery）に分けて論ずるのは，プレビッシュの十八番だが，実はその当時には，アルゼンチンは純粋な周辺国というよりは，すでに「半中心（Semi-center）」としての性格を持っていた[5]．すなわち，国内には工業部門が生まれ，都市化された産業労働者が多数存在していた（Smith 1989, Chapter 2）．1943 年に起こった

軍事クーデターの指導者の中で頭角を現したペロンは，1946年の選挙で大統領に選出されたが，彼の支持者基盤は，明らかに労働組合員で，彼は後に夫人となるエヴァ・ドゥアルテとともに労働組合を動員することによって権力を手にした．エヴァ・ドゥアルテは，後に「エビータ」というミュージカルで世界的に有名になった女性で，「シャツを着ない人々（Descamisados）」と自らを呼んだ都市の貧困労働者階級のチャンピオンとして戦闘的な労働組合運動との戦闘に立った人物だ．共に，アルゼンチンの労働者階級の政治意識を極限まで高めた煽動政治家だった．若い頃にアルゼンチンのイタリア大使館にミリタリー・アタッシェとして勤務し，ムッソリーニの台頭を目の当たりにしてきたペロンは，政治家としてもムッソリーニの政治哲学と政治手法をアルゼンチンに適用しようとしたのだ[6]．

ペロンの開発戦略と経済政策の中核は，まずは輸入代替型の工業化戦略であり，またその担い手として従来の資本家階級ではなく，国家機構を重視することであった．アルゼンチン経済では伝統的にイギリスやアメリカの外資が大きな役割を果たしてきたが，ペロンは外資が所有する経済インフラ——たとえばイギリス資本の鉄道——を国有化したり，中小企業振興に力を入れたりしたばかりでなく，輸入関税，輸出税，補助金，政策優遇金利等々の政策を導入して，国内市場の拡大と輸入代替工業化を推し進めた（Dosman 2008, p.217）．そのような経済発展政策の過程で，輸出産業はほとんど完全に無視されたのだ．輸入代替工業化戦略をとる国はほとんどそうだが，アルゼンチンの場合も例外でなく，一次産品輸出部門は，工業化のための資金源としてのみ価値あるものとみなされ，国内的には投資のための貯蓄，対外的には工業が必要とする投資財と中間投入財の輸入をまかなう外貨を稼ぐために利用された．国内の工業保護のための輸入関税と農牧業製品の輸出にかけられる輸出税が農牧業部門から工業部門への資源移転のため使われた．ラテンアメリカ経済の専門

---

[5] 中心国—周辺国理論（Center-Periphery Theory）は，世界経済は西ヨーロッパとアメリカという先進工業国を中核として，ラテンアメリカや旧植民地経済のような，工業国に一次産品を輸出する周辺国によって成り立っている，という認識から出発する．一次産品の交易条件は長期的に悪化を続けるから，周辺国が先進国にキャッチアップするためには，工業化をする以外にない．これが，プレビッシュやハンス・シンガー（Hans Singer）が唱えた中心国—周辺国理論の内容だ．政治学者は，同様の世界経済体制の認識を，中心国—周辺国（Center-Periphery）と表現することが多い（浅沼・小浜 2007, 第3章第3節）．

[6] ペロンの出現と彼の政策がイギリス移民社会に与えた影響は，半伝記的小説である，Graham-Yooll（2011）によく描かれている．

家として名高いアラン・テイラーは，アルゼンチンの経済を評して,「第二次世界大戦後の世界で，アルゼンチンは輸入代替工業化の代表例として際だっているが，実はその政策的な歪 (policy distortions) は，他のラテンアメリカのそれと類似していると同時に，その歪度合いはより大きかった」と述べている (Taylor 2003, Chapter 6, p.193). 実は，アルゼンチンの場合は，牧畜業部門にとってはより厳しかった. それは，政府は，どんどんと肥大化し，しかも政治力を増す都市労働者層のために賃金引き上げを続ける一方，食料の価格を低く抑える必要に迫られ，価格統制によって農牧畜製品の国内価格の上昇を抑制したからだ. 一方，農牧畜業の中間投入である肥料等に関しては，国内の高コスト産業保護のために輸入を制限し，その結果アルゼンチン経済内の農工間交易条件は，悪化した.

このような状況のもとで，パンパの農場主の政治的なヘゲモニーは失われ，また農牧畜部門の利益率は低く抑えられたから，農牧畜部門に対する投資インセンティブは皆無に等しかった. 実際に，アルゼンチンの長期的な投資動向を見ると，1950年代から60年代にかけて，第二次産業に対する投資はGDP比率で15%から20%に増大している一方，第一次産業に対する投資は，同じ時期に3%から2%に低下している (Taylor 2003, p.186). そして，農牧畜業に対する過小投資の結果はといえば，農地1単位当たりの生産性の低迷に現れている. よく似た自然条件にあるアメリカとアルゼンチンの農業の生産性を比較すると，1930年代頃までは，両国の農業生産性は似たりよったりだったが，それ以降はアルゼンチンの生産性上昇はアメリカに比較して遅れをとり始めている. 1913年から1930年の平均と1975年から1984年の平均を比較すると，アメリカの生産性が3倍になっているのに対して，アルゼンチンの生産性は2倍にさえ達していない. アルゼンチンの農牧業は，過小投資のために技術進歩の恩恵を受けなかったといえる (Mundlak and Regunaga 2003, Chapter 8, p.238).

ペロンの経済政策は，当初の数年は成功したかに見えた. しかし，簡単な輸入代替工業化の過程が終わり，資本財や中間財の国内生産を考えなければならない段階にきて，問題が出てきた. 農牧産業を無視するばかりでなく，搾取してきた対価が輸出生産の停滞になって現れた. 一次産品の国際価格の低迷も輸出の低迷に拍車をかけた. 一方，輸入代替工業が拡大するにつれて，資本財と中間財の輸入は増大し，ペロンが政権に就いた当初に残っていた外貨準備も底

をついた．輸入関税や輸入規制も，顕在化する国際収支困難の解決策にはならなかった．こうして経済成長は，国際収支の壁に阻まれて頓挫することになった．

　当時のアルゼンチンの場合，経済の混迷に対する解決策は，何はともあれクーデターだ．1966年の6月にオンガニア将軍（General Juan Carlos Ongania）が首謀者となってクーデターを起こし，ペロンは海外に逃れた．このクーデターは，「アルゼンチン革命（the Argentine Revolution）」と呼ばれ，ペロンの都市労働者偏向と国家資本主義的な志向を取り除くことを主眼としていた（Smith 1989, Chapter 3, The State and the "Argentine Revolution"）．経済政策は，工業と牧畜業の企業家のクリーガー（Adalberto Krieger Vasena）が経済大臣に任命され，大幅な権限が与えられた．彼の経済政策の方向性は，経済発展委員会（Consejo Nacional de Desarollo Economico: CONADE）や中央銀行の構造主義的なテクノクラートとは違って，オーソドックス派と呼ばれる，むしろ新古典派的な財政・金融緊縮を重視するものだった．また，それに加えて，価格・所得規制を取り入れて，経済再建を達成しようとしており，IMFや世界銀行の支持を得ていた．国際収支困難を克服する目的で，ペソは切り下げられたが，一次産品輸出者がそれによって得たであろう利益の大半は，輸出税率の増大によって財政に吸収された．また，牧畜業を再活性化させる手段としては，牧畜業の生産性改善の成果をあげていない農場主に，農地の有効利用をしていないことのペナルティーを課す農地税制を考えていた．

第3節　バルカルセ・プロジェクト

　世界銀行が，アルゼンチンに畜産推進プロジェクトの審査ミッションを送ったのは，このアルゼンチン革命の半年前の1966年1月から2月にかけてである．アルゼンチン経済の不安定性が強く現れ，また経済混乱の度が増していた時期だ．わたくしが，ミッションの仲間達とブエノスアイレスに着いたのは，南半球の夏の美しい季節だったが，大統領府カーサ・ロサーダ（ホワイト・ハウスならぬ，ピンクの大統領官邸）のあるプラーサ・デ・マーヨ（五月広場）は人で満ち溢れ，ブエノスアイレスの銀座に当たるアベニーダ・フロリダは，美しく着飾った老若のカップルが夕方の散歩を楽しんでいて，経済的な停滞や混乱を思わせるものは見つけられなかった．腐っても鯛，アルゼンチン経済

第3節 バルカルセ・プロジェクト

は，停滞やインフレ等々はあるにしても，少なくとも都市の人々の生活は豊かだというのが，わたくしの第一印象だった．数日を首都にある CONADE（経済発展委員会）や農牧省で情報・統計収集をした後，ミッションは作業本部をブエノスアイレスから数十キロ離れたエレガントな避暑地，マルデラプラタに移し，そこからパンパのあちこちにジープで出かけていった．ブエノスアイレスとマルデラプラタの中間地点にバルカルセという町があって，そこがちょう

バルカルセ畜産推進プロジェクト（1967）プロファイル

プロジェクトの背景と目的：アルゼンチンの牧畜業は，技術革新の低迷によってアメリカ，オーストラリア等に比較して生産性が低かった．そこで，牧畜業の新しい技術——灌漑施設の設置，フェンスや水場の改良，新しい牧草の導入，肥料や除草剤の使用，トラクターの導入，より生産性の高い種牛の導入——をパッケージとして導入することによりアルゼンチンの牧畜業の生産性を飛躍的に高めることを目的にする．

バルカルセ畜産推進プロジェクト：その第 1 フェーズとして，ブエノスアイレスとマルデラプラタの中間に位置するバルカルセ地区の約 700 の農場（約 22 万ヘクタール相当）を対象に，国立牧畜技術研究所（Instituto Nacional de Tecnologia Agropecuaria: INTA）の技術普及チームの指導のもとに牧場生産性改善計画と投資計画を作成して，投資資金を貸与される．投資資金の貸与条件は 4 年の返済猶予期間を含む 9 年で，返済された投資資金はプールして新規の参加者に貸与される．

プロジェクト・コストとファイナンス：第 1 フェーズの投資総額は約 4,000 万ドル相当で，そのうち世銀が 1,500 万ドルを借款としてアルゼンチン政府に供与する．世銀資金はアルゼンチンの一大商業銀行，バンコ・デ・ラ・ナシオン（Banco de la Nacion），に転貸され，バンコ・デ・ラ・ナシオンがプロジェクトに参加する農場主に，INTA の承認を得て再転貸する．

プロジェクトの費用対便益：1,000 ヘクタール規模の典型的な農場を想定すると，投資額は 3 年で約 84,000 ドル相当．その結果，1 ヘクタール当たりの牧牛数は 10 年間で 0.8 頭から 1.8 頭に，牧牛のストックは成牛 650 頭から 1700 頭に増加すると期待される（仔牛を除く）．そして，年間生産量（販売数）は 290 頭から 1,000 頭以上に増える．その結果，牧場主の所得は 17,000 ドル相当から 76,000 ドル相当へと 4 倍以上になる．プロジェクト収益率は，年率 33%．

どプロジェクト対象地域の中心になることから，プロジェクトの名前を「バルカルセ・プロジェクト（Balcarse Project）」とした．またここにはアルゼンチンの誇る国立牧畜技術研究所（INTA）の研究所と実験農場が置かれていたから，プロジェクトの拠点としては最適だった．

　わたくしが最初に直面したのは，牧畜業に関する統計データの不備だった．パンパには，大規模農場が多い．1,000ヘクタールの農場は普通で，大きいのになると5,000ヘクタールになる．100メートル四方の面積が1ヘクタールだから，1,000ヘクタールといえば3キロ平方以上の面積だ．しかし，ほとんどの農場は農場主の個人経営で，細かい企業データのようなものは存在しないし，家計データもない．しかし，それではどのような技術を導入して，どのような投資をすれば，どのような利益があがるかを確認することができないので，マルデラプラタから数十キロの圏内の農場を回り，少ないサンプルで規模別農場モデルを作ることにした．これは，大変な，しかし実に楽しい作業にだった．土壌の専門家と農牧省の英語のできる技官とわたくしの3人でチームを組み，ジープに乗ってあらかじめ頼んであった農場に行く．昼間は，農場と農場経営の見学，土壌の検査と牧草の適不適の議論をして，夜はその農場に泊めてもらう．実は，夜がわたくしの出番で，政府関係――特に税務署――には一切情報公開しない約束で，農場の経営状況を示す帳簿を見せてもらうのだ．こんな作業を2週間あまり続けて，統計学者が聞いたら「腰を抜かすような」雑な農場家計モデルを1,000ヘクタール，2,500ヘクタール，5,000ヘクタールの規模別に作り上げた．

　2,500ヘクタール規模の農場になると農場は小さな村落とでもいえる規模のコミュニティだ．農場主の館を中心に，農場管理人の家がある．農場管理人は，経理以外のほとんどすべての仕事を任されており，そのもとに数十人の雇い人とその家族がそれぞれ家を持っている．そして，独身の青年が多い，ガウチョと呼ばれる牧童が寮で集団生活をしている．これだけの人が集まると，相当量の食肉が必要となるから，牛や羊を食用に処理する屠殺の専従者がいる．農場主とはいわば中世の領主様の小型版で，自身で農作業をするはずもなく，仕事は管理人任せでブエノスアイレスやパリにアパートを持ち，パーティーだ，オペラだといった社交生活中心の暮らしをしている人が多い．そのような農場主で技術革新の導入に熱心な人は珍しい．たいていの農場主は，高所得にまかせて優雅な，享楽的な生活を送っている．それが，アルゼンチンの牧畜業

が，アメリカやオーストラリアやニュージーランドのライバルに遅れをとった原因だ．

　そこで，まず農場主に技術導入のメリットを説明することから始めなければならない．一次産品生産の場合，事業主の技術革新に対する意欲ももちろん大切だが，同様に大切なのは技術革新について不断に研究を重ねている研究機関の存在だ．事業主ではできない研究を行い，成功の可能性があると判断すれば普及にとりかかる．そのような研究機関の存在は，しばしば技術革新のか鍵を握ることになる．幸いに，アルゼンチンには INTA（Instituto Nacional de Tecnologia Agropecuario）という農業省から半分独立した牧畜専門の研究，技術支援，普及のための機関があり，そこでの UNDP と FAO の技術者との共同研究と実験によって，アルゼンチンのパンパで牧草の改良——具体的には新種の成長の早いアルファルファなどの牧草を導入すること——と牧牛・牧羊の飼育方法の改良によって，1ヘクタール当たりの牧牛あるいは牧羊の生産量を，その当時の平均年間 80 キロないし 100 キロから一挙に 300 キロのレベルに上げることが可能であることが判明している[7]．このような生産性の上昇は，INTA の試験場だけでなく実験の委託を受けた農場でも実現したので，一挙にバルカルセ・プロジェクトの魅力は増した（World Bank 1967）．

　技術革新の導入により，長い間低迷を続けてきたアルゼンチンの牧畜生産は増大できるかもしれないというのが，アルゼンチンや世界銀行の関係者の期待だった[8]．アルゼンチンの牧牛頭数は，短期的な変動を別にして，約 4,000 万頭といわれているが，1940 年代末からたいして変わっていない．このストックをベースに，牛肉の年間生産高は約 200 万トンのレベルを上下してきた．問題は輸出だ．アルゼンチンは牛肉の国だから，アルゼンチン人は驚くほどの牛肉を消費する．1960 年代半ばの年間 1 人当たり牛肉消費量は，実に 80 キロで，当時の日本人の消費量 5 キロの 16 倍だった．それでも国内消費量の上昇

---

[7] パンパは豊かな平原なので，通常より高価な牧牛飼育が好まれる．一方，天然条件がより過酷な南部のパタゴニアは，牧羊の飼育に適している．パンパの農場で働く人たちの夢は，まず小金を貯めてパタゴニアに農場を買い，それが大きくなると，今度はパンパに農場を買って，パンパに戻ってくることだ．

[8] パンパは豊かな土地で，牧牛のためのアルファルファのほかに，小麦やトウモロコシが生育する．この両者の関係は代替的で，アルファルファの面積と小麦等の面積は，両者の相対価格によって変動する．通常重量ベースで見た穀物と牛肉の価格比率は 1：2 で 1960 年代半ばにはこれが 1：5 になっており牧畜に有利になっていた．牧畜業の技術革新が牧畜生産の鍵だと考えられたのは，小麦等の生産を犠牲にしないで，生産増強が実現できる可能性があったからだ．

が止まらないので，一時は肉の国アルゼンチンで週2日の「ミートレス・デイ（肉なしの日）」を実施したほどだ．だから，輸出は40万トンから50万トンの水準で推移していた（World Bank 1967）．もっとも，牛肉はアルゼンチン人の主食だから，わたくしがパンパの農場に泊めてもらったときの夕食は，珍しいワシントンからのお客さんだから最高のおもてなしをということで，牛肉のステーキではなくチキン（鶏肉料理）だったので，がっかりしたことを憶えている．

　牧畜業の技術革新とは何だろう．実は，パンパの農場を訪れると，素人にも生産性の改善の可能性があるのがわかる．広い農場をまわってみると，牧草がよく茂っている所とそうでない所があるのがわかる．同じ種類の牧草を使っているわけだから，これはほとんどの場合灌漑の問題だ．灌漑の問題は，牧牛の飼育の方法にも関係してくる．何千ヘクタールという広い牧草地に牧牛を放牧していて，ガウチョたちが彼らをあちらこちらと誘導する．しかし，牛たちは茂った，美味しい牧草のあるところに群がる．また，池などの水飲み場があるところ，樹木が生えていて夏場に涼しいところにも牛が群がる．実に美しい光景だが，農場の一部の牧草だけを集中的に食べ尽くすので，牧草の平均的な質は悪くなるし，より問題なのは水場などに牛が群れるので，口蹄疫等の疾病が蔓延しやすい．事実，口蹄疫のためにアルゼンチンの牛肉は一大消費地のアメリカには輸出できなかった．

　牧畜業の技術革新は，第1に新しい，より繁茂する牧草を導入し，肥料，除草剤，接種材を適用することだ．また，そのためにはトラクターなどを備える必要もある．第2に，灌漑設備を設置して，牧草の灌漑を良くするばかりでなく，水場を数多く作ることだ．灌漑用の動力には，風の吹くところでは新しいタイプの風車なども考えられる．第3には，牧牛を1カ所に群れさせないために，電流を流せるようにした可動式のフェンスを使って，牧牛の群れの動きをコントロールすることだ．そして第4に，より効率的に成長する種牛を導入することだ．これだけでは，それほどたいした技術革新とは考えられないが，灌漑設備，肥料等の購入，フェンスや水場の設置，トラクターや種牛の購入に投資をすれば，牧畜生産を大幅に増大させ，投資に対して高い収益を得ることが，われわれの調査の結果予測された．ちなみに，1,000ヘクタール規模のパンパに典型的な農場の場合，1ヘクタール当たりの飼育可能な牧牛数は，投資をしてから10年後には0.8頭から2倍以上の1.8頭に増え，牧牛の

第3節　バルカルセ・プロジェクト

ストックは（仔牛を除いた）成牛650頭から1,700頭以上へと3倍近く増える．その結果，年間牧牛販売頭数で計った農場の生産高は，290頭から1,000頭以上に3倍以上増加，その結果投資のための融資に対する元本支払い後の牧場主の所得は（1966年価格で）17,000ドル相当から76,000ドル相当へと4倍以上になる．このベースで計算してみると，農場主の投資収益は年率で33%になる．わたくしは，この計算はあまりにも楽観的にすぎるのではないかと疑って，前提を変えて，何度も計算し直したが，やはり類似の結果が得られた．このミッション報告書に基づいて，世界銀行は1967年にアルゼンチン牧畜業改善のための第1フェーズとして，約700のパンパの農場投資，技術普及，のために約4,000万ドル弱のプロジェクトを設定し，そのうちの1,500万ドル相当を世界銀行のアルゼンチン政府に対する融資でまかなうことにした．

わたくしは，このプロジェクトは非常に良いプロジェクトだと信じていたし，いまでもそう思っている．プロジェクトの期待収益率が高かっただけではない．長い間都市住民のための食糧源と工業部門のための外貨の稼ぎとして絞られてきた牧畜部門に光を当て，生産性向上と生産増強の方策を示し，アルゼンチンの牧畜業をアメリカやオーストラリアの牧畜業と同じ技術レベルに引き上げようという壮大な目的を持っていた．それが，わたくしがこの章の冒頭で挙げた世界銀行の牧畜業の神様，ドクター・マクミーカンの夢でもあった．しかし，いまになってこのプロジェクトは成功したかと聞かれたら，答えはイエス・アンド・ノーだ．

バルカルセ・プロジェクトだけを見れば，参画する農場主にとっては収益率も高く，世界銀行融資をベースにアルゼンチンの最大の国有銀行，バンコ・デ・ラ・ナシオン（Banco de la Nacion）が農場主に潤沢な投資資金を提供したから，このプロジェクトに限っては成功だった．しかし，このプロジェクトで想定された参加農場は，わずか700だ．一農場で最初の10年間に開発される牧場の面積は300〜500ヘクタールだから，最大30万ヘクタールにしかならない．しかし，このプロジェクトを第1フェーズとして想定されていた全プロジェクト地域は，ブエノスアイレスからバイア・ブランカまでのパンパのほとんどをカバーする1,200万ヘクタールだ．このプロジェクトが成功しても，カバーされる面積はそのわずか2.5%にすぎない．だから，第1フェーズが第2になり，1,200万ヘクタールの大きな部分をカバーするようになって，

初めてこのプロジェクトは成功だったといえるのだ.

1960年代の半ば頃のアルゼンチン経済は,相当に都市化が進んでおり,農牧畜部門は全雇用の20%を占めるにすぎなかったが,輸出に関しては全輸出の90%が農牧畜製品によって占められていた.その90%のうちの40%は牧畜製品だった.そのうえ,食肉製品加工は,製造業の生産高と雇用の半分以上を占めていた.牧畜業のアルゼンチン経済に占める比重の大きさがわかる.そして,その部門の生産性と生産が大幅に伸びれば,アルゼンチン経済の成長は加速される.

しかし,このようなドクター・マクミーカンの夢は実現しなかった.当時のマクロ経済的な投資環境があまりにも悪すぎたからだ.政府がとった為替レート政策は,常に農牧畜部門の輸出に不利だった.そのうえ,国内市場では都市住民の生活を守るために農牧畜産物の価格統制が布かれた.さらに,政治不安は,政府の経済政策を予測不可能にしていたから,技術革新の利益のために投資を推奨されていた農場主の投資意欲はないに等しかった.1963年イジア(Illia)政権は,全食肉生産の15%を食肉マーケティング・ボード(Comision Nacional de Carne)に強制的に生産費に限定した政府の指定価格で買い取らせることとして,都市住民のための安価な食肉を確保しようとした.その後にクーデターによって政権についたオンガニア将軍が,自由主義的経済政策を志向する実業家のクリーガーを経済大臣に任命すると,状況の改善が期待されたが,その彼が農場主に不利な土地税制を施行すると,その期待も裏切られた.1969年には,ブエノスアイレス州の北にあるコルドバ州の首都コルドバで独裁軍事政権に反対する暴動——これは「コルドバーソ(Cordobazo)」と呼ばれる民主化運動に発展していくのだが——が起こり,その結果オンガニア政権は倒れ,短命のレビングストン(Levingston)政権,そしてレヌッセ(Lenusse)政権と政治的な不安定と混乱が続いた[9].

アルゼンチンの政治は,都市を基盤とする工業部門とパンパの地主層を中核とする農村部の政治家の二極対立が続くなかで,工業部門内部ではペロン主義を信奉する労働者階級(と中小企業主たち)と国際資本と結びついたビッグ・ビジネスの対立があった.そして対立を超越するというスタンスをとる国家主義的な軍人グループが絡んでくる.このように複雑に絡み合った政治のダイナ

---

[9] このあたりの経緯は,Lewis (1990, Chapter 11) に詳しい.

ミックスとそれが生み出す混乱，そしてその過程で生まれた経済政策の帰結としてインフレと国際収支困難に対する答えとしての価格統制と過大評価のペソ——これがドクター・マクミーカンの夢を砕いたのだ．

第4節　アルゼンチン経済開発調査

「アルゼンチン経済開発調査」が始まったのは，1985年．30人余の調査団がブエノスアイレスに入ったのは1985年8月末．マクロ経済政策としては，「ハイパーインフレをどうするか」ということで，同年6月には「アウストラル・プラン」というヘテロドックス政策が発表されていた．アルゼンチン経済開発調査の報告書は1987年1月にアルゼンチン大統領と日本政府に提出された．

IMFは，1984年末のコンディショナリティ（緊縮財政など）を守らないと1985年3月にスタンドバイ融資をサスペンド．5月には緊縮政策に反対するゼネストで20万人がカーサ・ロサーダ（大統領官邸）を取り巻いた[10]．6月14日，スルイール経済大臣は旧ペソを新通貨アウストラルに切り替え，千倍のデノミ（ゼロを3つとる），物価・公共料金の凍結，公務員賃金に対する物価スライド制の廃止（事実上の賃下げ）などを内容とする「アウストラル・プラン」を発表した．

調査に出る前東京でアルゼンチンの経済指標を見ていて，「インフレがひどいといってもたかだか10%台じゃないか，インドネシアだってその程度のインフレは当たり前じゃないか」と思ったことを思い出す．アジアの常識とラテンアメリカの常識の違いを思い知らされた．いまはともかく，1980年代のラテンアメリカでは，インフレ率は「monthly rate of inflation」で表現していたのだ．月15%のインフレは，年率に換算すると435%になる．以来，月次インフレ率を年次換算した表を手帳に挟むようにした．表5.3はその例である．月1%のインフレは年率に換算すると12.7%，月5%のインフレは年率80%だ．月のインフレが23%になると年次インフレは1000%を超える．図5.2を見ると明らかなように，アルゼンチンの過去50年くらいのインフレは，1976年頃，1985年頃，1989年に特にひどいインフレであった．1989年7月

---

[10]　いまのギリシャを見るようである．

表 5.3 月次インフレ率の年率換算

(単位:%)

月次インフレ率	年率
1	12.7
3	42.6
5	79.6
10	213.8
15	435.0
20	791.6
25	1,355.2
30	2,229.8
40	5,569.4
50	12,874.6

図 5.2 アルゼンチンのインフレーション(GDP デフレーター,各年)

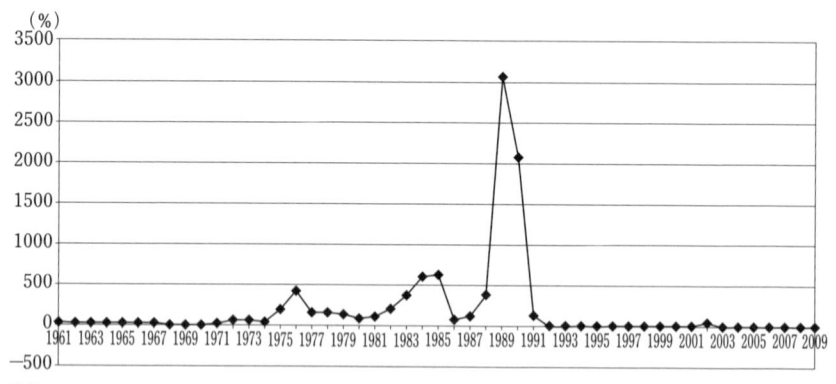

資料:WDI 2011.

のインフレは年率3000%を超えた.

　デフレ下のいまの日本の感覚で考えてはいけない.年率で10%代前半までは許容範囲かもしれない.だが,年率20%,30%を超えるインフレは危険だ.インデクセイション(物価スライド制)があるからインフレ率は高くても関係ない,という論者もいるかもしれない.しかし,実験室ではともかく,現実の経済の中で完璧なインデクセイションなどという制度は作ることはできないのだ.高いインフレ率が続き,部分的にでもインデクセイションが当たり前にな

ると，個人も企業も「インフレ・マインド」から逃れることができなくなる．長期的にインフレ率が年率5％の国の企業は，将来の投資計画を立てるとき，まあインフレが昂進しても7,8％だろうと考える．そのような経済では長期の投資を考えることができる．一方，年率300％の国にあっては，将来のインフレは200％かもしれないし400％かもしれない．そのような不確実性下で，企業は長期の投資を躊躇するだろう．マクロ経済の安定（インフレ退治）が持続的経済成長の必要条件である所以である．経済政策・開発政策の文献には「健全なマクロ経済運営（sound macroeconomic management）」という言葉がよく出てくる．

1989年に入るとインフレは昂進し，各地で暴動が起こり，アルフォンシン大統領は，7月8日任期を155日残して大統領職を投げ出し，次期大統領選に勝っていたメネンが，7月10日に大統領に就任したのである．同年9月のインフレ率が，「weekly rate of inflation」で表現されるほどであった．ハイパーインフレは，物価凍結令なんかで抑えようとしても無理．こうやってこうやって経済運営を効率化して財政赤字を減らし，国営企業の民営化に反対だけではダメよという，マトモなこと（オーソドックスな政策）をやればうまくいく．これは一般的真理だ．だがその実行が難しい．1985年6月のアウストラル・プランが失敗したのも当然といえる．物価凍結令などのヘテロドックス政策がうまくいくことはまずないといっていい．たとえば，アウストラル・プランの物価凍結令で肉の値段が凍結された．アルゼンチンは肉が主食の国だ．家庭の主婦に聞くとお客さん1人当たり1キロの牛肉を用意するのが普通だという．物価凍結令で牛肉の値段を凍結せよと政府が命令すれば，当然店先には公定値段のしかし質の悪い牛肉が並ぶ．しかし人々は，監視の目を逃れて裏で高いがまともな牛肉を買うのだ．

アルゼンチン経済開発調査がスタートしたのは，上で書いたように1985年．日本がODAの技術協力の一つである開発調査で，マクロ経済分析を実施した最初の調査である．調査団長は，大来佐武郎元外務大臣，わたくしはその副総括であった[11]．いまでは考えにくいが，JICA（当時の国際協力事業

---

[11] 小浜は，1974年に慶應の大学院を出て，当時虎ノ門にあった財団法人国際開発センターという研究所に勤め始めた．会長は土光さん（土光敏夫元経団連会長）で，理事長は大来さん（大来佐武郎元外務大臣）だったと思う．国際開発センター（IDCJ）で大川一司先生に出会ったこ

団）が特命随意契約[12]で，財団法人国際開発センターに委託した．

　1980年代前半，当時の越智駐アルゼンチン大使から大来さんに，アルゼンチン経済の安定と発展のための政策研究をしてほしい旨の手紙が来て，JICAとして初めてのマクロ経済調査が実施された．一番多いときで，40人の専門家が1ヵ月や2ヵ月単位で滞在して調査が実施された．調査団が最初にブエノスアレスに入ったのは，1985年8月末であった．大使は交代していて，昭和18年任官の齋木千九郎大使だった（いまの外務次官のお父さん）．調査団が1, 2ヵ月滞在しても大来さんが来るのは2, 3日．副総括は結構大変だった（JICA内部では，こんな若い奴が副総括でいいのか，という議論があったそうだが，担当課長が「この調査は腕力が要るんだ」と通したといわれる[13]）．アルゼンチン経済開発調査（1985〜1987年）の報告書（本報告書は英語．その他スペイン語版，日本語版も作成．箱入りで，片手で長く持つのは結構大変な重さだった）は「Okita Report（大来レポート）」「インフォルメ・オオキタ」として，アルゼンチンでは結構人口に膾炙した．

　話は飛ぶが，アルゼンチン調査と同じ頃，インドネシアの構造調整の研究のため，1980年代は年に3回，4回とジャカルタに出張していた時期もあった[14]．インドネシアの構造調整の研究過程で，スハルト政権の多くの閣僚・閣僚経験者と議論した．中でもアリ・ワルダナ元経済調整大臣が言った言葉は，忘れることができない．「なんでもっと構造調整・制度改革を進めないの」と質問したところ，アリ・ワルダナは「おまえなあ，規制緩和っていうのは，三歩前進二歩後退の繰り返しなんだよ」と．既得権益を壊すことの難しさをこれほど見事に表現した言葉を知らない．インドネシアだけでない，アルゼンチ

とは，小浜の研究者としての人生においてきわめて大きな意味を持つ．細かいことは忘れたが，あるときIDCJの研究会で報告者が，ある経済問題について，「この問題はまだわかりません」といった発言をしたところ，大川先生曰く，「そんな重大な問題を解けずに，君！！　よく夜寝られるな！！　僕なら寝られない！！」．この言葉はいまも鮮明に記憶に残っている．もちろん「大川経済学」の評価についてはいろいろの考え方があろう．しかし，この研究に対する姿勢，これについては，筆者を含め，大川先生言うところの「younger colleague」は足元にも及ばない．

[12] 競争入札がいつでもどこでも万能だというわけではないだろう．

[13] だいぶ後になって，ご本人に確認したところ，認めていた．一般論でいえば，こういう「前例にない」ことをする人は，出世しない．

[14] 若い同僚はもっと頻繁に月1回のペースでジャカルタに行っていて，ジェトロ・ジャカルタセンターのスタッフに，「君に机あげようか」とまで言われたらしい．

第4節 アルゼンチン経済開発調査

ンだって,いまの日本だってそうだ.

アルゼンチンの調査でも,改革の難しさ,既得権益を壊すことの大変さが身にしみた.アルゼンチンの政治は,基本的にポピュリズム(特にペロン大統領が実施したポピュリズムという意味で「ペロニズム」という).アルゼンチン経済開発調査の過程で,多くの実例に遭遇した.

UIA という日本の経団連にあたるような団体の会長さんがセミナーで,日本企業はなぜアルゼンチンに来てくれないのかって言うから,アルゼンチンの企業も国内にあまり投資していないじゃないか,それじゃあ海外からも来ないですよって言うと,その会長さん何と言ったと思います?「こんな危ない国には投資できないですよ」だって.最初は冗談だと思った,でも本気だった.言葉が出なくなった.

ホンダのエンジン工場がらみの話をもう一つ.その頃ホンダはブラジルのマナウスにオートバイのエンジン工場を持っていて,アルゼンチンにもエンジン工場を,オートバイ工場を作ろうかなって思っていた.ホンダは海外進出に積極的な会社なので,ホンダが端緒を切ると,他の日本企業にいい影響を与えると考えた.ところがアルゼンチン工業庁の次官と喧嘩.中長期的に必ずいい展開になるから,ごちゃごちゃ言ってないでホンダ進出の認可を出せ,と言った.それでも国内の既存のオートバイメーカーがどうのこうのって言うから,本当に国のことを考えてるのかって,机を叩いて怒鳴った[15].あなたの責任でやりなさいってね.工業庁長官・次官と丁々発止やりあったが,結局ダメだ

---

[15] 当時のアルゼンチンには,小さいオートバイメーカーがたくさんあった.彼らは世界のホンダと競争したくなかったのだ.いまでは日本のオートバイメーカーといえば,ホンダ,カワサキ,スズキ,ヤマハの4大メーカーだが,昭和20年代の日本では,多くの中小メーカーが乱立していた.戦後本田宗一郎が最初に作ったオートバイ(オートバイもどき)は通称「バタバタ」といわれた自転車に中古のエンジンをつけたものだった.「オートバイもどき」でなく,いまでいう本当のオートバイの最初は,1949年8月の「ドリーム号」であった(間瀬明『人間宗一郎—本田宗一郎写真集』エス・イーエル・インターナショナル,1993年).当時,本田宗一郎は業界でただ一人「外国製オートバイを輸入せよ」と主張した.本田は「日本の方が遅れているのだから,すぐれた外国のオートバイを輸入して勉強しなくてはならない.見本もなくて手探りで方々歩く奴は馬鹿だ」というわけだ(本田靖春「インタビュー:本田宗一郎 作る人は輝いていた」『Esquire エスクァイア日本版』Vol.4, No.3, 1990年3月, p.126).当時,すぐれた外国のオートバイを輸入すべしと主張したのは本田ただ一人.この本田宗一郎の発想は典型的な「プロフィットシーキング」だ.いかにして「レントシーカー」の既得権益を壊すか,これは経済政策・開発政策の永遠の課題だろう.この点については,小浜(2001, 第8章),Kohama(2007, Chapter 9)参照.

った．

　ここで，当時（1980年代半ば）でも信じられないような「お話」を一つ．わたくしはレポート執筆の責任者だったので，出だしの所を書いた．先にも書いたように，報告書は英文が正本で，そこで「アルゼンチンはIMFのconditionalityがかかっているので，経済政策の自由度が制約されている」と書いた．これを書いたとき，すでに最初の担当課長は異動していて，JICAの担当はK課長に代わっていた．ドラフト検討会で，K課長に「conditionalityなどという俺の知らない単語を使うような原稿は絶対通さない」とフロアー中に聞こえる大声で怒鳴られた．同じJICAでも，「前例のないことを押し通す」課長もいれば，不勉強で威張ってるだけの課長もいるという「人生勉強」の一場面だ．

　アルゼンチン経済開発調査は，5つのセクター，すなわち，マクロ経済，農業，工業，交通，輸出について行われたが，アルゼンチン政府が1985年1月に出した「ガイドライン（Guidelines for an Economic Growth Strategy 1985-1989）」の主たる政策課題である工業活性化と輸出振興が分析の中心であった．それに関連して戦後日本の高度成長についても分析し，当時のアルゼンチンの開発政策に対する教訓を導こうとする研究も行われた．

　1983年末にスタートしたアルフォンシン大統領の政権は，はじめにも書いたように，深刻な不況，ハイパーインフレ，巨額な対外債務など深刻な経済問題を抱えていた．インフレは1984年初めから昂進し，1985年4月には月のインフレ率が30％に達していた（30％月次インフレが続くと，1年で物価が20倍以上になる）．前にも書いたように，アルフォンシン政権はこのインフレに対処すべく，1985年6月にアウストラル・プラン（Austral Plan）を発表した．アウストラル・プランには，賃金・物価の凍結，デノミネーション，インデクセイションの廃止，財政赤字補填のための通貨増刷の禁止，といった内容であった．賃金・物価の凍結といったヘテロドックスな政策も，財政赤字補填のための通貨増刷の禁止といったオーソドックスな政策も混在していた．

　経済活性化には，競争力と効率性の向上が不可欠である．そのためには経済安定化がどうしても必要になる．そのために政府は，痛みを伴う政策でも長期の展望を国民に示し，説得しなくてはならない．これは何も当時のアルゼンチンに限ったことではなく，先進国，途上国を問わず必要なことだ．政府は，短期の安定か政策だけでなく，中長期の一貫性ある政策を提示する義務がある．

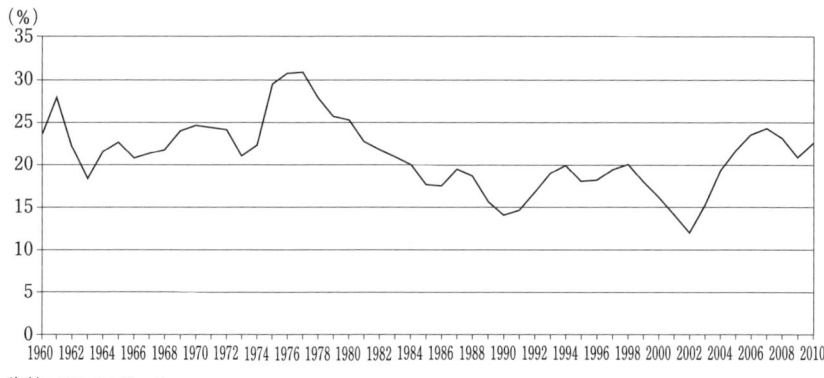

図 5.3 アルゼンチンの粗投資率推移（GDP 比）

資料：World Bank.

　財政赤字とさらに当時のアルゼンチンは巨額の対外債務を抱えて，政策に廻す予算が制約されていた．アルゼンチンの長期的発展パターンは欧米，日本や多くの発展途上国で見られるものとは異なる．1950年代，60年代，70年代の平均成長率はそれぞれ3.0%，4.3%，2.2%であり，経済成長の趨勢加速は見られない．アルゼンチンの所得水準からすると投資率はかなり低く，図5.3からわかるように，顕著な上昇傾向も見られなかった．先に書いたように，アルゼンチンとは，財界のトップが結構本気で「こんな危ない国に投資できないから，日本企業に投資して欲しい」というような国なのだ．事後的な投資効率の指標であるICOR（限界資本算出比率）も，かなり高く，投資効率も悪かった．1960〜65年のICORは4.9，1965〜70年が5.3，1970〜75年7.1，1970〜80年11.0であった．

　考えてみれば，経済発展とはそれほど難しくないが，それが難しい．国内貯蓄を動員し（domestic resource mobilization），不足分は海外から資金を調達し，自国の発展段階にあった効率的な投資を持続していけば，経済は発展する．だが，その「当たり前のこと」が難しい．「効率的な投資」と簡単にいうが，それが難しい．自国の経済構造に照らして，世界経済環境に照らして，生産性向上が望める部門に投資を集中するだけでなく，非効率的な部門から資源（労働や資本）を効率的部門に移転させるだけでも，経済全体の効率は向上する．しかし，ラテンアメリカやサブサハラ・アフリカでは，効率的部門から

非効率的部門に労働が移動しているという研究がある（McMillan and Rodrik 2011, Rodrik 2011）．

第5節　アルゼンチン経済の崩壊：「ペロニズム」と「資源の呪い」

「アルゼンチンはペロニズムを克服したか」と問われれば，アルゼンチンはペロニズムを克服できていない，と答えざるをえない．

　ペロニズムを政治経済学的に厳密に定義することはやさしくないし，われわれの本の目的にとって，厳密な定義は要らないと思う．この本は，われわれの経験に基づいて，具体的に開発政策の特徴を解き明かし，今後の開発政策に資することを目的として書かれている．とりあえず「『資源の呪い』のもとのポピュリズム」とペロニズムを定義しておこう．当然のこととして，「資源の呪い」についてどう考えるか，「ポピュリズム」とは何か，ということに答えなくてはいけない．「資源の呪い（resource curse）」は，van der Ploeg（2011, pp.366-420）が言うように，"curse" もあれば "blessing" もあるだろう．しかし，ペロニズム同様，「ポピュリズム」を定義することは難しいし，われわれの本にとって，「ポピュリズム」を厳密に定義することは，あまり意味がないと思う．自分の身の丈を考えずに，将来国家財政が破綻する，あるいは国の債務が払えなくなることが予想されるにもかかわらず，大衆に迎合して国家運営を誤ることだといえるだろう．

　「資源の呪い」の議論には，「オランダ病（Dutch disease）」[16]の考え方も含まれるだろう．第4章で論じたように，一次産品輸出による外貨収入は，実質為替レートを高くするので，第一次産業に資本・労働が移動し，製造業をはじめ他の貿易可能財の生産に携わる産業の国際競争力が殺がれることを指す．アルゼンチンの場合は，突然石油や天然ガスが発見されたわけではなく（石油天然ガスを産するが），昔から，小麦・トウモロコシ，牛肉を輸出する資源豊かな国であった．アルゼンチンの場合，「資源の呪い」は，豊かな自然資源に基づく外貨収入源が確保されていたがゆえに，きちんとした経済運営ができず，工業化も進まなかったことだろう．

　かつてチャーチルは，「民主主義ほどひどい政治制度はない．でも他の政治

---

[16] 北海での石油天然ガスの発見によってオランダの通貨が増価して，製造業の競争力が失われた．

制度はもっとひどい」と言った．市場経済も資本主義も同じではないだろうか．「市場経済も資本主義も不完全な経済制度だ．でも他の経済制度よりはましだ」．民主主義同様，資本主義も理想的な経済体制ではないが，資本主義よりも優れた経済制度があるわけではない．チャーチルの言うことは，多分，民主主義が本質的にポピュリズム的性格を持っていることをいっていると思う．猪木（2012b）の議論も本質的には同じだと思う．

　上で述べたように，民主主義は「ポピュリズム」的要素を内包している．たとえばギリシャ．2009年10月4日，ギリシャで政権交代が起こり，全ギリシャ社会主義運動党の新政権は，10月19日，旧政権が4％台としていた2009年の財政赤字が，実は12.7％であったという驚くべき「ウソ」を発表した（田中 2010, p.157）．ギリシャは，OECDメンバーであり，EUメンバーであり，ユーロ圏の国である．「建前」かもしれないが，ユーロ加盟には「4条件」があり，財政についての条件は，「財政赤字がGDPの3％以下，政府債務残高GDPの60％以下」である．白井（2010）は，ギリシャはOECD加盟国であり，れっきとした先進国である，と言っているが，果たしてそうだろうか．途上国でも，ある程度発展が進んだ国は，ギリシャのような「ウソ」はつかないし，「12.7％を4％台」などという粉飾決算はしないものだ．「途上国」ギリシャの財政ガバナンスを考えるとき，典型的なポピュリズムが見える．ユーロ圏に入ることによって，ユーロ建て国債による「低利の」資金調達が可能になり，その資金で財政再建を図ることなく，放漫財政を続けたのである．

　民主主義である以上，政治家は選挙民に迎合しがちである．働かなくてもそこそこの給料がもらえたり，民間企業をクビになったら公務員にしてあげよう，などという政策が長続きするはずがないのだ．政治家がポピュリズムに流れがちなら，テクノクラートがきちんと長期的ビジョンを持って政策の選択肢を政治家に示さなくてはならない．

　日本も，他人のことをいえた筋合いではない．GDPの200％以上の公的債務を抱え，増税に反対する政治家がたくさんいるのは，やはり「民主主義に内包されるポピュリズム」によるのだろうか．たとえば，参議院議員の定数を50人にするから，増税しよう，と提案する政治家はいない[17]．上でも述べたように（図5.2），1980年代，アルゼンチンがハイパーインフレに悩まされ

---

[17] アメリカは人口3億人，広大な国土でも上院議員は100人．

ていたことは，そのとおりで，その経験に基づいて，ドミンゴ・カバーロ経済大臣が1991年4月に兌換法（Convertibility Law）に基づくカレンシー・ボードを導入したことは，理解できる．しかし，その政策によってアルゼンチンのインフレ率が2桁に低下したとしても，アルゼンチン・ペソが実質で増価していることは，わかっていたはずだ．にもかかわらず，政策転換ができず，2001年12月にアルゼンチンはデフォルトを起こし，財政は破綻した．

　Mussa (2002) の中心的な3章のタイトルは，「Down the Road to Catastrophe」である．結局，2001年末のデフォルトの結果，アルゼンチン政府は債務の8割程度を値切ったのである[18]．豊かな国に生まれたアルゼンチン人は，「デフォルト慣れ」[19]していて，結局「何とかなるさ」的政策が染み込んでいるのだろうか．ギリシャ人も似ているような気がする．

　2001年末以降のアルゼンチン経済危機を理解するためには，アルゼンチン経済の特徴を知らなくてはならない．ブエノスアイレスに行ったことのある方はおわかりのように，かつての先進国が途上国に逆戻りしたような印象の国だ．世界3大劇場の一つ，コロン劇場もブエノスアイレスにある．そこでロリン・マゼール指揮のウィーンフィルを聴いたこともある．何度も言うが，日本が高度成長まっただ中の1965年，日本の1人当たりGNIは890ドルだったのに対し，アルゼンチンの1人当たりGNIは1,230ドルであった[20]．

　アルゼンチンは自然資源豊かな国である．かつては，「3,000万人の人間と6,000万頭の牛」といわれた．「資源の呪い（resource curse）」の典型かもしれない．戦後アルゼンチンの経済政策は，特に「ペロニズム」と呼ばれる．ペロン大統領のポピュリズムである．ペロン大統領夫人のエビータ（エバ・ペロン）を英雄視する向きもあるがそれは間違い．後述のようにBlustein (2005) のタイトルは，ミュージカル・エビータの中で歌われる歌の題名だ．所詮ポピュリズムはポピュリズムであって，ポピュリズム的政策で長期の経済発展を実現した国はない．

---

[18] Cruces and Trebesch (2011) によれば，債務交渉は2005年4月までかかり，債務削減率は79％と推計されている．

[19] 外国から借りた借金の返済期日が来ても，「外貨がないから払えない」と尻をまくってしまえば，貸し手の銀行達も結局のところ，借金総額の一部を返してくれればあとは諦めるさ，というメンタリティがあるように思えてしょうがない．

[20] 世界銀行のデータベースによる．所得のデータについても時々改訂されるので注意が必要．

第5節　アルゼンチン経済の崩壊：「ペロニズム」と「資源の呪い」　155

　何度も言うように，1970年代半ば以降，アルゼンチンは高インフレに悩まされるようになった．年平均のインフレ率が3桁になり，1980年代末には4桁インフレにまで昂進した．このインフレに対処するため，時の経済大臣ドミンゴ・カバーロによって1991年4月1日「兌換法（Convertibility Law）」が成立し，「カレンシー・ボード」が導入された．為替レートを法律で決めた，すなわち為替レート変更には国会での法律改正が必要となる仕組みにしたことからも，いかにアルゼンチン政府がハイパーインフレ退治に腐心したかがわかる．

　「カレンシー・ボード」とは，固定相場制度と通貨供給量を外貨準備に厳しくリンクさせた制度である．アルゼンチンは，1ドル＝1ペソに固定し，外貨準備高と国内の通貨（ペソ）供給をリンクさせ，図5.2からもわかるように，ハイパーインフレ退治に成功した．1991年から2001年までの10年間で物価水準はわずかに12％強しか上がっていない．たしかに1990年代，アルゼンチンは「安定化」を達成した．アルゼンチンの実質経済成長率が巻頭の図に示されているが，兌換法が成立した1991年から2001年の11年間でマイナス成長を記録したのは，1995年，1999年，2000年，2001年の4回，この間の年平均経済成長率は2.8％であった．アルゼンチンのように人口増加率のあまり高くない（最近のアルゼンチンの人口増加率は1％未満である）国にとっては，そこそこの成長である．

　しかし，「1ドル＝1ペソのカレンシー・ボード」を続けたことにより，主要貿易相手国が為替レートを切り下げると，アルゼンチンの実質実効為替レートは切り上がらざるをえない．表5.4は，1990年以降のアルゼンチンの総輸出額と主要輸出先のシェアの推移を見たものである．メルコスール（南米南部共同市場）のためのアスンシオン条約が発効したのが1991年11月，関税同盟として発足したのが1995年1月1日である．1991年以降，アルゼンチンの最大の輸出相手国はブラジルで，そのシェアは1991年の12.4％から，1998年には29.6％にまで17％ポイント以上上昇したが，1999年初めのブラジル・レアールの大幅切り下げなどにより，1999年の対ブラジル輸出シェアは5ポイント以上も低下した．

　1991年4月，カバーロ経済大臣のもとスタートした兌換法に基づくアルゼンチンのカレンシー・ボードは，1980年代のハイパーインフレの経験を考えれば，短期的なマクロ経済政策としては理解できる．しかし，5年も10年も

表 5.4 アルゼンチンの輸出額と主要輸出先のシェア

	総輸出額 (100万ドル)	総輸出に占めるシェア (%)			
		対ブラジル	対チリ	対アメリカ	対中国
1990	12,353	11.5	3.7	13.8	2.0
1991	11,978	12.4	4.1	10.4	2.1
1992	12,235	13.7	4.7	11.0	1.0
1993	13,118	21.5	4.5	9.7	1.2
1994	15,659	23.3	6.4	11.1	1.4
1995	20,967	25.5	6.7	7.1	1.4
1996	23,811	27.8	7.4	8.3	2.5
1997	26,370	29.4	6.7	7.5	3.3
1998	26,434	29.6	6.4	7.8	2.5
1999	23,309	24.1	7.9	11.2	2.2
2000	26,341	26.5	10.2	12.0	3.0
2001	26,543	23.3	10.7	10.9	4.2
2002	25,650	18.8	11.5	11.5	4.3
2003	29,566	15.8	12.0	10.6	8.4
2004	34,453	16.2	11.3	10.7	9.2

資料：IMF, *Direction of Trade Statistics Yearbook*, various years.

続ける政策ではなかったと思う．しかも地方政府の経済政策との整合性も不十分だった．アメリカのインフレ率よりアルゼンチンのインフレ率が高くなれば，名目為替レートが固定されている以上，実質為替レートは増価し，徐々にアルゼンチンの競争力は低下していくのは理の当然であった．マクロ経済政策だけでは，アルゼンチン社会の隅々にはびこった既得権益構造を壊すことはできなかったのである．

　この点について，1990年代前半，ブエノスアイレスのあるパーティーで，カバーロ経済大臣，アルゼンチン財界のリーダーの一人と議論したことがある．この財界人は，当時世界で最も多くシームレスパイプを中国に輸出していた企業グループのトップであった．彼は，「兌換法以来，アルゼンチン・ペソは，実質で17％増価した．わが社のような大企業では技術革新の結果，17％程度生産性が向上しているので，リアル・アプリーシエーションを吸収できているが，中小企業の場合，かなり価格競争力が低下していると思う」と言った．カバーロ大臣は笑っているだけで，何も言わなかった．ここで一番印象的なことは，財界のトップが，自分の会社の生産性の数字を知っていることは当然として，それとリアル・アプリーシエーションと関連付けて議論したことで

あった．

　ブルーシュタイン (Paul Blustein) に *And The Money Kept Rolling In (And Out): Wall Street, The IMF, and The Bankrupting of Argentina* という本がある．サブタイトルからわかるように，この本は，2001 年末のアルゼンチン経済の崩壊と IMF，ウォール・ストリートの関係を描いたものだ．メイン・タイトル「And The Money Kept Rolling In」は，ミュージカル「エビータ」の中の曲の名前．マドンナの映画で見た方も多いと思う．2001 年末のアルゼンチン経済危機の原因を象徴しているタイトルだ．最終章，第 10 章のタイトル「Don't Cry for Them, Argentina」も「エビータ」の中で最もよく知られている曲名「Don't Cry for Me, Argentina」の「もじり」である．

　ブルーシュタインは 25 年以上の経験を持つワシントン・ポスト紙の経済記者．前著 (Blustein 2001) 同様，アルゼンチン経済危機をもたらしたさまざまな側面の当事者へのインタビューによって，危機の原因を明らかにし，政策の失敗を読者に語りかけてくれる．この本は，現代史上最も劇的な経済崩壊の一つである 2001 年末のアルゼンチン経済危機がなぜ起こったかを分析したものである．1990 年代のアルゼンチンは，IMF の「優等生」であった．もちろんアルゼンチン政府の経済運営に問題があったことは間違いない．しかしブルーシュタインは，IMF も「優等生」に盲目でその経済運営の危うさを是正できなかったこと，さらには，ウォール・ストリートもエンロン事件やワールド・コム事件同様，アルゼンチン経済の脆弱性を無視して貸し込んだのではないか，と言う．

　1991 年以降アルゼンチン経済に起こったことをよく知らない読者は，同書の最後に付いている「Chronology: Road to Ruin」(pp.237-242) は便利だ．このクロノロジーは，1991 年から 2002 年までの 10 余年を 3 つの期間に分けている．すなわち，「BOOM YEARS: 1991-1998」，「RECESSION YEARS: 1999-LATE 2001」，「COLLAPSE: LATE 2001-2002」である．

　クロノロジーの 1999 年を見ると，先にも述べたブラジルの通貨切り下げと，アルゼンチンの対ブラジル輸出の急激な低下に始まり，小麦などアルゼンチン主要輸出品の価格下落，資金流入の低下，といった悪循環から始まっている．景気後退が財政赤字を拡大し，それが投資家を慎重にさせ，その結果金利が上がり，さらに景気が後退するという構図である．2000 年では 30% 程度であった貧困線以下に暮らす人の割合は，2002 年 10 月には 60% 近くにまで上

昇した．

　2001年後半になるとアルゼンチンのカントリー・リスクは急激に高まる．2001年末になると，アメリカ財務省証券とアルゼンチン国債のスプレッドは5000ベーシス（50％ポイント）に近づいたのである．アルゼンチン政府は，2001年12月23日，デフォルトを宣言し，翌2002年1月6日，ドゥアルデ大統領は，ペソ兌換法の廃止を宣言した．1ドル＝1ペソだった為替レートは，2002年6月28日には，1ペソ＝0.26ドルにまで減価したのである．ちなみに，最近では1ドル＝4.3ペソ位で推移している（2012年3月23日では，1ドル＝4.3663ペソ．*Financial Times*, March 26, 2012, p.23）．

　2001年11月末になると，銀行への信認も揺らぎ，11月最後の3日間で預金の6％が引き出され，アルゼンチン経済省は，12月1日，自分の銀行口座から1週間に引き出すことのできる上限を250ドルに制限した．12月3日，IMFのミッション・チーフ，ライヒマンは12.4億ドルの緊急融資に必要なレビューは無理であるとカバーロ経済大臣に告げ，帰国のフライトに間に合わないと渋るライヒマンに政府のヘリコプターまで用意して，カバーロはライヒマンをデ・ラ・ルーア大統領の所に連れて行き，IMFがアルゼンチンを見捨てたことを直接言わせている．

　経済的混乱から社会不安を誘発し，2001年末から2002年初めにかけてアルゼンチン政治も大きく混迷した．デ・ラ・ルーア大統領は退陣し，2001年12月23日サアが大統領に就任する．サア大統領も1週間後の12月30日，辞任し下院議長が暫定大統領となり，2002年1月1日，ドゥアルデが大統領に就任する．1990年代のアルゼンチンは，自由市場主義に徹し，オーソドックスな経済政策を遂行したといえる．最も忠実に「ワシントン・コンセンサス」を守ったといってもいい．

　アルゼンチン経済の崩壊の（アルゼンチン政府以外の）主役は，民間金融市場とIMF・アメリカ財務省だとブルーシュタインは言う（p.4）．たしかにアルゼンチン政府が悪いのだが，アルゼンチンは外国資本，官僚，政治家がやるべきことをしなかったことの犠牲者だともいえる．見過ごせないのは，グローバル化した金融資本の功罪である．たしかに金融のグローバル化はいい面もあるが，変動も大きい．14歳の子どもにフェラーリを運転させることがよくないように，すべての途上国が，国境を越えて自由に動きまわる国際金融資本をうまくコントロールすることはできないのだ，とブルーシュタインは言

う．たしかに IMF もアルゼンチン経済の脆弱性を見逃したかもしれない．しかし IMF がアルゼンチン経済に警告を発したとき，国際金融資本の「楽観主義」がそれを打ち消してしまったのだ．ナンシー・バードサルが言うように「アルゼンチンはワシントン・コンセンサスにスポイルされた子ども」だった (Birdsall 2002).

たしかにムハンマド・エルエリアンのように国際金融資本の中にあっても，アルゼンチン国債を買い進めるのは危険だと言う専門家もいたことはいたが，あくまで少数派であった．2000 年の 1 月から 9 月の間，アルゼンチン政府は，金利 $11\frac{3}{8}$％ から 12％ のドル建て国債で 60 億ドルを調達し，金利 $8\frac{1}{8}$％ から $10\frac{1}{4}$％ のユーロ建て国債で 40 億ドルを調達したのである．ピーター・ケネンが言うように，アルゼンチン経済危機の責任は IMF とアメリカ財務省とウォール・ストリートにある，とだけいうのは誤解を生むだろう (Kenen 2005). きちんとした財政改革を推進することなく，安易に国際金融市場で資金調達を図ったアルゼンチン政府の姿勢は批判されてしかるべきだろう．しかし，2001 年 12 月末の *Financial Times* の社説 "Risky tango in Tokyo" が言うように，アルゼンチン経済危機は「対岸の火事」ではなく，日本とても政策運営を誤れば，経済危機に直面する可能性があるということを忘れてはならない．

前にも書いたように，アルゼンチンには，人間の 2 倍の牛がいるという時期があった．3,000 万人に対して，牛 6,000 万頭ということだ．アルゼンチン人は 1 年間に「3 つの 100」を消費するといわれる．牛肉 100 キロ，パン 100 キロ，ワイン 100 リットルだ．湿潤パンパを車で走ると，真っ黒か肥沃な土地にまばらに牛が遊んでいる．アルゼンチンには「肥料という概念がないという人もいる．豊かな大地が肥料などやらずとも，豊かな実りをもたらす，というのだ．アルゼンチンには，日本と関連して有名なジョウクがある．「働かないアルゼンチン人を日本に輸出し，豊かな大地に日本人を輸入したら，アルゼンチンは地上の楽園となる」というのだ．落ちは，「アルゼンチンに来たとたん，日本人も働かなくなる」というのだ．

アラン・ビーティーは，2009 年の本 (Beattie 2009) のはじめに，死んだ子どもまで食べたといわれる 19 世紀のアイルランドの飢饉のとき，彼らは新世界に行こうとして，北アメリカにしようか，アルゼンチンにしようかと迷ったはずだ．アメリカのプレーリーでも，アルゼンチンの湿潤パンパでも，豊かさ

に違いはないだろう．でもその後のアメリカとアルゼンチンの経済発展はご承知のとおり．何がその違いをもたらしたか．自然資源ではない，人々の「選択」なのだ，と述べている．

第6章 ガーナ：国家崩壊と更正の物語

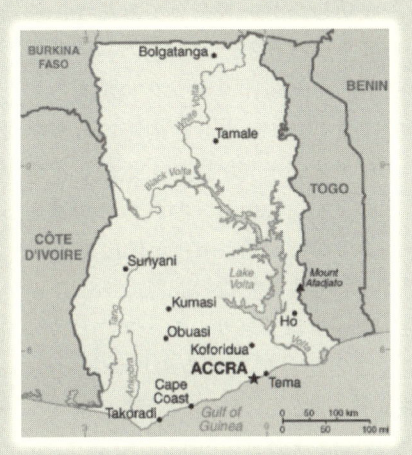

Courtesy of the University of Texas Libraries, The University of Texas at Austin.

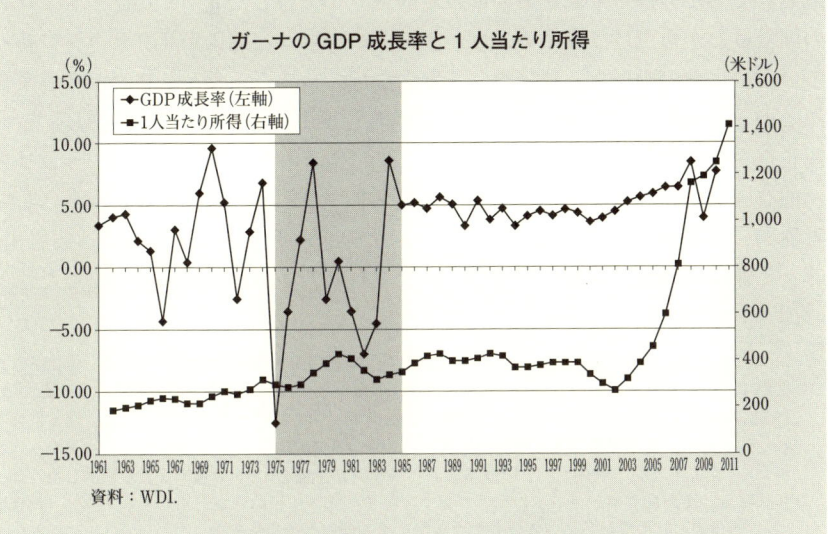

ガーナのGDP成長率と1人当たり所得

資料：WDI.

第1節　アフリカの「黒い星」

　本書でわれわれが語ろうとしている経済発展のエピソードの数々は，何を語っているのだろう．成功したケースを見てみると，極端に単純化していってみれば，こんなことではなかろうか．途上国の経済発展のプロセスでは，経済成長が加速するある決定的な画期「エポック」があって，政治的指導者あるいは指導者層が経済発展に強くコミットし，同時に経済発展戦略を練り，開発政策を策定・実行するテクノクラートが存在するかどうかが経済発展の成功・不成功に決定的な影響を及ぼす．しかし，われわれが遭遇してきたのは，実は成功例ばかりではない．この章で扱う 1970 年代後半のガーナは，全く逆の失敗例，むしろ経済破綻と国家崩壊の危機の記録である．

　1957 年の独立当時，ガーナはサブサハラ・アフリカの希望の星だった．ガーナの人たちも，自国のことを「アフリカの黒い星（"Black Star of Africa"）」と呼びならわし，独立後に設立した国営企業の多くに黒い星という名称を付けた．いわく，「黒い星海運会社（"Black Star Line"）」，「黒い星保険会社（"Black Star Insurance"）」，等々だ．ガーナがアフリカの希望の星と一般に認識されていたのは，それが最初に政治的独立を獲得したサブサハラ・アフリカの国だったからだけではない．ガーナは，ヨーロッパ諸国がサブサハラに持っていた植民地の中でも，飛びぬけて豊かな国の一つだった．鉱物資源や農業資源といった天然資源に恵まれ，一般に教育程度も高く，政府機構も整備され，教育を受けた指導者層も厚かった．そして，何よりもエンクルマというカリスマ的な国民的指導者を得たことだ．エンクルマは，植民地独立の指導者として世界的にも尊敬と名声を得た，ネルー，ナセル，チトー，スカルノ，周恩来，等々と並び立つ第三世界の英雄で，わたくしの若い頃の英雄の一人だった[1]．

---

[1] 第二次大戦後，アメリカを盟主とする自由主義圏，ソ連に主導された社会主義圏に二極化された世界で，そのどちらにも属しないいわゆる「第三世界」という範疇が生まれる契機になったのは，1955 年にインドネシアのバンドンで開催されたアジア・アフリカ会議（バンドン会議と俗称される）である．反植民地主義と米ソの冷戦からの中立を旗印に，インドネシア，ミャンマー（ビルマ），スリランカ（セイロン），インド，パキスタンが主催し，29 カ国の代表が参加した．この会議には，まだ独立前のガーナのエンクルマは，イギリス植民地「ゴールド・コースト（黄金海岸）」の代表として参加している．ここに挙げた第三世界の政治指導者でこの会議に出ていないのは，アジア・アフリカの範疇から外れているユーゴスラビアのチトーだけだ．

しかし，1970年代の終わりにわたくしが訪れたガーナは，まさに破綻国のモデルのような国だった．エンクルマの失脚以来のたび重なる軍事クーデター，無知と無関心としか形容しようのない経済運営と開発政策，個人的な権力と富が最大の動機となる政治，そして挙げ句の果てには首都アクラにおいてさえ崩壊しつつある社会・法秩序（ロー・アンド・オーダー）．電気や水道は，一日に数時間もあればまだ良い方だ．街路や建物の玄関にはゴミが何日も放置されている．道路は穴だらけ．政府のオフィスに行けば，働いているのは雇員の半分にも満たない．皆どこにいるのかと聞けば，たぶん食糧の買い出しに街に出ているという答えが返ってくる．一流ホテルと呼べるものはないが，案内された外国人用のホテルでも，ビールは滞在客1人1日1本の割り当て制だし，砂糖がないからコーヒーも出せない．食堂に行けばメニューはあるが，注文するとないものばかり．ホテル内の電球も，ほとんどだれかに盗まれていて，一部屋に一つだけ．これを寝室とバスルームに交互に持ち運びして使う．

機能している市場といえば，あらゆる種類の闇市だけ．ガーナの主たる輸出産品のカカオ豆の数割は，隣のコートジボアールとトーゴに密輸されている，と誰もが言う．しかも，密輸は農民ばかりか，ココア豆の流通を管理・監督するココア・マーケティング・ボードの職員，はては軍隊によって組織化されているらしい．市内の警察も機能していないらしく，泥棒などは近隣の住民に捕まると，ガソリンをかけられ，火をかけられる．その焼けただれた死体は，この目で見たことがある．それまで，都市住民のデモが暴徒化するのは経験したことがあるが，このような無政府・無秩序は全く経験がなかったから，最初のガーナ訪問の精神的なショックは著しかった．そして，「国家はこんな風にして崩壊していくのか」と一種の感慨さえ覚えた．

ジェリー・ローリングズ空軍大尉のクーデターは，そのような状況のもとで起こった．当時の報道によると300人ばかりの兵隊が起こした，ほとんど茶番に近いクーデターだった．民政が回復されて，すべてが元通りの状況になったところで，ジェリー・ローリングズは再度クーデターを起こし，今度は自分が国家元首となって政治を指導した．実は，この政府が崩壊寸前のガーナとその経済を更生させたのだった．

更生の成功のカギは，通常アフリカ経済の危機をより深刻なものにしたと非難される，ワシントン・コンセンサスに基づいた「構造調整政策」の実施だった．構造調整政策は，国際的には実に毀誉褒貶の激しい政策で，成功と認識さ

れるケースよりは失敗のケースの方が多いかもしれない．しかし，ガーナの場合はたしかに破綻国家の蘇生につながったことは，誰しも認めないわけにはいかないだろう．また，わたくしは構造調整という言葉を生理的に嫌う人のためには，「逆ベイツ・プロセス」という言葉を使いたい．ベイツは，長年にわたってアフリカ経済を研究してきたハーバード大学の教授で，ガーナに典型的に現れた経済破滅のプロセスとメカニズムを描いた．ガーナが採用した構造調整政策は，ちょうどこのベイツ・プロセスをIMF・世銀等の援助を梃子にして逆に辿ったものということができるからだ[2]．

この章では，この国家崩壊とその更生の物語を，まず破滅への道とそのメカニズム，第2に，そのような状況でアクフォ軍事政権に雇われた国際的なアドバイザリー・グループ——わたくしはその一員だった——は，何をしようとしたのか，第3に，ガーナの更生はどのようにして達成されたか，の順で書きたい．

第2節　破滅への道

ガーナは，イギリスの植民地時代には「黄金海岸（Gold Coast）」と呼ばれていたことからもわかるように，イギリスのサブサハラ・アフリカにおける植民地の中でも，経済・社会的にもまた政治的にも潜在的な発展可能性を秘めた国だと考えられていた．そのため，アフリカの植民地の中では一番早く1951年に大幅な自治権を与えられ，1957年には独立を達成している．ガーナの経済的な豊かさは，もともとカカオ豆の生産にあるが，そのほかにも金，ダイヤモンドそしてマンガン鉱の生産と輸出も富の源泉だった．アルミニウムが広く使われるようになった第二次世界大戦後になってからだが，ガーナのボーキサイトもガーナの鉱物資源として重要性を増したし，また熱帯雨林からの木材輸

---

[2] ワシントン・コンセンサスについては，浅沼・小浜（2007，第5章「構造調整とガバナンス」）を参照．ワシントン・コンセンサスとは，1970年代のオイルショックと1980年代の途上国対外債務不履行で経済運営が立ち行かなくなった途上国に対してIMFや世銀等のドナーグループが推し進めた開発政策だが，その骨子をジョン・ウイリアムソンが要約して，そう名づけたものである．しかし，その要約は，新古典派の経済学に基づく市場至上主義的な教条的なドクトリンと理解されるようになって，幾多の批判にさらされてきた．わたくしは，ワシントン・コンセンサスは，むしろ構造調整政策の基礎をなす考え方を皮相的なものにしてしまったと考えている．構造調整政策が必要となるにいたった歴史的なコンテキストが欠落してしまっているからである．

出も重要な輸出品となっている．ナイジェリアと違って，ガーナは石油・ガス資源は永い間発見されなかった．しかし，最近ガーナの西側のギニア湾の海域——すでに石油生産が行われているサントメ・プリンシペの鉱区の近く——で石油・ガス田が発見されたので，近いうちにガーナも石油・ガス産出国の仲間入りができそうだ．

　ガーナは，自然条件から地理的に3つの地域に分かれる．まず，植民地時代に最も発展したのは首都のアクラがある沿海部で，気候は比較的温暖な地域だ．その北にある中部は，ある意味では，ガーナの中核部（ハートランド）になる．熱帯雨林が支配する地域だが，ガーナの主たる輸出産品のカカオは，この地域でとれる．また，ガーナは多民族国家だが，ここは最大の民族，誇り高いアシャンテ族の王国の中心地だった．さらに北部には，サバンナが広がる地域があるが，そこに住む種族はイスラムを信ずる遊牧民的な人たちで，経済発展の度合いは沿海部や中部に比べて低い．ガーナの政治には，常に沿海部のエリート対中央部のアシャンテ間の緊張が底流として存在するのは，このような地理と民族の影響があるからだ．

　1957年に独立を達成したガーナを率いていたのは，反植民地主義と民族主義の政治指導者としてすでに頭角を現していたクワメ・エンクルマ（Kwame Nkrumah）と彼を党首とする議会人民党（Convention People's Party）だった．そして，新しく独立したガーナの政府が，第一義的な政治目標としたのは，ガーナの脱植民地経済化と経済発展，特にガーナの工業化だった[3]．政府の開発プログラムやプロジェクトのリストは膨大で，インフラ，教育，保健それに各種の国営企業や工業プロジェクトを含んでいたから，まず問題になるのはそれらをどのようにファイナンスするかの問題だった．そこで問題になるのが，独立ガーナが植民地政府から引き継いだココア・マーケティング・ボード（Cocoa Marketing Board）が保有する多額の資金をカカオ生産部門以外の資金需要に充当するかどうかの問題だった．

　ココア・マーケティング・ボードが設立されたのは1947年で，当然ゴール

---

[3] ガーナの経済発展，特に独立初期の経済政策については，Killick (1978) の Chapter 3, "The Economic Strategies of Nkrumah and His Successors" を参照．また，当時ガーナの経済顧問をしていたアーサー・ルイスの伝記，Tignor (2006) の Chapter 4, "The Gold Coast" and Chapter 5, "Ghana's Chief Economic Advisor, 1957-58" が当時の政策論争に詳しい．

ド・コースト植民地政府が作ったものだ．これ自体もイギリス政府が第二次世界大戦勃発時に設立した西アフリカ産品ボード（West African Produce Board）を引き継いだもので，もともとはイギリスの西アフリカ植民地の一次産品の生産と輸出を規制するために作られたものだ．しかし，このようないわゆるコモディティー・ボードは，植民地経済の経営の手段としてイギリスをはじめその他の植民地で設立されてきた．たとえば，ニュージーランドには，ミート・ボード（食肉）やデアリー・ボード（畜産物）があるし，よく似たボード（コミッションと呼ばれる）はアルゼンチンやブラジル等のラテンアメリカ諸国にもある．

これらのボードは，マーケティング・ボードと呼ばれるように，本来的には一次産品の集荷と国際市場への輸出において生産者に便宜を図るのが目的だ．特に，生産者が小規模農場である場合には，買い付けを行う商人が（自然）独占的な地位を利用して法外なマージンをとる場合があるし，また高利貸しに転じて農民を搾取するようになる場合もある．さらに，小規模生産者は国際市場の状況を知らないから，まともな価格交渉などできない．そこで，いわば公営の商社を作って生産者の便宜を図ろうというのが本来の趣旨だ．

しかし，マーケティング・ボードは，政治経済学的に難しい問題を抱えている．第1に，単なる買い付け機能以外にどのようなサービスを行うべきか．考えられるのは，集荷のためのトラッキング（運送）の役割もボードが引き受けるのか，小規模生産者に対してカカオ生産のための生産技術の普及活動もするのか，生産されたアウトプットだけでなく，肥料や苗木等の供給もボードの責任で行うのか，害虫駆除の責任はボードの責任か，ひとたび病害が発生した場合には，それが広がるのを防ぐためには周辺のカカオの木を焼き払うしかないが，その権限もボードが持って，そして行使するのか，等々の問題だ[4]．ボードが独占権を持っている場合，あるいは法律による独占権がなくても自然独占的な力がある場合には，これらの問題にはっきりした解答を出すのは難しい．公営の商社機能を持つボードは，これらの機能で民間業者よりも効率的な

---

[4] ガーナでは，1948年にアクラ市で政治集会に集まった民衆が暴動化している．民衆にいろいろの不満が鬱積していたのが，自然発生的に爆発したのだといわれているが，その一つの不満は，ガーナの東南部にカカオの病害が発生したことに原因するといわれている．この地域のカカオ農家の収入は減少したうえに，病害の拡散を予防するためにココア・マーケティング・ボードはある一定範囲のカカオ林を焼き払わざるをえなかった．これがカカオ農家の不満のもとになった（Tignor 2006, p.115）．

サービスを提供できるのか，政府機関であるということだけでサービスの効率が落ちる可能性があるし，また政治家と職員の汚職の機会を増やすことにもなる．バングラデシュの農業振興公社（BADC）の例を後の章で議論するが，この公社に肥料，種子，小規模灌漑設備等の流通とクレジットの供与に独占権を与えたがために，バングラデシュの緑の革命が大幅に遅れたということを考えると，ココア・マーケティング・ボードがカカオ生産者にとってありがたい存在なのか，邪魔な存在なのか，一概には結論できない．

　さらに難しい問題がある．マーケティング・ボードはどのような価格政策をとるべきかの問題だ．一次産品価格の年々の変動幅は大きい．国際的な需給状況で決まる国際市場の価格を，そっくりそのまま生産者に移転するのか．それとも，マーケティング・ボードは生産者価格の安定化のためのメカニズムとして機能すべきか．国際商品協定があって，国際的なバッファー・ストックの仕組みがあればよいが，そうでない場合には一国のマーケティング・ボードが国際価格に影響を与えるのは無理だ．しかし，マーケティング・ボードは，価格高騰の折に生産者に高価格を転嫁せずに一部を準備金として積み上げ，価格下落の時期に準備金を取り崩して生産者からの買い取り価格を市場価格よりも高く維持することはできる．このようにして，生産者価格を安定化することを主たる目的とする安定基金として機能することができる．

　この際問題となるのは，価格トレンドの予測が難しいことだ．特に長期的な一次産品価格の予測はほとんど不可能だ．最近の歴史的な経験を見ても，1930年代の世界大不況時には一次産品価格は暴落したが，第二次世界大戦で原材料が払底すると暴騰に転じた．さらに第二次世界大戦後には，朝鮮戦争時にまた暴騰したが，その後長い価格低迷の時期が続き，1970年代に入ってオイルショックが起こった時期に高価格のトレンドが現れた．最近では，1990年代の終わりから，また一次産品価格の高止まり傾向が表れて，これはリーマンショックの時期を通じて（2007〜2013年）現在も続いている．このように不規則に，しかも20年以上の時期を隔てて大きな価格変動がある場合，生産者価格の安定化オペレーションは難しいし，どれだけの準備金を積むのか，あるいは生産者価格の安定に必要な資金源を財政資金に求めるのか，政治的に困難な政策決定を迫られる．

　ガーナの独立時の政府指導者は，この難しい問題に直面した．朝鮮戦争以来カカオ豆の国際価格は高騰していたから，ガーナのココア・ボードは多額の準

備金を積み上げ，これはガーナの外貨準備としてイングランド銀行にスターリング資産の形で預託されていた．当時，ポンド・スターリング圏を構成する英連邦は，ドル不足に如実に現れた国際収支困難に恒常的に悩まされていたから，ガーナの輸出余剰とイングランド銀行に預託された外貨準備は，英連邦にとってかけがえのないものだった．しかし，この資産は誰のものなのか．エンクルマをはじめとするガーナ政府の指導者は，この資産は必ずしもカカオ生産者だけのものでなく，ガーナ国民全体の資産だと考えていた．ましてや，英連邦のものではない．ボードの準備金は，いわばカカオ輸出課徴金あるいはカカオ生産に対する過剰利益金に対する課税の結果生じた財政余剰だと考えていたようだ．だから，この余剰金は，国全体の開発のために使ってよいことになる．ちなみに，このような考えは，独立後に新しく出てきたものではない．それ以前にも植民地政府のイギリス人官僚は，ガーナのカカオ栽培者を浪費家と決めつけ「国にとって重要なのは，ガーナの輸出入業者の利益かあるいはカカオ農民の所得だろうか．彼ら（ガーナの人たち）にとってはるかにタコラディ港の増築やボルタ河のダム建設のほうが大切なのではなかろうか」と書いている[5]．

　エンクルマは，独立以前から，ガーナの経済発展のためには即急に工業化にとりかからなければならないと考えていた．だから，独立とほとんど同時に，イギリスの植民地省のアドバイザーだったアーサー・ルイス（Arthur Lewis）にガーナの主任経済顧問（Chief Economic Adviser）になってくれるよう依頼した．アーサー・ルイスは，それ以前に植民地省のために「工業化とゴールド・コーストに関する報告書（Report on Industrialization and the Gold Coast）」と題した報告書を書いており，ガーナ経済についての知見を持っているばかりでなく，当時の開発経済学のパイオニアで，途上国工業化の論者の一人だった[6]．アーサー・ルイスが1957年に経済顧問として赴任したときには，朝鮮戦争を契機とする一次産品ブームはすでに終わっており，カカオ豆の国際価格は下落局面に入っていた．しかし，ガーナ経済の将来は一次産品輸出ではなく，工業化にあると確信していたアーサー・ルイスは，基本的にはエンクルマの戦略に賛成し，累積されたココア・ボードの準備金を開発予算に使

---

[5] Tignor（2006, p.119）にゴールド・コースト総督から本省に宛てた書簡が引用されている．

[6] Tignor（2006, Chapters 4, 5, and 6）および Meier and Seers（1984）の Chapter 4, "Sir Arthur Lewis"．

第2節 破滅への道

うことを進言した．1年半後には，アーサー・ルイスは，エンクルマとの意見の相違を理由に，経済顧問の職を辞してガーナを去ることになるのだが，意見の相違は，ココア・マーケティング・ボードの準備金を開発予算に使うかどうかという原則の問題ではなく，どれだけ使うかという金額の問題だった．しかし，この問題は重要だった．

もともと経済発展戦略については，エンクルマとアーサー・ルイスの間に考え方に隔たりがあったわけではない．両者とも，基本的にガーナの近代化と経済発展のためには工業化が最も望ましいし，またそのためには政府が主導権をとって産業推進のために国営企業を参入させる必要があると考えていた．国が経済活動に直接関与するのは，工業部門だけでなく，経済全般にわたらなければならない．当時インドをはじめとする代表的な途上国が推し進めようとしていた純粋の資本主義体制や社会主義体制ではない第3の道，すなわち混合経済体制がガーナにも最適な経済体制だと考えていたわけだ．だから，アーサー・ルイスは，国営の産業公社（Industrial Corporation）や農業公社（Agricultural Corporation）を設立して，工業にも農業にも国の資金を使って投資をしようとした．

エンクルマとアーサー・ルイスの違いは，究極的には開発政策の政治的意義を重視する「政治家・エンクルマ」とその経済性を判断基準とする「エコノミスト・アーサー・ルイス」だった．ガーナの独立以前からエンクルマは，ヴォルタ河プロジェクトをガーナの経済発展のシンボルにしたいと思っていた．ガーナの東部に流れるヴォルタ河に発電と農業灌漑用の大規模ダムを造るプロジェクトで，アメリカのテネシー峡谷プロジェクト（TVA）をモデルとする当時インドが推進していた「ダモダル峡谷プロジェクト（Damodar Valley Project）」やエジプトが開発のシンボルとして推し進めていた「アスワン・ハイ・ダム（Aswan High Dam）」と類似のプロジェクトだ．このプロジェクトについて意見を求められたアーサー・ルイスは，プロジェクトの経済性が保証されるまで決定をするべきでないと進言したが，エンクルマはヴォルタ河プロジェクトの政治的意義を考えれば，是が非でも推進すべきだとの意見だった．現実にフィージビリティー・スタディーをしてみると，たしかにヴォルタ河プロジェクトからはその当時ガーナで使われていたディーゼル・エンジンによる小規模発電よりは廉価な電力が得られるが，得られる総電力はガーナの需要をはるかに超える．したがって，安い電力をガーナに産するボーキサイトの精

錬に使用することによって，ようやく発電電力の供給に見合った需要が生まれる．すなわち，ヴォルタ河プロジェクトは，アルミニューム・プロジェクトと対にして初めて経済性が生じる，という結論に達した．最終的にはカイザー・アルミニューム社が名乗り出て，ヴォルタ河プロジェクトの電力でボーキサイトの精錬をすることになるのだが，ガーナのボーキサイトは質に問題があり，カイザーはジャマイカの鉱石をガーナに持ち込んでそれを精錬して自社の工場に再輸出することになった．このプロジェクトをガーナの工業化の発火点にしようとしていたエンクルマにとっては，結果は失敗でないにしても落胆させるものだった．ヴォルタ河プロジェクトは，発電と農業灌漑プロジェクトとしては一応の成功をおさめたが，ガーナの工業化にはなんら貢献せず，工業化自体は大失敗に終わったからだ．しかし，このプロジェクトの建設が開始されたのは，アーサー・ルイスがガーナを去った後だったから，彼がエンクルマとたもとを分かった理由は別のところにある．

　エンクルマをはじめとするガーナの政治家たちの政治的独立後の第一次的な政治課題は，正直のところ植民地時代の宗主国への経済的隷属からの経済的独立で，経済発展ではなかったのかもしれない．そして，そのような政治的志向はガーナ特有のものではなかったのかもしれない．植民地主義からの開放を唱える独立の闘士や政治家は，皆一様に政治的な独立を達成した暁には，国民の経済的な福祉の向上を最優先の政治的な課題とすると宣言する．しかし，それが本当かどうかは疑わしい場合が多い．一例は，インドネシアのスカルノがとった経済政策だ．政治的独立の達成という実績を基盤として，政治的な権力を握った政治指導者は，往々にして権力の維持を政治の目的にした．経済的な発展は，一朝一夕で達成できるものではないし，また国内の既存の利益集団と対立しなければならないこともある．そのような場合，経済的貧困をすべて過去の植民地経済運営のせいにして，政治的な独立をさらに進めて宗主国経済からの独立を唱えて，国際経済からの孤立を進める傾向があった．程度に差はあってもインドのネルーからガンディーに続く国民会議派がとってきた政策にも，発展よりも独立——特に国際経済の影響からの独立——の傾向が見られる．特にそのような政策が，政治的な人気と権力の維持につながると判断されればなおさらだ．一時開発経済学の一派として流行した「従属理論 (Dependency Theory)」も同様の思想に基づいている．そして，そのような考え方は，彼らにとってより大きい政治的意義を持っていた．エンクルマの有名

な「まず政治的王国を求めよ．そうすれば，すべてが付いてくる．("Seek ye first the political kingdom and all things will be added to it.")」というスローガンは，彼の考え方と政治行動をよく表している．

　エンクルマとアーサー・ルイスの違いは，独立後最初の予算である 1958-59 年予算とその後の「5 カ年計画」で明らかになる．独立後にガーナの財政は急拡大した．教育，保健，農村開発等々の，社会的な色彩の濃いプログラムが予算に組み入れられた．エンクルマの政治基盤は，アクラを中心とする沿海部のエリート層だったが，彼らのとる政策はともすればカカオ・ベルトと称される中部のアシャンテ族の利益と相反する．彼らの政治的な反対をなだめるためには，このような社会的なプロジェクトが必要になる．しかし，そのために財政の経常支出が増大して，アーサー・ルイスが経済発展のために優先的に実施したい投資プロジェクトを盛った開発投資予算に充分な資金がまわらなくなる．そのうえ，エンクルマは，他の政治家と同様——いやむしろ率先して——国家的威厳を民衆に示す，いわゆるプレスティージ・プロジェクトや政治のためのバラマキとしか考えられないようなプロジェクトを開発予算に計上しようとする．アーサー・ルイスは，エンクルマがどうしても入れたいと主張した浮き桟橋，地方空港，国際会議場，国賓接待用のヨット，国際放送等々のプロジェクトを「首相であるあなたのおもちゃ」と呼び，そのために保健や教育プロジェクトを割愛しなければならないとは，と嘆いている（Tignor 2006, p.167）．

　アーサー・ルイスにとってより重要だったのは，エンクルマが開発政策の要だった開発プロジェクトや国営企業を政治から守ろうとしなかったことだ．国営企業の役員や職員には，専門的な資格を持たない政治家の縁故者があてられた．開発プロジェクトや政府支出にかかわる各種の契約は，やはり政治的な影響を持ったグループや個人に与えられた．いわゆるパトロネージの政治が経済政策の分野でも横行し始めたのだ[7]．たとえば，エンクルマとアーサー・ルイスの確執の一因となった政策に，カカオの木に付くメクラカメムシの駆除がある．簡単な作業で，農業省が十分対処できる種類のプロジェクトだっ

---

[7] 政治家がその支持者に便益を与えて，その見返りに政治的な指示を受けて政治を行うことをパトロネージの政治という．普通支持者層としては，親族，部族，特定の政党関係者等がパトロネージの対象になる．いわば，親分子分関係だ．かつてチュニジアのブルギバ元大統領は，チュニジアの政治機構について質問されたときに，「機構だと？　わしが機構だ．(What system？ I am the system.)」と答えたという（Meredith 2005, p.169）．

たが，エンクルマは，このプロジェクトをココア・マーケティング・ボードに委譲したうえで，そこを通じてガーナ農民連合会議（United Ghana Farmers Congress）に請け負わせるべきだと主張した．この機構は，エンクルマの人民会議党（CPP）の傘下にあり，財政資金を流用して政党の活動を強化しようとしていたのだ．

結局アーサー・ルイスは，大統領との確執が原因でガーナを去ることになった[8]．あまりにも政治的になりすぎたエンクルマは，アーサー・ルイスの開発政策に関する助言に耳を傾けることができなくなっていたからだ．エンクルマ自身は，これ以降ますます政治性を強めていき，その傾向は，彼の政治の左傾化として現れた．ちょうど，米ソ冷戦が激化している時期で，両者が第三世界の国々を資本主義陣営あるいは社会主義陣営に取り込もうと，援助合戦を繰り広げており，エンクルマは，反植民地主義，反帝国主義，そしてもともとの社会主義的心情から社会主義陣営に近づき，国内的にも彼の人民会議党の一党独裁制を作り上げた．そうした状況で，経済政策や開発政策は，政治の道具としてしか顧みられなくなっていった．その帰結として，経済成長はゼロ％近くに減速し，財政も国際収支も大幅な赤字となり，国民の間には経済破綻を理由に不満が募り，エンクルマはついに1966年ハノイ訪問の留守中に軍事クーデターによって政権を奪われることになる．

その後1969年には軍事政権の監督下で総選挙が実施され，民政のブシア政権（the Busia government）は，破綻していた経済の立て直しと資本主義陣営諸国との関係改善を試みたが，失敗に終わり，1972年には2度目の軍事クーデターが起こった．もっとも，第一次軍事政権とブシア政権は，経済の規制緩和と開放経済体制を志向する自由化路線の経済政策をとったとされるが，実際にはエンクルマ時代の政策を継承し，継続していたとする有力な意見もある．それほど，政策転換と経済の立て直しは成果をあげることができなかったのだ（Killick 1978, Chapter 11, "After Nkrumah: Interpretations of Policies, 1966-72"）．いずれにしても，第二次軍事クーデターの首謀者，アチェンポン中将（Lt. Gen. Acheampong）を首班とする軍事政権下では，当時ガーナ人たちがカラブレ（Kalabule）と呼びならわした腐敗と堕落が政府部内にはびこ

---

[8] エンクルマは，人民会議党が選挙に勝利した1951年に政治犯としての拘束を解かれ，同時に自治政府の首相に着任した．1957年のガーナの独立時にも，首相として新政府をリードしてきたが，1960年にガーナが英連邦内の共和国となった機会に，大統領に就任した．

8月の新刊

Book review AUGUST 2013

勁草書房
〒112-0005 東京都文京区水道 2-1-1
営業部 03-3814-6861 FAX 03-3814-6854
ホームページでも情報発信中。ぜひご覧ください。
http://www.keisoshobo.co.jp

表示価格には消費税が含まれております。

アメリカ連邦議会
ポリティカル・サイエンス・クラシックス 9
選挙とのつながりで

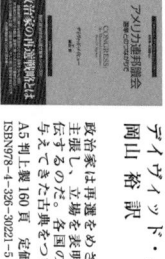

デイヴィッド・メイヒュー 著
岡山 裕 訳

政治家は再選をめざして自らの組織を主張し、立場を表明し、そして自らを宣伝するのだ。各国の議会研究にも影響を与えてきた古典をついに完訳！

A5判上製160頁 定価3255円
ISBN978-4-326-30221-5

金融システムと金融規制の経済分析

花崎正晴・大瀧雅之・随 清遠 編著

経済主体が活動していくうえで制度的な要因としての性格を色濃く有している金融システムを金融規制の体系構築の観点から考える。

A5判上製276頁 定価4410円
ISBN978-4-326-50383-4

政府間競争の経済分析
地方自治体の戦略的相互依存の検証

田中宏樹

医療のなにが問題なのか
超高齢社会日本の医療モデル

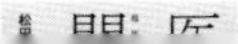

松田晋哉

Book review
AUGUST 2013

1万部も「予約購入」された
百年前の高価な歴史書
予約をしたのはどんな人々?
その本は今どこに?

予約した人々

国史大系

百年の星霜を経た本

佐滝剛弘

明治39年、日露戦争直後に、1万部を超える申し込みを集めた『国史大系』。
その予約者名簿が明らかになった。
実業家、医師、科学者、軍人に加え、
近代日本黎明期の読書事情を明らかにする。

勁草書房
http://www.keisoshobo.co.jp
表示価格には消費税が含まれております。

国史大辞典を予約した人々
百年の星霜を経た本をめぐる物語

佐滝剛弘

定価2,520円(本体2,400円)
四六判上製256頁
ISBN978-4-326-24842-1 C0020

明治35年、近代日本史初の40万円をかけた大プロジェクト——。そこで予約した人々が、もしいま、あなたと手を繋げば不思議なほど身近に感じる百年前の人々の息吹。

まだ「国史大辞典」予約者芳名録」。それは、政治家、教育者、文人がくつわを並べる気鋭のルポライターが綴る、まるでタイムマシンにでも乗ったかのような物語。

申込書 お近くの書店へお持ちいただくか、小社まで直接お申込みください。
勁草書房 営業部 ›› Tel 03-3814-6861 / Fax 03-3814-6854 / E-mail k_eigyobu@keisoshobo.co.jp

国史大辞典を予約した人々	百年の星霜を経た本をめぐる物語	書店名
定価 2,520円 (本体 2,400円)	ISBN978-4-326-24842-1 C0020	
ご住所 〒	お名前	
	お電話	

🏛 **勁草書房**

http://www.keisoshobo.co.jp

〒112-0005 東京都文京区水道 2-1-1
TEL 03-3814-6861 FAX 03-3814-6854

※ご記入いただいたお客様の個人情報は、本書をお届けするためにのみ使用させていただきます。

表皮の社会史考
現れる陰の文化

鰺井千佐登

抹殺されてきた古来の境界の神と祭祀習俗。地を這う目線でもう一つの日本文化を抉り出し、被差別民の形成の要因と特異文化の行方を探る。

四六判上製 276 頁 定価 2415 円
ISBN978-4-326-95060-8

A5判上製 224 頁 定価 4410 円
ISBN978-4-326-50384-1

人間・国家・戦争
国際政治の3つのイメージ

ケネス・ウォルツ 著
渡邉昭夫・岡垣知子 訳

なぜ戦争は起こるのか。ことばにはできるのか？現代の戦争・国際政治の基礎理論をつくった不朽の名著をついに完訳！

A5判上製 244 頁 定価 3360 円
ISBN978-4-326-30218-5 1版2刷

A5判上製 368 頁 定価 3675 円
ISBN978-4-326-70080-6

日本交通政策研究会研究叢書 11
経済理論における最適化 [第2版]

A. K. ディキシット 著
大石泰彦・磯前秀二 訳

経済学上の応用から切り離された数学としてではなく、経済の直観に基づく経済学的応用を存分に味わえるよう組み立てる。

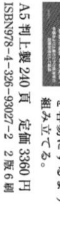

A5判上製 240 頁 定価 3360 円
ISBN978-4-326-93027-2 2版6刷

8月の重版

国史大辞典を予約した人々
百年の重書を経た本をめぐる物語

佐滝剛弘

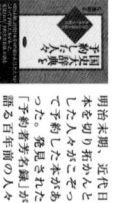

明治末期、近代日本を切り拓かんとした人々がこぞって予約した本があった。発見された「予約者芳名録」が語る百年前の人々の気概。

四六判上製 256 頁 定価 2520 円
ISBN978-4-326-24842-1 1版2刷

第2節 破滅への道

り，白昼省庁内に着飾った「ビジネス・ウーマン」が出入りをして政府の許認可やその他の取引をするようになった[9]．ちなみに，軍事クーデター後，国家救済評議会（National Redemption Council）の委員長になったアチェンポン中将は，政府首班のほかに，財務，経済計画，軍事の最も役得の大きい部署を兼任した．また，クーデターこそ起こさなかったが，アチェンポンを退陣に追い込んで政権を獲得したアクフォ中将の政策も，前任者と大同小異だった．このようにして，1979年のジェリー・ローリングズ空軍大尉（Flight Lieutenant Jerry Rawlings）のクーデターまで，ガーナの腐敗と堕落の政治が続くことになった．

　エンクルマ政権が倒された1966年には，すでにガーナ経済は破綻していた．そして，その後10数年の軍事政権下でも，経済回復は成し遂げられず，むしろ破綻と退廃の色を濃くしていった．一体，なぜガーナ経済はこのような破綻への道をたどったのだろうか．奇しくも1981年に2つの出版物が現れた．第1は，後にアフリカの政治経済分析に新境地を開いたと評判になったロバート・ベイツの『熱帯アフリカにおける市場と国家』（Bates 1981, 2005）であり，第2は，これも後に『バーグ報告書』と俗称され，世界銀行の構造調整政策の理論的・実証的基盤になった『サブサハラ・アフリカの発展を加速させるためのアクション・プラン』と題した世界銀行の報告書である（World Bank 1981）．実は，この2つの書物は，アフリカ経済全般について，代表的な国々をケース・スタディーとして取り上げ，1960年代と1970年代の20年近く，ほとんどのサブサハラ・アフリカの国々がなぜ経済停滞に陥ることになったのか，その原因を論じたものだ．もちろん，ベイツの『市場と国家』は政治経済学的な観点からアフリカの発展——あるいはその欠如——を論じ，バーグの世銀報告書は経済政策論の視点からアフリカ経済にアプローチしている．しかし，アフリカ経済停滞論としての両者は，驚くほどの共通点を持っている．ベイツは，農業部門と農産品輸出の停滞を出発点として，マーケティング・ボードが，農業部門から工業部門への財政資源の移転を推進する装置と

---

[9] 当時，アクラ発あるいはアクラ行きの国際線に乗ると，大きな荷物を抱えたガーナ女性に出くわすことが多かった．賄賂を使って公然と電化製品や高級消費財を密輸しているグループで，彼らのことを「ビジネス・ウーマン」と呼びならわした．ガーナの女性の商業で占める地位は高く，国内の各種市場でも多くの「マーケット・ママ」が商取引を仕切っている．実にしたたかな商人たちだ．

して使われたことから議論を始める．バーグは，広い意味での貿易政策と為替レート政策が，農業生産と輸出の成長を阻害した最大の要因であると決めつけている．さらに驚くことは，これらはアフリカの一般論であるにもかかわらず，ガーナの政治経済的破綻を実によく説明している点である．そこで，両者の議論を，わたくしなりにガーナの実情をより明らかに説明するように脚色して——すなわち議論の流れを変えて——ガーナの破綻への道をたどってみよう．

ガーナの独立後にエンクルマが第一義的な政治目標としたのは，ガーナ経済の脱植民地経済化であり工業化である．当時のガーナには，工業化を推し進めるガーナ人の企業家・投資家はいなかった．イギリス資本やレバノン・シリア系の商業資本は存在したが，積極的にガーナの工業化に協力するとは思われなかった．そこで，政府は多くの国営企業を設立して直接産業分野に参入していった．また，工業化のための大規模インフラ投資も，政府の責任で実施した．当時の開発経済学者たちも，このような輸入代替型の工業化路線を支持したし，また混合経済体制のもとで工業化路線を強力に進めるいわゆるビッグ・プッシュ戦略は，開発戦略の王道だと考えられていたから，国際的な支援も期待できた．ガーナにとってさらに都合の良いことには，独立当時のガーナは，潤沢な外貨準備——その一部はココア・マーケティング・ボードの準備金だった——を持っていたから産業投資のための資本財や中間材の輸入に必要な外貨資金に困ることはなかった[10]．過去のカカオ豆や金の輸入を原資とする蓄積を取り崩せばよかったのだ．

工業化路線は，エンクルマと彼の率いる人民会議党にとっても望ましいものだった．工業化によって旧宗主国であるイギリスその他の先進国への経済的な依存を軽減することが可能になる．反植民地主義と脱植民地経済化を主張するエンクルマにとって，彼らの政治思想に合致する戦略だ．また，工業化となれ

---

[10] 「ビッグプッシュ戦略」あるいは「ビッグプッシュ理論」は，開発経済学の黎明期に唱えられた開発戦略で，途上国の産業発展を推進するには，多数の工業部門に同時的に投資を行うことによって，消費者の所得を増大させ，新規に市場に出回る商品に対する需要を喚起させることができるとする政策論だ．たとえば，よく使われる例だが，靴の工場を作るとすると，現存の市場は小さすぎて生産された靴を売りさばくことができない．しかし，同時に衣料品その他の消費財の工場ができて，工場労働者の数が増え，労働者全体の所得が増大すれば，他の工場労働者が靴を買ってくれる．後には，この戦略は需要だけを見ていて，供給サイドを考えていないという批判を受けた（Perkins et al. 2001, pp.101-102, 160-161）．

第2節　破滅への道

ば，当然地域的にはエンクルマの支持基盤がある首都アクラを中心とした南部の沿海部が工業化の恩恵を被ることになる．同時に，アシャンテ族の反対派の中心地である中部のカカオ・ベルトの経済的地位は相対的に低くなる．さらに――そして，これが後にガーナ経済の命取りになるのだが――国営企業等の政府の経済活動が増えると，エンクルマと人民会議党の支持者に政府部門や国営企業の有利な雇用機会と契約を与えられる．恩恵にあずかるのは，政治指導者や支持者だけではない．政府の役人も労働組合に属する労働者も経済的に裨益する．一口に言うと，工業部門に属する都市住民はなべてエンクルマのビッグプッシュ工業化路線から何らかの利益を得られたのだ．

　もちろん，工業化路線からの利益を得たのはガーナ人だけではない．その当時は，援助資金の他には，海外からの物資購入にサプライヤー・クレジット (Suppliers' credits) と呼ばれる，割賦販売が海外の輸出業者によって供与された．ガーナに対するプラント輸出は，現金ではなく，このような信用によってファイナンスされることが多かった．そして先進工業国の輸出業者は，自国の輸出保険等によってクレジット・リスクをカバーした．このようにしてファイナンスされた投資プロジェクトには，明らかに経済性を欠くものも多数あった．よく知られた事例としてはマンゴ・ジュース工場設備がある (Killick 1978, p.229)．当時マンゴ・ジュースの缶詰めは，製造が難しいと考えられていた．ジュースがすぐに酸化して味が変わってしまうからだ．その困難を解決したのはよいが，このプロジェクトのために購入した設備は，実に全世界の年間マンゴ産出量を処理できるキャパシティーがあった．とんでもない規模の設備を輸出した業者がたぶんこのプロジェクトから最も多くの利益を得たのではなかったろうか．

　しかし，このような工業化路線を強行した代償は大きかった．ガーナ経済は，いくつものチャネルを通じてこの代償を支払った．第1は，貿易政策と為替政策のチャネルである．独立までガーナに工業らしい工業はなかったから，新たに国営企業なりガーナの民間資本によって設立される輸入代替産業は，ガーナにとっては新しい未経験の分野で，当然当初から国際競争力があるわけではない．だから，当初は――それが何年なのかはケース・バイ・ケースで決められるにしても――政府の政策によって保護されるべきであるという主張は説得的であった．そして国内製品市場を国内産業のために確保する目的で関税障壁が設けられ，あるいは輸入に数量制限が課された．問題は，その結

果として，ガーナのような小さい市場に独占企業を作り出すことになったことだ．新設された企業の投資収益がこうして従来の輸入と国内消費者の犠牲のもとに確保されただけではない．国営企業の従業員をはじめとするいわゆるフォーマル部門の労働者もまた，その恩恵にあずかることになった．都市のフォーマル部門の労働者は，労働組合を結成して政治力を持つようになったからだ．輸入代替産業は，国内市場における消費財の生産に集中したが，資本財や中間財は先進国からの輸入に頼らざるをえなかった．したがって，効率性の劣る高コストの産業が，強い為替レートを支持する，そして結果として国際競争力はより低くなるという皮肉な状況をも生み出すことになった．これがいかに皮肉であるかは，日本を含む東アジアのいわゆる輸出主導型工業化を推進してきた諸国，たとえば，台湾や韓国や中国との対比で明らかだ．これらの国は，輸出産業の競争力を保持するために，常に弱い為替レートを維持する政策をとってきた．

　第2は，財政資金のチャネルだ．財政資金は，工業部門とそのためのインフラを中心に配分された．ガーナの場合，農業部門への財政資金の配分も見られるが，その大半は実は新たに設立された国営農場のためであった．そのうえ，当初潤沢だった外貨準備——これにはココア・マーケティング・ボードの価格準備金も含まれている——を使いきった後は，一次産品輸出に対する事実上の課税が財源になった．一次産品価格が国際的に高騰している間は，それを理由にカカオ農民への輸出売上金の配分を減らしてきたが，価格が下落してくると，それを理由にカカオ農民への支払い額を減らす政策がとられた．財政資金の補填のためにやむをえないと考えられたからだ．ガーナの財政収入の大きな部分は，一次産品輸出に対する各種の課税だったから，ガーナの通貨，シーディー（Cedi）の為替レートを実勢よりも強い水準に固定する政策は，財政収入の圧迫要因にもなっていたわけだから，輸出産業を搾取するような財政政策は，矛盾に満ちていたといわざるをえない．

　金融部門も代償を払わされた．これが第3のチャネルだ．もともとガーナでは，ロイズ銀行のガーナ法人をはじめイギリス系の商業銀行が金融部門の中核を形成していた．独立後には，ガーナ中央銀行のほかに，ガーナの外貨準備を預託する目的でガーナ商業銀行（Commercial Bank of Ghana）が設立されたが，当初はイギリス人のお雇い外国人たちが経営を任されており，比較的保守的な，健全な銀行経営が営まれた．しかし，エンクルマは，ガーナの金融資

産がガーナの金融部門からイギリスに流出するのを防ぐという名目で，ガーナからの利益送金等を制約し，ガーナの銀行であるガーナ商業銀行をガーナの金融機関の中核にするという政策を実行した．この結果，金融機関は，いわば準財政機関となって，政府の工業化路線をサポートするようになった．そして，極端な形のいわゆる政策金融が幅を利かすようになり，金融機関は政府の指示にしたがって融資先を決めるようになった．当然政治がらみの汚職がはびこる．

また，1960年には4億2,500万ドルあったガーナの対外準備は，1967年には枯渇して，支払い遅延が生じ，マイナス2,200万ドルになっている．このような状況で，国際収支の赤字は対外借り入れでファイナンスされていたが，その結果，サプライヤー・クレジット等の対外債務はガーナの債務返済能力をはるかに超える水準——1967年には年間輸出の140％，GDPの40％——にまで累積した．そして，1966年を皮切りに1970年までに3度にわたる債務繰り延べ交渉が主要援助国との間で開かれた（Killick 1978, Chapter 5）．

その結果何が起こったか．まず財政が破綻した．ガーナの一次産品を中心とする輸出も競争力を失い，輸出は停滞した．しかし，為替レートの切り下げは行われなかったから，輸入需要は減らず，輸入の数量規制が実施された．それにもかかわらず，国際収支は大幅な赤字が続き，対外債務が累積し，ついには債務返済が不可能になり，国際収支は破綻することになる．国内的には，放漫財政と金融拡張から10％超のインフレが発生し，それを政府が物価統制で抑えようとしたために，物資——特に食糧——不足が常態化する．低成長と経済的混乱は，政治不安を呼び起こす．これが，ガーナの開発戦略の失敗の帰結だった．そしてまた，これがベイツやバーグがアフリカの経済停滞のモデルとして描いたアフリカ経済の独立後の歴史だった．

第3節　「アドバイザリー・グループ」

1978年に軍事政権の一員であったアクフォ中将（Lt. Gen. Akuffo）は，アチェンポン大佐を退陣に追い込むことに成功し，最高軍事評議会（Supreme Military Council）を最高機関とする新しい政府を作り，その議長に収まった．しかし，その頃には，ガーナは世界，特にIMFや世界銀行，主要援助国等の国際開発援助グループからほとんど見放されていた．アクラには，世界銀行の

代表事務所があったが，積極的にガーナ経済を救済しようという動きはなかった．IMF も毎年 14 条に基づくコンサルテーション・ミッションを送ったが，毎年のようにガーナのマクロ経済政策の批判をするだけだった．対外債務返済は履行されず，生活必需品の輸入代金さえも滞っていたから，むしろなすすべもなかったというのが真相だろう．

　最高軍事評議会のメンバーは 7 人だったが，その中の一人がヨー・ボアチエ空軍少将（Air Vice-Marshal Yaw Boakye）だった．当時の写真をみると他の 6 人とは違う空軍の制服を着て，一番端に座っているから最高軍事評議会の中の順位はそれほど高かったとは思えない[11]．しかし，彼は，破綻した経済を何とか立て直さなければ，早晩アクフォ政権も誰かのクーデターに倒される運命にあると考えていた．ちょうど，オイルショックによって多額のいわゆるペトロダラー（Petro-dollars）がユーロ市場に出回り，アラブ産油国とユーロ市場の銀行は貸付先と投資先を物色している時期だった．その頃，ボアチエ少将は，インドネシアが国営石油公社の放漫経営から国際収支困難に陥り，インドネシア政府は，IMF や世界銀行ではなく欧米の投資銀行グループを顧問団として，その仲介で国際的な銀行のシンジケートから大規模融資を受けたことを聞いたらしい．そこで，ガーナにも何とかしてペトロダラー資金を導入して，経済停滞からの脱出と経済改革をしたいと考え，インドネシアの「アドバイザリー・グループ」と呼ばれるアメリカのクーンロープ，イギリスのウォーバーグ，フランスのラザール・フレールの投資銀行の代表をアクラに招いて顧問契約を結んだ．

　ガーナ政府がアドバイザリー・グループに提示した最初の委託事項は，ただ単に大規模な国際的借款を仲介することと書かれているだけだった．しかし，顧問団の代表がアクラに来て，経済の現状に触れると，すぐに国際的なユーロ・ローンなどとうてい無理なことは一目瞭然だった．ではどうするか．そこで，インドネシアの顧問団のメンバーだったわたくしが駆り出された．ガーナ経済の現状を診断し，経済再生の条件とそのために必要な政策をガーナ政府に勧告しろというのである．東京にいるわたくしに，すぐアクラに飛んで来いとのことだった．ニューヨークの投資銀行のすることは無茶で，すでに 1 度わずか 2 日の準備期間しか与えられずに東京からベネズエラのカラカスに飛

---

[11] Oquaye（1980）に収録の報道写真から．

んでそこの中央銀行に日本の銀行の信用度をブリーフさせられたことがある．だから，こんな無茶な指令にも驚きはしなかったが，それにしても，わたくしはガーナはもとよりアフリカ経済のことは何も知らない．そのうえ調べてみると，ガーナに入国するためには黄熱病ワクチンの注射が必要で，しかもワクチンは接種から11日目になって効力が出る．そこで，このことを理由に2週間程度の猶予をくれるよう返答した．しかし，アクラにいる投資銀行の同僚たちは，そんなことには聞く耳も持たず，入国は何とかするからすぐ来いの一点張りだ．ついに東京―ロンドン―アクラを途中での休憩なしに飛ぶ羽目になった．

ガーナではハルマッタンと呼ばれるサハラ砂漠から西アフリカ全域に乾燥した砂混じりの風が吹く日が続く1978年の冬に，初めてガーナのアクラを訪問した．着いたのは夜で，本当に入国できるのか不安だったが，飛行機が着くとタラップを降りたところに軍のジープが止まっており，それに乗せられて入国審査や税関は完全に素通りして，アドバイザリー・グループの同僚たちが宿泊している所に連れて行かれた．軍の上層部がアレンジすれば，入国等の規則は無視できるようだった．連れて行かれた所は，実はハインリッヒ・ザウター（Heirich Sauter）という名前のドイツ人の家で，察するに彼はガーナの軍事政権に取り入っている一種のフィクサーで，ボアチエ少将の知恵袋だったようだ．翌日，彼に連れられて厳重なチェック・ポイントを通過して軍の駐屯地域にある最高軍事評議会を訪問して，ユーロ・ローンの斡旋は現時点では論外で，その代わりにまず経済診断が必要だという結論を伝え，このようにしてわたくしのガーナ通いが始まった．そして，翌日から政府の諸部署，中央銀行，商業銀行，ココア・マーケティング・ボード，ヴォルタ河電力公社等々をまわったが，そこで見たのはこの章の冒頭でふれたまさに無政府状態とブラック・マーケットが特徴的な経済と法秩序の崩壊した国だった．

それまで一切経験したことのない，「ああ，国はこのようにして崩壊していくのだ」という感想と，「一体どうすればよいのか」という戸惑いが混じった絶望感，それに「このままの状態が続けば，早晩またクーデターが起こってもおかしくないな」という危惧感にとりつかれながら，ある限りのあらゆる資料を集めたのが第1回目のガーナ訪問だった．その後さっそくニューヨークに行って，IMFで働いた経験のある若い女性エコノミスト，コートジボアールの首相府の顧問をしたことのあるフランス人エコノミスト，それにわたくしの

3人のチームを作って，再度アクラに舞い戻り，そこで出した結論は，おおむね次のようなものだった．

ガーナ経済を支えているのはいまだにアシャンテ地方のカカオだ．ガーナの主要輸出は独立以来カカオ豆，木材，金の3大一次産品で，これだけで6割から8割を占める．木材輸出は第二次世界大戦後盛んになったが，金はガーナの伝統的な輸出産品で，ガーナが黄金海岸（The Gold Coast）と呼ばれた所以だ．もちろんこれら一次産品の国際価格は変動が激しく，輸出額は価格変動に大きく左右される．そのうちでも太宗はカカオだ．しかし，ガーナにおけるカカオの産出量は，1960年代半ばの57万トンから1970年代後半には25万トン台に減る傾向にあった．ガーナはカカオの産地として知られ，1960～70年代には世界市場の3分の1を占めていたが，1970年代後半ではその半分の6分の1までシェアが落ちていた．世界の第1位の産出国から，コートジボアール，ブラジルに次いでの3位に地位を落とし，また東アジアではマレーシアがカカオの生産を始めていた．

ガーナのカカオ産業の衰退は，一次産品を軽視するエンクルマの経済政策が原因だったことは明白だ．カカオ産業は，ガーナの工業部門と都市部門のための資金源として搾取の対象としてしか考えられなかったのだ．ココア・マーケティング・ボードの生産者価格政策は，カカオ生産者に対する対価をできる限り低く抑えるように設定されて，そこから生じる余剰はココア・マーケティング・ボードと政府の支出のために流用された．そのうえに，政府の法外な為替レート政策がある．ガーナの通貨，シーディーの為替レートは Cedi 1 = US$1.25 という固定レートで，実勢からは極端に乖離していたから，カカオ輸出代金から国内通貨で受け取るカカオ生産者の手取りは，さらに低いものになった．1963年から1979年にかけてガーナにおける消費者物価は22倍に上昇したが，カカオ生産者に払われる生産者価格はわずか6倍上昇したにすぎない（World Bank 1981 (Berg Report), p.26, Box A)．このような状況で，多くのカカオ生産者は，カカオ園の面倒を見なくなり，あるいは食糧の生産にカカオ園を転換したりした．また，この章の冒頭に触れたように，生産されたカカオ豆は，隣国のコートジボアールやトーゴに大規模に密輸された．ガーナ軍がこの密輸に密接にかかわっていたことも知られている．

カカオ産業の衰退は，ガーナの国際収支困難を招来しただけでなく，財政困難も引き起こした．なぜなら，ガーナ政府の GDP のわずか6～7％にも満た

ない歳入の8〜9割はカカオに課された税金が占めていたからだ．そして財政自体が為替レートの過大評価のために厳しい歳入不足に苦しんでいる．

　ガーナの経済改革の辿るべき道は，先に「ベイツ・プロセス」と呼んだエンクルマ大統領がとった開発戦略の時計のねじを逆に回す，いわば「逆ベイツ・プロセス」であることは明白だ．具体的には，まず比較的短期間に実施可能なのは，為替レート制度改革と財政再建だ．そして，第2段階になって，ココア・マーケティング・ボードの改革と国営企業部門の改革がどうしても欠かせない．この2段階の改革のブループリントができた段階で，対外債務の整理を主要援助国に要請する．これが，われわれチームが考えた「逆ベイツ・プロセス」に基づいた改革プログラムだった．まず最初に為替レート制度改革を避けて通れない．しかし，為替レートの切り下げは，ブシア政権の失敗以来タブーになっていて，この政策に触れることは政権を危うくするかもしれない．それほどガーナ経済に既得権益が根付いていたわけだ．また，当時世界銀行は，第1次オイルショックによって国際収支が破綻した石油輸入低所得国のために構造調整ローンを新設したばかりだったが，世界銀行の構造調整政策が広く推奨されるようになったのは1982年夏のメキシコの対外債務デフォルト以降だから，まだいわゆるワシントン・コンセンサスはできていなかった．また，世界銀行のバーグ報告書やベイツのアフリカ経済論は発表されていなかったから，経済改革プログラムを，ガーナ政府のポリシーメーカーに「売る」のは，並大抵のことではなかった．

　為替レート改革についてすぐに出てくる問題は，第1にどの程度の切り下げが必要かであり，第2には大幅な切り下げの後でどのような為替政策をとるか，だった．為替平価の計算をしたいが，そのための統計がない．そこで，われわれチームが，ガーナ国内——といってもアクラ市とその周辺——を歩きまわっていろいろな商品の価格を調べてまわり，その後コートジボアールの首都アビジャンに行って同じ作業をした．コートジボアールは，旧フランス領植民地で為替レートに関してはCFAフランを採用してフランスのフランに固定しているうえに，輸出入は比較的自由でコートジボアールの価格は国際価格と大差なかったからベンチマークには適していた．ガーナの輸入制限は一応不変としたうえで，数少ないサンプルから割り出した結論は，公定レートでUS\$1.00 = Cedi 0.80 を一挙に US\$1.00 = Cedi 5.6 程度に切り下げる必要があるというもので，当時アクラのあちこちのブラック・マーケットの交換率に

似たり寄ったりだった．このレートであれば，カカオ農家はずいぶんと助かるし，また財政状況も改善する．もちろん財政支出のうちの輸入財が占める部分は膨れ上がるし，新しい為替レートが経済に浸透していけば，財政支出は増大する．しかし，歳入増と歳出増の差し引きでは，財政バランスは間違いなく改善する．

シーディーの大幅切り下げ後の為替レート制度については，当面の間は輸入関税と輸入数量制限は手を付けず，為替変動制をとる．しかし，前日における銀行からの外貨供給・需要予測をもとに，中央銀行が日々のレートを決定する．いわゆるマネージされた変動制で，しかも中央銀行が参加する日々のオークションをベースに中央銀行の判断を交えたレート決定をする．

財政歳出を見てみると，経常支出と資本支出に分かれてはいるが，当時の状況ではまともな資本投資プロジェクトは，ほとんどなくなっていて，資本支出と称するのはほとんど政府オフィスのメンテナンスの費用で，開発予算としては意味のないものとなっていた．そこで，われわれチームは，当面資本支出プログラムをすべて廃止して，メンテナンス等の費用は経常予算から支出すること，さらに内閣がどうしても必要と認めた10数個の開発プロジェクトに限って財務省が管理する特別開発予算で賄うようにすること，を提案した．

われわれの提案は，ガーナ政府がこれだけのマクロ政策改革プランを持って，IMF・世銀に支援を要請するという提案でもあった．ガーナの抱える政策問題は，われわれ民間の投資銀行グループには荷が重すぎる．ワシントンに行ってIMF・世銀の国際金融機関に助けを求めよう，そのうえで主要援助国のガーナ援助会議を立ち上げ，対外債務問題を解決して，援助資金を取り入れよう．それが，ガーナ経済を蘇生させる唯一の方策だと，ガーナ軍事政府の中の改革派を説得しようとしたのだ．そしてわれわれの政策改革プランは，いわばIMF・世銀が勧告するであろう安定化プログラム，構造改革プログラムのシミュレーションだった．

その後，この報告書を持って政府の要人をまわったが，危惧したとおり政府のトップの反応は良くない．ジョンソンという副大統領は，最も直截な言葉使いで，「君たちは，こんなラジカルな為替切り下げがどんなことになるのかわかっているのか」と反論した．切り下げが起これば，ガーナは石油輸入国だからガソリン価格が上がらざるをえない．そうすると，当然ガソリン価格は，バス料金の値上げに飛び火する．バス停に集まったガーナ人労働者が騒ぎ出

し，バスをひっくり返して火を付ける．暴動はそんなふうに始まるものだ．その結果，クーデターが起こり，自分の命さえどうなるかわからない．改革なしにガーナ経済は崩壊するとはいっても，自分はいまの地位に半年もとどまれれば，命は安泰だし，お金にも困らなくなる．そんな状況で，自分がどのような政策を選ぶかはいうまでもない．これが，ジョンソン副大統領のわれわれへの反論だった．われわれが，バス・ストップでの騒動を未然に防ぐ方法はある．たとえば，バス料金を値上げするときには，1週間ほど軍隊のトラックを総動員して，バス路線を走らせ，バスの乗客をただでサービスすればよいではないか，という説得もなんの効果もなかった．

　当時ガーナに行き来する飛行機に乗ると，ブランド品を身に付けてロンドンやパリを行き来しては大きな荷物を抱えてアクラに帰ってくる商人の一群に出くわす．また，政府高官の腕にはローレックスが光り，シャツのポケットにはモンブランがさしてある．多少とも外貨割り当てにあずかれる者は，みな海外にドルやポンドの銀行口座を持っているが，誰も持っている外貨をシーディーに換えない．われわれも最初の頃は，持ち込んだドルを公定為替レートでシーディーに交換していたが，すぐに馬鹿らしくなって，ホテル代をガーナの為替管理が及ばないロンドンの銀行勘定に払う約束で，アクラの民宿のようなホテルに泊まるようになった．それまでは，一晩300ドル払って電灯が一つしかない，食事も満足にできない，シャワーが利用できないホテルに泊まっていたのだ．あまりにも，法外な為替レートを既得権益とする人たちが多い．

　これは，輸出業者についてもいえる．ココア・マーケティング・ボードの役員や職員は，集荷，肥料等の投入財の販売，輸出，等々で運送業者や卸売業者からの賄賂で充分私的利益をあげている．金の採掘は官営の公社が行っているが，金は政府が買い占めたうえで，スイスの市場に売却されているらしい．いるらしいというのは，時々空港でガーナには似つかわしくないプライベート・ジェットを見かけるので，空港の職員に聞いたところ，あれはスイス銀行の飛行機だと教えられたことがあったからだ．しかし，財務省統計や中央銀行統計のどこにも，金がどのようにして輸出されるか，あるいは中央銀行の外貨準備に組み込まれるのかを示すような数字を見つけることはできなかった．

　われわれチームの1回のガーナ滞在は2〜3週間になることが多かったが，何しろアクラのホテルでは食事も満足にできないし，電話やファックス，テレックスでの外部との連絡もままならない．そこで，われわれは，週末になる

と，コートジボワールのアビジャンあるいはトーゴの首都ロメに出かけて，食事をし，次の週のパンやハム，ミネラルウォーター等の買い物をし，シャワーを浴び，東京，ロンドン，パリの本部に連絡をすることにした．そして，ある週末，国境が閉鎖される事態が起きて，われわれはガーナに再入国できなくなってしまった．

その頃，政府内部で，インフレ対策としてデノミネーションを実行しようという動きがあった．インフレ対策としてのデノミネーションを実行した国は多い．戦後の日本，フランスもそうだし，途上国の失敗例としてはスカルノ時代のインドネシアが挙げられる．ハイパーインフレに悩んだラテンアメリカでも多くの事例がある．しかし，わたくしは，為替切り下げと為替制度改革を伴わないデノミネーションは，たいした効果も期待できないとして，反対を唱えてきた．そして，わたくしの反対論が通ったと思っていた．ガーナ国内で新しい貨幣を印刷する能力はない．ロンドンのデラリューという業者に依頼して新貨幣を印刷するのだが，それには貴重な外貨を使わなければならない．その一点だけを取り上げても，デノミネーションは論外だ．それにもかかわらず，われわれチームが知らない間に，デノミネーションの準備が進み，ちょうどわれわれがロメに出たときに軍隊が国境を閉鎖してデノミネーションを実行したのだった．しかし，デノミネーションのために国境を閉鎖したのはなぜか．密輸で稼いだ金——いわゆるブラックマネー——をシーディーで，税金逃れのために国外に貯めている人が多い．自然に，これらの海外に滞留するシーディー資金をもとに，国外に多大のシーディーのブラック・マーケットができあがる．デノミネーションとなれば，それら資金が流入して新シーディーに交換されるだろうから，このブラックマネーの流入を防ぐために国境を閉鎖するのだという，奇妙な論理に基づく国境閉鎖だった．

ロメには，ポロシャツとスラックスのいでたちで，すべての冬物はアクラに残して出ていたから，ガーナから締め出されたわたくしは，この格好でロメから，冬のチューリッヒ経由ロンドンに向かったのを覚えている．途中，わたくしを哀れに思ったスイス航空の親切なスチュワーデスが毛布を一枚わたくしの肩にかけ，どうぞお持ちくださいと言ってくれた．こうして，われわれのアドバイザリー・グループのガーナでの活動は終わりを告げた．

第4節　ワシントン・コンセンサスの処方箋

　われわれ3人がした「アドバイザリー・グループ」の仕事は，全く無駄だったのだろうか．どうも，そうではなかったようだ．予期しなかったところから救いの手が伸びて，1980年代初頭からのガーナの経済政策は，われわれがシミュレーションで示した方向に動き始めた．多くの人が危惧したように，アクフォ政権は発足して1年ちょっとで，ジェリー・ローリングズ空軍大尉が主導するクーデターによってもろくも崩壊した．わたくしが持っている本の写真には，そのちょうど3カ月前にコトカ国際空港で空軍の将兵を閲兵するアクフォ将軍の姿が映っているが，興味深いのはその将軍を先導しているのがローリングズ大尉だったことだ（Oquaie 1980収録の報道写真から）．

　ローリングズ大尉と彼の同志は，1979年5月に少数の将校と兵士によるクーデターを試みた．しかし，このときは午前中の銃撃戦の後に失敗している．軍事法廷にかけられ，国家に対する反乱罪で死刑を宣告されたローリングズは法廷で国家再生を情熱的に訴えて聴衆の心をとらえた．その結果，6月には牢獄の監視兵によって拘束を解かれ，即刻新たに作られた軍事革命評議会議長に就き，失敗したはずだったクーデターは成功に転じたのだ．ジェリー・ローリングズは，スコットランド人の父親とヴォルタ地方出身のガーナ人の母親から生まれたが，根っからの軍人でまたスポーツマンだ．背は高く，ハンサムでエネルギーに満ちあふれ，空軍のエース・パイロットであると同時に，馬術，水泳，射撃の名手とされている．ガーナの腐敗と退廃を嘆き，国家の再生を訴える軍人ではあったが，彼の政治的手腕や国家再生のヴィジョンははっきりしない．彼は，クーデターの役割は，政府にはびこる腐敗の一掃だとして，人民裁判所を設立し，前政権の指導者を裁いた．その結果，アチェンポン，アクフォ，それに改革派としてわれわれ「アドバイザリー・グループ」を雇ったボアチエ空軍少佐等の軍事評議会の面々は銃殺刑に処せられた．そして，それが終わると議会と大統領選挙を実施し，政府を民政に移行させた．このようにしてガーナは，「第三共和国」となった．

　しかし，この第三共和国も実に短命だった．選挙の結果，大統領になったのは人民国家党（People's National Party）の党首だったヒラ・リマン博士（Dr. Hilla Limann）だった．彼は，ロンドンスクールとソルボンヌに留学して学位

をとった後,ガーナの外交官になった人で,彼の率いる人民国家党はエンクルマの人民議会党の分身だ.エンクルマ失脚後,人民議会党の政治活動が禁止されたので,その代わりに作られた政党で,思想的にはエンクルマの社会主義的な福祉国家建設を党是としている.だから,リマン政権の経済政策には目新しいところはなく,新政権のもとで経済状況は改善しなかった.むしろ,1979年の第2次オイルショックの影響もあって,経済状況は悪化した.

リマン政権が誕生して2年後,リマンに政権を明け渡して兵舎に帰ったジェリー・ローリングズは,1981年12月31日に第2のクーデターを起こし,今度は「国家防衛評議会(National Defense Council)」政府を作り,その首班に就任した.ガーナは,再び軍事政権に戻ったのだ.そしてその後,ジェリー・ローリングズは,1993年まで軍事政権の独裁者としてガーナを統治し,1993年に民政移行したときには国家民主議会党(National Democratic Congress)という政党を作り,党首として選挙を戦い,大統領になって,2001年までその職にあった.実に20年近くガーナ政府の首班を務めたことになる.ローリングズが,アチェンポンやアクフォ等の軍人独裁者と違っていたのは,既存の政党政治と都市の政治エリート層を遠ざけ,当初から農民や都市の貧困層の利益を守り,ガーナを再生することを標榜していたことだ.いままでの政治と政策に不満で,自分自身で農村部に出かけて行って,灌漑施設の建設に携わったりしている.マルクス主義者を含む社会主義的なアドバイザーに囲まれ,彼の当初の政策志向は,国家統制と国家計画によってガーナ経済を再生しようというものだった.

しかし興味深いのは,そのような統制主義的・社会主義的な政策は実効性がないことがわかるにしたがい,徐々に自由化政策をとり始めたことである.わたくしは,第2次ローリングズ・クーデター以降はガーナを離れていたから,ガーナの政治のダイナミックスがどうなっていたか詳しいことは知らない.しかし,ガーナの経済政策の路線変更には,1982年にガーナの財務大臣に就任したクウェシ・ボチュウェイ(Kwesi Botchwey)の影響を感じずにはいられない.彼は,イェール大学とミシガン大学で法学を修めた法学者で,ザンビア大学,ダールエスサラーム大学,ガーナ大学で教鞭をとっていた大学教授で,ローリングズに請われて財務大臣の職に就いた典型的なテクノクラートだ.さらに興味深いのは,当時のガーナのインテリと同じく,彼もかつては思想的には社会主義的で,彼がミシガン大学に提出した博士論文の中核の議

第4節 ワシントン・コンセンサスの処方箋

論は,国際的な独占資本を批判する従属理論だったことだ.1983年を元年とするガーナ経済の改革——いわゆる構造調整と呼ばれるマクロおよび重要セクターの政策と制度の改革——は,IMF・世銀の支援のもとに,ボチュウェイ大臣を中心として進められ,彼の任期中続けられた.そしてこの間に,彼はサブサハラ・アフリカで最も成功した経済改革を主導した経済改革者としての名声を確立したのだった[12].もちろん,ボチュウェイのほかにもローリングズ政権のテクノクラートはいた.たとえば,現在ガーナの経済政策研究センター (Center for Economic Policy Research: CEPA) の専務理事をしているジョー・アベー (Joe Abbey) は,もともとアクフォ政権で財務・経済計画長官 (Commissioner for Finance and Economic Planning) をしており,トロント大学の経済学博士号を持ち,たぶんアクフォ政権で唯一経済政策を理解する人物だった.そしてローリングズ政権になっても,ガーナ経済に関する知見を買われて,ボチュウェイ大臣を助けて,経済再生プログラムの策定と実施にテクノクラートとして大きく貢献した (Toye 1991, p.158).

ボチュウェイが改革を始動した1983年は,ガーナ経済にとっては非常に厳しい年だった.まず数十年に一度という旱魃がガーナを襲った.さらに,第2次オイルショック後の石油価格の下落から不況に陥ったナイジェリアが,100万人近いガーナ人労働者をガーナに帰国させた.それに追い打ちをかけるように一次産品価格の国際的な下落が始まり,カカオの輸出価格は急落した.このような状況になって初めて,IMFと世銀の支援が要請された.もともと,第1次ローリングズ・クーデターの後に成立したリマン政権でも,経済再生のためにIMF・世銀の支援を要請しようという意見はあったが,国民の反発を怖れて決心がつきかねていた.事情は,第2次ローリングズ・クーデターの後でも同じだった.国家防衛評議会のメンバーの間にも,従属理論に基づくIMF・世銀に対する根強い反対があり,そのメンバーの対ローリングズ・クーデターが失敗して彼らが政権を離脱して初めてIMFと世銀の支援が要請されたのだ.先にも指摘したように,ローリングズのクーデターの動機は,シリア・レバノン商人と結託した軍事政権内の腐敗を一掃することだった.しかし,あらゆる種類の規制・統制で歪が累積した経済の腐敗を一掃すること

---

[12] ガーナの構造調整の経験については,Toye (1991, Chapter 14) および Leechor (1994, Chapter 4) に詳しい分析がある.さらに,アフリカ全体の構造調整の経験については,World Bank (1994a) を参照.

は不可能に近い．ローリングズも，この現実を目の当たりにして，従属理論を乗り越える決心をしたようだ．こうして，経済再生プログラム（Economic Recovery Program）が始まった．

まず手を付けられたのは，為替レートだ．1983年には対ドルで2.75シーディーだった為替レートは，まず手始めに8.83シーディーまで切り下げられ，それから何度かの大幅切り下げを経て，1986年には90シーディーに切り下げられていた．当時この一連の為替切り下げはマキシ・デバリュエーションと呼ばれた．そして，その段階で自由変動制が採用された．当初は，石油，カカオ豆，必需品輸入は，例外とされ政府の決める優遇レートが適用されたが，それも1992年には廃止された．このようにして，もはや必要のなくなった為替のブラック・マーケットは消滅した．為替レート改革一つをとっても，改革には10年近い年月が必要とされたのだ．しかし，為替レート改革の効果は著しいものがあった．特に，為替切り下げの利益を受けたのはカカオ生産者で，下落傾向を続けていたカカオの生産は，急激に回復した．これは，為替レート改革と同時に，ココア・マーケティング・ボードの改革を進め，輸出価格に占める生産者価格の割合を大きくするようなカカオ価格政策がとられたからでもある．

為替レート改革と同時に着手されたのは財政改革だ．放漫財政がガーナ経済混乱の元凶だとの認識から，財政改革は避けては通れなかったのだ．一次産品輸出に対する輸出税がガーナ政府の歳入の大きな部分を占めていたわけだから，為替レートの切り下げは，歳入を増大させた．と同時に徴税努力が強化され，税収は増大した．ガーナのこの時期の財政改革の特徴は，新しい税を課したり，税率を上げたりせずに，むしろ個人所得税に関しては限界税率を下げたにもかかわらず，歳入が増大し，その結果歳出削減のない財政改革が可能となったことである．そればかりではない．それまでほとんど過度に低く抑えられてきた政府職員の給料と賃金は大幅に引き上げられた．財政改革の効果も統計から明らかだ．改革前のガーナは，毎年GDP比5～10%の財政赤字を出していたが，財政赤字は1986年までにはゼロになり，その後は歳入超過になっている．もちろん，その後も財政改革は続けられた．たとえば，政府の人員整理がそれだ．政府もココア・マーケティング・ボードも，多数の「幽霊職員」を抱えていたが，これら幽霊職員を含む政府部門の人員削減が試みられた．

その結果，中央銀行の財政赤字ファイナンスがなくなり，1983年時点で年

率120%を超えていたインフレーションは，年率20%台に収束した．改革後は，中央銀行の貨幣供給面だけで見れば，財政赤字よりは援助資金の流入のほうがより大きな要因になっている．そして，改革後数年続いた20%台のインフレも，1990年代初頭には10%台になった．

このように，経済再生プログラムは，財務省が主管するマクロ経済政策分野については，きわめて順調に実施され，プログラムを支援した世界銀行等からの援助資金が流入し，輸出増加以上の輸入増加が可能になり，投資の急増を支えた．その結果，ガーナの実質 GDP は，1983年のマイナス成長を境に増加に転じ，それ以降年率5%程度の成長を達成することができた．

しかし，このような成長を持続させるには，マクロ経済政策だけでは十分ではない．エンクルマ時代からの累積した経済の歪を正常化しなければならない．先にも述べたように，ガーナには300以上の大小の国営企業が存在し，その多くの経営状況は悪く，年々財政支援を必要としてきた．民政安定のためという名目で多額の補助金が財政から支出され，多くの商品には価格統制が課され，供給不足のためにブラック・マーケットがますます勢いを増してきていた．国営の銀行は，政府の指示に従って返済が期待できない国有企業やプロジェクトに貸し込んでいたから，不良債権のたまり場になっていた．何よりも，カカオをはじめとする農産品を取り扱うマーケティング・ボードは，生産物だけでなく，肥料等の投入も独占的に取り扱ってきたから，より効率的な流通のためには，何らかの改革が必要とされた．

このようなセクター・ベースの改革は，マクロ経済が一応の安定を達成した1987年あたりから着手されたが，これらの改革は必ずしもスムーズに実施されたわけでもなく，また改革として充分であったわけではない．価格統制と補助金の撤廃については，教育，保健サービスの補助金撤廃には国民の抵抗が強かったし，エネルギー価格については，国際価格が高騰していることもあっていまだ問題として残っている．国営企業改革も難しかった．国営金鉱会社（National Gold Mining Corporation）は，最終的には民営化されたがココア・マーケティング・ボードのカカオ輸出の独占は最後まで残された．しかし少なくとも10,000人ともいわれた「幽霊職員」とさらに14,000人に上る余剰人員は整理された．人員整理が難しいのは行政改革・公務員改革の場合も同じで，20,000人の余剰人員，15,000人の幽霊職員と12,000人の退職年齢を過ぎた職員の整理が行われたが，それも予定よりは遅れていた．銀行の民営化も予定ど

おりには進んでいない．

　ローリングズの長期政権——軍事独裁政権と選挙に基づく民主政権——が実施した経済再生プログラムとそれに続く改革プログラムは，成功だったのだろうか．わたくしは，成功だったと確信する．当初の経済再生プログラムによって1960年代から危機と停滞を続けてきたガーナ経済は成長路線に乗った．その後の構造改革は，幾分灰色の部分を残す結果となったが，それでもローリングズ政権前の経済の歪は，おおむね除去された．そして，それ以降も年率5％位の経済成長が続いている．1984年以降の経済成長は，1人当たりのGDPを増大させてきたが，それでも1961年から2000年までの長期をとってみると，1人当たり実質GDPは年平均0.21％の減少を示している．「失われた30年」の負の遺産がいかに大きいかがわかる（Ndulu et al. 2008, p.10）．

　しかし，ローリングズ政権による経済改革の最大の貢献は，わたくしが「ベイツ・プロセス」と呼んだ政治経済の悪循環を断ち切るのに成功したことではなかろうか．「ベイツ・プロセス」に内在する政治経済のダイナミックスは，ローリングズ改革によって変えられた．「逆ベイツ・プロセス」を始動したローリングズとその仲間，彼らをテクノクラートとして支えたクウェシ・ボチュウェイも，最初から社会主義的な統制経済体制を自由化し，開放経済体制をとることによって，そしてIMFや世銀の支援を得ることによってガーナ経済の再生が可能であると信じていたわけではなかった．先にも述べたようにアクフォ政権は，国際金融市場——特にペトロダラー資金——に経済立て直しの方策を探って，失敗した．ローリングズ政権もまた，成立直後にソ連に経済ミッションを送り，援助を求めている．これらの試みが失敗して初めて，そして厳しいガーナ経済の現実に直面して初めて，長く途上国の開発思想を支配してきた従属理論の呪縛から解放されて，より現実的な開発戦略と経済政策がとれるようになった．

　アフリカの経済学者エンドゥル（Benno J. Ndulu，現在タンザニア中央銀行の総裁の職にある）は，1960年代から1990年代にかけてのアフリカの経済停滞の主たる原因の一つに，経済統制（Control Regime）の開発戦略を挙げている．彼は，途上国の輸入代替工業化路線とそれを達成する手段・体制として，政府による経済統制がとられたことを経済成長シンドロームの一つのタイプであるとしたうえで，そのような路線が当時は国際的にも支持されていたパラダイムだったと言っている（Ndulu 2008）．わたくしが，ここでベイツ・プロ

セスと呼んだ経済成長の政治経済的ダイナミックスを引き起こしたのは，まさに統制経済体制だった．ローリングズの改革は，その根源である経済統制に終止符を打ったのだ．国際的にも，統制経済のパラダイムは完全に姿を消した．ガーナの今後の持続的な成長の基盤がこうして築かれたのだ．

　ガーナの首都アクラの中心地は，クリスチャンボーグとかヴィクトリアボーグとかの植民地的な名称を持った地域だ．わたくしがよく通った政府官庁もここにある．そこから東に行くと，テマと呼ばれる海岸地域になる．ガーナを再訪したときに，わたくしは四半世紀ぶりにこの辺りを歩き回ってみた．以前には，荒涼としたビーチと更地だけが目立ったところに，いまはビーチ・リゾートがあり，工業地帯があり，特に港があるあたりはトレーラートラックで混雑している．これがあのテマだったのかと見違えるばかりだ．そこには，四半世紀前に感じた絶望感は消えて，ガーナ経済の将来に関する希望を呼び起こす景観が広がっていた．

第 7 章　スリランカ：「天国に一番近い国」の悲劇

Courtesy of the University of Texas Libraries, The University of Texas at Austin.

スリランカの GDP 成長率と 1 人当たり所得

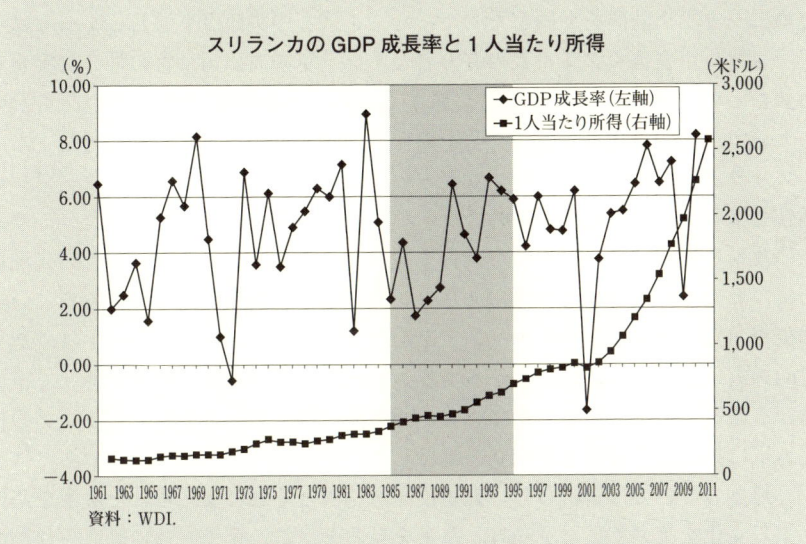

資料：WDI.

第1節 「天国に一番近い国」の悲劇

　スリランカという国名が人の心に呼び起こすのは「美しい国」というイメージだろう．またスリランカの政治経済に多少通じている人は，「所得水準は低いのに，人間開発指標は高い」人にやさしい開発政策に成功してきた国であると同時に，1970年代初頭から断続的に民族戦争を続けてきた国だと認識するに違いない．

　わたくしは，1987年初夏のある日，スリランカ空軍のヘリコプターに乗せてもらってコロンボからスリランカ最北のジャフナに旅をした経験がある．スリランカ北部と東部を中心にタミル民族の分離独立を目指して内戦を続けてきた「タミルの虎」がスリランカ政府の要請を受けて軍事介入したインド軍によってまさに平定されようとしていた時期のことだ．わたくしは，当時世界銀行のアジア第1局長で，スリランカは担当国の一つだった．内戦の終結を目前に控え，なるべく早い時期にスリランカの戦後復興計画を作り，国際社会によってそれの実現を支援するスリランカ援助国会議を組織しようと関係部署や関係機関と調整をしていて，タミルの虎をはじめタミル人グループと話し合いのためにジャフナ訪問を計画したのだった．正式な中央政府を通じるルートはなく，コロンボ在住のタミル人の有力者とインド軍の方面司令官の仲介で実現した旅だった．世銀アジア第1局に属するコロンボ駐在事務所長とわたくしの二人旅で，世銀の代表ではなく全くの個人の資格でのいわば隠密旅行だった．

　スリランカ空軍の大型ヘリコプターの扉は開け放たれ，四方にはウージー機関銃を構えた兵士が地上からのスナイパー攻撃を警戒している．また，ミサイルの攻撃を警戒して全行程低空飛行を続けている．そんなものものしい状況なのに，わたくしが感じたのは，スリランカはなんて美しい国なのだろうという印象だった．コロンボからキャンディを経てジャフナにいたるルートは，進行方向の右手にはいっぱいに広がるプランテーションと森林地帯が，所々で市街地とその近くの畑に切断されている．歴史的には，ポルトガル，オランダの植民地軍に抵抗して最後まで独立を維持していたカンディ王国は，このあたりを中心地としていて，素晴らしい大規模灌漑施設とそれに支えられた農業を基盤とする文化を築いてきた．一方，左手を見ると，ここ椰子の林に縁取られた海岸線が続き，その向こうにはインド洋の海原が広がっている．そしてコロンボ

第1節 「天国に一番近い国」の悲劇

とジャフナのちょうど中間点に太古の昔スリランカを征服したアーリア人のグループが上陸したといわれるプッタラムの港街が見える．

わたくしが降り立ったのは，スリランカ北辺の都市ジャフナの南にある小島のヘリポートで，インド軍の方面司令官が出迎えてくれ，そこからジープに乗ってジャフナの市街地に入った．ここは，もともとタミル人の建国になるジャフナ王国が首都を置いていたところで，その後オランダの植民地領になった．それ以前にはジャフナ王国時代にアジアの海岸線に沿って東西を行き来したアラブ商人とポルトガル人の影響を強く受けている．港街には美しい立木の中に古い城壁や教会や学校が立ち並び，美しい街だったことが偲ばれる．しかし，近づくにつれてはっきりと見えてきたのは，内戦の跡を生々しく残す荒廃だった．建物の壁は砲弾で崩れ落ち，教会は砲弾で穴だらけだ．そして，通り過ぎる町の十字路にはトーチカが築かれ，グルカ兵があたりを睥睨している．

実は，この時点では「タミルの虎（Tamil Tigers: LTTE）」を平定したのはスリランカ政府の要請でタミル反乱軍の展開する北部と東部に進攻したインド軍で，スリランカ軍はまだ来ていなかった．戦後復興の話し合いを仲介してくれたのは，インド軍の方面司令官とタミル人の政府代表だった．この後，そのとき合意に基づいて，夏の休暇を返上したわたくしの同僚とコンサルタント10人余が北部と東部を見てまわり，内戦による被害状況を把握したうえで復興需要を積算し，その年の暮には大まかな復興計画を立て，戦後復興のためのスリランカ援助会議を開催するところまでこぎつけた．

しかし，外国の軍隊によってもたらされた平和は長続きしなかった．世界銀行やスリランカ援助グループの主要国が戦後復興の作業を進めている間に，タミルの虎のゲリラは，当時のインド首相ラジブ・ガンディーを暗殺し，その結果インド軍はスリランカの内戦から手を引き，なしくずしに平和は内戦状態に逆戻りをした．1983年に始まった内戦は，幾多の停戦を交えて最近まで続き，四半世紀以上の殺戮ののちに，2009年5月にようやくタミルの虎の軍事的敗北で終焉を迎えた．

内戦は，スリランカという「天国に一番近い国」の悲劇だったが，一体何がその悲劇をもたらしたのだろう[1]．ジャフナへの旅以来，スリランカを思い出

---

[1] スリランカの美しさと内戦の悲惨さを描いたフィクションに，Ondaatje (2000) がある．著者は，有名な小説 *English Patient* を書いた，スリランカ出身のカナダ人作家で，南部のJVP（スリランカ人民解放戦線，Janatha Vimukthi Peramuna）の反政府ゲリラ，北部と東部のタ

すたびにその答えを見つけようとしてきた．しかし，答えはあるのだろうか．

スリランカは，1948年に長いイギリスの植民地統治から独立した．それより少し前のインド独立では，パンジャブ州を中心としたヒンズーとイスラムの確執が民族暴動に発展し，結局インドとパキスタンという2つの国家に分裂した．また，近隣のビルマはやはり1947年に独立を果たしたが，イギリスとの独立交渉で先頭に立った独立の闘志オン・サンは，独立を目前にして同志とともに暗殺された．しかし，そのような近隣諸国の騒乱に比較して，「1948年のスリランカは，安定と平和と秩序のオアシスだった」(De Silva 1981, p.489)．

スリランカの経済は，プランテーション経済と稲作を中心とした零細農業部門から成り立っており，プランテーション部門では，お茶，ゴム，ココヤシの栽培と輸出がスリランカ経済のバックボーンとなっていた．イギリスの統治下にあって，イギリスの東インド会社の影響を強く受けていたスリランカのプランテーション経済の発展は，同じ境遇にあったマラヤのプランテーション経済と同じく，幾多の変遷を経てきた (De Silva 1981, Chapter 21)．最初はシナモンが主たる産品だったが，そのうちにココヤシの比重が高まり，そしてコーヒーが主要産業になった．しかし，これまたマラヤの場合と同じく，コーヒー病害が広がったことを契機として，今度はお茶の栽培が盛んになった．そのうえ，20世紀の初頭にゴム・ブームが起きるとスリランカでもゴムのプランテーションが盛んになった．お茶の栽培は労働集約的で，インドからの低賃金の移住労働者に頼らざるをえなかったが，ココヤシやゴムはそれほど労働集約的ではなく，小農ベースの経営が可能である．そこで，これらの産業にはイギリス資本だけでなく，地場資本が資本参加したり，農民自身が米作からこれら一次産品に転換することも多かった．また，イギリス統治下におけるプランテーション産業の隆盛は，スリランカ経済のもう一つの柱である自給自足の稲作ベースの小農の停滞を意味しなかった．この労働集約的，土地集約的稲作は，イギリス人によって開発された中部や北部の高地と対照的に低地地帯 (Low-land Ceylon) と呼ばれた南部で盛んであったが，イギリスの統治下で灌漑設備に対する投資が盛んになり，その結果中部の乾燥地帯にまでひろがった．

ミル人反乱軍の時代をフィクションに仕立てあげた．

イギリス統治時代の経済発展の結果，スリランカの1人当たり GDP 水準は，マラヤには及ばないものの，近隣のインドやパキスタンと比較して格段に高かった．その当時のアジア諸国の所得水準を比較した面白い統計がある (Kravis, Heston, and Summers, 1982, Table 1.4)．1950年時点でのアジア諸国の1人当たり所得水準（購買力調整済）を同時点のアメリカの所得水準のパーセントで表すと，スリランカは11.4%だったが，マレーシアは14.6%と30%近くも高くなっている．しかし，インド（7.1%），韓国（7.6%）をはるかに凌駕している．また，フィリピン（10.3%）やタイ（9.9%）をわずかながら上回っている．それからの半世紀の間に，スリランカ経済が比較的に低成長であった事実が印象的だ．

1983年来2009年まで続いた「タミルの虎」による内戦についてはすでに触れたが，独立後のスリランカにおける紛争の歴史は長い．後ほど詳しく議論するように，スリランカは独立の当初から内紛の可能性を秘めていた．独立までの間は，スリランカはある程度の自治権を与えられていたが，宗主国イギリスの統治下では，自治権を行使できるのはイギリス政府に近いスリランカのエリート層に限られていたし，政治的独立のために団結していた．しかし，ひとたび独立が達成されると，いろいろな社会的分裂が露わになってきた．第1に，政治的なエリート層とその他のグループの反目である．エリート層は，イギリスへの留学経験を持つものを含む，高等教育を受けた層で，政治経済の活動に英語を使用している人たちである．一方，それに反目するのは英語を話さない地方の政治指導者たち，特に南部の農村部のシンハラ人であった．ここでは，政治的にも経済的にも現状を支持する守旧派のエリートと政治経済改革を支持する左翼グループの対立になる．また，それぞれの出自であるカーストよりは，むしろ国語問題が政治の前面に出てくることになる．ところが，多民族国家であるスリランカでは，言語問題は政治的な危険性を秘めていて，容易に民族問題に転化する．

独立当時のスリランカの人口構成を見ると，シンハリが69.4%，タミルが22.7%，残りがモスレム（7.1%）とその他（5.8%）となっている．タミルはさらに，スリランカ・タミル（11.1%）とインド・タミル（11.7%）に二分される．前者が，スリランカに古来居ついているタミル人であるのに反して，後者はイギリスの統治下になってプランテーション労働者としてインドから連れてこられたタミル人で，同じ言語を話すタミル人であっても，民族的には区別

して考えられている[2]．人口の大多数を占めるシンハリの言語，シンハリ語を国語と指定すれば，タミル人は二級国民と規定されるとして反発する．一方のシンハリは，スリランカでは多数民族でありながら，少数民族としての意識を持っている．タミル人が，商業，産業で抜きんでており，またイギリス人がタミル人を多く官吏として政府部門に雇用してきた歴史的経緯から，タミル人に自国を牛耳られるのではないかという怖れを常に抱いている．そのうえ，タミル人はインドの南部州タミルナドの圧倒的大多数を占めるから，シンハリはタミル人を少数民族と考えられない．しかも，シンハリはインドで一掃された仏教の守護者として，ヒンズーの大海に取り囲まれた仏教の小島のような自覚を持っている．このように，民族問題はまた宗教問題に容易に転化される．

　1950年代には，スリランカ全土を揺るがす民族暴動が起こったが，これはバンダラナイケ首相が，選挙でのシンハリ票を狙って1956年にシンハリ語を公用語とする法案 (Official Language Act) を上程したのに反発したタミル人が起こした自然発生的な暴動だった．より深刻な武力闘争を伴った紛争は，1971年に起こったJVP (Janatha Vimukthi Peramuna) の反乱である．JVPは，高等教育を受けながら適当な職に就けないシンハリの極左青年グループで，下層カースト出身の青年が中核を占めていたが，明らかに思想的な階級闘争を指導理念にしていた．反乱自体は厳しく軍事的に抑圧されたが，政府の政策はその影響を受けて社会主義的方向に，しかも相当急進的な方向に向かった．1972年の農地改革法，プランテーションの国有化，産業・商業の国有化，等々はその結果であった．結果は，シンハリ国粋主義と仏教徒集団の政治的躍進だった．そして，それに対するタミルの反動を契機として1979年に全土に反タミル暴動が広がった．この年が分岐点で，それ以来タミル人の北部あるいは東部への移動が始まり，そして1983年には武装化された「タミルの虎」，正式には「タミル連合解放戦線 (Tamil United Liberation Front)」の軍事組織がスリランカからの独立を掲げて内戦を繰り広げることになる．

---

[2] Government of Sri Lanka, Department of Census and Statistics, *Statistical Abstract* (Annual) quoted in Athukorala and Jayasuriya (1994), Table 3.1, p.25. なお，その他には，オランダ植民者の末裔であるBurghers，ヨーロッパ人との混血Eurasiansのほかにその他ヨーロッパ人，マレー人，原住民Veddhasが含まれる．

第2節　経済発展と紛争

スリランカの場合には，独立以来の60年の四半世紀，実に40%以上の年月をシンハリ対タミルの内戦に明け暮れてきたことになる．そして，その間経済は低成長を余儀なくされた．それでは，より一般的に経済発展と紛争の間にはどのような関係があるのだろうか．より根本的には，途上国に頻発する紛争は，何を要因として起きるのだろうか．

紛争問題を議論するときによく引用されるのは，トルストイの「アンナ・カレーニナ」の冒頭の「幸福な家族はみなよく似ているが，不幸な家族はそれぞれ違ったふうに不幸だ」という一文だ．紛争の原因は，経済的，政治的，文化的，社会制度的，宗教的，とそれこそ千差万別だという意味だ．紛争が表面化したケース，紛争が回避されたケース，計9ケースを分析したロバート・マスカットは，それを理由にこれらの雑多な要因をカバーし，紛争が起きるかどうかを予測できるような，一般的な分析のフレーワークは存在しない，と結論付けている（Muskat 2002, p.105）．

そのような汎用モデルを作り上げる努力がなされなかったわけではない．いまでは紛争と平和構築の権威となったポール・コリアーは，世銀で働いていたときに内戦，犯罪，暴力問題を研究するプロジェクトを立ち上げ，それは共同研究者の名前をとり，「コリアー＝ホフラー・モデル」の構築という成果をあげた[3]．このモデルは，発表されるや否や，紛争の根本原因として「強欲対不満」論争を巻き起こした．従来の紛争が，ともすれば社会の一部のグループの何らかの不満を原因として起こっているという認識に反して，このモデルは紛争の原因はむしろ反乱指導者層の物質的欲求追及にあるらしいことを示唆していたからである．しかしわたくし自身は，強欲対不満という性格付けは，このモデルの本質を表していないと思う．

このモデルが従来の紛争の議論と違うのは，紛争の動機に加えて紛争の機会を重視したことである．紛争が起こるには，当然何らかの動機がなければなら

---

[3] Collier et al. (2003). モデル自体は，Collier and Sambanis (2005, Chapter 1 (in Volumes 1 and 2)) の Paul Collier, Anke Hoeffler, and Nicholas Sambanis, "The Collier-Hoeffler Model of Civil War Onset and the Case Study Project Research Design" に提示されている．

ない．あるときにはそれは民族抗争であり，あるいは階級闘争であったり宗教間の反発であったりする．一国内での地域間での抗争も考えられる．世界史をひも解けば，それぞれの歴史的事例には事欠かない．しかし，それと同時に，紛争の動機が，現実の紛争として勃発するためには，それに適した機会や条件が存在しなければならない．動機と機会を包括的に取り込むことによって初めて紛争の一般理論ができる．ここでは紛争を内戦と同義に使っているが，このことは言い換えると，内戦を仕掛ける側の内戦の費用便益分析のモデルであるともいえる．内戦を起こすには動機だけでは不十分だ．反乱軍の兵士を集め，資金を集め，武器を購入し，そして政府軍側に勝てる見通しを持って初めて内戦を仕掛けることができるからである．さらに，動機としては内戦に勝った暁に手に入れるもの——それが権力であれ富であれ，なんであっても——の価値が内戦に必要なコストとリスクを上回った場合にのみ，行動を起こすことに意味が出てくる．

　コリアー＝ホフラー・モデルは，1960年から1999年までの間に内戦を経験した国，内戦が起こらなかった国，合計161カ国を対象にしている．このうちの55カ国が少なくとも一度の内戦・紛争を経験しており，内戦の数は80に達する．この途上国を対象としたデータ・セットをベースに，3個のモデルを作り，どれが一番説得的に紛争の発生を説明するかを比較検討している．まず第1に，不満要因だけを取り入れた「不満モデル」だが，このモデルでは動機としての民族的あるいは宗教的憎悪，政治的な抑圧と政治からの疎外，そして最後に経済的な不平等を動機と考えている．もちろんこれら要素をすべて直接に数量化するわけにはいかないから，いろいろな代理変数で代用するわけである．

　この「不満モデル」に対照的なモデルとして考えられているのは，コリアー＝ホフラーが強調したい機会変数を含んだ「機会モデル」である．紛争の機会を提供する要因としてまず考えられるのは資金源であるが，国内にダイヤモンド等の鉱物資源があってその生産地を制圧すれば，生産物の輸出（あるいは密輸）が反乱の資金源になる．だからその国が一次産品，特に鉱物資源の輸出国かどうかが，機会を決める重要な要素になる．さらに，いろいろな不満を原因として海外に多数の移住者が出ており，反乱に同調あるいは同情するグループがいる場合には，彼らが資金源となる．そのほかにも資金源がある．このモデルは1960年からの時期を対象としているわけだから，当然に長い冷戦の期間

がある．反乱グループに対する資金的な支援は，冷戦の一方の陣営から，すなわち外国政府から得ることも可能である．

　反乱に参加する兵士側からコストを見ると，動機や命の危険もさることながら，機会費用としての得られるべきであった所得の大きさが問題となる．1人当たりの所得水準が低く，雇用に有利な中等教育の機会が少なく，かつ経済全体の成長率が低い場合には，機会損失の程度は少ない．「どうなろうと，失うものはない」という状況である．そのような将来に対する絶望は，若者を反乱軍の側に押しやる．反乱のコストは，戦闘の相手方である政府軍が強いか弱いかという相対的な要因にも影響を受ける．森林地帯や山岳地帯が多いと，政府の軍事力は散漫になるから，反乱軍にとって有利になる．一般的に，国土面積に比較して人口密度が低く，都市化が進んでいない場合には，政府軍に対抗しやすくなる．さらにまた，多民族国家の場合などのように社会的な統一がない場合には，政府軍は有効に機能しなくなる．ただし国家構成員の多様性は反乱軍サイドにも不利になる．反乱兵士をリクルートする母体が小さくなってしまうからだ．

　ここに紹介した「不満モデル」と「機会モデル」を結合した「不満・機会モデル」も考えることができる．両者に含まれる要素は，相反ではなく補完の関係にあるからだ．そして，この3個のモデルを使って，コリアー＝ホフラーは，現実に起こった紛争を説明する要因としては，不満要因は弱く，むしろ機会要因の方が強い影響力を持っているらしい，という結論に到達した．より詳しく結果を見ると，第1に，紛争発生の可能性は，資金源の有無の有無によって強く影響される．一次産品の輸出国に紛争発生の可能性が高いし，また海外移住者（いわゆるディアスポラ）のコミュニティが先進国にあるかどうかも重要な要因だ．第2に，反乱兵士の機会コストの代理変数の低所得水準，低い中等教育機会，低いGDP成長率は，統計的に有意な結果を示している．

　これに反して，「不満モデル」の重要な要因である，所得の不平等，政治的な抑圧，民族的対立や宗教的分裂等は，このモデルでは統計的に有意でないという結果になっている．多民族国家であって，その中の一民族が権力と富を独占しているような優位にあるときだけ，民族要因が紛争を発生させる可能性が高い．注意しなければいけないのは，一国内における多数の民族の混在ではなく，むしろその中での一民族の優位が問題だというわけである．

　このモデルが発表されたときに，激しい論争が巻き起こったのはよく理解で

きる．わたくしは，このモデル結果がどの程度信頼するに足るものか，あるいはその結果かをどのように解釈すべきなのか，さらにまたどのような政策的含意を導き出せるのか，について大きな疑問を持っている．いくつかの問題が指摘できる．第1に，虚心坦懐にこのモデル結果を見ると，「内戦等の国内紛争は，一次産品を主要な輸出品としている低所得国で，民族問題を抱えている国に発生しやすい」と言っているように思える．そのような国はサブサハラ・アフリカに多いから，このモデル結果はアフリカの経験に強く影響されていることになる．それ以上の解釈で問題になるのは，モデルで使われた代理変数は，必ずしもコリアー＝ホフラーが意図した不満変数や機会変数を表していないことだ．たとえば，一次産品といっても鉱物資源から農産品まで多種多様だ．アフリカで問題になった「血塗られたダイヤモンド」のように，反乱軍が鉱区を占領し，密輸ルートがあるような産品の場合は確かに紛争の種になる．しかし，ゴムやオイルパームのように投資後に長い懐妊期間を要し，しっかりした流通組織を必要とするような産品には当てはまらない．また，低所得や低成長は，コスト要因と同時に雇用機会や雇用条件を対象とした不満要因でもある．一般的に，貧困が紛争の原因であるといった場合——そして多くの政治家はそのような論理を使うが——むしろこれらの変数は不満要因だと考えられている．

第2に，より深刻なのは，このモデルはいわゆるクロスカントリー分析で，クロスカントリー分析の持つ欠陥は多く指摘されている．いわく，多くの数値をブラック・ボックスにぶち込んで，統計的な有意性を判定し，そして結果の意味するところを類推するだけで，因果関係について論理的・理論的な裏付けがあるわけではない．何よりも問題なのは，コリアー＝ホフラー自身が認めるように，紛争・内戦・和平といったプロセスについては，これらのモデルは何も教えてくれないことだ（Collier and Sambanis 2005, Chapter 1, p.2）．

そして，何よりも問題なのは，コリアー＝ホフラー・モデルは，最近のサブサハラ・アフリカの紛争の経験に強く影響されすぎていることだ．アフリカの紛争の歴史的事例は数多く，モデルから出てくる結果は当然アフリカの特徴的な条件に大きく左右されることになる．一次産品，特にダイヤモンドや金といった鉱業産品の奪取を目的とした部族抗争が典型的な紛争のパターンとなる．そのような事例が大きな比重を占めるモデルが，スリランカの場合に当てはまるかどうかは疑問だ．

第 2 節　経済発展と紛争

　わたくしが，スリランカの場合により妥当すると考えるのは，華僑系フィリピン人で，イェール大学ロースクール（法科大学院）の教授になったエイミー・チュアの「華僑・印僑モデル」だ[4]．このモデルは，スリランカだけでなく，世界の大きな民族紛争の事例をよく説明するだけでなく，経済発展と民族紛争の関係を構造的に把握している．その考え方の核心は次のようなものだ．

　今日の多数の途上国は，民族問題を抱えている．しかし，それは単に複数民族が存在する，あるいは一国内に違った民族が地域的に偏在している，といった単純な問題ではない．歴史的に——特に植民地時代に——一国内のある民族が特定の経済部門や職業分野に集中するようになって，その分野における比較優位のようなものを持つようになった事例が多い．あるいはまたそのような比較優位を持った民族が多数移民としてその国にやってきて特定の経済部門や職業分野で秀でるようになったケースも多い．具体例を考えるとわかりやすい．東アジア諸国の多くには歴史的に華僑のグループが商業分野や産業分野で一大勢力になっている事例がある．タイの首都バンコックはかって人口の 7 割は華僑系の移民で占められていたし，金融・商業・産業に多大の勢力を誇っていた．フィリピンでは，華僑系のグループと旧宗主国スペイン系の地主を出自とするグループがフィリピン経済に対する支配的な勢力となっていた．タイやフィリピン程の華僑人口の集積を持たなかったインドネシアでも，華僑系企業の金融・商業・産業分野での活躍は著しかった．

　このような特徴を持った少数民族——エイミー・チュアはこれらを「市場支配的少数民族（Market-dominant minorities）」と呼んでいるが——は東アジアの華僑だけではない．ラテンアメリカのスペイン系の都市に暮らす支配層もアメリンドと呼ばれるインディオとの混血やインディオにとっては，市場支配的な少数民族としての特徴を備えている．また，サブサハラ・アフリカでは，東アフリカでは印僑と一般的に称されるインドからの移住者である金融・商業・産業部門の民族がいるし，西アフリカでは同様の役割をレバノンをはじめとする中東からの移民が果たしている．アフリカ人の間でも，ケニアのキクユ族やナイジェリアのイボ族のように商業と金融で優位な立場を築いてきた少数民族がいる．歴史的には，ヨーロッパからロシア，北アフリカ，中東に広がったユ

---

[4] Chua (2003)．エイミー・チュアの本書における主張を「華僑・印僑モデル」と名付けたのは，筆者．

ダヤ人のグループも，市場支配的少数民族と考えられる．

　市場支配的少数民族の存在が社会的な不安定要因になるのは，ただ単に彼らの経済的な優位性とそこからくる富と繁栄の独占，それらが生み出す多数民族との間の経済格差だけではない．工業化と都市化を伴う経済発展のプロセスでは，市場化が同時進行する．そして，工業と都市に基盤を置く近代部門が，農村部を基盤とする伝統的部門よりも早く成長する．その結果，近代部門に近いグループが経済発展の恩恵をより多く受ける．商人や産業人のような資本家階級だけでなく，都市住民で労働者階級に属する人たちも，近代部門の高賃金を享受することになる．農村部の低生産性と都市部の高生産性が，その間の格差を拡大させるように働くのだ．そして農村部の人口は，経済発展から取り残される「古い人たち」となる．格差は，資産・教育，あるいは民族間のネットワーク効果を通じて増幅される．

　このような格差は，民族間の緊張を高め，ある場合には紛争に発展する．事実，独立直後のアジアやアフリカの途上国では，多数民族による市場支配的少数民族に対する迫害が起こっている．東アフリカからのインド人の追放や，ミャンマーからのインド人の追放はそのよい例だ．また，追放や市民権の剥奪までにいたらないにしても，政府の開発戦略や成長政策が格差によって変わってくる．「羨望の政治」とでも呼ばれうる政治力学に基づいて，格差是正の大義のもとに，市場支配的な少数民族に不利な経済政策がとられる．多数民族のための産業育成のために，既存の企業が規制され，いくつもの特権を有する国営企業が起こされる．農業の保護とともに，このような新規の民族産業保護の政策がとられる．このプロセスで，近代部門のダイナミックな担い手である少数民族の経済活動は抑制され，結果として経済発展のペースが遅れることになる．

　このようなことは，権威主義的政権のもとだけでなく，民主主義政権のもとでも起こりうる．むしろ，多数民主主義制度のもとでは，選挙活動を通じて少数民族に対するバックラッシュが起きやすい．権威主義的な政権のもとでは，経済的な優位を有する少数民族は，時の権力と結託していわゆるクローニー資本主義の担い手として繁栄する道が残っていた．しかし，民主主義のもとで少数グループの利益が損なわれることになると，そのグループは人種差別されたと感じ，「二流市民」扱いされたという不満を持つようになる．ある場合には，市民権，財産権まで制約されれば，この不満は紛争の種になる．同時に，経済

は低成長あるいは停滞の道をたどる．

　これが，エイミー・チュアが描いた途上国の典型的な民族紛争と経済発展の関係のシナリオだ．このシナリオのもとでは，多数主義原則に基づく民主主義制度は，途上国の社会の不安定要因となるし，また市場経済を世界市場に結び付けよりオープンなものにするグローバリゼーションも同様に途上国にとっては，多数民族の犠牲において市場支配的な少数民族に経済的な利益を与えるからという理由で，社会の不安定要因となる．

　わたくしには，エイミー・チュアは悲観的すぎるように思われる．現実には，市場支配的な少数民族と伝統的経済部門に従事する多数民族を抱えながら，民族紛争と経済停滞のシナリオを逃れた国が多数あるからだ．どうも，その秘密は，植民地体制から政治的独立を勝ち取って多民族国家として発展していく過程で，民族間の利害対立が民族紛争と経済停滞に変容していくのを未然にくい止める政治的な装置を，いかにして長持ちのする国家のインスティテューションとして築きあげていくか，にありそうに思える．ここでいうインスティテューションは，単に制度よりははるかに広い概念で，政治体制を裏打ちする理念を含む国家の統治システムで，政策というよりはむしろ憲法上の諸原理・原則・規範のようなものと考えられる．

　それがどのようなものかは，これから検討するが，わたくしは，ダロン・アジェモールとジェームス・ロビンソン（Daron Acemoglu and James A. Robinson）が彼らの『独裁制と民主主義の経済的起源（*Economic Origins of Dictatorship and Democracy*）』で使った議論に有意義なヒントがあると考える[5]．アジェモール＝ロビンソンは，政治制度の発展を，ゲーム理論的な枠組みを使って，制度の発展と定着はゲーム・プレーヤーのそれぞれの厚生を最大化するような均衡点として現れると考える．たとえば，絶対君主制のもとでは，君主側の政治的な勢力や経済的な利益は常に貴族階層やブルジョワジーの政治勢力や経済利益に対峙しているので，絶対君主といえどもその政治的な優位性が常に保障されているとは限らない．常に叛乱や革命の可能性にさらされているといってもよい．一方，君主に対峙する勢力も，よほど自らの利益が損なわれない限り，政治的・経済的損失をもたらすかもしれない反乱や革命を起こ

---

[5] Acemoglu and Robinson (2006)．Acemoglu はもともとトルコ語の人名で，日本語では「アセモーグル」とか「アセモウル」と標記されることが多い．ここでは，筆者たちの在日トルコ人の知人の助言を入れて，一番近似的な発音「アジェモール」を採用した．

そうとは考えない．ゲーム理論的な枠組みでは，反乱や革命等の紛争は，君主側にもまたブルジョワジー側にも損害を与えるネガティブ・サム・ゲームになってしまうことが多い．そこで妥協の余地が生まれる．そしてそのような妥協は，ポジティブ・サム・ゲーム，あるいはゼロ・サム・ゲームになって，利害対立の均衡点として現れる．通常の場合，絶対君主制のもとでは，一度だけの妥協は君主側のブルジョワジー側に対する譲歩の形をとるから，状況が変わったときに，約束不履行が起こる可能性がある．その不利をなくして，君主の約束が長期にわたって履行されるようにするには，議会等のインスティテューション（政治制度とその運営方法に関する規約）を設置して，君主の政治的な行動を監視する必要がある．君主側は，民主主義制度を導入することによって，政治的権力をブルジョワジー側に移譲することを強制されるが，その代償として政治的な安定を確保する．インスティテューションとしての民主主義が生まれ，そして定着するかどうかは，市民社会の強靭さ，既存の政治機構の性格，民主制導入の契機となる政治的あるいは経済的な危機の性格，社会の基礎になっている経済構造，それに内在する格差の程度，そして国際経済との統合の度合い，等々いくつかの要因によって決まる（Acemoglu and Robinson 2006, Chapter 2）．

　民主主義制度をここ議論するつもりはないが，アジェモール＝ロビンソンがここで使ったゲーム理論的な枠組みは，民族紛争の分析と紛争回避のための政策を考えるための知的な道具を提供してくれる．すなわち，市場支配的な少数民族と多数民族が共存する途上国が，宗主国の支配を脱し，政治的な独立を獲得した後で，調和的な共存と経済発展を達成するか，あるいは民族紛争と経済停滞の道をたどるかは，その国がここで述べたような政治的妥協のための装置としてのインスティテューションを作り上げるのに成功したかどうかにかかっているようだ．ただし，市場支配的少数民族は，商業・金融・産業の分野で多大な勢力を持っているといっても，君主のように政治権力を持っているわけではない．政治権力は，ほとんどの場合多数民族が握っている．したがって，民族問題の解決策が，議会民主主義の導入とその定着にあるということにはならない．

　次節では，少数民族問題に絡む紛争から内戦となり，経済的にも長期にわたる低成長を経験しなければならなかったスリランカと同様の問題を抱えながら，民族紛争を回避し，高度経済成長に成功したマレーシアを比較することに

よって，民族紛争回避と解決の問題を考えたい．

第3節 スリランカとマレーシア：「二国物語」

　実はスリランカとマレーシアを一対のケースとして分析しようという試みは，これが初めてではない．元ハワイ大学教授のハリー・オーシマは，1987年に出版された『モンスーンアジアの経済発展』という著書の中で，過渡期のプランテーション経済を分析して，「歩みの速いマレーシアと足踏みするスリランカ」を比較検討している (Oshima 1987, Chapter 8)．また，ディーパック・ラルとラ・ミントは，いくつかの途上国を発展の初期条件の似通った2国のペアーに組み合わせ，何が——政策が，あるいはインスティテューションが，あるいはその他の外部条件が——発展と成長の差異となったかの比較分析をしているが，そこでもまた，スリランカとマレーシアをペアーとして扱っている (Lal and Myint 1996, p.143)．わたくしは，1960年代の後半を通じて世界銀行でマレーシアとシンガポール担当のエコノミストをしていたが，マレーシア経済を分析する際に，比較対象としてインド洋の向こう側にあるスリランカを選んだことを覚えている．スリランカ経済は，マレーシア経済よりも進んでいるわけではなかったが，初期条件が似通っているのと，スリランカには，ニコラス・カルドアをはじめ有名なイギリスのエコノミストが数多く訪れ，経済政策の助言をしていたからだ．彼らの分析は，実に興味ある視点を持っていたからだ．

　スリランカとマレーシアは，いくつかの類似点を持っている．大航海時代から西ヨーロッパの経済と海を通じて接触してきた．両国とも，アラブ商人だけでなく，ポルトガル，オランダ等の海洋国家の進出の跡があちこちに残っている．さらに，近代では大英帝国の植民地として発展してきた．典型的な植民地経済として，外国資本が興したゴム，お茶，コーヒー等のプランテーションが栄え，鉱物資源の採取も経済の重要な一部になった．そして，そのための労働力として他のアジア諸国からの移民が多数連れてこられた．その一方で，もともとの現地住民が営む，モンスーンアジアに特徴的な稲作中心の農村社会があった．

　このようにスリランカもマレーシアも，長く多民族国家として存在していた．両国間の違いといえば，それぞれが多民族国家になった経緯が違うこと

だ．スリランカの場合は，すでに先史時代からドラヴィダ系の原住民と北インドから征服者として移住してきたインド・アーリア系の住民が混在する多民族社会だった．タミル人とシンハリ人の拮抗は先史時代からの長い歴史を持っている．今日でも，イギリス植民地時代にプランテーション労働者として南インドから連れてこられたタミル人は，「インド・タミル」と呼ばれ，スリランカ・タミルとは区別されている．歴史的・文化的バックグランドが違うと考えられているのだ．

一方のマレーシアの場合は，多民族国家となったのはイギリスの植民地となってからで，主として商業と輸出産業の労働力として移住してきた華僑系の人口とプランテーションの労働者としてインドから移入されたインド系の移民が全人口に占める比率が大きくなってからだ．マレー半島だけを見れば，マレーシアが独立した頃には華僑系とインド系の人口は50％近くにまでなっていた．特に華僑系の人口比率は高く，全人口の3分の1くらいになっていた．まさに多民族国家だ．マレー系の「ブミプトラ（Bumiputra,「地の民」の意味）」と呼ばれる人口も，全人口が古くからマレー半島の住民だったわけではない．第二次世界大戦後直後には，マレー人口の大きな部分がマレー半島生まれではなく，スマトラ島からの移住者であったことがわかっている．このようにマレーシアは，インドと同じような太古からの歴史を持つスリランカに比べ，新しい国で，ある意味では移民の国である．マレー系人口は別にして，少数民族である華僑系やインド系の人たちは，移民の子孫としての意識を強く持っている．ある意味では，マレーシアは本来的に自分たちの国であるという権利意識は薄いのだ．

スリランカもマレーシアも，大英帝国の植民地として長い歴史を持っていることはすでに述べた．また，両国に共通する歴史的な経験の一つは，植民地政府による制約の枠内での民主主義制度の導入だ．まずスリランカでは，20世紀になってからインドの国民会議の形成などの民族運動に刺激を受けて，スリランカ国民会議が形成され，民族主義的政治活動が活発になった．そして，まさにアジェモール＝ロビンソンがモデル化したように，支配者としての植民地政府は，その政治的圧力に対して，ある程度の自治権を付与した制約された議会民主主義制度を導入した．マレーシアでも，1957年の独立以前に植民地政府に対する諮問会議のような形で，ある程度の自治権が与えられ，植民地下におけるマレーシアのエリート層は政治に参画していたのである．スリランカも

第3節 スリランカとマレーシア：「二国物語」

マレーシアも，独立時には，ある程度イギリスの議会民主主義の伝統を受け継いでいた．

　何よりの類似点は，スリランカの少数民族であるタミル族とマレーシアの華僑系の人口は，エイミー・チュアが「市場支配的少数民族」と呼んだ特徴を備えていたことだろう．スリランカのタミルは，全人口の4分の1を占めるにすぎないが，彼らは，土地所有者と農民として農業を主たる生業とするシンハラ人と対照的に，商業・金融・産業の分野に活躍の場を求め，イギリスの植民地政府も，行政能力に長けたタミル人を政府職員として重用した．事情はマレーシアでも同じで，華僑系の経済勢力は，農業を例外として，マレーシアの経済の隅々にまで入り込んでいた．そして植民地政府職員の多くは華僑系およびインド系の教育を受けた階級が多く，ごくまれな例外としてマレー族の貴族階級の子弟がいた．

　さて，先にスリランカを民族融和に失敗した例とし，マレーシアを成功例として挙げたが，ではマレーシアでは民族間の緊張や紛争がなかったのかというと，そうではない．第二次世界大戦後の1948年に始まったマレーシアのいわゆる「反乱（Insurgency）」は，太平洋戦争中に反日ゲリラ戦を展開していたマレーの共産党組織がイギリス植民地政府のマレーへの帰還に反対して引き起こした独立運動であったが，共産主義・反植民地主義というイデオロギーのほかに，その中核が中華系の共産党員であったために，マレー系対華人系という民族的な色彩をも帯びていた．さらに，1969年には，マレーシアの首都，クアラルンプールのあるセランゴール州での選挙で，華人系の政党「マレー華人協会（Malaysian Chinese Association: MCA）」が票を伸ばしたことに反発したマレー人による大規模の民族暴動が発生した．何百人という華人系住民がこの暴動の犠牲者となり，華僑系の商店・住宅が焼き打ちにあった．

　マレーシアでは，多数民族は融合ではなく別々に共存している状態で，英語を使用する学校に行くようなエリート層は別にして，それぞれ異なった言語，宗教，生活習慣，そして往々にして異なった職業を持っていたから，民族間の緊張関係は常に存在していた．わたくしが世界銀行のエコノミストをしていた時期にセランゴール州の民族暴動は起きたが，それ以前にもその兆しはあった．たとえば，わたくしの注意をひいたのは，当時あまり広く報道されなかった1967年のペナンに起こった華僑系商店の焼き打ち事件だ．

　マレーシア独立当時，シンガポールを含む大マレーシア地域で使用されて

いた通貨は「海峡ドル（Straits Dollar）」だ．海峡とはシンガポール海峡のことで，歴史的にシンガポールはイギリスの東インド会社によって「海峡植民地（Straits Settlements）」と呼ばれ，シンガポールにカレンシー・ボードが設立され，イギリス・ポンドを準備とする海峡ドルが発行されていた．マレーシアは独立後，独自の通貨，リンギット，を発行することとしたが，海峡ドルとマレーシア・リンギットが並行して流通していた時期が2年ばかりあった．この間に，イギリスがポンドの対ドル価値を切り下げたのだ．問題は，新しいマレーシア・リンギットは米ドルにリンクした通貨であったから，国内に並行的に流通する通貨の間の交換価値が，ポンドの切り下げを契機として，大幅に変わった．しかし，こんな複雑な事情が，ペナンに買い物に来るマレー農民に理解できるはずはない．そこで，古い海峡ドルを支払いにあてようとしたマレー人は，値札についたリンギット価格より高い価格を要求されて，華僑商人の騙しと差別にあったとして，華僑商店の焼き打ちが発生したのである．民族間の緊張と不信は，それほど根強いものがあった．

一方のスリランカの民族紛争についてはすでに述べたが，1956年のシンハリ語を公用語とする法案に対するタミル人の暴動，1971年のシンハラの青年層が引き起こしたいわゆる「JVPの叛乱（JVP Insurgency）」，1979年にあちこちの都市で起きた反タミル暴動，そして1983年来2009年まで続いたタミルの虎（Tamil Tigers）による北部・東部分離・独立を目的とした内戦，と民族紛争は時を経てますます深刻化してきた．まさに，スリランカが民族融和に失敗した例として挙げられる所以だ．

それでは，なぜ多くの歴史的・経済的類似点を持ったスリランカとマレーシアの2国が，一方は失敗，他方は成功という別の道をたどることになったのか．また，その結果，経済発展はどのような影響を受けたのか．まずマレーシアの成功例を検討して，マレーシアが何を持っていて，スリランカが持っていなかったかを見てみよう．そうすることによって成功の要因と不成功の原因がわかるのではなかろうか．

マレーシアが大英帝国から独立したのは1957年であるが，それに先立って宗主国のイギリスは当時のマレー連邦の政治エリート・グループと独立準備のための協議を重ねた．イギリスの植民地政府は，マレーシアでは民族紛争が起こる可能性が高いと考えていたから，協議ではこの問題を未然に防ぐにはどうすればよいかが検討された．この協議のプロセスから2つの重要なこと

が生まれた．まず独立の後での政治体制は議会民主主義にすることでは合意が成立していたから，そのための必要条件としてしっかりした政党，特に政権を担当する能力のある政党を形成する必要があった．それに応えて，マレー・エリートを中核としてマレー民族統一党（United Malays National Organization: UMNO）がのちに首相になるトゥンク・アブドゥル・ラーマンやトゥン・ラザックというマレー・エリートを指導者として作られた．華僑社会や印僑の指導者も，この政党に参画すべきかどうかを検討した．UMNO が与党となるのであれば，少数民族の代表もその政権に対して自分たちの利益を反映させるために，UMNO に参加することが効果的だと考えたわけである．しかし，UMNO の指導者たちは，UMNO を純粋にマレー人の利益を代表する政党にしたいと考えていたから，この申し出を断った．そこで，華僑系の実業界の指導者は，マレー華人協会（Malaysian Chinese Association: MCA）を作り，印僑の指導者たちはマレー・インド国民会議（Malayan Indian Congress: MIC）をそれぞれ民族政党として作り，この3者が国民連合（National Front）という連合政党を作ることとした．この3党は，明らかにそれぞれの民族の利益を代表する民族政党である．その連合組織を作ることによって3民族間の利害調整を可能にする組織が作られたわけである．もちろん，民族ではなくイデオロギーを信条とする政党も存在したが，与党になりうるだけの政治力は持っていなかった．

　第2は，1957年に成立したマレー連邦の憲法である．この憲法は，後に民族間の「大約定（Big Bargain）」を呼ばれるマレー民族と華人系・インド系住民の社会契約が含まれている．すなわち，マレー系住民がもともとからのマレー半島の主権者であることを認めたうえで，マレー人に特別の権利を付与する．すなわちマレーのスルタンに主権を与える．また，マレー語を国語と規定すると同時に華人系やインド系に比較して劣位にあるマレー人を経済的に優遇する政策をとる，等々のマレー人の特権が認められている．結果として，マレー人には人口比率よりも大きな政治力が与えられた．一方，その見返りとして，華僑系・インド系の住民は，移民からマレー連邦の正統な市民としての地位が与えられ，そのうえで憲法上の種々の権利，市民権，財産権，選挙権，信仰の自由，等々の権利を与えられることになった．

　この2つの出来事で重要なのは，マレーシアの社会がマレー系，華人系，インド系の3大民族グループに分断されている現実を認めたうえで，そのそ

れぞれの民族の指導者が対話と交渉をし，互いから譲歩を引き出して，ある種の民族間の社会契約を作り上げたところに意義があることだ．議会ができた後では，多数民主主義原則が尊重されたが，国家憲法の基礎にある社会契約が侵されることはなかった．もちろん，その運用は状況の変化にしたがって変化してきた．

　第2章でシンガポールの建国と経済発展の物語を語ったが，その中でシンガポールの大マレーシアからの分離・独立のエピソードを披露した．シンガポールにとって国家の危機をもたらしたこの出来事も，マレーシアの側から見れば，ここに述べた3民族党の連合による統治体制に脅威をもたらす可能性のあるものをすべて排除したいというマレーシア国民連合（National Front）の強い政治的意志の表れだと解釈できる．リー・クアンユー率いるシンガポールの人民進歩党は，自らを民族党ではなく社会民主主義党と規定して，マレーシア全土で党活動を繰り広げようとしていたからである．もともと，マレーシアのトゥンク・アブドゥル・ラーマン首相は，このような政党が支配するシンガポールとの合併に危惧の念を抱いていたのだが，「大マレーシア構想」を推し進めるイギリス政府に説得されて，シンガポールを含むマレーシア構想に合意したという経緯がある．その危惧が現実のものになったときに，マレーシアからシンガポールを放逐しようとしたのだ．

　さらに3民族党支配に基づく社会契約の変化の例は，マレーシア政府の「新経済政策」がある．1969年にセランゴール州での民族暴動を受けて，マレーシア政府は「新経済政策（New Economic Policy）」を発表して，マレー系と華人系・インド系の間に存在する経済的格差の解消を最優先課題とする政策に転じ，第2次経済発展計画を通じて，マレー人の経済的な地位を引き上げることにした．まず，マレー系人口の全国内資産に占める所有割合を30％にすることを新経済政策の最終目標とすることにした．そしてその目的達成のために政府は，いくつかのマレー信託機構と銘打った機関を作り上げた．その中で最もよく知られるようになったのは，PERNAS（プルナス，Perbadanan Nasional or National Corporation）だろう．これは1969年に設立された政府持株会社で，華人系やイギリス系の企業との合弁企業や銀行を立ち上げ，政府出資で商業・産業分野に進出することを目的としていた．基本的な考え方は，マレー人の企業家は少ないうえに，資本蓄積が進んでいない．それがマレー人所有の資産が少ない原因だから，まず政府がマレー人に変わって産業資本を取

得したうえで，時期が来たらその資産をマレー人に譲り渡す．それまでは，プルナスは，マレー人全体の信託を受けた機構として企業設立と運営を行う，というものだった．事実，マレーシアのプランテーション部門に多数あったいわゆるスターリング会社と呼ばれていたイギリス系会社の多くは，プルナスに次々と買収されていった．マレー信託機構と銘打った機関の中には，その他にも証券会社がある．マレー人人口による株式保有は極端に少なかったから，新規上場株式の一定割合をこの信託機関が買い上げて保有する．将来マレー系人口の所得が上がり，株式保有ができるようになった段階で個人の所有に移すまで，マレー系人口に代わってこの政府信託機関が株式を保有するわけである．そのほかにも，マレー人に技術教育や職業教育を施す専門機関として MARA (Majlis Amanah Ra'ayat, Council of the Trustees for Indigenous Peoples) 等があった．また，さらにまた，それまで高等教育には英語を共通語として使用していたし，政府の業務にも英語が使われていたのを，マレー語の使用を義務付ける国語政策も採用された[6]．大学の選抜試験にも，民族割り当てが適用されて，マレー人系の人口は成績のいかんにかかわらず入学者の一定割合までは入学が認められた．また，民間会社の雇用にも同様の民族割り当てが設けられ，たとえば外国投資家は一定割合のマレー人労働者を雇用することが義務付けられた．

　このようなマレー人優遇政策は，マレー人の独断で行われたのではなく，3民族党を擁する国民連合内の議論の結果の妥協案として出てきたもので，ちょっと見には相当ラディカルに見えても，現実には非マレー系の所得なり，財産なりの再分配は伴わなかった．政策の核心は，国富と国民所得の増分をマレー系住民に有利に配分することにあった．これが，新経済政策が，他の国の再分配政策を違うところで，ある程度の成功を収めた原因ではなかろうか．この「増分の分配」という考え方は，政府に増分を最大化する――すなわち成長を促進する――大いなる誘因となる．経済格差の是正には，成長が必要条件になってくる．したがって，経済政策も成長促進的にならざるをえない[7]．

---

[6] この国語政策は，現存政府職員にも適用され，政府職員は全員マレー語テストを受けさせられた．当然テストの試験官はマレー人で，非マレー系職員に対する嫌がらせに近いテストや採点がされたケースも多かった．わたくしも個人的にそのような嫌がらせを受けた政府高官の秘書を 2 人，マレー人上司の要請を受けて，世界銀行の秘書に採用されるよう運動したことがある．

[7] この基本方針は，マレーシアの第 2 次五カ年計画（Second Malaysia Plan 1971-1975）の各章で，はっきりと表明されている（The Government of Malaysia, *Second Malaysia Plan*

したがって，マレーシア政府はマレー人優遇，資産の再配分等の政治的モットーを掲げながら，既存のイギリス資本，華僑系資本，新たな日本等からのFDI等の活動を大きく阻害するような政策はとらず，開放経済体制を維持するのに腐心してきた．ただし，マレー人口の多い農村部の開発のために，大規模な土地開発を進め，プランテーション農業の再興に財政資金を投じた．その場合でも，新たに設立されたプランテーションへの入植者募集に際しては民族間の平等に配意して，マレー人だけでなく華僑系・インド系のプランテーション労働者の雇用を重要視した．

さて，では一方のスリランカはどうであったか．もともとスリランカの独立運動には，政治的に現実的で，スリランカを多民族国家として認識し，また政治を宗教から完全に切り離して，カナダ，オーストラリアやニュージーランドのように英連邦内での独立・自治国（Dominionと呼ばれる）としての地位を得ようとするイギリス植民地政府に近いエリートの一派と，シンハリ民族主義と仏教の色合いの濃い一派があった．また，それに対抗してタミル民族の利益を代表するタミル会議という民族政党もあった．イギリスからの独立に際しては，この3派は何とか互いに譲歩して，独立後はスリランカを世俗的な多民族国家と規定する憲法を作った．その憲法は，たとえば少数民族に対する差別的な法律を違憲として禁止する条項も入っていた．しかし，マレーシアのように多数民族と少数民族による連合体を作って統治を行うような政治的な合意は成立しなかった．たとえば，シンハラ民族による多数の支配を懸念したタミル議会も，国会の議席をシンハラとタミルで同数にすべきだという非現実的な主張を繰り返していた（De Silva 1981, Chapter 35）．

多民族国家としてのスリランカの運命を大きく変えたのは1956年の総選挙で，この選挙でS. W. R. D. バンダラナイケが総裁の国民連合党（United National Party）が政権を獲得した結果，新政府はシンハラ民族主義の色彩の強いものとなった．そして，同年国会に「公用語法案（Official Language Act）」を上程した．本来この法案は違憲の疑いがあったが，時の国会議長はこの法案は憲法問題に抵触しないという決定をしたので，多数決で採択されることになった（De Silva 1981, Cahpter 36）．この公用語法が象徴的に示すのは，独立以来スリランカが志向してきた世俗的な多民族国家の概念が政治的な効力を失っ

1971-1975, The Government Press, Kuala Lumpur, 1971）．

第3節 スリランカとマレーシア:「二国物語」

たことであろう.それとともに,スリランカはそれ以来民族問題と民族紛争に悩まされることになる.まず,シンハリ語をスリランカの国語にするという動きに対して,タミル側から民族暴動が起こった.それとともに,やはりタミル側からスリランカを連邦制にして,タミル住民の多い北部と東部の州に大幅な自治権を与える,同時にタミル語もシンハリ語と同じ公用語としての地位を与えるべきであるという要求が出された.その結果,1958年にはタミル語にも政府部内で一定程度の使用を認める「タミル語〔特別措置〕法案」を上程せざるをえなくなったし,シンハリ語の公用語化の実施は1961年までの延ばさざるをえなくなった.

バンダラナイケ政権は,このような妥協策によって小康を保ったが,その間の経済運営は失敗した.スリランカの主要輸出品目である茶葉や天然ゴムに輸出税を課したために輸出はふるわず,財政は非効率的な国営企業に対する資金援助と消費者に対する豊満な補助金政策で大幅な赤字になり,財政緊縮をせざるをえなくなった.経済成長率が落ちると,失業率は高まり,インフレは収まらず,恒常的な国際収支危機に悩まされた.その結果,1970年の総選挙では,バンダラナイケを首班とする国民連合党(UNP)は,より左派的なスリランカ自由党(Sri Lanka Freedom Party)に政権を譲ることになった.しかし,そのスリランカ自由党も,政権を獲得すると同時により左派で,むしろ極左政党といえるJVP(Janatha Vimukthi Peramuna)の攻撃にさらされることになった.JVPは,南部の貧困地帯に支持基盤を持った,ある程度の教育を受けていながら職のない青年層を中核とした,極左的なイデオロギーと強いシンハリ民族主義を心情とする政治グループで,武力闘争も辞さないとして,反乱を起こした.政府は,それに立ち向かって反乱をより強力な武力で鎮圧したが,その反乱が契機となって政権の経済政策は,大きく左に旋回した.1972年の農地改革法から始まって,商業・産業活動の規制が始まり,プランテーションも国有化された.同時に1972年には新しい憲法が発布され,行政府の権限は大幅に拡大された結果,憲法上の行政府と立法府に対する歯止めはなくなった.時の政権は,憲法の制約に縛られずにどのような法律も,多数の投票で実現することが可能になったのである.その結果,政府は大学の入学資格に民族割り当て制を導入することができたのだ.このような政府サイドの動きが,タミルの分離・独立運動を刺激したことは間違いない.これが1970年代後半のタミル連合解放戦線(Tamil United Liberation Front)の活発化と1977年のタミ

ル・シンハリ民族暴動に発展するのである.

　民族紛争を含めてほとんどの途上国の紛争は，貧困を根本原因とするといわれる．しかし，スリランカの場合には因果関係はむしろ逆方向に働いているように思われる．すなわち，多民族国家建設の失敗が，経済政策の転機になっているのだ．もともとスリランカの政党は，どの政党をとっても，またどの政治指導者をとっても，社会主義的志向と福祉国家志向を強く持っていた．たぶんその根底には，近隣の大国インドの影響と政治エリートの一部がイギリスで教育を受けていた時期にロンドン・スクール・オブ・エコノミックス等の大学で左翼思想と社会主義的な思想が蔓延していたことにも関係があるだろう．経済政策面では，インドのネルーに代表される混合経済体制と輸入代替工業化路線が，スリランカの政策に強い影響を与えている．その結果，マレーシアとは対照的に，茶葉，天然ゴム等の一次産品産業は，工業化のための外貨資金を生み出すいわば一時しのぎの方策で，将来性のないものとして扱われた．財政の大きな部分がコメをはじめとする消費者のための補助金に向けられた．また，産業・金融・商業の広範な部分が国有化された後では，国有・国営企業は財政資金の創出者ではなく，補助金の受け取り手になった．その結果，財政も国際収支も，一次商品市況の影響を強く受けるようになり，スリランカ経済はたび重なる経済危機に見舞われることになった．第1次オイルショック（1973年）の経済危機はその好例である．同様の危機は第2次オイルショック（1979年）のときにも現れた．恒常的な財政危機に国際収支危機が重なって，スリランカ経済の破綻が招来されたのである．危機解決のためには金融・財政政策の引き締めが必要になるから――IMFや世銀等の国際金融機関に主導されたスリランカ援助グループは，それを要求する――危機の後に来るのは経済の停滞だ．経済の停滞は，失業と貧困を増殖する．しかしそれでは政権がもたないから，景気対策として大掛かりな公共投資計画が策定される．たとえば，北中央部州（North Central Province）を流れるスリランカ最大のマハベリ河流域に灌漑網を完備して地域一帯の農業開発を目的としたマハベリ開発プログラムは，停滞する経済を活性化するためのプロジェクトとした実施された[8]．結論的にいえ

---

[8] マレーシアの大土地開発プロジェクトとの対比で興味深いのは，マレーシアの場合新規プランテーションの入植者選定で，民族間の公平が図られたのに対して，マハベリ・プロジェクトの場合には，シンハラ人優遇処置がとられたことである．マハベリ河流域にはタミル人も多数住んでいたから，この入植政策はタミルにとっては差別的な政策ととられたのも無理はない．

ることは，民族問題を抱えていたがために，時の政府は各種補助金を通じた所得再分配に重点を置いた経済政策を採用せざるをえなかった．しかし，その結果は低成長と財政・国際収支の破綻の連続で，それが民族問題をますます悪化させる要因になった．多数民主主義原則を錦の御旗にして，シンハラ優先の政策がとられてきたが，それはタミルの反発を買い，タミルの分離・独立運動を活発化させる要因になった．スリランカの悲劇のメカニズムは，要約すればこのようなものであった．

第4節 「二国物語」の教訓

それでは，このスリランカとマレーシアの「二国物語」から得られる歴史的な教訓は何か．民族紛争等の途上国の国としての統一を阻害し，その結果として経済発展を阻害する社会的・経済的・政治的な国内グループ間の抗争を未然に防ぐ方策はあるのだろうか．「二国物語」からこの問題に対する何らかのヒントを得ることは可能だろうか．

今日世界には150以上の国が存在する．そのうち同じ民族的起源と歴史や文化を共有する同質的な民族によって成り立つ民族国家は，むしろ少数派だ．ほとんどの国，特に途上国は，ヨーロッパ諸国の植民地としての歴史的背景から，多民族・多宗教・多文化という異質な性格のグループから成り立っている．しかし，これらの国が政治的な独立を勝ちえてからは，一つの国として発展してきた．いまさら多民族国家を単一民族国家に編成しなおすことはできない．たとえば，スリランカをシンハラのスリランカとタミルの「イーラム」（タミルの虎が設立しようとしていたタミルの独立国）に二分するのがいかに国民全体の不利益になるかは，過去4半世紀の内戦の記録が雄弁に物語っている．多民族・多宗教・多文化は，まぎれのない現実だ．

その現実を前提としたうえで，一つの国をグループ間の抗争や紛争を避け，その間の不公平と不平等を抑制しつつ経済発展を推し進めるためには，何が必要とされるのだろう．

第1の必要条件は，国を構成するすべてのグループが将来に対する希望を持てるような国の形と発展のビジョンを協働で作り出し，それを共有することだろう．そのビジョンは，ともすればネガティブ・サム・ゲームになりがちなグループ間の利害を，交渉と譲歩をベースになんとかしてポジティブ・サム・

ゲームになるように調整することも含んでいる．ここで，スリランカに対比してマレーシアの歴史的事例から教訓として引き出せるのは，利害調整のために必要とされる所得や資産の再配分に最も有効なのは，経済成長であり，また成長によって得られた「増分の分配」を原則とすることではなかろうか．再配分は往々にして勝者と敗者グループを生み出す．土地改革が一つのよい例であるが，再配分がたとえ国全体から見た場合の公平原則にしたがっていても，すでに所有権のはっきりしている富や所得を一つのグループから他のグループに移転する場合，それが多数決による法的な決定であろうと，権威主義的政府の決定であろうと，必ず紛争の種を残す．一方，経済成長から生み出された富と所得の増分のみを対象とする再配分政策の場合，大きな勝者と小さな勝者の差はあるにせよ，敗者が生まれない．そのうえに，両グループとも，増分を最大化しようとするインセンティブを持つことになるから，経済成長にとっては促進的な効果がある．アファーマティブ・アクション・プログラムは，経済の効率性を下げる可能性は否定できない．しかし，それがない場合に紛争の可能性があり，紛争が経済成長の阻害要因になることを費用対効果の分析に加えると，結局成長最大化の目的に合致する可能性は高い．

　第2の必要条件は，このようにして形づくられたビジョンは，グループ間の社会契約として憲法のようなインスティテューションに明示的に制度化されなければならないことだろう．憲法には，グループ間の利害の調和を図るために，権利の保護や抑制が書き込まれ，多数決原理で動きやすい立法府・行政府とは独立の司法が憲法に照らしての政策の適法性を判断する仕組みが確立されるのが望ましい．利害の反するグループが制憲会議に参集し，交渉と譲歩を繰り返し，一つの憲法を制定するのは，成果としての憲法だけでなく，プロセス自体が大変大きな意義を持つ．単純な，また原理主義的な多数決原理に立った議会民主主義——ともすれば選挙戦略のためにポピュリスト的になり戦闘的になりがちな議会民主主義——を克服する政治的な利害調整装置が必要で，このプロセスから生まれたグループ間のコミュニケーションが大切だ．グループ間のコミュニケーションの主体として，多民族国家の場合，民族政党が大きな役割を果たすと期待される．

　そのうえで，「多文化の文化」，あるいは「多数コミュニティを抱えるコミュニティ」の構築に必要な実現可能な政策のアイデアが必要とされる（Friend 2003, p.12）．マレーシアが作ったいくつかの「マレー信託機関（Malay Trust

Agencies)」はその一つの例だろう．

第 5 節　スリランカ内戦の終結

　小浜さんとわたくしは，2012年の春にスリランカを訪問する機会を与えられた．その機会に内戦の舞台となった北部がどうなっているかを是非見てみたいと思い，コロンボから陸路プッタラム，アヌラダプラを経て，内戦の前線になったヴァブニアから最後の激戦地キリノッチまで2泊3日の旅をしたが，終戦間際にやはり激戦地になったエレファント・パスやジャフナ市までは行けなかった．

　四半世紀以上の内戦が終結したのは2009年5月で，スリランカ政府軍の軍事的勝利によって達成された．タミルの虎の指導者たちはすべて戦死で，信頼のおける国際 NGO の報告によると，終戦前の数ヶ月に犠牲となった非戦闘員，すなわち非武装のタミル人は3万人に上る[9]．内戦の終焉は喜ばしいことには違いないが，手放しで喜べないのは，この章の冒頭で触れたインド平和維持軍とインド政府の仲介によるスリランカ政府とタミルの虎の和平交渉から始まって，それが失敗した後に交渉役を買って出たノルウェー政府の和平交渉も，和平交渉はすべて失敗に終わったからだ．

　多少単純化した図式になるが，もともとスリランカの内戦は，スリランカの南部を中心とした左翼的な思想を持つシンハリ民族主義者が，商業・産業で影響力を持つ北部のタミル人グループを排除して，スリランカをシンハリ民族の共和国にしようとしたことが発端になっている．それは JVP という極左政党だが，それに抵抗したのがタミルの虎というやはり極左的な思想を持ったグループだった．そして，コロンボを拠点とするスリランカの植民地時代からの政治エリート・グループが，何とか両者を押さえ込んで多民族国家を建設しようする努力を重ねたのだが，両方のラディカルな思想を持つグループによってその努力が失敗に終わったのが，スリランカの独立以来の歴史だった．

　インド政府による和平工作を見ると，その図式がはっきりと現れている．1987年に平和維持軍を派遣するようにインド政府に要請したのは，ジャヤワルデネ・スリランカ大統領で，彼はコロンボ政治エリートの代表的な政治家だ

---

[9] International Crisis Group（2010）．さらに元 BBC のスリランカ派遣記者だったジャーナリストの手になる Harrison（2012）．

った．しかし，インド平和維持軍がスリランカ北部に進駐してタミルの虎を平定し始めたとたんに，スリランカの世論は反インドに転じた．これはシンハラを代表する南部でもタミルの北部も同じで，インド軍は外国の占領軍扱いされるようになった．そして，その世論の中でジャヤワルデネ大統領は与党内の圧力に負けて，プリマダサ首相に指導権を禅譲せざるをえなくなったのだ．プリマダサ首相は，出自もまた思想的にも南部のシンハラ・グループに近い政治家だ．そして彼が，タミルの虎と一緒にインド平和維持軍のスリランカからの撤退を要求した．スリランカの国内政治のダイナミックスのためにインド平和維持軍の1200人に上る犠牲は，無駄になってしまった．これが，和平交渉の失敗の本質だ[10]．

　1999年から本格化したノルウェー政府の仲介工作も，実は同じような国内政治の力学で失敗した．もともとノルウェー政府に仲介を要請したのはバンダラナイケの娘のクマラテゥンガ大統領だ．しかしそのときには，首相を務めていたラニル・ウイクレマシンゲが反対にまわっている．しかし，そのウイクレマシンゲが選挙に勝って政治力を得ると，今度は和平と経済の繁栄を合言葉に和平に賛成し，これが2002年の停戦合意となった．しかし今度はクマラテゥンガ大統領の反対する番だ．そうこうするうちに2005年の大統領選挙では，ウイクレマシンゲと野党党首のラジャパクサの一騎打ちとなり，ラジャパクサが勝利をする．それが，和平交渉にとっては決定的な要因になった．ラジャパクサ首相は，いろいろな面でインド軍を追い出したプリマダサ首相に似たところがある．バックグラウンドはやはり南部のシンハラだし，熱心な仏教徒でもある．コロンボのエリート・グループや国際社会に対する不信の念は強いものがある．シンハリ民族主義者としても知られている．最終的に，交渉の道を断念して，軍事的解決を求めたのはラジャパクサの思想的な志向だった[11]．

　われわれが北部に旅したのは内戦が終結してから3年弱がたった時点で，北部の復興は終わりに近づきつつあった．ヴァブニアからキリノッチへの国道にはまだおざなりな検問所が残っている．しかし，スリランカ軍の姿は消えつつあって，それに代わって警察官の姿が多数見られるようになった．地雷撤去

---

[10] この経緯は，当時スリランカ駐在のインド大使を務めたメロートラの回想録に詳しい．Mehrotra（2011）．
[11] ノルウェー政府の和平工作の詳細は，ノルウェーの援助機関NORADの報告書Goodhand, Klem, and Sorbo（2011）参照．

も進んでいるようだ．復興にあたってきたのは，スリランカ政府だけでなく，国連機関をはじめ，マルチ，バイの援助機関，あらゆる国際的 NGO で，それぞれのマークを付けた車両が走り回っている．そして，復興作業の調整にあたってきた国連の職員達の住むトレーラーハウスがあちこちに見られる．

　これらの機関の努力で，電力，送電線，水道等々のインフラは回復しつつあって，戦闘を避けて避難していたタミル人の国内避難民も自分たちの村に帰ってきて，農業を再開し，家を建て直し，学校や病院も再開して，日常生活が戻りつつある．この地に何度も足を運んでいる JICA 職員は，人々の顔に落ち着きが出てきたといっている．もちろん以前のようなテロ活動は見られない．

　復興が終わると，これから開発が始まらなければならない．いま北部のタミル人が最も必要としているのは雇用だ．今後は国内避難民だった人達の雇用が一大問題になる．それから，より長期的にはシンハラとタミルの民族和解が成立するかどうかが問題だ．北部の町や国道沿いにはいろいろな戦勝記念碑が建てられているし，またラジャパクサ大統領の顔写真の載ったポスターが多く見られる．北部だけでなく，国全体に戦勝の気分が満ち満ちている．この内戦が民族紛争だったことを考えると，勝利に酔うのではなく，終戦を言祝ぎ，和解こそ目指さなければならないにもかかわらず，だ．しかし，解決不能といわれていた民族紛争を発端とする内戦は，一応終結した．今後 20 年の平和は確保されたといわれている．この間に，すべてのスリランカ人に繁栄をもたらす経済発展と成長が実現できれば，平和はより永続的なものになるかもしれない．そう期待したいものだ．

第8章 バングラデシュ：貧困に喘ぐ「黄金のベンガル」

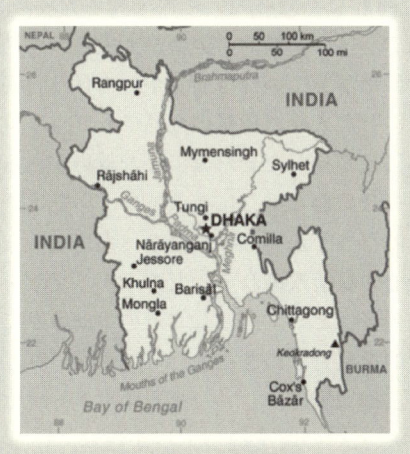

Courtesy of the University of Texas Libraries, The University of Texas at Austin.

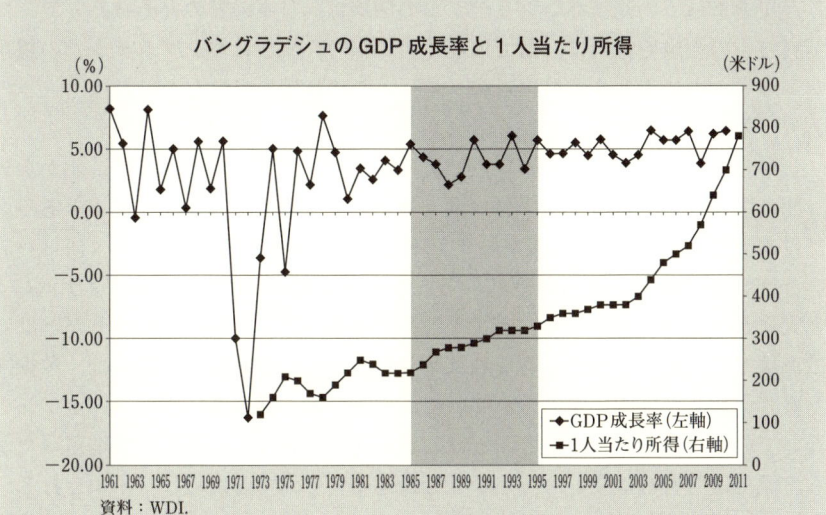

バングラデシュのGDP成長率と1人当たり所得

資料：WDI.

第1節　イントロダクション：貧困に喘ぐ「黄金のベンガル」

わたくしがバングラデシュを初めて訪れたのは，1987年世界銀行のアジア第1局長に就任して間もなくだった．それまでわたくしが歩き回っていた東アジアと違って，南アジアは一般的に経済発展段階の初期にあり，貧困の度合いが深いことは十分に理解していたはずだが，やはり首都ダッカとその周辺の農村部をまわって目にした人々の極貧の生活はショッキングだった．現状が悲惨であっても，将来に光が見いだせれば，まだ救いがある．しかしバングラデシュの場合は，その当時のわたくしにとっては，トンネルの先にはかすかな光もなく，濃くなる暗闇だけしか感じられなかった．こんないくつものハンデを抱えた国が，経済発展の軌道に乗れるのだろうか，世銀をはじめとする国際的な援助機関や援助関係者はどのようにしてその手助けができるのか，その見通しのなさが人を絶望的な気持ちにさせる．

バングラデシュの農村は実に美しい．視界の下半分には，地平線の彼方まで田圃のみずみずしい緑とその間を縫って川が流れている．空間の上半分は白い積乱雲と青い空だ．時々，何千年も前から変わらない形の木造船が，ゆっくりと川を下っていく．バングラデシュの国旗は，日本の日の丸そっくりで，ただ真ん中の太陽の背景は，白ではなく濃い緑で，まさにバングラデシュの風景だ．風景の中に点在する村に近寄って，そこの貧困を目にしなければ，人々の言う「黄金のベンガル」という名にふさわしい．

しかし，バングラデシュの自然は実に過酷だ．バングラデシュは，北からアッサムを通って流れるブラマプートラ河（バングラデシュではジャムナあるいはヤムナ河と呼ばれる），西からインドを通って流れてくるガンジス河（バングラデシュではパドマ河と呼ばれることもある），そして東からメグナ河の3大大河がベンガル湾にそそぐデルタ地帯にある国だ．その国土のほとんどはほぼ海抜ゼロに近く，雨季ともなれば半分以上が水に覆われる．農村は，多少高く盛り土をした場所に建てられていて，雨季には一面の湖にポツン，ポツンと浮いている．また国土のほとんどはこれら河川が運んでくる土砂の堆積層だから，泥だけで岩石はない．しっかりした建築物を建てるためにパイルを打とうとしても，場所によっては岩盤までの深さは200メートルに達する．道路建設のために石や砂利が必要だとすると，インドから輸入するしかない．それで

第1節 イントロダクション：貧困に喘ぐ「黄金のベンガル」

は費用がかかりすぎるから，バングラデシュでは普通土砂もどきを作る．田舎に行くと，ところどころにレンガ工場を見かける．泥を固め天日干しにしたレンガを，マングローブの炭を使って焼き上げる．そうしてできたレンガを，貧しい女性が地べたに座り込んで，日がな一日金槌でコンコンと砕いて作るレンガ片が，土砂もどきだ．

それでも，大河のデルタ地帯の土地は肥沃だから，古来多くの人たちが集まって農業を営んできた．その人たちにとっての脅威は，生きる糧をもたらす水の暴走だ．毎年雨季には上流から来る水で洪水が起こる．何十年，百年に一度の規模の洪水が起こって人の命を奪っていく．1782年から1787年にかけての洪水では，ブラマプートラ河の流れが変わるという異変があった．最近では1988年，そして10年後の1998年にも大洪水が発生して，何千人という犠牲者を出した．また下流の海岸からは，毎年台風（サイクロン）がやってくる．沿岸地域の人たちは，大きなサイクロンに田畑を失い，家畜を奪われ，命を落とす．チッタゴンのようにベンガル湾に面した都市では，工業地帯や商業地帯の財産が危険にさらされる．洪水だけではない．旱魃もある．事実ベンガルの大飢饉は1943-44年にも起きているし，また1969-70年の旱魃では当時のベンガルの人口の3分の1が餓死する大飢饉に発展したし，1974年にはやはり犠牲者150万人といわれている飢饉が起こった．

バングラデシュにとって過酷なのは自然だけでなく，歴史もまた過酷だった．ベンガルの詩人タゴールが，「痛まし我が国」と故国を謳ったのは，バングラデシュの隷属の歴史を強く意識したからだ[1]．数少ないバングラデシュの歴史の本によれば，すでに13世紀には非ベンガル人――トルコ人，北方インド人，アフガン人，ビルマのアラカン人，はてはエチオピア人――によるベンガル支配が始まっている．そして，17世紀初めには，ベンガルは西方からの征服民族のムガル帝国の一部になった．さらに18世紀半ばには，イギリスの東インド会社がベンガルの実質的な支配者になり，後のイギリス植民地の統治につながっていく．

第二次世界大戦後，インドの独立運動に影を落としたのは，ヒンズーとイス

---

[1] ラビンドラナート・タゴール著，渡辺照宏訳『タゴール詩集――ギーターンジャリ』岩波文庫，1977年．108番．「痛まし我が国／人々を侮るゆえに／汝侮らるあるべし／衆人とともに．人並みの扱いを人々に拒み／前に立たせて抱き寄せぬゆえに／汝侮らるべし衆人とともに」．この詩は，強い反英感情を現したものとされている．

ラム社会の抗争だった．そのために，ヒンズーのインドとイスラムのパキスタンという2つの独立国家が生まれたが，イスラムのベンガルは東パキスタンとしてパキスタンの一部になった．人口比でいえば西パキスタンに比べ東パキスタンの方が圧倒的多数を占めていたが，国の実権は西パキスタンのパンジャブ人のエリートに握られ，独立後も東ベンガルは西パキスタンの「プアー・ブラザー」の地位に甘んじざるをえなかった．パキスタンの国語としては，人口の大多数を占める東パキスタンのベンガル語ではなく，西パキスタンのウルドゥー語が採用され，予算配分や海外援助の配分は常に西パキスタンに有利だった．

ついに，1970年のパキスタンの総選挙では，多数の人口を擁する東パキスタンのアワミ同盟党（Awami League）が勝利を収め，それに抵抗する西パキスタンとの間で，バングラデシュ解放戦争が勃発，翌1971年12月16日に新しい国家，バングラデシュが誕生した．そして，東パキスタン時代の「ベンガルのイスラム」という自意識は，「イスラムのベンガル人」としてのそれに変わったのだ．実に長い異民族支配の歴史だった[2]．

独立後のバングラデシュ経済はまさに絶望的な状況にあった．まず独立戦争の被害は大きかった．バングラデシュの独立運動を阻止するために送り込まれたパキスタン軍は，道路，鉄道，空港，そしてチッタゴン港を破壊したし，学校や病院・保健所も被害を受けた．農村地帯でも家畜や灌漑施設が被害を受けた．もともと，肥沃なベンガル・デルタではあったが，過剰人口を抱える東ベンガルは南アジアの中でも極貧の地域だった．パキスタンは，インドと並ぶ重要な国際援助受け入れ国で，1960年に世銀が議長を務めるパキスタン援助国会議（Pakistan Consortium）が設立されてから，多額の開発援助を受け取っている．しかし，援助の圧倒的な大部分は西パキスタンのインフラや工業プロジェクトにあてられ，東パキスタンが受け取った援助は少額で，そのほとんどは農村開発にあてられていた．パキスタンに対する主要ドナー，アメリカの援助の実に5分の4が，アメリカにとって国際政治的に重要な西パキスタンに与えられた．独立時には，経済開発に必要なインフラや農業施設は，総合農村開発のモデルとして有名になった「コミラ・モデル」のほかにはほとんどない

---

[2] van Schendel（2009）．自意識の変化についてこの歴史書は，"Within twenty-five years, they had moved from an image of themselves as Bengali Muslims to one of themselves as Muslim Bengalis." と述べている（p.183）．

第 1 節　イントロダクション：貧困に喘ぐ「黄金のベンガル」　　　　227

に等しかった[3]．より深刻だったのは人材不足である．民間部門では，ベンガル人には見るべき起業家や企業グループはなかった．政府部門では，独立後バングラデシュ政府を占めていたのは，パキスタン時代の地方官僚で，政治家ともども国家開発や統治の経験は持っていなかった．

　独立の興奮の中で起こったことは，西パキスタンに収監されていたアワミ同盟党首，シーク・ムジブル・ラーマンが独立運動の英雄として帰国すると，新生バングラデシュを，民族主義，社会主義，民主主義，世俗主義に基づく「人民共和国」にすると宣言したことだ．そして，銀行をはじめ，保険会社，船会社，繊維・ジュート・砂糖等のバングラデシュの主要産業に携わる企業を次々と国有化した．こうして，経済政策の面でも，経済運営の面でも，それまで独立運動に携わってきた政治家・政治運動家や地方政府の中間官僚だったベンガル人が，経験したこともない政策運営や企業経営をすることになった．結果は明白で，生産の減退と汚職の蔓延だった．

　もともと冷戦時代からアメリカは，地政学的理由からソビエトと親密な関係を持つインドに冷たく，結果としてパキスタンと同盟関係を持っていた．バングラデシュの独立は，インド軍の支援によって達成されたから，アメリカは新しく独立したバングラデシュにも冷たい．一時は，バングラデシュがその主要生産物であるジュートをキューバに輸出したことを理由に開発援助を止めたことさえある．しかし，アメリカを例外として，世銀を筆頭とする国際援助機関はバングラデシュに対して好意的だった．何よりも，バングラデシュが最貧国の代表のような国だったからである．

　独立後の混乱から出発して，政権もいくつもの政変を経た後で民主主義政府から軍事政権に変わり，わたくしが最初にバングラデシュを訪れたときには，まだ経済の援助依存度は高く，最貧国としてのステータスから脱却する見通しも立っていなかった．独立からすでに 16 年たっていたが，いまだ何か大きな経済発展と社会変化が起こっている気配は感じられなかった．しかし，あとで

---

[3]　1955 年にパキスタン政府は，東パキスタンの農村開発のために農村開発アカデミー（Academy for Rural Development）を設立して，総合農村開発の実験場とした．このアカデミーの所長だったアクター・ハミード・カーン（Akhter Hameed Khan）は，ダッカから近いコミラ市（バングラ語ではクミッラ）をベースとして，試験農場，農業技術の普及，農民の訓練のほかに，農閑期における農村公共事業を組み合わせた農村開発の方法を作り上げた．これが「コミラ・モデル」として有名になりアメリカを始め他の援助資金が流入した（van Schendel 2009, "The Comilla Model," pp.146-148）．

振り返ってみると，1990年代から2000年代にかけてバングラデシュは驚異的ではないが，ある程度の経済成長を達成して，一時は絶望的と思われた貧困も減少している．

バングラデシュの経済成長と発展には，東アジアの高度経済成長の物語に登場するようなビジョンを持った強力な政治指導者もいなければ，政治指導者とタッグを組んで経済発展の戦略と政策を考案し，実施してきたテクノクラートも存在しない．すでに述べたようにバングラデシュが独立時に直面していた経済成長の初期条件は著しく悪かった．そんな状況の中で，バングラデシュはどのようにして低成長と貧困から脱却してきたのか．もちろん過去20年位の間に達成された成長は，高度成長とはいえない．また，貧困削減もまだ途上というほかない．それにもかかわらず，絶望からの脱却には成功した．

最近では，バングラデシュというと人々は，すぐにグラミーン銀行のことを考える．そして，1990年代以来のバングラデシュの経済成長はグラミーン銀行やBRAC（バングラデシュ農村振興委員会，Bangladesh Rural Advancement Committee）の貧困層に対する融資活動，すなわちマイクロ・ファイナンスが経済成長の促進要因になったのではないかと推察する．しかし，これは大きな誤解だ．たしかにグラミーン銀行やBRACのマイクロ・ファイナンス活動は素晴らしい社会運動だと思う．グラミーン銀行のオーガナイザーたちは，バングラデシュの農村部に入って，農村社会の底辺にいる貧困層の主婦をグループにまとめ，彼らの連帯責任のもとに少額・短期の融資をする．南アジアでは——そしてイスラム社会では——女性の地位は低い[4]．特に貧困層の女性が，自分自身の生産や商業活動にお金を借りることなど想像だにできなかった．そのうえに，家族の中においても女性と幼少の子どもは，食事の順序にしても最後になるような地位に置かれていた．その女性が，グラミーン銀行のグループに属することによって，自分自身の経済活動——野菜を栽培して市場で売ったり，タバコをばら売りしたり，いろいろ知恵を絞ってお金を稼ぐ活動——の原資を借りられるばかりでなく，グループ活動を通じて社会的な帰属意識や連帯意識を持つようになる．グラミーン銀行の活動は，まさにそのような貧困層と女性にいわゆるエンパワメントを与える活動だ．

---

[4] それを如実に現すのが，南アジアにおける男性と女性の平均寿命の差異だ．一般的に世界中のほとんどの地域で女性の平均寿命は，男性のそれに比べて5年ほど長い．対照的に南アジアでは，男性の平均寿命の方が女性のよりも長いという不思議な現象が見られる．

第1節　イントロダクション：貧困に喘ぐ「黄金のベンガル」　　　　　　229

　チッタゴン大学で経済学を教えていたムハマド・ユヌス教授がチッタゴン近郊のジョブラという村落で1976年に実験的に始めたこのマイクロ・ファイナンス活動は，2000年代の初めにはバングラデシュで300万人のメンバーを擁する一大運動に発展した[5]．グラミーン銀行の成功に刺激されて，バングラデシュでは貧困層を対象としたマイクロ・ファイナンス活動が盛んになった．グラミーン銀行以外でも，先に挙げたBRAC，ASA（社会振興協会，Association for Social Advancement），プロシカ（Proshika）といったNGOが活動している．

　しかし，グラミーン銀行等のマイクロ・ファイナンス活動が，バングラデシュの過去四半世紀の経済成長の動因になってきたかというと，そうではない．マイクロ・ファイナンスは，貧困層が通常のルートでは入手できない信用を供与しようという活動だ．このようにして供与される信用は，貧困層の家計の消費，貯蓄，投資に使われるが，なにしろ少額で，経済全体を押し上げる力にはなりえない．バングラデシュのマイクロ・ファイナンスの実績を評価した調査研究は多数あるが，総括的には，バングラデシュ農村経済の研究家である京都大学の藤田幸一教授の「マイクロ・クレジットに経済成長を先導していくような役割は期待できず，むしろ順調な経済成長のもとで，その成果を下層にもより多く均霑させる手段としての有効性を認めるべきであろう」という判断が妥当だ[6]．

　それでは，バングラデシュの経済成長の源泉や動因はどこから来たのか．先にも述べたように，一見したところバングラデシュの成長阻害要因は多い．いわく，独立時の絶望的な初期条件，乏しい天然資源，たび重なる自然災害，政府・民間に蔓延している汚職文化，システミックな機能不全の統治機構（ガバ

---

[5] グラミーン銀行とその創始者であるムハマド・ユヌスについては，多くの文献があるが，わかりやすいのはユヌス本人が書いた，Muhammad Yunus, with Alan Jolis (1999) である．日本語の翻訳は，ムハマド・ユヌス，アラン・ジョリ著，猪熊弘子訳『ムハマド・ユヌス自伝：貧困なき世界を目指す銀行家』早川書房，1998年．ただし，この日本語訳は，フランス語版 Vers Un Monde Sans Pauvrete, Editions Jean-Claude Lattes, 1997 に基づいており原著との間には構成と内容に多少の差異がある．その他に参考になるのは，Bornstein (1996) がある．

[6] 藤田（2005, p.182）．藤田教授のこの結論は，彼が行ったダッカに隣接するタンガイル県のドッキンチャムリア村でのフィールドワーク調査から得られたものである．マイクロ・ファイナンスの効果分析には，そのほかにも Khandker (1995), Khandker and Khalily (1996), Khandker and Choudbury (1996), Armandariz and Morduch (2007) の Chapter 9, "Subsidy and Sustainability" がある．

ナンス),等々数え上げたらきりがない.だから,バングラデシュの経済成長の記録を,「驚異の発展」や「奇跡の発展」とは呼ばず,「意外な発展 (Development Surprise)」と呼ぶ人もいる (Mahmud et al. 2008).

　実は,わたくし自身も最近のバングラデシュの経済成長実績にある種の意外性を感じている.1980 年代半ばに感じたバングラデシュ経済の将来に対する悲観と絶望感は何だったのか.しかし,あとになって考えてみると,バングラデシュの経済成長に貢献したのは,次の 3 つの要因だと思われる.第 1 に,インドや東アジアに比べれば,時期的に遅れて達成できた「緑の革命」だ.バングラデシュで緑の革命が成功するまでは,長い政策をめぐる紆余曲折があった.しかし,その成功は人口の圧倒的大多数を占める農村人口の所得向上に役立ったから,いわゆる「貧者に優しい経済成長 (Pro-Poor growth)」を実現するのに大きな役割を果たした.第 2 に挙げられるのは,輸出産業としての繊維・縫製業の驚異的な発展である.ここでの政府の役割は,むしろ自由放任の政策をとったことにあるのではないか.民間の活力に頼って,政府は何もしなかったことが結果としてよかったのではなかろうか.そしてまた,輸出市場の開拓には,アメリカをはじめとする先進国の繊維・縫製品の輸入クォータ制度(いわゆる MFA)とバングラデシュのディアスポラ(アメリカやヨーロッパにおけるベンガル人事業家)の存在が無視できない.第 3 の要因は,過去四半世紀をとって見ると,バングラデシュ経済に大きな損害を与えるような天災,洪水,サイクロン,旱魃・渇水,が少なかったことだ.これは偶然の幸運なのか,あるいは政府と国際援助社会が,大きな災害が起こるたびにとってきた洪水対策やサイクロン対策,また水資源開発の結果なのかは,もう少し時間がたってみないとわからない.この間 100 年に 1 度といった洪水等は起きなかったが,農業に被害を与えるより小規模の災害は起きているからである.

第 2 節　遅れてきた「緑の革命」

　バングラデシュで「緑の革命」が成功したのは 1980 年代から 1990 年代にかけてである.東アジアや南アジアのインドで緑の革命が始まったのは 1960 年代で,その後の 40 年間に品種改良,灌漑,肥料等のインプットの改良による農業の生産性増加は著しいものがあった.バングラデシュの緑の革命は,15 年から 20 年の遅れがあったが,それはなぜか.

バングラデシュの緑の革命の成果は，めざましかった．肥沃なガンジス，ジャムナ，メグナの3大河川のデルタは肥沃な土地だったが，1970年代初頭まではコメの生産量は国全体で1,000万トン前後にとどまっていた．未開の耕作地は限られているうえに，単位当たりの収量はヘクタール当たり約1トンと低かった[7]．一方人口は増え続けていたから，バングラデシュ国全体の食糧不足は著しく，ドナーからの食糧援助のほかにも，貴重な外貨を使ってコメと小麦の輸入をしなければならなかった．これがバングラデシュの「緑の革命」前の状況だった．

それ以来のコメの生産量の推移を見ると，それから20年後の1990年代初頭には生産量は2,000万トン近くにとほぼ倍増し，またさらに2007/08年には3,000万トン近くになっている．まさに「緑の革命」が起こったのだ．バングラデシュの緑の革命の特徴は，バングラデシュの人たちがボロ（Boro）と呼んでいる冬の乾季の稲作の作付面積と単位当たりの収穫量が飛躍的に増加したことによってもたらされたことだ．2000年代初頭には，二毛作あるいは三毛作の——すなわち灌漑されかつHYV（高収量品種，High-Yielding Variety）を使用する——耕作面積は，全体の4分の3以上になっている．また，ヘクタール当たりの収穫量はHTVで4.5トン，在来品種でも2.4トンになっている．まさに革命と呼ばれるに値する変化が起こったのだ．

先にも述べたように，もともとバングラデシュは夏の雨季になると国土の80％が水没するような「海抜ゼロ・メートル」の国だ．その水の中で育つ伝統的なバングラデシュの稲の単位当たりの収穫量はヘクタール当たり1トン程度と低い．一方フィリピンのIRRI（International Rice Research Institute）が開発した高収量品種（HYV）は，水没するような環境では育たない．何しろHYVが必要とする肥料が流れてしまって，効果がなくなるからだ．だから，雨季明けに収穫するアモン（Aman）は，雨季の残留水がたまるような湿地で栽培されていただけで，収量は少なかった．そこでHYVに最も適したのは夏の乾季の稲作，ボロ（Boro）ということになるが，しかし乾季になると，今度は灌漑設備なしには稲作ができなくなる．また，バングラデシュで

---

[7] バングラデシュ政府統計（Bangladesh Bureau of Statistics）によれば，1970年代半ば（1976-77年）の地場米のヘクタール当たりの収量は約1.0トンであった．比較的に，高収量品種の収量はヘクタール当たり2.3～2.4トンだった．Rahman (1989, Chapter 8, p.123, Figure 8.2)．

は，1970年代初めには灌漑設備はほとんど普及していなかった．バングラデシュで緑の革命が成功したのは，何よりも浅管井戸灌漑（Shallow Tube Wells: STW）が飛躍的に普及したからである．

　灌漑設備といえば，従来は水路を縦横に張りめぐらす運河方式が主流であったが，これは大規模な河川開発と灌漑システムの構築を必要とする．その構築には多額の投資資金が必要になるし，またその運営は堅固な公的な組織がなくてはならない．そのほかにも，河から人力で水をくみ上げる伝統的な方法や，河から水を動力でくみ上げる揚水ポンプ（Low Lift Pomp）による方法，その他にも深井戸灌漑（Deep Tube Well: DTW）などさまざまな方法がある．しかしバングラデシュで普及したのは浅井戸灌漑（Shallow Tube Well: STW）で，過去30〜40年の間に増加した灌漑面積のほとんどはSTWによるものだ[8]．

　第二次世界大戦後，インドやインドネシアの新興独立国が農業を飛躍的に発展させようとしたときに，世界銀行やFAO等のドナーとともに研究・策定した政策は，大規模灌漑施設の構築を中心に据えるものであった．これら途上国の農村地帯は，寒冷地帯にあるわけではないから，農業発展に必要な日照時間と気温は問題ではない．問題は雨水に頼る農業では，雨季と乾季のある地域では，年間を通じて一毛作しかできないことだ．そこで，必要とあれば河川の上流にダムを建設し，下流に広範な用水路網を作り，乾季でも稲作や麦作が可能なようにする．そのうえで，在来品種とは格段に高収量の品種を導入し，肥料と害虫駆除薬の使用を農民に促す．灌漑用水の管理や新品種，肥料等の導入には農業普及員を育成訓練して，より効率的な農業を普及させる．農業協同組合のような公的機関を設立し，新品種や肥料等の流通を円滑にするが，その際必要であれば政府によって補助金を出す．これが各国でとられた戦略のあらすじである．

　たとえばインドでは，インドとパキスタンにまたがるパンジャブの穀倉地帯を発展させ，また独立後のインドとパキスタンの間に起こった水紛争を仲介したのは世界銀行だが，農業のためのインダス河の水源を利用した灌漑水路の整備が両国にウィン・ウィンの解決策だった．また，インドのベンガル州とビハール州にまたがるダモダル河流域に大規模の水力発電と農業用灌漑シス

---

[8] Chaudhury (1989), Rahman (1989), および Fujita (2010). さらに, Hossain, Rahman, and Estudillo (2009).

第2節 遅れてきた「緑の革命」

テムを建設するダモダル河開発計画は，有名なアメリカのテネシー渓谷開発（TVA）をモデルとしたものだった．

　バングラデシュでも，東パキスタンの時代からガンジス，ジャムナ，メグナの3大河川の水資源を「飼いならし」て，農業発展のために使おうという発想があった．1960年代には，世界銀行に支援を得て，東パキスタン水資源・電力開発公社（East Pakistan Water and Power Development Corporation）が水資源のコントロールと利用を目的とした計画を練ってきた．しかし，バングラデシュは，大変特殊な地理的な条件を持った国である．何度もいうように地表から岩盤まで100メートル以上もあるような海抜ゼロの泥の国なのだ．そこで，堤防や水路等大量の水をコントロールできるような建築物を作るのは容易ではない．何しろ岩石は輸入しなければならないのだ．泥土の上には基礎工事はできない．河川や水路の脇に盛り土をすることは可能だが，その場合には相当の農業用地を犠牲にしなければならない．しかし，すでにそこに住んでいる農民とその家族を移住させようにも代替地がない．このような状況であったから，大規模灌漑施設の建設は，費用・便益の経済性基準を満たすものは少なく，ほとんど進展しなかった．代わりにいくらかの深井戸（DTW）を使った灌漑——電動ポンプで地下水をくみ上げて，これをパイプ水路網を使って流す——が試みられたが，これは州政府管轄の小規模灌漑局の仕事で，大規模にはならなかった．場所によっては伝統的な溜池灌漑もあったが，いずれも小規模だった．

　状況が好転したのは1970年代半ば以降である．政府主導の大規模灌漑プロジェクトの夢をあきらめて，灌漑開発を小規模灌漑設備の普及によって達成しようとする政策に，政府も世界銀行等の国際援助機関も方向転換したからだ．そのときに注目を浴びたのが浅井戸管灌漑（STW）と揚水ポンプだ．いずれも数馬力のディーゼル発動機（後には農村電化が進んだところでは電気モーター）で地下水をあるいは河川の表面にパイプを突っ込んで揚水できる．また，地下水の水位が低くなれば，ミニ・ディープと呼ばれる，モーターを地下に埋め込んで揚水をするサブマージブル（Submergibles: SM）が使える．

　しかも，この戦略転換で最も注目すべきなのは，小金を持った農民自身が小規模灌漑設備に投資をするようになったこと，そしてまた，灌漑用水を自家用に使ったばかりでなく，近隣の農民に料金をとって売るようになったことだ．農民間の水のマーケットが自然発生的にできたのだ．そして，それが爆発的に

普及して，緑の革命の成功に結びついた．

　大規模灌漑から小規模灌漑への戦略転換は起こったのだが，それだけですぐに緑の革命の成功にいわば直線的に進んだわけではない．東パキスタン時代には，パキスタン政府の開発投資プロジェクトは西パキスタンに集中し，東パキスタンには目立った投資プロジェクトは実施されなかった．しかし，その中で注目を浴びたのは1959年にダッカの東100kmにあるクミッラ（Comilla）市の郊外に設立されたバングラデシュ農村開発アカデミー（Bangladesh Academy for Rural Development: BARD）だ．そのアカデミーの主導で，東パキスタンの総合農村開発計画が策定された．この計画は，農業協働組合とその連合会の設立と組織化，郡レベルに農業研修センターを設置，揚水ポンプを使った小規模灌漑プロジェクトの推進，それに農村における雇用促進事業の実施，という4つのプログラムを有機的に組み合わせることによって農村の開発を進めようとした．一時は国際援助機関や他の途上国の農業開発関係者が「クミッラ詣」をするまでに有名になったが，全国的規模での農業発展に大きく貢献するまでにはならなかった．しかし，農業および農村開発は農業協働組合をベースにすべしという考え方は，バングラデシュ独立後の社会主義を標榜する政府にも受け入れられて，農村開発の思想としていまだ根強い．すなわち，農民自身による投資や投資の成果である水の売買マーケットという発想には強く反発する．

　バングラデシュ農業開発公社（Bangladesh Agricultural Development Corporation: BADC）は，独立前の1961年に設立された公社だが，独立後のムジブル・ラーマン（Mujibur Rahman）首相に率いられたアワミ連盟（Awami League）政権下で産業の国有化政策がとられたが，そのときにも農村と農業開発の政府機関としての独占的地位を強くした．農業生産自体は農民の手に残されたし，土地所有制も変えられなかったが，高収量品種等の種子，肥料や殺虫剤，等々の農業のための投入財の流通は，BADCの独占となった．さらに，揚水ポンプやディーゼル・エンジン等の小規模灌漑設備も，いったんBADCが購入し，それを農民グループにリース料をとって貸与するという方式をとった．BADCの独占体制ができあがったのだ．肥料，灌漑設備，リース事業のための信用等に対しては，政府予算から補助金がつぎ込まれた．伝統的な商人による小農の搾取と市場への不信，それに政府補助金がBADC独占体制の正当化理由とされた．

第2節 遅れてきた「緑の革命」

　バングラデシュは，建国以来汚職と腐敗が日常茶飯となっていた．BADCも例外ではなく，その独占体制は一部政治家と農業省官僚の既得権益としての汚職の巣になっていた．その結果は，このような体制下において他のアジア諸国で起こったような緑の革命が起こらなかったことだ．バングラデシュの農業部門を含めた開発予算の大部分は国際的な援助機関からの資金援助で賄われたから，当然政府企業の民営化や政策や規制の自由化の要求がドナー側から出てくる．ジアウル・ラーマン首相のアワミ連盟政権は，首相暗殺によって幕を閉じ，クーデターによるエルシャド将軍率いる軍人政権が成立した．この政権は1980年代前半に成立したが，もともとの社会主義的政策を自由化政策にと舵を切ったのはこの時期だ．段階的に肥料補助金の削減や他の農業投入財の補助金の撤廃，肥料流通の規制緩和と民営化，灌漑設備の私有化，灌漑用ディーゼル・エンジンの輸入自由化，等々の自由化政策がとられた．このようにして，BADCの農業投入財と算出の流通システムの独占体制が壊された[9]．

　浅管井戸設備の爆発的な普及は，まさにこのような状況で起こった．そして，当然予想されたことであるが，自由化政策に対する既得権益側からの抵抗は非常に強かった．灌漑設備の自由化――農民への販売と民間企業の販売への参入――については，BADCのリースにかかわる不良債権が累積していたので農業省やBADCも受け入れざるをえなかったが，肥料に対する補助金については，最後まで譲る様子はなかった．1988年だったと記憶しているが，世界銀行はFAOの専門家グループに報告書を依頼して，それをベースにダッカで農業政策に関する特別援助会議を開催した．世界銀行のバングラデシュを担当するアジア第1局の局長としてわたくしはこのダッカ会議の議長を務めたが，共同議長のバングラデシュ農業省の次官と2人で，絶対反対を唱える農業省の官僚とBADCの幹部職員をなんとか説得しようと長時間の議論をしたのを思い出す．民政に移管したエルシャド政権も終わりに近づいているという判断から，暗殺されたジアウル・ラーマン将軍の未亡人，カレダ・ジアの率い

---

[9] わたくしも会ったことのあるエルシャド将軍は，ダンディーだがカリスマ性に欠ける軍人だ．1982年にジアウル・ラーマンの軍事政権を無血クーデターで倒し，大統領になった．バングラデシュのパキスタンに対する独立戦争を経験しない初めての政治指導者で，思想的には右よりで，バングラデシュ建国以来の世俗主義的，社会主義志向をイスラム重視，市場重視の政治に導いた．彼が政権についていた1982年から1990年の期間に，いくつもの経済自由化政策がとられ，彼は「見かけによらぬ改革者（Unlikely reformer）」と表されることもある（Mahmud 2010, pp.175-176）．

るバングラデシュ国家党（Bangladesh Nationalist Party）ややはり暗殺された元首相ムジブル・ラーマンの娘のシーク・ハシナが率いるアワミ連盟党も政治活動を活発化させていた．選挙となると問題となるのは，何といっても農民票をどのようにして確保するかだから，どうしても肥料等の補助金が重要な政治課題になる．そこで，ダッカでの会議に出席した機会に，わたくしはこの2人の野党党首と彼らの顧問に会って，もし彼らが政権をとることになっても，農業政策の改革を逆戻りさせないよう，そのために安易な政策マニフェストを作らないよう要請した．当時開発予算の80％超を供与している国際的援助グループはすべて肥料補助金の撤廃とBADCの独占体制の改革を支持しています，と主張した．結果として，従来の農業政策の手詰まり状態をよく認識していた計画省，財務省，それに農業省のトップ幹部がFAOや世界銀行の専門家グループの意見に同調して，上に述べた農業政策改革は断行された．

　改革反対は，すべて既得権益を失う心配から出てきたわけではない．真摯な，思想的な心情をベースとした反対もあった．その一つは，零細農民が搾取されるのではないかという怖れだ．バングラデシュは，零細農民の国だ．1農家当たりの農地は1ヘクタールを大きく下回るうえに，人口増とともにさらに低下する傾向にある．小作農民や土地なし農民も多数いる．そのような状況下で，灌漑設備の購入や設置を自由化すれば，何が起こるだろう．地主や多少とも富裕な農民は，経済成果が確かな灌漑設備に投資できる．そのための投資資金の調達も比較的容易に手当てできる立場にある．彼らはまた，くみ上げた水を自家用に使うだけでなく，近隣の零細農民に売ることもできる．零細農民からすれば，灌漑施設の自由化は従来の地主（landlord）ばかりでなく「水主」（waterlord）を出現させる政策で，封建時代の零細農民搾取を一層強めるものである，という反対理由になる．現実には，たしかに農民の富裕層は灌漑設備に投資をし，それをもとに灌漑水を売買する市場が出現した．しかし，その結果むしろ過剰投資が起こり，灌漑水の価格は低下して，心配された水主の零細農民の搾取は杞憂に終わった．零細農民としても，汚職まみれの農業開発公社の役人よりは，同じ村に住む地主との商取引のほうを好んだようだ[10]．

　このように，バングラデシュの「緑の革命」が成功した背景には，直接の成功要因である高収量品種の導入，肥料や殺虫剤の使用等の投入財の改善のほか

---

[10] この問題の詳細な実証研究は，藤田（2005）．

に，農業開発戦略の転換があった．雨季の過剰な水資源から乾季の灌漑に戦略の焦点を移したこと，大規模灌漑施設の建設から小規模灌漑に政策転換したこと，農業開発に必要な投入財と産出の流通機構を政府の BADC 独占から民間企業の参入する市場機構に委ねたこと，さらに比較的富裕な農民に灌漑施設への投資を奨励して，農村における灌漑水市場の出現を可能にしたこと，これらの政策転換がバングラデシュの緑の革命の条件で，その実現に時間がかかり，それが「遅れてきた革命」となったのである．その結果は，それまで灌漑設備がないために一毛作しかできなかった農地の4分の3以上で二毛作以上が可能になり，1980年代初頭でもまだ GDP の半分以上を占めていた農林水産業の成長率を年率平均3％程度に引き上げ，また就業者の60％以上を占める農林水産業に従事する家計の所得を引き上げた．緑の革命は，絶望的だったバングラデシュの「貧者に優しい経済成長（Pro-Poor growth）」の実現の大きな要因となった．

第3節　1988年の大洪水と援助をめぐる国際政治

　バングラデシュは，「海抜ゼロの泥の国」であると同時に毎年4カ月も続くモンスーンの国だ．そこにネパールから発してインドを経由して流れるガンジス，インドの北部から流れ込むジャムナ（ブラマプートラとも呼ばれる），そしてインドの東北部に接する地域から流れるメグナの3大河川がベンガル湾にそそぐわけだから，バングラデシュはまた洪水の国でもある．そのうえに，ベンガル湾に発生するサイクロンと呼ばれる台風が，ベンガル湾に面した南部とチッタゴンのある東南部を襲う．だから毎年現れる洪水と排水をどうするかはバングラデシュ政府の一大経済課題であると同時に政治課題だ．
　しかし，先にも述べたように，この国で大規模な治水事業計画を実施するのは難しい．技術的に大変困難な地理だからだ．また，コストが膨大になるから治水プロジェクトの経済性を確保することが難しい．そこで，バングラデシュ独立直後の1972年に世界銀行は，バングラデシュ政府に提出した『国土・水資源セクターの調査研究（Land and Water Resources Sector Study）』で，大規模洪水・排水プロジェクトの代わりに乾季の小規模灌漑に対する投資を重視すること，また雨季の洪水対策としては小規模のプロジェクトで何とかやりくりすることという2つの重要な勧告をしている（World Bank 1972b）．この世

界銀行の報告書が一つの契機となってバングラデシュの緑の革命につながっていく．

しかし，この戦略に疑いを呼び起こす大洪水が1988年に起こった．その翌年の1989年には，追い打ちをかけるように大型のサイクロンがバングラデシュの南海岸地帯とチッタゴンの近隣地帯を襲っている．1988年の大洪水では国土の70%が被害を受け，都市部での住宅の浸水被害，農村部での稲作の被害，家畜の被害等々のほかに，数千人にも上る犠牲者を出した[11]．バングラデシュの場合，洪水は時間をかけてやってくるが，サイクロンは短時間で住民を襲う．したがって洪水の被害は物的被害が多く，サイクロンの場合は人的被害が多い．1989年のサイクロンの犠牲者は，やはり当時の報道では1,500人に上ると推計された．

バングラデシュは，1970年にも大型のサイクロンに見舞われ，20万人に上る犠牲者を出した．しかし，当時と比べ，アメリカをはじめとする先進国での被害の報道はまさにリアルタイムで被害状況を映像で報道するテレビがあり，1988年のバングラデシュ大洪水は世界の注目するところとなった．そして，先進国の間に，バングラデシュの洪水を根本的に解決するプログラムを国際的な援助のもとで実施すべきだという国際世論が沸き起こった．国際的な天然災害に対しては，まずUNDPが主幹事となって世界銀行やアジア開発銀行等の地域開発機関，それに先進国の開発援助機関やNGOが加わって，緊急援助プログラムを実施する．食糧，医療，学校・道路等のインフラの災害復興だ．それが一段落した時点で，世界銀行等の国際援助グループの主催国が，もっと長期の防災計画等を当事国政府と一緒になって考える．そして，その計画に則って，防災プロジェクトやプログラムに対する資金・技術援助が供与される．これが，途上国の自然災害に対するいわば標準的なアプローチになっていた．

1988年のバングラデシュの大洪水が，このような通常の例と違ったのは，この自然災害が国際政治の場に持ち出されたからである．洪水の緊急援助にフランスNGOの一員として駆け付けた人の中に，当時のフランスのミッテラン大統領夫人がいた．彼女は，当然帰国後に夫の大統領に対してバングラデシュ援助を要請した．それを聞きつけた大統領補佐官のジャック・アタリ（Jacques Attali）は，1990年にパリでフランスが主催するサミット会合（ア

---

[11] 当時の現地の新聞報道では3,000人とも5,000人ともいわれている．しかし一方1989年に出版されたUSAIDの報告書，USAID（1989）によれば，1,500人となっている（p.5）．

第3節　1988年の大洪水と援助をめぐる国際政治

ルシュ・サミット）に，バングラデシュのエルシャド大統領も招待して，南北協力のモデルとしてバングラデシュの洪水対策を議題として議論することを考えた．そこで，すぐさまフランスの土木工学大学院，ポン・ゼ・ショセ（Ponts et Chausses）の土木工学の技術陣30人をバングラデシュに送り大規模な洪水対策工事の青写真を描かせた．この案によると，根本的な洪水対策としてバングラデシュの3大河川に護岸堤防を構築する——すなわち，バングラデシュに堤防を張りめぐらす．それでも，すべての洪水が防げるわけではない．より理想的な解決策として，ガンジス河とジャムナ河の上流に運河を設け，一方の水位が上がった場合には他方の河に放水するシステムを建設するというアイデアを提示した．

　さすがにナポレオン以来の伝統のあるフランスの土木工学の粋を集めた作業だから，バングラデシュから帰ってきたポン・ゼ・ショセの技術陣は実に美しい青写真を描いてワシントンにやってきた．わたくしは，その数枚を額に入れて自分の世界銀行のオフィスに飾りたくなったほどだ．しかし，この大規模護岸工事のアイデアを実現するのが困難であることは，当初から明らかだった．まずその経済性だ．非常にラフな推計でも，ブラマプートラ，ガンジス，メグナ河の本流すべてに護岸堤防を建設するとすれば，当時の価値で100億ドルはくだらない．ブラマプートラとガンジスの間に相互に水量調整をするための運河を掘れば，その投資所要額はその2倍に跳ね上がる．その当時のバングラデシュのGDPは200億ドルを下回っていたから，いくら長期投資でまた国際的な援助資金を頼るとはいえ，洪水管理のためにGDPの50%に達する投資をすることは無理だ．たとえば100億ドルの投資所要額として，最低でも10%の経済的な収益を生み出す投資であれば，年々10億ドルの便益が生じなければならない．しかし，農業被害，都市部の財産，それに人命までいれても，投資に見合う便益が得られるとは考えられない．まして，ブラマプートラとガンジスを結ぶ運河を掘るようなプロジェクトは，経済性の観点から論外だ．

　そのうえ，バングラデシュの地形と人口密度を忘れてはならない．バングラデシュは泥の国だといったが，その泥の国に堤防を作るとすると，岩盤が深いために，なだらかな傾斜の堤防を盛り土で作るよりほかにない．問題は，そのような堤防の工法では，貴重な農地を堤防のために使う必要が出てくることだ．これら河川の氾濫原には，当時400万人の人たちが住んでいた．堤防の

ために立ち退きさせた人たちにどこに代替地を提供すればよいのか．河川の中州に出現する土地——これはバングラデシュではチャーランド（Char）と呼ばれている——でさえ農民たちの間で争奪の対象で，毎年多数の死人が出る騒ぎなのに，大規模な立退き計画などとうてい考えられない．

　このアイデアの発案者であるフランス政府，特にミッテラン大統領の大統領府は，サミット会議の成功のために，プロジェクトの経済性はこの際無視することにして，バングラデシュ援助協議会の議長である世界銀行にこの案を検討して，国際的な資金援助をまとめるよう圧力をかけてきた．世銀でバングラデシュ担当のアジア第１局長であったわたくしは，当時フランス財務省のオフィスがあったルーブル宮に招かれフランス政府の考えを聞かされている．そのアイデアがいかに非現実的であるかを縷々説明しても，フランス財務省の役人は大統領府の意向だからといって一切聞く耳を持たない．しかし，当のフランス政府は，100億ドルの１割の資金さえも提供するつもりはない．わたくしとしては，そんなフランスの態度は全く常識外れですよといって，席をけって帰ればよいようなものだが，当時の世界銀行の上層部は，世銀全体の活動のために大株主であるフランスの支持を得たいがために強い態度に出られない．自然バングラデシュを担当しているわがアジア第１局に圧力がかかる．

　バングラデシュの大洪水は，アメリカでも大きく報道され，わたくしもCNN にインタビューされた．やはり，国際社会が一丸となってなんとかバングラデシュを援助しなければならないというのが一般の論調だったが，アメリカ政府の態度はフランス政府の態度と対象的だった．1988 年秋に，当時のレーガン大統領は，「1988 年バングラデシュ災害支援法（Bangladesh Disaster Assistance Act of 1988, Law H.R. 5389）」を制定して，1988 年の大洪水を繰り返さないために，国際社会と地域の政府が協力して，ブラマプートラ河流域の乾季の水資源の公平な配分と中期・長期の洪水対策を考え，結果を６カ月以内に議会に報告するように定めた．それに基づいて，アメリカ AID が派遣した調査団は，「イースタン・ウォーターズ・スタディー」と題した報告書を発表した．内容は，ガンジス・ブラマプートラ河流域の洪水と旱魃を防ぐ戦略を追求したもので，その結論を多少単純化していうと，次のようになる．

　第１に，バングラデシュの 1988 年大洪水が国際世論を巻き起こしたが，その根本的な解決策は，南アジア亜大陸全体——すなわちブータン，ネパール，インド，それに源流がある中国——の地理と気候を考慮して初めて見つかる．

第3節　1988年の大洪水と援助をめぐる国際政治　　　　　　　241

　第2に，しかし，そのように視野を地理的に広げて考えても，南アジアを取り巻く気候条件は厳しくまた大規模で，現段階で実現可能な「単一の解決策 (single solution)」は考えられない．大規模な洪水対策プログラムを求めるよりも，最善策はすでにバングラデシュが実施している乾季における小規模灌漑事業や小規模の洪水対策プロジェクトを積み重ねる努力をすべきだ．100年に一度というような洪水やサイクロンに関しては，土木工学的な解決策はあきらめて，むしろ早期警告システムの確立や緊急避難計画の作成等の対策によって犠牲者と被害を最小化する努力の方が現実的でかつ効果的だろう（Rogers, Lydon, and Seckler 1989）．

　フランスとアメリカのほかにも，日本や中国も調査団を送ったが，はっきりした結論と解決策を提示していない．しかし，フランスとアメリカが全く180度違う方向性を持ったアドバイスと提案を持ち出して，問題は技術的・経済的な問題を超えて，国際政治の色彩まで帯びてきた．フランスの「バングラデシュの河川をコンクリの堤防で固めよう」という提案が非現実的であるとすれば，アメリカの「何もするな，しょせん地球規模的な天候には勝てない」という諦観に彩られた提案は対策案の放棄で当事国に受け入れられるものではない．また，何かもう少し積極的な対策が可能なはずだ．当事国の政府は，このような両極端の議論の中で，何を考えていたのか．バングラデシュ政府がオーナーシップを持って何らかの方向性を打ち出すのが妥当なのに，実はバングラデシュ政府の態度は何も考えていないに等しかった．当時バングラデシュ政府の開発予算の80%以上が援助で賄われていた．だから，バングラデシュ政府の人たちにとっては，洪水対策プロジェクトはしょせん資金的にも技術的にも援助に依存せざるをえない．政府の上層部，特に政治家レベルでは，このようなプログラムは大規模であればあるほど，自分の政治資金が潤う．政治家と話していて，彼らがいつも援助プロジェクトの総額に関心を持ち，頭の片隅でパーセント計算をしている気配が感じられた．賄賂として受け取る額を計算していたのだ．政府の一部のプランナーやエンジニア官僚を除いて，当事者意識を持って真剣に洪水対策を考えている人は少なかった．

　両極端の議論の真ん中で，世銀——より端的にはわがアジア第1局，そしてわたくし——はどうすればよいのか．助け舟を出してくれたのは，世界銀行の元イギリス代表理事で当時イギリス政府の援助庁（Office for Development Assistance: ODA, 現在のDIFID）の次官をしていたティム・ランカス

ター (Tim Lancaster) だ．もともと若い頃は世銀のヤング・プロフェショナルと呼ばれる幹部候補生プログラムの一員でわたくしの同僚だったし，イギリスの官民交換プログラムでシティーのマーチャントバンクで働いていたときにも一緒に資本市場の仕事をした男だ．イギリス政府は，今回のバングラデシュ大洪水を契機に，フランスが元大英帝国の植民地だったバングラデシュを「再発見」したような態度をとるのを不快に思っていたし，世銀がフランスの提案に乗るのは不健全だと感じていたから，次のような提案をしてくれた．

バングラデシュの洪水対策は，フランスやアメリカの提案にこだわらず，世銀が技術的，経済的に最適と思うプログラムなりプロジェクトを提案するのがよい．その対策案がまとまった段階で，世銀は，バングラデシュ政府とバングラデシュ援助協議会の主要メンバーを交えた国際会議を招集して，その案を検討する．会議の場所として，イギリス政府はランカスター・ハウスを提供する．実は，この会場が重要だった．ランカスター・ハウスは，イギリス政府がロンドン市内に所有している有名な会議場で，戦後サブサハラ・アフリカ諸国の独立交渉の舞台として使われたところだ．会議場を使えるのは，イギリス政府の閣僚が主催あるいは共催する場合に限られる．だからティム・ランカスターの申し出は，会議にはODA大臣に出席してもらって，フランス大統領府のジャック・アタリに位負けしない代表を送る，ということだった．会議が実現したときには，ODA大臣が会議を通して出席してくれたばかりではない．会議の休憩時間中の「お茶」には，時のサッチャー首相も顔を出してくれ，出席者に現実的なかつ効果的な洪水対策プログラムを作成してほしいという話をしてくれた．そうすることによって，フランス政府のスタンドプレイを完全に「中和」してくれたのだ．

第4節　ランカスター・ハウス会議と世銀の「洪水行動計画」

では世界銀行のグループは，どんな提案をしたのか．ランカスター・ハウス会議以前に，1989年にパリで開かれたいわゆるアルシュ・サミットと呼ばれるG7首脳会議では，フランスの提案どおりバングラデシュの大洪水をトピックとして取り上げ，G7コミュニケは「この重要問題に対する技術的，財務的，経済的および環境的に健全な解決策（solution to this major problem which [is] technically, financially, economically and environmentally sound）を探すた

第4節　ランカスター・ハウス会議と世銀の「洪水行動計画」　　243

めに国際社会が協調して行動をとる」と述べた．そこで，世銀はバングラデシュ政府と G7 の要請により，「洪水行動計画（Flood Action Plan: FAP）作成プログラム」と称する報告書を作成，これがランカスター・ハウス会議の基礎資料になった[12]．G7 コミュニケが求める「技術的，財務的，経済的および環境的に健全な解決策」は，大変条件の厳しい解決策だ．技術的にはともかく，財務的にはバングラデシュ政府と国際援助コミュニティがファイナンスできるものでなければならない．また，経済的には解決策の一部になる投資プログラムやプロジェクトは，それらの費用対便益が十分に投資収益を確保できるものでなければならない．環境的には農業，特に稲作および農民，河川での淡水漁業，都市部の住民に対する環境の負荷を最小限にとどめなければならない．そして，このコミュニケの言葉使いには，フランス案もアメリカ案も非現実的で受け入れられないとの含意が含まれているようだ．

　世銀の 1989 年報告書は，具体的な洪水行動計画ではない．最終的な洪水行動計画を作成するにあたっての枠組みと方向性を示したものである．この報告書作成にあたっては，ビル・スミス（William Smith）という世銀の土木エンジニアーが中心的な役割を果たした．彼は，南アジアの自然条件をよく知っていて，バングラデシュの洪水やサイクロンを人工的な構築物で完全にコントロールするようなことは不可能なことをよく認識していた．ここまでは，アメリカ援助庁（AID）のコンサルタントたちが出した結論と変わらない．しかし一方，バングラデシュの水資源管理の問題を子細に見ていくと，人間の力で現在の状況を改善できる余地は十分にある．ただ，水資源管理の改善は，バングラデシュ政府がほとんど未来永劫に，漸進的に実行していかなければならない類の政策課題だ．大がかりなマスタープランを作成して，「ハイ，これが解決策」と提示できるようなものではない．このような基本的考えから，彼と彼のコンサルタント・チームは，バングラデシュをいくつかの地域に分けて，その一つずつについて，最も喫緊の問題は何かを考えた．

　バングラデシュほど，「河は生きている」ことを実感させられるところはない．ブラマプートラ河，それにある程度メグナ河もガンジス河の下流にあたるパドマ河も，動いている．ブラマプートラ河は，1830 年以来現在まで平均 4 キロ以上，上流では最大 13 キロも西に動いている．より正確な最近のデー

---

[12] World Bank (1990). この報告書では，世銀案だけでなく，フランス案，アメリカ案，さらに日本案も比較検討されている．

タでも，1970年代初頭から1990年代初頭の20年間に，年平均50メートルほど西に動いているようだ．だから，ブラマプートラ河の流れをコントロールするためには，河の右岸に護岸堤防を建設する．しかし，時々大洪水が来ると堤防決壊が起こる．バングラデシュの地形を考えて，堤防は絶対に決壊されないようには作られていない．確率的に決壊が起こることは前提として作られている．河自体が毎年西に動いているわけだから，だから決壊も起こるわけだから，決壊した堤防を再建するときに同じ場所に堤防を再建しない．それより200メートルばかり下げて（すなわち西の方向に）新しい堤防を作る．バングラデシュでは，イギリスの植民地時代から，このことを「決壊した堤防をリタイア（退場）させる」と呼んでいる．バングラデシュの堤防は20年もすればリタイアするように計画されているのだ．

　どうしようもないこととはいえ，堤防のリタイアにはコストが伴う．堤防のおかげで，安定的な農業生産が可能になり，必然的に人が集まってくる．そこで，堤防の決壊とリタイアが起こると200メートル幅の田圃とそこで暮らす人が他の場所に移住を余儀なくされる．1980年代から1990年代初頭にかけてのデータによれば，バングラデシュ全土で，実に毎年6万人以上の人が土地を失ったようだ．もちろん，河が西に移動していることは，東側に新しい中州が生じていることを意味する．その中州自体もまた常に西に動いている．新しい中州（これをバングラデシュの人たちはチャー（char）あるいはチャーランドと呼ぶ）の土地争いは激しく，しばしば暴力を伴うから，毎年多くの死人がでる[13]．毎年数万人のチャーランドの住民が移動を余儀なくされる．

　西に移動を続けるブラマプートラ河の洪水被害を最小に食い止める方法として，上に述べたような在来工法——単純化していうと盛り土堤防の建設——が経済性を考えるとたぶん最適な方法だと考えられる．河川の流れをほとんど永久的に固定する強固なコンクリートの護岸堤防を作るのは，海抜ゼロの泥の国ではあまりにもコストがかかりすぎる．ただ，20年，25年の期間で見ると，堤防は決壊するもの，そして堤防は周期的にリタイアされるべきものという考

---

[13] チャーランドの所有権をスムースに確定する法律はない．普通中州のような土地はできてから3年後に作物を作れるようになる．そこで，農民は新しいチャーランドに小屋を建てて，3年間じっと耐え忍んで，3年後に作物を作り既得権を主張する．そうして初めて所有権が認められるのだ．しかし，その3年期限が満期になるちょっと前になると既得権を主張するために住んでいた住民を暴力団が追い出しにかかる．その攻撃を住民の自衛団が撃退して初めて土地が自分のものになる．

第 4 節　ランカスター・ハウス会議と世銀の「洪水行動計画」　　245

えが，適応しない場合がある．一つは，堤防が決壊するたびに 200 メートルの後退を続けると，背後にある別の河川に突き当たる場合である．バングラデシュの詳細な地図を参照すると，大きな河川の他に，中規模・小規模の河川が毛細血管のように全国を覆っているのがわかる．もし，ブラマプートラの本流が，堤防をリタイアした結果として，別の川に流れ込むと，ブラマプートラ河の経路を変えてしまうことになり，これは橋梁，道路網，鉄道網，都市自体に大きな影響を与える．したがって，このような場合には，河の流れを変えないように，決壊した堤防を死守する必要がある．

　もう一つの堤防を死守する必要がある場合は，ブラマプートラ河の右岸に比較的大きな都市が存在する場合である．農地の場合は，洪水の被害は農産物の喪失と洪水後の 3 年間程度の不作だ．しかし，都市となると事情が違う．住宅やオフィス，工場等の建築物がある．道路，通信，電力等々のインフラストラクチャーがある．これらの価値ある資産を見捨てて堤防をリタイアするわけにはいかない．そしてこのような場合には，西方への流れの圧力を抑え込むだけの堅固な堤防を作っても，経済的に十分引き合う．

　ビル・スミスは，このような考えに基づいて，5 つの地域別のブラマプートラ右岸堤防の護岸のプログラムと都市については都市防衛のための堤防建設のプログラムを提案した．また，同時に，大洪水時の避難・救急計画の策定と地方自治体レベルまで巻き込んだ避難訓練の実施をプログラムの一環として付け加えた．もちろん，最新の IT 技術を駆使した洪水早期警報システムや食糧・医薬品の備蓄計画も含まれる．

　河は生きている．時に暴れて多大な洪水被害をもたらすが，これは人間の手ではどうしようもない．たとえば，農地と農村をバングラデシュのような国で，洪水の被害から 100 ％ 守るのは，無制限の資源をそのために使うのであれば，今日の土木技術を持って可能かもしれないが，経済性を考えればほとんど不可能に近い．そこで，上に述べたような戦略的に重要な地点だけの防衛に重点を置き，その他の地域については，低コストの従来工法による堤防を作り，決壊した場合にはリタイアする．この場合重要になるのは，どの地点が戦略的に重要かどうかをできるだけ早期に探り出すことだ．河は生きているから，河の変貌は，それこそリアルタイムで監視する必要がある．そのためには，人工衛星によって常時河の流れを監視し，戦略的な地点が出てくれば即座に浚渫作業や堤防補強工事に取り掛かる必要がある．また，雨季になって河が増水して

からでは，作業が困難になる場合には気象予測が重要になる．これらのためには，1年を通して，そのような予測，監視，予防作業が遅滞なくできる機構がなければならない．バングラデシュの場合には，バングラデシュ水資源開発機構（Bangladesh Water Development Board: BWBB）と地方自治体の強化が最重要になる．

世界銀行の報告書の考え方をこのように説明すると，それはバングラデシュ全土に洪水とサイクロンの被害予防の堤防を張りめぐらすフランス案――それを作ったのが，土木工学大学院のポン・ゼ・ショセであることは実に象徴的――と警報システムと避難計画に重点を説くアメリカAID案の折衷案というふうにとられるかもしれない．しかし，それは間違っている．ビル・スミスのアプローチは，当時としては実に斬新的なものであった．従来ともすればインフラストラクチャーというと土木工学的なハードな構築物だと理解されてきた．しかし，ビル・スミスは，インフラストラクチャーをハードなインフラとソフトなインフラを統合したシステムとして理解し，そのシステムを効率的に作り，運営・管理するのがインフラ構築だという哲学的基礎の上に世銀案の提案を作り上げたのだ．洪水対策の場合，ハードの部分には護岸堤防の構築や灌漑路の建設が含まれる．ソフトインフラには，ハードインフラの管理運営と補修の他に，気象予報，洪水・サイクロンの早期警報が入る．ソフトインフラに特徴的なのは，インフラの構築の責任者であるバングラデシュ水資源開発機構，水資源省（Ministry of Water Resources），計画省等々の中央政府機関のほかに，インフラの利用者，裨益者である地方住民の組織，その組織化を指導する地方自治体政府が入ってくる．そして，これら関係者グループが活動する法的な枠組みも必要になる．インフラがシステムとして機能するためには，これらすべてがよく機能する必要がある．ビル・スミスの考え方が斬新的だったのは，彼がこのようなシステムの構築を目指したからだ．ハードインフラ中心のマスタープランを作って，それでおしまい，といったアプローチと違って，システム全体を作り上げるとなると，これは5年とか10年に期限を切ってできることではなく，絶え間ないシステム構築の政策努力が必要とされる．

世界銀行は，すでに1995年にはこの戦略に沿ったプロジェクトを2つ実施している（World Bank 1995a, 1995b）．第1は，ブラマプートラ右岸堤防の護岸プロジェクトで，2カ所の堤防を強化する．まずダッカの西で，ブラマプートラ河とガンジス河の合流点より北の，ジャムナ架橋が計画されている地点

(右岸)にシラジガンジ (Sirajganj) という中規模の都市 (人口12万人程度)があるが,この都市の住民と資産を守るため,また,ジャムナ橋を守るために堤防の強化を図る.(ジャムナ橋については次節で論議する.) 第2に,それより北にサリアカンディ (Sariakandi) とマトゥラパラ (Mathurapara) という土地がこれまたブラマプートラの右岸にある. 問題は,これらの地点のすぐ西にバンガリ河 (Bangali) が流れていて,この地点での堤防の決壊とリタイアは,ブラマプートラ河の流れを大きく変えてしまう危険がある. 最優先のプロジェクトで,この他にもいくつもの護岸プロジェクトが必要になってくるが,このプロジェクトの総投資所要額は1億2,000万ドル程度で,この金額をたとえばフランス案の100億ドルと比較してみれば,ビル・スミスの戦略がいかに現実的かがわかる. ちなみに,このプロジェクトの投資収益率は35～45％で,十分に経済性があった.

1987年の大洪水を契機に,バングラデシュの洪水被害は,国際政治の舞台に持ち出された. 結果として,この政策課題に対する国際社会の対応は,適切なところに落ち着いた. しかし,そこに至るまでには紆余曲折があり,国際政治のダイナミックスに流されて,無用の長物(援助関係者が「ホワイト・エレファント・プロジェクト」と呼んでいる)を膨大な援助資金を使って作ったかもしれないという可能性は否定できない. 政策決定過程は,政治に任せきりにするのではなく,いわゆるテクノクラートがその決定過程に合理性を持ちこむことがいかに大切であるかを如実に示したのが,このエピソードの教訓ではなかろうか.

第5節　ジャムナ橋プロジェクト

先にバングラデシュの地理と自然は,バングラデシュの経済発展に実に過酷な条件を課している,と述べた. 洪水とサイクロンの問題は,その好例だ. しかし,その他にも大きな問題がある. もう一度,バングラデシュの地理を思い出していただきたい. 北から南にブラマプートラ河(ジャムナ河とも呼ぶ)が国土を貫いている. 西から流れるガンジス河(バングラデシュではパドマ河とも呼ばれる)は,ダッカの西方でブラマプートラ河に合流する. もう一つの大河,メグナ河はバングラデシュの北東から流れてきて,ダッカの南でブラマプートラ・ガンジス河に合流する. そして水量の増したブラマプートラ河は,

チッタゴンの西で，いくつにも枝別れしてベンガル湾にそそぐ．この部分は，いくつにも枝別れしているために，ガンジス河の河口群（The Mouths of the Ganges）と複数形で呼ばれる．

そこで問題になるのは，ブラマプートラ河とガンジス河に挟まれたバングラデシュの西北部だ．洪水が起これば，西北部はバングラデシュの主要部から孤立する．バングラデシュのモノとヒトの流れを見ると，交通・運輸のメイン・コリドーは，工業都市，港湾都市のチッタゴンと首都のダッカを結ぶ回廊が最も自然だ．そして，西北部の発展のためには，このコリドーがブラマプートラ河を超えて西北部につながるのが望ましい．イギリス植民地時代に，カルカッタからバングラデシュの西北につながる鉄道建設が試みられ，1920年代にガンジス河に鉄道橋がかけられた．これが，西北とバングラデシュの主要部をつなぐ，唯一の橋梁で，モノとヒトの動きはすべてブラマプートラの数カ所に設けられたフェリーに頼らざるをえなかった．

だから，バングラデシュ建国以来，ブラマプートラに橋を作り，西北をチッタゴン・ダッカを通じる交通・運輸回廊につなげることは，バングラデシュの国土計画に携わる者の夢だった．もともと，イギリスの植民地政府がカルカッタから西北につながる鉄道を敷設して，ガンジス河にハーディング橋（Hardinge Bridge）と呼ばれる橋を建設したのは，西北が豊かな農業のポテンシャルを有する地帯で，カルカッタのヒンターランドだったからだった．だからパキスタンの独立以来西北の農業は停滞し，その農業生産ポテンシャルは十分に実現できなかった．もちろん，ブラマプートラ河架橋は，20世紀初めから幾度にもわたって立案され，議論され，そして技術的にも経済的にもとうてい無理という理由で，その都度断念されてきた．これは，わたくしがバングラデシュ政府の役人から聞いた話で確証はないが，1960年代には，当時日本工営の社長だった久保田氏がパキスタン政府にブラマプートラ架橋プロジェクトを提案したが，総工費が当時の価値で10億ドルにも上ることから，経済性は皆無という結論を得たとのことだ．

ブラマプートラ橋の最大の問題は厳しい自然条件だ．何しろ河幅が広い．冬の乾季では5キロメートルくらいの河幅が，夏の雨季には30キロメートルになる個所がある．それほど乾季と雨季の水量が違うのだ．そのうえに，バングラデシュのほとんどの地域で岩盤は地表から100〜200メートルの深さにある．河は泥と土砂の上を流れているのだ．そのうえ，先にも述べたようにブ

ラマプートラ河は生きているから,毎年西に移動を続ける.1782 年から 1787 年にかけて,地震と洪水の結果ブラマプートラ河の流れは西方に 60 キロメートルも移動した.橋を建設したあとで,同様のことが起こらないという保証はない.

　ブラマプートラ河は,バングラデシュでは通常ジャムナ河と呼ばれるが,それにはわけがある.ブラマプートラはヒンズー教の男の神様だが,ベンガルの神話によると彼はガンジスに求婚したそうだ.ガンジスは,ブラマプートラが本当にガンジスを愛しているかをテストするために老女に姿を変えて彼の前に現れた.残念ながら,ブラマプートラは眼の前にいる老女がガンジスだと見破られなかったので,ガンジスはブラマプートラを退け,代わりにジャムナ神(男)を選んだ.だから,ジャムナは,ベンガル湾にそそぐ前にガンジスと合体するのだ.この神話によると,ブラマプートラ河はジャムナ河とは別物で,現在われわれが目にするのはジャムナ河ということになる.

　チッタゴン・ダッカ回廊を西北に延長するには,非常に効率の悪いフェリーに頼らざるをえなかった.しかし,ジャムナ河のフェリーは,他の国のフェリーとはわれわれにとって想像を絶するほど違っている.雨季と乾季で河幅が大きく変化することはすでに述べた.そのために,フェリーは河幅の変化に対応できる浮き桟橋を利用せざるをえない.フェリーの主たる顧客である大型トラックが利用できる浮き桟橋を作るのは容易ではない.また,河幅が変化することは,河の水位自体が変化することを意味するから,乾季の場合には水位が浅くなり,利用できるフェリーが限られるばかりでなく,フェリーの水路自体を確保するのも困難になる.水路は狭くなり,交通量をさばくために 1 日 20 時間以上の運航のうちで,夜間運行は危険が多くなる.さらにまた,モンスーンが来ると堤防破損が生じて,船着き場を移動せざるをえなくなる.

　ブラマプートラ河のフェリーは,ちょうどブラマプートラ河がガンジス河と合流する北,4 カ所ばかりで運行されていた.バングラデシュ内陸水運公社 (Bangladesh Inland Water Transport Corporation: BIWTC) が主で,そのほかに民間の主として旅客を扱うランチ・フェリーが数社,バングラデシュ鉄道 (Bangladesh Rails) は,独自のフェリーを運航していた.わたくしは,そのうちのジャムナ橋建設予定地に近いフェリーを訪ねたことがある.船着き場が賑わっているのは当然だが,そこはもう賑わっている程度ではなかった.船着き場に近づくにつれて交通渋滞はひどくなる.船着き場付近に来ると,常時大

変な騒ぎだ．南から西北に渡ろうとするトラックは，当時48時間の待ち時間を余儀なくされる．そのトラックの運転手のための食べ物屋や屋台がところ嫌わずある．そのうえ，フェリーは夜間も営業しているから，昔の日本の渡しの宿場町のように，女たちが集まっている．こんなところを，BITCのフェリーサービスだけでも，毎日平均700台のトラック，270台のバス，140台の乗用車，合計1110台の車がフェリーで運ばれる．そして，交通量は毎年2桁で増大している[14]．

バングラデシュの西北の発展を考えれば，なんとかしなければならない．当然のことにフェリーの改良が検討された．フェリーの積み下ろしを効率良くするためにフェリーの前後に出入り口のあるいわゆるロロ船（Ro-Ro ferries, Roll-in, Roll-out）フェリーが導入された．また，イギリスで使用されているホーバークラフトが使用できないかも検討された．しかし，ブラマプートラ河のような泥の河では，泥を跳ね飛ばすホーバークラフトは使えない．それに高価すぎる．それやこれやで，1980年代後半にはブラマプートラ河のフェリー運航は限界に達していた．

この困難な状況に解決策を与えたのは，新技術だ．1970年代のオイルショックが原油価格の高騰を招き，それによってイギリスとノルウェーの北海油田が開発された．北海における石油・ガス探索は，厳しい北海の気候条件もさることながら，海底が深い泥の層で埋まっているために，通常の方法では石油探索プラットフォームを建設できない．通常オイル・プラットフォームは，海底の泥の層の下にある岩盤に杭（パイル）を打ち込むという方法をとるが，岩盤が深くてオイル・プラットフォームの建設費が高くなりすぎる．そこで，オイル・プラットフォームに八の字型に広がった足を付け，その足の先端に大きな鉄のボールを付けて，いわばオイル・プラットフォームを泥の海底に「置く」のだ．この方法で，北海の荒れた海で安定したプラットフォームで石油探索の仕事ができるようになった．この技術は，通常の橋梁建設にも応用されて，規模は大きくないがこの方法で作られた橋がヨーロッパにはある．もっとも，当時の日本の建設省は，安全性・耐久性が保証されていないという理由で，日本でのこのタイプの橋梁建設は認可しなかった．

この橋梁建設の新技術によって，バングラデシュにとって長年の夢であっ

---

[14] 1992/93年のBIWTCデータ．World Bank(1994b, Annex 6.1, Table 2).

第5節　ジャムナ橋プロジェクト

たブラマプートラ架橋の可能性は，ぐっと現実に近づいた．この技術を使うと橋梁本体は，2〜3億ドル，橋の近隣の護岸工事やアプローチ・ロード，それに土地収用や住民の移転費用を合わせても，当時の価値で7〜8億ドルの総工費になるという試算もされた．バングラデシュ政府は，1985年には早々とジャムナ多目的橋梁機構（Jamuna Multi-purpose Bridge Authority）を政府機関として立ち上げ，ジャムナ橋の建設を第4次五カ年計画（1991〜95年）に盛り込んで，世界銀行を議長とするバングラデシュ援助会議に支援を要請した（World Bank 1994b）．

ジャムナ多目的橋プロジェクト　プロファイル

プロジェクト：インドの東北からバングラデシュに注ぐ大河，ジャムナ河に橋梁を建設してバングラデシュの北西部を首都ダッカ，工業・港湾市チッタゴン等ある中央部につなぐ．全長4.8キロメートルの橋梁で，4レーンの車道のほかに，歩道，ガス管，電話線，電線を乗せる．さらに将来は鉄道橋にもなるように設計する．橋梁のほかに，アプローチ道路，護岸工事，住民移転，環境配慮（魚路の建設等）も含む．

プロジェクトの実施：プロジェクト実施には，このプロジェクトのために設立された政府の特殊法人，ジャムナ多目的橋機構（Jamuna Multipurpose Bridge Authority）があたる．この機構は，ジャムナ橋の建設，保全等のために予算権限を含む大きな権限を持つ．

プロジェクト・コストとファイナンス：総工費約7億ドル．IDA，アジア開銀，海外協力基金（OECF）がそれぞれ2億ドル相当を融資し，残り1億ドルはバングラデシュ政府の自己資金でファイナンスする．

プロジェクト費用対便益：プロジェクトの便益としては，フェリーに頼る物資とヒトの移動に比べて橋を作った場合に得られる運輸・交通の時間的節約が中心になる．時間的節約を金額に推計し直したうえで，費用と比較すると，おおむね年率15％程度のプロジェクト内部収益率（ERR）が得られる．

ジャムナ橋プロジェクトに関する賛成・反対の激しい論争はそこから始まった．1980年代後半のバングラデシュの総人口は，1億人をちょっと上回っていた．その4分の1以上を占める2,700万人が西北に半分孤立した形で暮らしている．そのうえ，その西北は農業生産のポテンシャルを持っている．7〜

8億ドルの投資で西北とチッタゴン・ダッカ回廊をつなぐことができれば，バングラデシュの発展に大いに役立つはずだ．ごく粗い経済計算では，新しい技術を使えば，ジャムナ橋プロジェクトに全く経済性がないわけではない．それに橋の交通・運輸を有料にすれば，長期的には投資資金の回収も不可能ではない．そう考えて，世銀アジア第1局は——わたくしを含めて——条件付きで（これについては後に詳論）ジャムナ橋プロジェクトを推進することにした．それに対して，バングラデシュ援助グループ内と世界銀行内部で強烈な反対が起こった．

第1の反対は，バングラデシュのような貧しい経済にジャムナ橋プロジェクトのような大規模の投資をする余裕はない，というものだった．当時のバングラデシュのGDPは200億ドルを下回っていた．毎年の政府の開発予算は，その6〜7％にあたる12〜14億ドルだ．その予算で，農業開発，農村部の生活改善，洪水対策等の水資源管理，道路や電力といったインフラ，それに教育と保健のための投資をまかなわなくてはならない．ジャムナ橋プロジェクトを実施すれば，総工費は年々の開発予算の半分以上になって他の開発事業を圧迫する．たった一つの交通・運輸プロジェクトに，そんな多額の投資資金を使うわけにはいかない，というのが反対派の論点だった．

その当時バングラデシュの開発予算の80〜90％は，バングラデシュ援助グループの援助資金でまかなわれていた．バングラデシュ政府は，ジャムナ橋プロジェクトは，援助グループの特別援助として通常の援助とは別枠で供与されることを望んでいたが，そんな虫の良い要求が受け入れられるはずはない．そのうえ，開発予算には，バラマキ的な開発インパクトが小さいプロジェクトが多数ある．そこで，従来開発予算に盛り込まれていた数千プロジェクトを合理化・縮小することを条件にジャムナ橋プロジェクトを推進することにした．いわば，政府にジャムナプロジェクトか開発予算合理化かの選択を迫ったわけである．

第2の反対は，ジャムナ橋プロジェクトの経済性に絞られた．プロジェクトから期待できる便益の大部分は，ジャムナ河を越えるために要する時間の短縮とそれにまつわる交通・運輸コストの削減にある．貨物運送についてそのような便益を認めるとして，バングラデシュのような低賃金と潜在失業が特徴的な経済で，一般人がジャムナ河を越える時間が短縮されたからといって，それをプロジェクト便益に含めて良いものだろうか．それは非生産的なぜいたく

にすぎない，というのが反対意見だった．経済学的にいうと，バングラデシュ経済では労働の限界価値——労働のシャドー・プライス——はゼロに近いはずだ，という主張だ．そのうえ，徒歩，乗用車，バス，トラックを使って移動するモノとヒトの交通・運輸だけではプロジェクトの内部収益率は，10% に満たない可能性がある．

この反対に対しては，当時インドの交通プロジェクトに使われていた便益計算の係数を使い，バス乗客についてはシャドウ賃金を計算値の半分として計算する[15]．また，ジャムナ橋に送電線と電話線を敷設することとする．さらに，将来バングラデシュ鉄道の改革が進み，鉄道輸送が効率化したときのために，ジャムナ橋の強度を多少増強して，鉄道橋としても併用できるように設計することとした．西北部の成長のためには，電力が必要とされるが，電力供給は天然ガスを産する南部あるいは石炭輸入が容易なチッタゴン付近が適しており，何らかの方法でエネルギーを東南から西北に送電する必要があったからだ．ジャムナ橋ができれば，別途送電のための橋を造る費用を節約できる．このようにして，ジャムナ橋を多目的化することによってプロジェクトの便益を増やし，その結果収益率は 15% 程度にまで上げることができた．

最も厳しい反対は，技術的なものだった．われわれは，耐用年数 100 年の橋梁を考えていた．しかし，100 年は超長期だ．この間ジャムナ河の流れが変わらないという保証があるのか．ジャムナ河は，せっかく作った橋を迂回して流れるかもしれないではないか．そのうえに，ジャムナ橋プロジェクトは，新しい橋梁建設の技術を使う．橋桁を「泥の上に置く」技術だ．バングラデシュの大洪水が起これば，橋は流されてしまうかもしれない．18 世紀にブラマプートラ河の流れが変わったきっかけとなったのは，大洪水と地震だった．

たしかに，技術的問題はあった．何しろ，新しい技術をバングラデシュの一大プロジェクトに応用しようというのだ．そこで，われわれアジア第 1 局のチームは，まず国際的に橋梁の権威と認められた人たちからなる技術顧問団を編成して，新しい架橋技術の安全性や耐久性を検討してもらうことにした．このプロジェクトを実施するとすれば，日本からの資金援助は欠かせない．そこで，日本からは橋梁の世界的権威である東京大学の西野文雄教授（当時）にこの技術顧問団に加わってもらうことにした．

---

[15] 実は，この推計賃金の「半分」には理論的な根拠はなく，両論の妥協（「足して 2 で割る」）の産物だった．

彼らの指導のもとに，コンサルタントに西ドイツにブラマプートラ・ジャムナ河のモデルを作ってもらって，いろいろな条件のもとでのジャムナ河の動きをシミュレーションすることにした．このモデルは大きな体育館のようなところに，ジャムナ河の泥や土砂を運びいれ，ジャムナ河の模型を作り，そこに水量をいろいろに変えた水を注ぎ込む，大型のモデルだった．モデルは，現実の1年を1日で再現するようにセットした．

シミュレーションの結果に基づいて，橋から約5キロメートル上流あたりまで右岸・左岸とも水路を固定する堅固な堤防（ガイドバンド，Guide bunds）を建設することによって，100年間の間にジャムナ河の河筋が移動するのを防ぐことができる見通しが立った．もちろん，これは確率の問題で，統計的に100％安全というわけではない．しかし，河の流れが変わる場合は，何らかの兆候があるはずだから，そのときには適切な処置がとれる．ただ，そのためには，常時河の動きを監視する必要がある．そこで，これも新しい技術である人工衛星を使った監視を使うことにした．ジャムナ河全長に対して，河の流れがシフトするような兆候があった場合には，すぐさま待機させている浚渫船を動員して護岸作業にあたらせることにした．

これだけ大規模のインフラストラクチャーとなると，そのほかにも土地の収用と住民の移住，環境に対するインパクト等，対処を誤ると社会・政治問題になってプロジェクトの実施が阻まれる問題がある．橋梁の建設自体は私有地を収用しないでもよいが，ガイドバンドの建設とアプローチ道路のためには，最終的には6,000家族，約40,000人が移住しなければならなくなる．土地収用や保証金の支払いとなると，すぐに地方政治家が出てきて汚職が発生する．たとえば，土地収用の対象になりそうな所に掘立小屋を建てて使用人を住まわせる．保証金を払うときになると，この掘立小屋は書類上では立派な邸宅に化けるのだ．そこで，一計を案じてジャムナ橋の環境と住民へのインパクト調査は，バングラデシュではグラミーン銀行とならんで強力なNGO，バングラデシュ農村振興団（Bangladesh Rural Advancement Committee: BRAC）に依頼して，補償金の支払い等もこのNGOに任せることにした．NGOも，ジャムナ橋の重要性を理解して，反対活動をするよりも，協力を申し出た方が環境と住民保護の目的をより良く達成できると考えたようだ．当時は，NGOが政府や世界銀行と協力体制をとることは非常に珍しかったが，わたくしは，将来的にこのような体制はインフラ建設に不可欠になると思っていた．

第5節　ジャムナ橋プロジェクト

　ジャムナ橋プロジェクトは，1994年に世界銀行，アジア開発銀行，日本海外経済協力基金（現JICA）ほかのドナーからの借款を受け建設が始まった．そして予定どおり1998年に完成した．これは，まさに土木工学的にも素晴らしい偉業だと思う．海外からの資材や機械が輸入されるチッタゴン港から300キロメートルも離れた所に，道路状況は良くないから，すべてジャムナ河経由で運びこまなければならない．重機器や資材だけではない．バングラデシュは岩石や砂のない国だから，200万トンを優に超える量の岩石をインドやインドネシアから輸入しなければならなかった．しかも，ジャムナ河の水量の変化を考えると，これらの運搬に船を使えるのは，航行が確実に可能なのは年のうち3カ月しかない．またガイドバンド建設は，乾季にしかできない．

　ジャムナ橋建設の期間は，ちょうど政治の混乱期でもあって，何かが起こったときに政府の強力な指導と支援が期待できないときだった．建設が始まったときには，バングラデシュ政府ではエルシャドの軍事政権は崩壊しており，暗殺されたジア将軍の未亡人，カレダ・ジア，がバングラデシュ国民党の党首として首相に就いていた．だから，ジャムナ橋の最初の基石を積んだのは彼女だったが，反対党のアワミ連盟の党首，バングラデシュの初代の首相でやはり暗殺されたムジブル・ラーマンの娘，シーク・ハシナは，ジャムナ橋は財政と援助資金の浪費だとして式典をボイコットしている．逆に，竣工式のときにはアワミ連盟のシーク・ハシナが首相になっていたから，式典に招かれたカレダ・ジアは，この橋がムジブル・ラーマンのあだ名で「ベンガルの友」を意味する「バンガバンドゥ（Bongobondhu）橋」という名称を付けられたことに抗議して式典をボイコットした．

　ジャムナ橋は，バングラデシュのインフラ・プロジェクトには珍しく，計画期間内にしかも予算内で完成した．政治家の小競り合いをしり目に，橋の開通式には民衆が押しかけ，その後も西北からはコメをはじめ，ジュート，サトウキビ，タバコ，ジャガイモのほか，各種の香料や果物がダッカ周辺の都市部に流れ込み，ヒトの移動も激しくなり，逆に東からは肥料をはじめ，電力，耐久消費財等々が動いた．すでにジャムナ橋の交通・運輸能力は限界に達しているので，バングラデシュ政府は第2のジャムナ橋を計画している．西北だけでなく，国全体の経済発展へのインパクトも含めて，あらゆる意味で，ジャムナ橋は成功したプロジェクトだった．また，ジャムナ橋は，経済発展にとってインフラストラクチャーが不可欠なインプットであることを示した．

第6節　バングラデシュ経済発展の教訓

　バングラデシュは，長い間国際援助関係者の間では，絶望的なバスケット・ケース，すなわち経済成長と貧困削減については全く悲観的なケースだと考えられてきた[16]．しかし，1990年代に入ってからの成長実績は，そんな悲観論を裏切るものだ．1980年代には平均すると年率3.7%で推移してきたGDP成長率は，1990年代に入って4.8%，そして2000年代になってさらに加速して5.9%（2010年まで）になっている．1990年代初頭のバングラデシュの貧困人口比率は50%を超えていたが，最近では30%台（2010年に32%）にまで下落している．バングラデシュの経験したGDP成長は，「貧者に優しい（Pro-Poor）」経済成長だったのだ．それは，バングラデシュの平均寿命や幼児死亡率などの指標が大きく改善していることでも明らかだ．さらに，年々の経済成長率の変動率が下落しているのは，1990年代になって大規模な天災——洪水やサイクロン，あるいは旱魃——が以前ほど起こらなくなっていることだ．

　バングラデシュが1971年に独立した当時の，いわば発展の初期条件を考えると，これは意外な，ある意味では望外の成果だ．石油や天然ガス[17]，あるいは鉱物資源は皆無で天然資源に恵まれない．自然条件は苛酷で，天災は頻繁に起こり，常に飢饉の可能性がある．パキスタンからの独立後に政府の運営を任されたのは，主として旧東パキスタン地方政府の官僚で経済政策運営の経験もなければキャパシティーも不十分だ．そのうえ，公共部門における腐敗は蔓延している．これが，バングラデシュの初期条件だったのだ．

　何が転機になったのか．考えられるのは，1980年代に実行された各種の構造調整政策だ．構造調整は，いろいろな分野に及んだが，主たる分野は食糧と農業分野における補助金の合理化・削減，規制の自由化，私企業のこの分野への参入と公営企業や公社の合理化・民営化，金融の自由化と貿易の自由化，為替レートの改革，等々の政策改革である（Mahmud, Ahmed, and Mahajan

---

[16] 英語でbasket caseとは，両手・両脚を失ったような人のこと．自身で身動きできないためにバスケットに入れてケアーするので，basket caseと呼ぶ．
[17] 1950年代に東部のシレット（Sylhet）とコミラ（Comilla）で天然ガスが発見され，セメント工場や肥料工場に使用されたが，輸出産業になるほどの大規模なガス田は発見されなかった．

2008, Chapter II)．この一連の改革が，農業分野にどのような影響を及ぼしたかについて，この章のはじめにわたくし自身の経験として紹介した．緑の革命が成功した結果，農業生産は増大，農民の所得が増え，それが契機になって農村部でのインフォーマル・セクターの農業以外の経済活動も盛んになった．「貧者に優しい」経済成長の基礎を築いたのである．また，バングラデシュの成長に大きく貢献したのは，輸出業として急成長を遂げた繊維・縫製産業であるが，その成長は，やはり 1980 年代の構造調整，特に貿易の自由化と為替レートの適正化（切り下げ）に負うところが大きい．

　天災による経済的被害が少なくなっているのは，たぶんに確率的な幸運だといえなくもない．1974 年の旱魃を原因とする飢饉，1988 年と 1989 年の大洪水とサイクロン等の 100 年に一度といわれるような天災は 1990 年代になってから起こっていないからだ．しかし，同時に構造調整とともに実施された洪水・サイクロン対策のインフラ構築が，それ以降の天災の人的・経済的被害を食い止めるのに役立ったことは間違いない．このようなインフラ構築は，チッタゴン・ダッカを主軸とする交通・運輸の回廊を西北にまで延長し，その主軸の周りに交通網を広げたのと同時に達成されている．インフラの構築が，特に農村部の経済活動に貢献したのは間違いない．

　では，バングラデシュの経済成長の何が意外なのか，何が謎なのか．本書で取り上げた国々――韓国，シンガポール，マレーシア，インドネシア――の経済発展の経験を見ると，経済成長に対する強いコミットメントを持った政治指導者あるいは政治的エリート層と，彼らを助けて成長戦略や政策を策定し，運営してきたテクノクラート官僚群が高度成長の達成に大きな役割を果たしてきたことがわかる．一方，バングラデシュには，そのような強い政治指導者もテクノクラート群も存在しなかった．さらに，バングラデシュは，汚職と政治的な腐敗の代名詞のような国で，ガバナンスの観点からは，世界で最下位に近い国だった．経済発展と政治リーダーシップおよびガバナンスの相関関係をクロス・カントリーで見ると，バングラデシュはリグレッション・ラインから離れたアウトライヤーということになる．

　バングラデシュの独立は 1971 年で，それから軍事クーデターで暗殺されるまで，政府はアワミ連盟の指導者であるムジブル・ラーマンが首相を務めていた．彼は，新バングラデシュを人民共和国とし，国是として民族主義，社会主義，民主主義，世俗主義の四原則を憲法に書き込み，産業の国営化を進めた．

しかし，彼のあとに続いたジアウル・ラーマン（やはり，軍事クーデターによって 1981 年に暗殺された）や H. M. エルシャド将軍（1990 年の民主革命で追放された）は，どちらかというと建国の思想である社会主義からは遠い思想の持ち主で，ムジブル・ラーマン首相が国営化した銀行や企業を民営化した．両者とも，民間部門の発展を志向するプロ・ビジネスで，輸出振興と農村開発を志向していた．しかし，経済成長を自らの第一義的な政治目標にするようなコミットメントや，「成長の政治」によって政権の正統化をしようとする強い意志は持ち合わせていなかった．

1990 年の民主化革命以来，バングラデシュは 2 人の政治家に率いられた 2 大政党の時代に入った．まず最初に首相の座に就いたのはジアウル・ラーマンの未亡人，カレダ・ジアだ．彼女が率いるバングラデシュ民族党（Bangladesh National Party: BNP）の支持者の多くは都市住民と産業人で，どちらかというと市場主義的な政策改革を志向している．一方，1996 年に首相の座についてシーク・ハシナを盟主とするアワミ連盟は，ムジブル・ラーマンの伝統を受け継いで，農民や低所得層の支持者が多く，よりポピュリスト的な，左翼的な経済政策を支持する傾向にあった．しかし，政権に就いてからは，両者とも実質的には，エルシャド政権時代に策定された経済改革のプログラムを支持する姿勢を見せた[18]．しかし，同時に両者とも経済成長への強いコミットメントがあるとは思えなかった．

1980 年代のエルシャド政権時代に経済のいろいろな分野で構造調整が実施されたことはすでに述べた．その政策は，誰が主導したのか．もちろん，財務省や計画省には改革プログラムを支持するテクノクラートが大臣や次官のポジションに就いていた．また，農業省には，大多数の農業省幹部とバングラデシュ農業開発公社幹部の反対を押し切って自由化政策を支持する次官がいた．しかし，政権内の彼らの地位は，それほど強力ではなかった．政治指導者に経済

---

[18] 1990 年に大規模なデモが起こり，エルシャド政権への民衆の不満が高まり，軍事政権の退場も近いとの印象を得たので，わたくしは，個人の資格で，当時はまだ野党だった BNP のカレダ・ジアとアワミ連盟のシーク・ハシナと経済政策を話し合うために，会見を申し込んだ．どちらかが近い将来政権を獲得するに違いないと思ったからだった．そして，その会見の席上で，総選挙に臨んで，農民票を得るために肥料補助金を約束したり，国内産業保護のために保護関税を設ける約束をしないでくれるよう要請した．そのようなポピュリスト的な政策が実行に移された場合，バングラデシュ援助会議の議長を務める世界銀行は，世界銀行のみならず，他のバイの援助についても支持できないだろうことを伝えにいったのだ．わたくしは，相当強い抵抗を受けるだろうと思っていたが，意外にも両首脳と彼らのアドヴァイザーの反応は穏便なものだった．

運営を任されるほどの信頼関係を築いていたわけでもない.またこれらテクノクラートが経済政策・開発政策についての堅固な考えや信念を持っていたとも思えない[19]。

　結局バングラデシュの場合には,構造調整政策を推進したのは,バングラデシュ援助グループ,特に世界銀行と,それにマクロ経済運営の助言をしていたIMFだったのではなかろうか.先にも指摘したように,バングラデシュが独立してから1990年代当初までの長期にわたって,バングラデシュの開発予算の80〜90%は援助グループによってまかなわれている現実が,国際的な援助グループの政策助言を受け入れられやすくしたのではなかろうか.また同時に,そのような構造調整政策に対して,強く反対するグループがバングラデシュ国内に存在しなかったことも,政策実施を容易にした.農業部門の自由化については,たしかに政府部内で強い反対勢力が存在した.かつてはバングラデシュの重要な輸出産業であったジュート産業の合理化——特に国営ジュート工場の民営化や赤字工場の閉鎖——については,労働組合からの強い反対が予測されたから,世界銀行はその分野への資金支援や政策介入は当初から考えていなかった[20]。しかし,一般の農民にとって,それまでの補助金政策やバングラデシュ農業開発公社の活動は,汚職と非効率によって本当に農民の利益を守っているかどうかに疑問を抱かせた.したがって,農業分野の自由化は農民——したがって農民を基盤とする政治家たちにも——容易に受け入れられた.また,輸出産業が工業分野で占める割合が増えてくると,金融や貿易の自由化は,ビジネス・グループからむしろ歓迎されるようになった.このように強力な政治力を持った反対勢力が存在しなかったことは,バングラデシュの1980年代の構造調整政策にとって,幸運であったといえる.

---

[19] いま思い返してみても,エルシャド政権下で構造調整を推進しようとしていた政治家・官僚としてはサイド・ウザマン(Said Uzzaman)という官僚上がりの財務大臣ただ一人だったようだ.

[20] 19世紀半ばからジュートはバングラデシュ(当時はベンガル州)の重要な輸出産業で,1970年代の初頭でも輸出の80%を占めていた.しかし,他の工業製品輸出の進展とともに2000年代にはわずか5%程度に減少している.一方独立後に国有化されたジュート工場では労働運動が激しく,老朽化した設備を持つ赤字工場の合理化には手がつけられなかった.わたくしが世界銀行のアジア第1局長時代に,バングラデシュ政府に,もし政府がジュート工場の合理化に手をつける意志があれば,世銀は援助を惜しまないと申し出たときも,エルシャド政権としては,過激化している労働組合を刺激したくないという理由で,断りの返事をもらっている.工場閉鎖等の合理化に手がつけられたのは,ようやく2007年になってからだ(van Schendel 2009, p.235).

第9章　ネパール：開発の挫折

Courtesy of the University of Texas Libraries, The University of Texas at Austin.

ネパールのGDP成長率と1人当たり所得

資料：WDI.

第1節 イントロダクション:「貧しく,美しく,そして悲しい」ネパール

　飛行機でバンコックからインドの北部の州,ビハールを通ってカトマンズに近づくと,いまはサガルマータと呼ばれている世界最高峰のエベレストからマナスル,そしてさらに西の方にアンナプルナと8,000メートル級のヒマラヤの山々が現れる.抜けるように青い空に銀色に映える山波は,ほとんど感動的だ.しかし,飛行機が高度を下げてカトマンズ盆地に入る前にまず目に着くのは,山のてっぺんまで達する棚田だ.棚田は急斜面もいとわずに上に向かって延びていて,てっぺんに強い風に抵抗しながら数件の農家の建物が見える.そしてカトマンズ盆地に入ると眼の下に広がる風景はスモッグのためにぼんやりしてくる.わたくしがカトマンズに最初に来たのは1980年代の後半で,そのときにはまだカトマンズ盆地には田圃が広がっていた.しかし21世紀に入ったいまでは盆地の半分以上が人家に占められ,カトマンズでも都市化が確実に進行していることがわかる.

　ネパールは実に貧しい国だ.貧困の南アジア諸国の中でも極貧で,1人当たりの年間所得は490ドル(世銀,GNI,2010年)に満たないし,3,000万人近い人口の3分の1は貧困層だ.その貧困の原因の第1は,ネパールの地理にある.ネパール国土の大きな部分が,高度3,000メートル以上の高ヒマラヤ(High Himalayas)と呼ばれる山岳地帯で,そこにも人が住んでいる.その南にミドル・ヒル(Middle Hills)と呼ばれる1,500〜2,500メートル級の山岳地帯があり,そこが最もネパール的なネパール人の居住地になっている.カトマンズ盆地はその中心地で1,500メートルの高度を持つ盆地だ.その南にインドと国境を接するタライ(Terai)と呼ばれる海抜500メートル以下の平野がある.ネパールの人口が増えるにしたがって,タライの人口は増えてきて,現在ではネパールの人口の半分近くが,このそれほど広くもないタライに集まっている.

　東西に長い長方形のネパールは,アルン,コシ,トリスリ,マルシャンディ,カリガンダキ,カーナリ,カーナフリの河川がヒマラヤあるいはチベットを源流として北から南に流れている.したがって,ネパールはこれら河川によって南北に縦断され,東西の交通は容易ではない.このようにネパールでは,

第 1 節　イントロダクション：「貧しく，美しく，そして悲しい」ネパール　　263

地域が分断されて，なかなか全国規模の市場ができない．このような地理で
は，灌漑農業は，タライを除いて難しく，また交通網がないので生産物はもと
より肥料や種子の運搬もままならない．要するに経済発展が容易でない地理だ．
　わたくしが，ネパールは悲しい国だと感じる理由は，歴史的・政治的なもの
だ．ネパールが，国家として成立したのは一般的に 18 世紀末だと考えられる
が，それ以来ネパールは常にインドとチベット・中国の狭間のバッファー・ス
テート（緩衝国家）として存在してきた．インドに数あるヒンズー国家が，ま
ず中央アジアからのムガールによって西から征服され，東からはイギリスの東
インド会社によって植民地化されていった過程で，ネパールが最後のヒンズー
国家として残りえたのは，それが植民地化の対象とするには経済的価値がな
く，同時に拡張するロシアやチベット・中国がインドに侵入してくるのを防ぐ
バッファーとしての役割を果たせたからだ[1]．このことはまた同時に，ネパー
ルが地続きのインド政府の政治的な干渉に常にさらされて来たことを意味す
る．内陸国で，チベットにつながっているとはいえ，北はヒマラヤ山脈に阻ま
れ，南はインドに続くわけだから，インドと中国という 2 大巨人国に挟まれ
た小国としての苦労があった．外国から物資を輸入しようとすると，空路かあ
るいはカルカッタ港からインド国内を経由してかの 2 つの方法しかなく，た
びたびネパールは完全な独立国なのかという疑問を呼び起こすような政治的な
事件が起こった[2]．
　もともとネパールは，カトマンズ盆地のグルカ王国（Shah Kingdom of
Gorkha）が次々と隣接する小国を征服して成立した王国で，ヒンズー王国と
いっても，多数の雑多な，チベット系の民族を擁する国だ．ヒンズー王国だか
ら，厳しいカースト制度がある．また，チベット系の民族にはチベット仏教の

---

[1]　インド・アーリア系のネパール語を話すネパールの征服民族は，カサ（Khasas）と呼ばれる人
　　たちで，西インドのラージプット（Rajiput）からモスレムの侵入者たちから逃れてネパールの
　　山岳地帯へ移動して来た人たちだといわれている．ネパールを統合して王国を作り上げたグルカ
　　王の祖先も，ラージプット人であったと考えられている（Whelpton 2005, p.10）．
[2]　たとえば，1989 年 3 月には，ネパールがインドとの事前協議なしに中国から武器輸入を行った
　　あるいは当時交渉中だったインドとの交易・通関協定の交渉でインドに受け入れられないような
　　態度をとったとの理由から，インド政府はインド国境からネパールに入る道路を閉鎖した．その
　　結果，カトマンズを始めネパール全土で石油・ガソリン不足が起こり，都市での人々の生活と経
　　済活動に支障を来した．わたくしは，ネパールに駐在する世界銀行を始め国連の諸機関がガソリ
　　ン不足のため活動ができず，外交特権を行使してインドからタンクローリーでガソリンを運び込
　　まざるをえなかったことを記憶している．

信者がおり，さらにダージリンに近い東部にはクリスチャンがいる．それにもかかわらず，ネパールはヒンズーを国教とする絶対王政だった．その中心の王家は，グルカ王国の設立時代から綿々と続いてきたプリトビ・ナラヤン・シャー（Prithvi Narayan Shah）の家系で，その権威と権力は絶大だった．いまでも，共産党支持者の間でも，シャーはヒンズーの神であるヴィシュヌ—の現人神だと信じている人が多いという世論調査もある[3]．

このような国で，国民の不満が噴き出さないほうが不思議だ．特に王室に対しての反発ではないにしても，王政のもとでのカトマンズ盆地の支配階級——バフン（ブラーミン）やチェトリ（クシャトリア）等の上級カーストが権力を独占していることに対しての反発があった．ネパールの征服者であるグルカの王族は，国の形を整えるためにインドのカースト制度を導入し，ヒンズー教を国教とした．そこで，上級カーストに属する支配階級ができたのだ．もともとネルー的な社会民主主義を標榜するネパール会議派やそれよりもより急進的なイデオロギーを信奉する共産主義者グループは，時には立憲君主制にあるいは共和制への移行を推進する民主主義政治運動を続けてきた．最近では，1990年の「人民運動（People's Movement）」がある．このときには，インドとの外交関係の悪化から，インドがインド国内からネパールへの交通を遮断したために，ネパールの経済活動が停止し，それに対する不満が王室に向けられた．数日続いたカトマンズでデモと暴動の結果，新憲法が発布され，ネパールは立憲君主制となり，初めて共産党を擁するネパール国民会議派の挙国一致政府が成立した[4]．また，1995年には，ネパール共産党毛派が主導する「人民戦争（People's War）」と称する内戦が始まっている．

2000年代になると，内戦は激しさを増し，マオイストの支配する地域は全国に広がり，一時はネパール王国は実質的には単にカトマンズ盆地とポカラ盆地だけを支配するカトマンズ・ポカラ王国になってしまった．すでにネパール

---

[3] Whelpton (2005, p.175). 1991年の総選挙のときに行われた世論調査の結果で，当時のマルクス主義者連合人民戦線（Marxist United People's Front）支持者の約20%が，マルクス・レーニン連合党（United Marxist-Leninist Party）の支持者の30%が，さらにネパール人民会議派の支持者では40%が当時のビレンドラ王はヒンズーのシバ神の化身であると信じていた．
[4] わたくしは，新政府の成立のニュースを聞いて，その3日後にカトマンズに行き，新政府の面々と会談したが，ホテルに帰る途中に暴徒の群れに出会い，ほうほうの体でホテルに帰ってからはカトマンズの中心部で連日繰り広げられるデモ行進に遮られて，約1週間ホテルに閉じ込められた．

王になっていたギネンドラ（Gynendra）は，王が直接に統治する絶対王制を復活させて対抗したが，内戦はこう着状態となり，最終的には 2006 年に和平合意が成立して，国王に主権を国民に返還させ，ついにネパールは 2 世紀半以上続いたヒンズー王国から新しい共和制国家へと生まれ変わった．それがいま（2010 年）の状況で，ネパールの政治の季節はまだ続いている．ネパール国民会議派，ネパール共産党（マルクス・レーニン主義者連合）およびネパール共産党（毛沢東派）の 3 大政党とタライを代表するマデシの民族グループが，それぞれの利益と主張をぶつけ合って，新憲法の制定によって新しい「ネパール連邦共和国」を作る作業と政治交渉をしているのが現状だ[5]．

　心配なのは，このような政治の季節にネパールの経済発展と貧困削減という国のもう一つの重要な課題が置き去りにされていることだ．ネパールは，どのようにしてどのような経済発展を遂げることができるのか．インドとチベット・中国に挟まれた内陸国ネパールにとって，「地理は運命」で，アジアの近隣諸国のようなめざましい経済発展は望むべくもないのだろうか．それとも，ほとんど唯一の資源と考えられる水資源をベースに，たとえばラオスのように電力エネルギーの輸出によって資源国として発展できるのだろうか．最近出版されたアフリカの経済発展に関する研究報告書では，すべてのサブサハラ・アフリカの諸国を，沿海国（Coastal Opportunity Group），内陸国（Landlocked Opportunity Group），資源国（Resource-rich Opportunity Group）に 3 分して，内陸国は沿海国や資源国に比較して 1960 年代から現在までの実績から見ると 1 人当たり GDP 成長率は他のグループの半分以下しか達成できなかったという歴史的な事実が披露されている（Collier and O'Connell 2008）．それだけ，内陸国の経済成長阻害要因は多いといわざるをえないのだろう．そう考えると，ネパールが内陸国としての運命を甘受するか，あるいは政策努力によって資源国になるかは，ネパールの将来の経済発展にとって非常に大切だ．

　この章では，わたくしが世界銀行に勤務しているときに関与したネパールの水力発電プロジェクト，アルン III プロジェクトの顛末を物語りたい．このプロジェクトは，ネパールの東のアルン河流域に大規模な水力発電プロジェクトを建設し，ネパール国内の電力需要を満たすばかりでなく，インドのビハール州に電力を輸出するという試みだった．計画されたのは 1980 年代後半で，ま

---

[5] この間，2012 年になって共産党（毛派）は，毛派の戦闘部隊と国軍の統合をめぐって内部対立があり，現在（2013 年）は 2 つの独立した政党になっている．

だエンロン等が推し進める国際的な民活売電プロジェクトなど注目を集めていない時期で、アイデアとしては画期的だった[6]．結局いろいろな理由で，このプロジェクトは挫折の憂き目にあった．ネパールを資源国にしようという試みが，なぜ失敗に終わったのかがこの物語だ．

さらに，現在のネパールの新しい連邦共和国を構築しようという動きにも触れたい．いまネパールが必要としているのは，従来カトマンズのエリート層が独占してきた国家権力を多数の民族やグループと共有することだ．それは，いろいろな意味で分権化を意味する．しかし，ネパールのような構造を持つ国で，連邦制とまではいかなくとも，どのように国家権力を分権化すれば良いのか．政治的な分権化は，ネパールが必要としている経済発展とは矛盾しないのか．このような問題を，論じるのがこの章の第2の目的である．

第2節　ネパールという国

ネパールは，最後のヒンズー王国と呼ばれる．その理由は，ネパールの歴史にある．もともとネパールは，多くの民族の複合体だ．ネパールの西部は，一般にパルバチア（Parbatiyas）と呼ばれるインド・アーリア系の民族に占められている．彼らは，もともと中央アジアから移動してきた人たちと，その後ムガル勢力から逃れて山岳地帯に逃げてきたラジャプット（Rajaput）の人たちで，ネパール語を話し，ヒンズー教に帰依し，インドと同じようにカースト制の社会構造を持っている．その社会構造の上層部を形成するのがバフン（Bahun, Brahman）やチェトリ（Chetri, Kshatriya）だ．第2のグループは，ネワール族（Newar）で，ネワール語を話す．従来からのカトマンズ盆地の住民で，チベット・ビルマ系の人たちだ．しかし，カトマンズ盆地を征服したパルバチヤと長い間共存してきた過程でヒンズー教を宗教として，カースト制度

---

[6] エンロンはもともとヒューストンの小さなガス会社だったが，1980年代のガスや電力等の公益事業の自由化とエネルギー市場の出現，さらにグローバリゼーションの波に乗って外国のパイプライン事業や発電事業に乗り出した会社．外国ではインドのマハラシュトラ州における発電プロジェクトが有名だが，一方アメリカ国内ではエネルギーマーケットでの大規模取引で知られていた．途上国の電力プロジェクトへの国際投資は，1990年代に盛んになったが，エンロンはそのパイオニアだった．最終的には，急拡大の事業をファイナンスするために粉飾経理をして，それが原因で2002年に破綻した．エンロンについては，Fox（2003）およびBryce（2002）を参照．

を作り上げている．第3のグループは，ネパールの東部を占める，やはりチベット・ビルマ系の山岳民族で，ネワールではない独自のチベット・ビルマ系の言語を話すマガール (Magar)，タマン (Tamang)，ライ (Rai)，グルン (Gurung)，リンブ (Limbu)，シェルパ (Sherpa) 等の人たちだ．宗教はだいたいにおいてチベット仏教だ．そしてこれらチベット・ビルマ系の人たちは，紀元前から中国の雲南省やチベットから西に移動してネパールの山岳地帯に移動してきた人たちだった．

ネパールのヒル地域と山岳地域のほかに，インドに隣接するタライ低地には，マデシ (Madeshi) と呼ばれる人たちがいる．北方インドの方言を話す，インド・アーリア系の民族——多くはインドからの移民——でヒンズー教を信じ，カースト制度を持つグループとタルー (Tharu) を最大グループとする少数民族の，大別すれば2つのグループの人たちだ．

ここに挙げた4グループ内で，独自のエスニシティ（民族）あるいはカーストを主張するグループすべて合わせると，実に60を超えるグループがネパールの構成員を形成することになる．たとえば，マレーシアのように，マレー人，中国人，インド人プラスいくつかの少数民族といった単純な構成ではなく，60ものグループが独自のアイデンティティを自覚している国家は，国家として成立しうるのだろうか．

わたくしは，ネパールという国家概念は，比較的新しく18世紀半ばから19世紀初頭にかけて形成されてきたと思う．最初は，カトマンズ盆地の一王国であったグルカ王国が，1743年に王位に就いたプリトビ・ナラヤン・シャー (Prithvi Narayan Shah) のもとで，まずカトマンズ盆地全体に支配権を確立し，その後30年余をかけてネパールに林立する小王国あるいは公国を順次征服し，一時は西はいまのウタルプラデシュから東はシッキムにかけて版図を広げた．だから規模的には大きくないにしても，ネパールという統一国家の基礎を築いたグルカ王国はいわば帝国だったわけだ．そして文化的宗教的な国家の礎にヒンズー教を据え，国語としてのネパール語を王国の国語とした．パルバチヤの間では，厳格なカースト制度も保存された．だからこの時代を歴史家は，国家統一とサンスクリット化の時代 (Unification and Sanskritisation) と呼ぶ．プリトビ・ナラヤン・シャーの軍隊が強かったのは，俸給支払いではなく，将兵に征服した土地を割り当てるという報奨制度を取り入れたからだといわれている．だから，征服の後でできた国は，封建制度的な側面を強く持って

いたし，また非征服民族が支配していた地域にカトマンズ盆地の人口が移動した事実もある．しかし，非征服民族の間に，異民族による征服と抑圧の記憶が強く刻み込まれるまでの征服・抑圧の体制は作られなかった．非征服民族の従来の支配層は温存されたし，また当時のネパールは未利用の開拓可能な土地があり，カトマンズ盆地からの人々の入植は現地の農民の生活に大きな影響を与えなかったようだ．ちなみに，ネパールが，耕作面積当たりの人口比で，バングラデシュよりも人口稠密な国になるのは，第二次世界大戦後の人口爆発のせいで，それまではゆっくりと増大する人口はネパール国内での未開拓地に向けての人口移動で賄われてきた（Whelpton 2005, Chapter 2）．

このように，ネパールは決して近代的な意味での民族国家ではない．民族国家（Nation-State）というと，われわれはすぐにフランスやドイツやあるいは日本のような民族的起源を共有し，言語や文化を共有する人々が作り上げた国家を思い浮かべる．その意味では，多民族国家は民族国家になりえない．しかし，ネーションという言葉には，民族の他に単に国民という意味があり，ネーション・ステートは，国民国家と訳すこともできる．そして，国民の概念は，共通の祖先や言語や文化のほかに，長い間共有されてきた歴史を基礎とする場合もある．わたくしは，グルカ王による国家統一以来2世紀半の間に，ネパールという国家概念とネパール国民のそれへの帰属意識が醸成されてきたと思う．その証拠に，この間に大きなネパールからの独立運動が起こらなかったことが挙げられる．ネパールの国家概念が定着したのは，一つにはヒンズー王国としての帝国思想が実際の政治のうえでは厳格に適用されなかったことにある．非征服民族には，宗教にしろ，文化や言語にしろ，カトマンズ盆地からの押し付けはそれほど強くはなく，これらの地域と人々がグルカ王制とカトマンズ盆地のエリートのヘゲモニーを認める限り，日常生活における抑圧を感じる機会は多くなかったからだ．

ネパール国家の存立が試されたのは，むしろネパールをはさみこむ形の南のインドと北のチベット・中国との関係においてだった．プリトビ・ナラヤン・シャー自身の言葉によれば，「ネパールは，2つの岩石の間に置かれたヤム芋だ」（Whelpton 2005, p.37）．ヒマラヤ山脈は，人の移動を阻む巨大な自然の障壁のように思われる．しかし，現実にはチベットとネパールの間にはいくつもの道があって，古来ネパールはチベットとインドを結ぶ交易のルートだった．自給自足の農業のほかに，ネパールが経済的にある程度栄えたのは，チベット

とインドの交易ルートとして商業活動が盛んだったからである．ネパール商人は，ネパール政府の庇護のもとにチベットの首都ラサに商館を構えていた．そして，チベット政府の干渉によって交易活動が害された場合には，カトマンズから軍隊を出動させ，一時はラサまで攻め込んだりしていた．もちろん，チベットの背後には，チベットを保護国と考える清国が控えていたから，チベットをネパールの領土の一部にはできなかった．それどころか，ネパールの対チベット政策が強硬になると，中国はネパールに軍隊を送りこんでいる．

一方，インドとの関係でいえば，グルカ王国がネパールの統一のためにネパールの東部の公国を征服している間にも，カルカッタに拠点を置く東インド会社との関係を考えなければならなかった．もともとグルカ王国は東インド会社のネパール進出には警戒的だった．東インド会社は，ネパールとの通商はもとより，ネパールを通じてチベットへのルートの確保を考えていたからだ．だから，ネパールとしては，できる限り鎖国体制をとりたかったのだが，1814～16年のネパールとイギリスの戦争での敗北などの経験から，東インド会社の軍事力を考慮すると全くイギリスと接触を持たないわけにはいかなかった．結局，1894年には東インド会社と通商協定を結んでいる．さらに，イギリスの影響力を極力排除する外交方針を堅持している一方で，イギリスを刺激しない方策もとっている．良い例が，インド軍の兵士募集をネパール国内で行うことを許して，後にイギリス軍のグルカ兵として有名になる兵士の供給を行った．また，1857年のインド国内におけるいわゆるセポイの叛乱に際しては，イギリス側に立って反乱平定のための軍隊を派遣している[7]．イギリス植民地軍の傭兵軍団になるというのも，ネパールにとっては南北のインドと中国という2つの大国の間で，独立を維持するための外交政策の一環として選択した政策だった．

このようなネパールの外交姿勢は，ネパールの政権の選択であると同時に，近隣の大国，中国とイギリスの外交政策の選択でもあった．東インド会社，イギリス政府――そしてインドが第二次世界大戦後に独立してからは，独立インド政府も――インド亜大陸の北に位置するネパール，シッキム，ブータンを「バッファー・ステート（緩衝国家）」と位置付けてきた．そして，ロシアと中

---

[7] このインド植民地軍兵士（セポイ）の反乱を契機として，東インド会社の支配はイギリス政府の直接支配にとって代わり，インドは正式にビクトリア女王を元首とするインド帝国となったことはよく知られた史実だ．

国の北からのインド大陸に対する脅威に対する緩衝地帯としたのだ．直接的な植民地にせずに，形式的には独立国家の形態をとらせながら，実質的なイギリスの影響力が及ぶようないわば不完全な独立国として認め，そして付き合っていくという態度をとったのだ．もちろん，このような外交政策は，これらの国々がイギリスにとって費用をかけて植民地政府と軍隊を維持するに足る経済的・商業的なポテンシャルがないという判断によって立っている．イギリスは，後に，1923年にネパールを完全な独立国と認めたが，シッキムやブータンは，インド国内のヒンズー公国程の独立しか認められなかった．

　このような歴史的なことをここに書くのは，この歴史がネパールに深く刻印され，今日のネパールの政策に影響を与えているためだ．外交政策だけの問題ではない．インドの北にいわば閉じ込められたネパールは，その経済政策や発展戦略も外交関係に大きく左右される．そして，過去のネパールの対インド外交は，ともすればネパール経済に負の影響を与えてきた．もっと積極的にインド経済との統合を推進してくれば，そしてインド資本の導入についてももっと積極的であったならば，ネパールの経済発展はより進んでいたであろうことは容易に推察できる．しかし同時にネパールに対するインドの政治的・経済的な影響——時には政策的介入——も大きかったであろう．イギリスから独立したインドは，イギリス植民地政府がとってきた近隣諸国に対するバッファー・ステート政策を継承してきたからである．そして，インドの国境周辺で起こる政治的・戦略的・軍事的問題については介入を躊躇しなかった．カシミール問題はその現れだし，すでに戦後インドの保護国となっていたシッキムは，インド領に吸収された．スリランカ政府の要請があったとはいえ，スリランカのタミル反乱の平定に軍事出動をした．ブータンに対しては通商・友好条約で，外交と防衛についてはブータンはインドの指導を受ける義務があることが規定されている．さすがにイギリスにさえも完全独立国と認められたネパールに対しては，それほど露骨な条約による介入は明記してないが，1950年の友好条約ではネパールあるいはインドの安全保障上の問題が持ち上がった場合には，両国間の協議が必要であるとされている．そして，ネパール国民会議派を通じての政治的な影響力を行使し続けてきたのは，誰もが認めることである（Myrdal 1968, pp.183-184）．

　このような国際政治状況も，もとはといえばネパールの置かれた地理に由来する．ネパールにとって，地理とは抗うことのできない運命なのかという印象

さえ与える．ネパールを北の方角から見ると，まず海抜5,000メートル以上のヒマラヤ山脈地帯がある．ここにも人が住んでいる所もあるが，生産活動を伴う居住には全く適しない地域だ．その南に，ネパールの伝統的な渓谷や盆地を含む海抜1,000から3,000メートルくらいの地域がある．古来ネパールの中心地として栄えてきたカトマンズ盆地もその一つだ．北から流れるいくつかの河川には渓谷や盆地があり，そこでは棚田形式の稲の栽培をはじめとする農業が可能だ．ただこれらの盆地や渓谷はそれぞれ山に抱かれて，それぞれを結ぶ交通網を作り上げるのは難しい．さらに南にはタライと呼ばれる海抜500メートル以下の平野がある．インド平原のネパール側の15から40キロメートルの狭い帯のような地帯だ．インドのビハール州と同じように，ここでは灌漑農業が可能であるが，第二次世界大戦時まではこの地域特有のマラリアが蔓延していたので，入植者は多くなかった．

　ネパールは，もともとカトマンズ盆地のような数少ない地域を除いて，ほとんどが生産性の低い，マージナルな土地なのだ．だからこそ東インド会社のような帝国主義者からも経済的な魅力に乏しいからという理由で植民地化の対象とされなかったのだ．第二次世界大戦後までは，未開拓のマージナルな土地は残っていた．それまでの人口増は，これらの土地を開拓することによって吸収された．また，生産性の低い，マージナルな土地への移住が可能であったために，征服王朝としてのグルカ王国は，新たに征服した小国の農民に過大な地租を課することができなかった．農民が逃げだすからだ（Whelpton 2005, Chapter 2）．しかし，第二次世界大戦後になると，ネパールの場合でも保健・医療技術の進歩と普及のために，人口が爆発的に増大した．同時に，タライに蔓延していたマラリアも克服されたから，タライはある程度増大する人口を受け入れられた．しかしそれにも限度がある．こうして，ネパールは，都市国家を別にして，世界でも類を見ない人口稠密国（耕作可能面積に対して）となったのだ．

　複雑な社会構造（カースト制）と民族構成，中国とインドという大国の政治的影響，内陸国と同時に資源に乏しく分断された地理——といういわば三重苦を負ったネパール経済に，一体どのような経済発展の可能性があるのだろうか．わたくしが世界銀行でネパールやその他の南アジア諸国を担当するようになったのは1980年代の後半だが，ネパールに関しては事情を知れば知るほど，将来に対する見通しのなさに絶望感を覚えたのを記憶している．わずかな

慰めは，ネパールがインドと共有する長い，無防備な国境線で，ネパールの貧困状況が極端に悪くなれば——しかも隣接するビハールのようなインドの極貧州とも比較して悪くなれば——ネパール人は貧困難民としてインドに流れ込むだろうということだけだった．これは一種の安全弁になる．

その当時から，世界銀行やその他の国際援助機関は，ネパールの経済成長の源泉としていくつかの分野の開発を促進することを考えていた．第1は，インドに隣接するタライにおける農業開発だ．灌漑のための水源は十分にあるから，ここではバングラデシュに起こったような緑の革命が可能だ．第二次世界大戦前は，この地帯のコメはインドに輸出されていた（いまでは逆にインドから輸入している）．小規模灌漑設備の導入を中心とする農業プロジェクトはいくつも実施されたが，政府組織の力不足と制度の不備のために，いまだに期待された成果があげられていない．ネパール政府の農業関係者は，さらに，インド政府の農業に対する補助金——特に肥料に対する補助金——のために，ネパール側の稲作は競争力がない，とインド政府の政策批判を繰り広げるが，やはりこの地域で緑の革命が完結していないのはネパール側に問題があるからだ．インド政府との農業政策のハーモナイゼーション（インド政府の農業政策と同一化する）は，決して不可能ではないからだ．

第2は，製造業だ．当時はまだ国際的な繊維協定が生きていたから，低所得国としてのネパールの有利な割り当てを使って繊維輸出産業を拡張することは可能だった[8]．いまでは，繊維協定はない．その代わりに当時と違うのは，インド経済の高度成長だ．その波はインドの貧困州であるビハール州まで及んでいる．だから，人口集積があるカトマンズ盆地やインドに接するタライの都市で，軽工業のための集積を作ることは可能だ．問題は，広い意味での投資環境で，これは今日と25年前と変わらないだけでなく，電力事情などむしろ悪化したところもある．

さらに，ネパールは主として山岳部に大きな観光資源のポテンシャルを抱

---

[8] 途上国の工業化の初期には，労働集約的な繊維産業が盛んになる．1950年代から1970年代にかけて，途上国からの繊維製品のアメリカやヨーロッパの先進工業国への輸出が急増すると，自国の繊維産業を保護する目的で，アメリカをはじめ先進工業国は輸出数量制限を実施した．これが，1973年にGATTのもとで成立した多角的繊維協定（Multi Fiber Arrangement: MFA）だ．途上国を長い間苦しめたMFAは，ようやく2005年に撤廃された．繊維協定のもとでは，途上国は各国別の輸出割り当てを受けたから，途上国の中には輸出市場を保証されて，繊維産業の発展にとってMFAが貢献したところもある．ネパールは明らかにその一つだ．

えている．この観光資源を開発して観光のインフラを構築すれば，ネパールのGDPの5％程度を占める観光産業の設立も夢ではない．そのためには現在ネパールを訪れる観光客を倍増すればよい．

しかし，ネパールにとって何よりも重要な未開発の資源は，ネパールの持つ水資源だ．世界の巨峰の連なるヒマラヤ山脈の背景に，アルン，コシ，トリスリ，マルシャンディ，カリガンダキ，カーナリ，カーナフリといった大河がネパールを貫いてインド平原にそそいでいる．ネパールの持つ高度とこれら河川を流れる水量を電力に変換できれば，ネパールは一大電力輸出国になれる．ネパールのほかに例がないわけではない．同じく低所得国のラオスでは，国を貫いて流れるメコン河に大型の水力発電所を設け，電力をタイに輸出している．また，現に運転している水力発電のほかに，いくつものプロジェクトを計画・建設している．ネパールがラオスのような電力輸出国になれないはずはない．問題は，そのための資本と市場の確保で，ここでインドとの関係が問題になってくる．

ネパールが水資源を利用できるかできないかは，まさにネパールが単なる資源に乏しい内陸国として終わるか，あるいは水資源をベースとした資源国として経済発展を図れるかの分かれ目だ．そこで，次の節では，世銀が1980年代後半に試みて，結局挫折に終わったアルン河の水力発電プロジェクトを取り上げて，そのプロジェクトがなぜ失敗に終わったのかを考えてみたい．

第3節　アルン・プロジェクトの挫折

ネパールの天然資源は，世界の屋根と称されるヒマラヤ山脈とそこから流れるいくつもの河の水資源だ．ヒマラヤ山脈は実に美しい．また，世界の最高峰は登山家に対する挑戦だ．だから，ヒマラヤはネパールにとって貴重な観光資源だ．しかし，それ以上に，この天然資源は水力発電の水源だ．そのエネルギー源として価値から，「白い石炭（White coal）」と呼ばれる．ちなみに，ネパール政府の調査では，ネパールの水力発電の理論的ポテンシャルは，83ギガワット（83,000,000キロワット）に上る．理論的なポテンシャルは水量と高度差をベースに計算されるから，これがすべて利用可能というわけではない．そこで，現在の技術で開発可能な技術的・経済的ポテンシャルという概念があるが，それは現在42ギガワットと推計されている．これは，実に膨大

な数だ．世界で，ネパールよりも大きい水力発電ポテンシャルがある国は，広大な国土と変化に富んだ地形を持った中国（410ギガワット）とインド（120ギガワット）とカナダ（49ギガワット）だけだといわれている[9]．もちろん，経済的ポテンシャルの概念は，他の代替エネルギー資源の価格によって変わってくる．わたくしがアルンIIIプロジェクトにかかわった頃は1980年代後半だったが，当時の開発可能ポテンシャルは，国際的なコンサルタントの調査に基づいて，ネパール政府の水資源省が推計したところでは，25ギガワットとされていた．そして当時ネパールが開発していた水力発電の量は，その1％にも満たなかった．現在でも，開発可能ポテンシャルの開発度合いという尺度からは，状況はほとんど変わっていない．そして，当時もいまも，ネパールは電力不足に悩み，インドから電力を輸入している．ポテンシャルと現存発電能力のこの大きな差異は，ネパールにとっては，恥以外のなにものでもない．それにもかかわらず，ネパール政府は——そして何よりもネパール電力庁（Nepal Electricity Authority: NEA）は，資本不足や輸出市場と想定されるインドの政府の対ネパール外交政策のかたくなさにこと寄せて，しかるべき努力を怠ってきた．それこそ恥ずかしい限りだ．

「白い石炭」をエネルギー不足に悩むインドに輸出しようというアイデアは，すでに1970年代からあったが，それを何とか現実のものにしようという政策的な努力は，1980年代に入ってからだった．それまでは，水資源のデータや地質学的サーベイも不十分で，ポテンシャルをどのような順序で開発していくのが望ましいかもわかっていなかったのだ．そこで，1980年代半ばに，水力発電事業に長年の経験を持ったカナダと世銀の支援を得て，水力発電発展計画が作られた．その計画の目玉として浮上してきたのが，アルンIIIプロジェクトだ．

アルンIII水力発電プロジェクト（1989～1993）プロファイル

プロジェクトの背景と目的：世界の高峰ヒマラヤ山系を北に持つネパールは，豊富な水資源に恵まれている．特に水力発電に適した河川が何本も南北に走っている．しかし，その豊富な水資源は，ほとんど開発されていない．いまだ水

---

[9] Ozeki（2011）およびWorld Bank（1988, 1989）からもアルンIIIプロジェクトに関するデータと情報が得られる．

資源の全国的な調査が完了していないうえに，水力発電源として開発するとなると，ネパールの地形を考慮して大規模にしない限り経済性が確保できないが，一方ネパールの電力の国内需要は小さく，インドへの売電を考慮しなければ，大規模な発電プロジェクトは成立しない．1980年代半ばに日本のJICAが策定したネパール東部のコシ河流域開発マスタープラン（コシ河に下流で合流する東側を流れるアルン河も含む）でアルン河に，400 MW 規模のアルン発電プロジェクトが提案された．ただし，国内電力需要が小さいことを考慮して，半分の200 MW がインドに輸出できれば経済性が確保できるとされた．

アルン III プロジェクト：当初の計画では，アルン河上流に高さ68メートルのダムを建設して取水口を作り，それを利用して67 MW の発電機6基を設置して，最大402 MW の発電能力を備えた発電所とする．環境に配慮してこの発電所はラン・オブ・リバーと呼ばれる，貯水型ではなく流水型のダムにする．また，発電所の建設は2期に別けて，インドに対する輸出の可能性が確認された段階で2期目201 MW を配置する．この発電所建設の最大の難関は，発電所のサイトが未開発のアルン渓谷にあるため，建設のための機材搬入等のために190 km に及ぶアプローチ道路を新規に建設しなければならないことだ．そこで，アプローチ道路の建設を先行させて，このためには世界銀行の借款（IDA借款）を別途設定することにした．このプロジェクト案は1989年のネパール援助協議会に提出され，世銀を始め主要援助機関によって支持された．

プロジェクト・コストとファイナンス：総工費は8億米ドルと推定され，このうちアプローチ道路が4,000万米ドルと見積もられた．その大宗を世銀，ADB，ドイツのKfW，フランス，スウェーデン，フィンランド等の援助機関がファイナンスする予定だった．

プロジェクトの費用対便益：このプロジェクトの内部収益率（IRR）は，発電規模に大きく左右される．アプローチ道路の他に120km 以上に及ぶ送電線の建設が必要となるからである．最大能力400 MW レベルまでの発電では，プロジェクトの内部収益率は14% と推計されたが，200 MW レベルでは6% 以下と経済性がないと判断された．

プロジェクトの実施：本文中に述べたように，このプロジェクトの環境対策（貴種植物と動物の保護とアプローチ道路建設で影響を受けるアルン渓谷住民の移住計画）が不十分であるという理由で，このプロジェクトは実施されず，世銀借款はキャンセルされた．現在（2012年），ネパール政府は民間IPP（独立電力事業者）によるこのプロジェクトの復活を考慮中．

アルン河は，チベットを源流とし，エベレスト山の東，すなわちネパールの東部を流れる河で，南に流れてコシ河にそそぐ．そしてネパールを通ってインドに達し，ガンジスにそそぐ．アルン河流域は山に囲まれた細長い盆地になっているが，大方未開発のまま残されている．アルン河の水力発電ポテンシャルはよく知られており，すでにチベットとの国境に近いアッパー・アルン水力発電とそれより下流のロワー・アルン水力発電所ができている．アルン III プロジェクトは，ちょうどこの2つのアルン水力発電所の中間にダムと取水口を建設し，地下トンネルで水を流して地下発電所で発電をするというプロジェクトだった．しかし，すでに開発されている水力発電プロジェクトと違うのは，このプロジェクトは最大出力 400 メガワットという，ネパール始まって以来の超大型プロジェクトだったことである．

それまでネパールで開発されてきた水力発電は，はるかに規模の小さいものだった．世銀がかかわってきた比較的大規模と考えられてきた水力発電プロジェクトのクレカニ・プロジェクトは，フェーズ1が60メガワット，フェーズ2が32メガワットだったし，マルシヤンディ・プロジェクトは，69メガワットだった．だから，400メガワットとなると，ネパールでは超大規模ということになる．400メガワットベースで，総工費は当時6億5,000万米ドルと推計されていたから，ネパール経済の規模に比較して投資プロジェクトとしても大きい．しかし，400メガワットの発電量が確保されれば，プロジェクトの収益率は14％程度になることが推計されていたし，また，400メガワットの半分の200メガワットが輸出になれば，ネパールの国際収支にも好影響を及ぼす．

世界銀行をはじめとする国際的なネパール援助グループは，1988年に援助グループ会合を開き，グループとしてこのプロジェクトを支援していく決定をした．もともと，ネパールの水力発電開発計画は，カナダと世銀の支援で作られたし，アルン III プロジェクト自体のフィージビリティー・スタディーは日本の JICA が実施した．プロジェクトが現実のものになった暁には，世銀，アジア開銀，日本，ドイツ，カナダ，等々のネパールに対する主要援助国が，融資に参加する意思を表明していた．ネパールの将来に確実にプラスの影響を与えるような良いプロジェクトが少ない状況で，プロジェクトの総工費が，大きいからという理由での反対はなかった．

当時のネパールの国内市場は小さく，400メガワットの水力発電を能力いっぱいにまで利用するには，インド市場への大量輸出を想定しなければならな

第3節　アルン・プロジェクトの挫折　　　　277

い．国内市場だけを想定すれば，400メガワットは過剰で，せいぜい200メガワットになる．しかし，その場合は産出する電力の単位価格は高くなり，プロジェクトの収益率は低くならざるをえない．インドへの輸出が可能かどうかは，インドとの交渉次第ということになるが，当時インド側の事情も変わってきていた．電力不足は相変わらずだ．しかし，インド政府のネパールに対する態度に変化の可能性が見て取れた．インディラ・ガンジーの長い首相在任が終わり，息子のラジブ・ガンジーが首相になると，ネルー時代からの伝統的な政府主導の開発と経済運営は，民間資本や国際資本を視野に入れた開放的な路線になってきそうだった．それまでは，インドはブータンから電力を輸入してきたが，この場合はインドの資本と企業がブータンに入り，水力発電を開発するという，いわば開発輸入の形をとってきたし，歴史的にもブータンは対インドに関しては「半独立国」だったから，安全保障面を考慮しなくてもよかった．しかし同時に，インドに対して距離を置く外交政策をとってきたネパールと長期の電力供給契約を結ぶことについては否定的な態度をとってきた．インド側では，この態度に明確な変化が現れてきたのだ[10]．

　今日では，外国への売電，あるいは外国からの買電は珍しくない．また，国内的にも国の電力公社等がいわゆる「独立発電事業者 (Independent Power Producer: IPP)」と長期の買電契約を結ぶ例も多い．さらに電力を売買する市場機構を作って，電力をあたかも普通の商品のように売買する国も出てきた．クロス・ボーダーの電力売買と同時に，それに民間業者が関与するいわゆるPFI (Private Finance Initiative) だ．このような動きは，1980年代のアメリカにおける電力事業の規制緩和と参入の自由化のたまものだった．もともとテキサスとネブラスカで天然ガスのパイプラインを運営していたエンロンという会社が，最初は外国でのパイプライン事業や発電事業に乗り出し，その後アメリカ国内で電力の市場での売買に乗り出したのは有名だ．

　しかし，1980年代の後半にネパールがインドへの長期売電計画の可能性を探っていた時期は，いわば「エンロン以前」でクロス・ボーダーの長期売電計画はまだ珍しかった．インドとネパールの間では，電力グリッドは繋がっており，そのうえに電力を融通しあう枠組みは存在していたが，売買価格は1950年代に協定が結ばれた時点から改訂されておらず，キロワット・アワー当たり

---

[10] ネパール政府によると，1986年にインドの蔵相がネパールを訪問した際に，ネパールから電力を購入する意志があると表明したとのことだ（World Bank 1988, p.73）．

1セント程度の名目的なもので，しかも融通の限度は25メガワットで，大規模な輸出事業には適したものではなかった．だから，アルンIIIプロジェクトの成功の条件の一つは対インド外交であり，どのようにインド政府，ネパールに隣接するビハール州政府そして州の電力委員会と交渉するかであった．

もともと，アルンIIIプロジェクトが規模の経済に大きく影響されるのは，ダム，取水トンネル，発電所のワンセットを建設する場所が，道路網のないアルン河流域の渓谷地帯にあるので，これを開発するのは膨大な費用がかかり，200メガワット程度ではとうてい引き合わないという事情がある．ダムは貯水型ではなく，ラン・オブ・リバー（Run-of-river）と呼ばれるタイプなので，取水口に河の流れを誘導するためのもので，高さはわずか68メートルと小さく，したがってダムによって浸水する面積も40ヘクタールと少ない．ダムから発電所までは地下トンネルで，発電所自体が地下に作られる．

このプロジェクトの一番重要な問題点は，ダムと発電所建設予定地にアクセス道路が存在しないことである．資材を運びいれたり，労働者が使ったりする道路を新たに120キロメートル以上，しかも非常に難しいアルン河流域に建設しなければならない．そして後でプロジェクトの実施ができなくなったのは，このアクセス道路が理由だった．

当時の途上国における大型インフラ・プロジェクトをめぐる国際的な環境が，このプロジェクトの成否にも影響を及ぼしている．まずインドとの関係だが，売電契約を締結するまでには，相当難しい，時間のかかる交渉が予想された．そこで，400メガワットのプロジェクトを200メガワットのフェーズ1とフェーズ2に分割して実施することにした．しかし，問題は別のところ——世界銀行自体に対する国際的な批判の高まり——にあった．1980年代に世界銀行が，いわゆる「構造調整借款」を推し進めてきたが，それが途上国の貧困層の生活を脅かすという理由で，世界銀行は途上国では評判が悪かった．さらに，それまで世銀といえば大型の水力発電プロジェクトやハイウェイ・プロジェクト等のインフラ・プロジェクトというイメージが強く，環境破壊を放置して経済成長を推進する機関だと断罪されるようになった．特に1980年代になってから地球環境の悪化が叫ばれ，幾多の国際的なNGOが活躍するようになると，世銀批判が強まった．その典型的な例が，ちょうどネパールのアルンIIIプロジェクトと同時期にインドで計画されていたナルマダ渓谷多目的ダム・プロジェクトだ．

第3節　アルン・プロジェクトの挫折

　ナルマダ・プロジェクトは，実は単体のプロジェクトではなく，インド西部のグジャラート州を流れるナルマダ河に30以上の多目的ダムを建設して，グジャラート州とラジャスタン州の広域の灌漑，水力発電，洪水対策にあてようという実に壮大な計画である．すでに1940年代にネルー首相が提唱しているが，実現にこぎつけたのは1970年代も末になってである．いくつものダムのうち，最大規模のダムは，サルダール・サロバール・ダムで，最終的にはダムの高さは138メートル，1,450メガワットの発電と1,800万ヘクタールの灌漑ができることになっていた．問題は，推定32万人の人たちの住居が水没するために立ち退きを余儀なくされることだった．1970〜80年代には世界的に環境保護に関するNGO活動が活発になっており，このプロジェクトに関してインドでは，「ナルマダ救済運動（The Save Narmada Movement）」が起こり，これに国際的な環境NGOが呼応して，水没村落住民の立ち退きとダム建設による環境破壊——特に生物多様性を脅かすという理由で——に反対する大運動が起こった．当初は，このプロジェクトは，世銀をはじめ日本の海外協力基金（OECF，現JICA）等の国際開発援助機関がファイナンスすることになっていた．しかし，1990年代に入って，反グローバリゼーション運動と連携して，世界中どこでも計画中の大規模インフラ・プロジェクトに対する反対が強くなり，世界銀行をはじめとする開発援助機関は，大規模インフラ・プロジェクトから手を引かざるをえなくなった．なかでも，ナルマダ・ダム・プロジェクトに対する反対は激しく，インドの有名な女流小説家，アルンダーティ・ロイ（Arundhati Roy）も反対運動に加わって，もうプロジェクト自体の費用便益や環境問題や住民移転の問題解決策を理性的に論じられる状況ではなかった．すべては，イデオロギーであり，シンボルであり，権力・反権力の政治問題に転化したのだ[11]．その結果，最終的には世界銀行と他の国際援助機関は，ナルマダ・プロジェクトから手を引いた．ただ，インド政府は，ナルマダ・プロジェクトを棚上げせず，国際援助に頼らないプロジェクトとして実施した．（有名な中国の三峡ダム・プロジェクトと同じ運命をたどったのだ．）

　ナルマダ・ダム反対運動の影響は，アルンIIIプロジェクトにも波及した．すぐに，国際NGOからの反対の声があがり，ネパール国内でもそれに呼応して反対運動のNGOが結成された．ナルマダ・ダム・プロジェクトの場合と同

---

[11] この時期の世銀をめぐる雰囲気をよく伝えているのは，Mallaby（2004, Chapters 10, 11, and 12）．

じく，反対運動が最初に訴えを持っていったのは，世銀の審査委員会に対してだった．世界銀行に対するNGO——特に環境保護団体——を何とかして対話路線に持ち込もうとして，世銀の活動に対しての訴えを受け付けて，有識者で構成される第三者委員会に客観的な観点から調査・査問させる目的で世銀内部に1993年に設立された委員会で，ナルマダ・ダム・プロジェクトの審査委員会委員長には元UNDP総裁のブラッドフォード・モースが任命されて，ナルマダ・プロジェクトには決定的なプロジェクト設計上の過誤があると判定している．アルンIIIプロジェクトの場合も，アルンIIIプロジェクトが実施されれば被害を被る可能性が高いとするアルン渓谷の住民から世銀の審査委員会に対する訴えが1994年にあり，世銀当局の訴えに対する回答と合わせて検討した結果，世銀が提案しているアルンIII水力発電プロジェクトとそれに先立つアルンIIIアクセス道路のデザインは，影響を受けるアルン渓谷の住民と環境に対する配慮に不十分な点があるという判定を下している．その結果，この2つのプロジェクトに対する融資は，取り止められることになった（World Bank 1994c）．

　何が問題だったのか．世銀の審査委員会に提出される訴状は，一種の法律文書で，世銀当局が，世銀自身が策定した各種の政策ガイドラインを順守していないという訴えだから，ある意味ではなんでもありで，反対運動を起こしている人たちの真意以上のものになることが多い．アルンIIIの場合は，プロジェクトの経済性，情報開示，環境アセスメント，強制移住，先住民族に対する保護の5点が問題とされた．たとえば，プロジェクトの経済性については，ネパール全土の類似の水力プロジェクトの可能性がすべて調査されていないから，アルンIIIが現時点で最も経済性のあるプロジェクトとはいえない，といったもので，水掛け論になる可能性が大きい．情報開示については，実質的というよりは手続きの問題だ．ネパール内外のNGOの反対論の真意は，環境問題と強制移住の問題だと考えるのが妥当だ．

　まず環境問題だが，ネパール政府の委託によって詳しい環境アセスメントが実施されている（Nepal Electricity Authority 1993）．それによると，アルンIIIプロジェクトはナルマダ・ダム・プロジェクトとは違ってラン・オブ・リバー型のプロジェクト，すなわち河の流れをせき止めるのではなく流れを変えることなく流れの一部を取り込んで水力発電に利用するタイプのプロジェクトなので，通常の大型水力発電プロジェクトにまつわる弊害は少ない．すなわ

第3節　アルン・プロジェクトの挫折

ち，水没面積は少なく，したがって農地の喪失は限定的で，またそのために移住を余儀なくされる住民の数も限られる．河川の水流を止めるわけではないので，下流の灌漑等の水利用に悪影響を及ぼさないし，また水流の停滞を起こさないからシストソミアシス（住血吸虫症）のような病害も発生しにくい．さらにまた，大型ダムのように，土石等の堆積も少ないから下流への悪影響も少ない．だから，ダムを建設することによる環境問題は，比較的軽微だと考えられる．

　むしろ，大きな環境問題は，ダム建設のためのアクセス道路建設にある．アルン渓谷は，未開発の渓谷で，ダムと発電所建設のためにはアクセス道路を新たに作らなければならない．そのためには乾季に集中して平均6,700人，ピーク時には実に9,500人の労働者を動員する必要がある．水力発電所建設の3,700人，送電線建設の1,300人に比較して膨大な労働者数だ．これだけの労働者が現場と飯場に集中するから食料と燃料の供給が付近での大きな問題になる．それにそれだけの男たちが集まるのだから，食べ物屋をはじめとするサービス産業が集まる．当然風紀の問題も持ち上がる．また，工事期間が過ぎても，渓谷への人口流入が続くだろう．アルン渓谷へのアクセスがないために，渓谷の大部分が未開発になっているが，ひとたびアクセス道路ができれば，開墾可能な土地を求めて開拓民が集まってくる．そして無秩序な森林伐採が始まるに違いない．過去にも無秩序に入植してきた農民が，焼畑農業のような形態で農業を始めたから，地域の森林が5年から10年の間に姿を消した例がある．その弊害は，森林の持つCO_2削減の効果が失われることだけではない．ネパールの場合には，森林伐採は生物多様性に悪影響を与える．アルン渓谷の人の手が入らない森林地帯は，アクセス道路周辺だけに限っても，希種あるいは消滅の危機にある植物は14種，動物は16種があることが確認されている．アクセス道路ができれば，これらが失われる可能性は高い．

　強制移住の問題については，当初の計画ではあまり問題にならなかった．アクセス道路が，主として農地や人家のない山間部に設置されるように計画されていたからだ．しかし，山岳道路の建設は幾多の困難を伴うので，アルン河に沿った渓谷地帯を通るようにルート変更がされた．これが問題を生じさせた．すでに山間部の土地収用は済んでいるのに，その土地をどう処分するかも決めずに，新たなルートの土地収用を始めたために住民の反感を買い，その結果アクセス道路建設はアルン渓谷住民の経済的利益を損なうが，十分な補償が約束

されていないという訴えとなったのだ．アクセス道路建設の影響を被る世帯数は1,100世帯程度で，またそのうち農地だけでなく住居の取り壊しが必要になる世帯数は140世帯程度と考えられている．また，ルート変更によって影響を受ける世帯数も減ることが予測された．問題は，これら影響を受ける世帯に対しての補償が一時金の形でなされ，政府が代替地を用意しなかったことが不満の最大の原因と思われる．

　最後に，貧困削減問題に関する訴えの内容はこうだ．訴えがあった時点でアクセス道路プロジェクトを入れたアルンIIIプロジェクトの総工費は，約8億ドルと見積もられている．これは，1990年のネパールのGDPの約4分の1，政府予算の1.3年分に相当する．ネパールのような貧困国が，これだけの大規模投資を賄えるだろうか．もちろん，その当時のネパールでは，総予算の40％以上，開発予算のほとんどすべては海外からの援助資金で賄われていた．しかも，アルンIIIプロジェクトは，世界銀行（IDA），アジア開銀，ドイツ，フランス，スウェーデン，フィンランド等々の援助機関によってファイナンスされることになっていた．問題は，アルンIIIプロジェクトにこれら援助機関の援助資金を使うと，ネパールの貧困層に直接裨益するプログラムやプロジェクトに資金がまわらないのではないかという危惧がぬぐえないことだ．わたくしは，1991年に世界銀行を退職しているから，アルンIIIプロジェクトが審査委員会にかけられた時期に世銀のマネジメント側の対応をしたのは，わたくしの後任者だった．しかし，わたくしにとって個人的につらかったのは，わたくしが担当していたアジア第1局の人間開発分野を担当していた課長——長年にわたりわたくしの同僚であり友人であったし，現在も親しい友人だ——が，審査委員会でアルンIIIプロジェクトは「反貧困政策」だという趣旨の証言をしたことだ．人間開発担当課長として，教育や保健，あるいは貧困救済プロジェクトをこのような大規模インフラ・プロジェクトがクラウドアウトすることは許せないというのだ．これは，彼の信念で，長年彼はこの分野で良い仕事をしてきたから，彼の考えや気持ちはよく理解できた．しかし，ネパールに対して援助をしようという意欲がある援助機関は多く，むしろ良いプロジェクト案件が不足しがちであった．また，ネパールが豊富に持っている水資源をネパールの経済発展のために，特に将来の輸出産業育成のために，水力発電事業の形で使用することも重要だった．だから，これはネパールの長期的な発展戦略に関する意見の相違だった．

第3節 アルン・プロジェクトの挫折

　結局世銀の査問委員会は，アルンIIIプロジェクトに対して決定的な瑕疵があるという判断には達しなかったが，環境保護や強制移住に対する補償等に改善すべき点があることは認めた．審査委員会の決定を受けて，世界銀行は最終的にアルンIIIプロジェクトから撤退する決定を下した．そして，世銀との協調融資を申し出ていたアジア開銀をはじめとする援助機関も同様の決定をした．一方，ネパール政府のほうは，インド政府と違って独力でアルンIIIプロジェクトを実行するだけの財政的余裕はなく，このプロジェクトを断念するしかなかった．これが，アルンIIIプロジェクトの挫折の顛末だ．

　わたくしは，いまでもアルンIIIプロジェクトはネパールの経済発展にとって画期的な重要性を持ったプロジェクトだと考えている．ネパールのエネルギー需要を満たすだけでなく，ネパールを将来のエネルギー輸出国にする可能性を秘めているプロジェクトだ．また，ネパールの経済にとって重要なインド経済との経済統合の第一歩にもなれるはずだ．それは，水資源以外の資源に乏しい内陸国にとっては，経済発展のカギの一つだ．国の国境を越えて流れる河川の利用は，時に上流，下流国の反対を呼び起こす．しかし，アルンIIIプロジェクトの場合は，アルン河の上流国である中国政府も，下流国であるインド政府もなんらの反対を申し立てていない．そのような重要なプロジェクトが，なぜ挫折したのか．内外のNGOが反対の理由として挙げた問題は，プロジェクト・デザインの手直しで解決できたはずだ．環境問題にしても，ネパールの王室がスポンサーになっているマヘンドラ王信託財団が中心になって作った環境保護計画をさらに強化すれば，充分に森林保護ができたはずだし，また強制移住に関しても，影響を受ける農家世帯に対して代替農地を見つけるなりの満足できる処置がとれたはずだ．そして，追加的な経費がそのためにかかったにしても，総額8億ドルの総工費と13%のプロジェクト収益率をそれほど大幅に変える種類のものではなかったはずだ．

　それにもかかわらず，このプロジェクトが放棄されたのは，基本的には次の2つの理由によるものだと思われる．まず，ネパールの内部事情がある．ネパール政府とプロジェクトの主体であるネパール電力公社（Nepal Electricity Authority）のプロジェクトに対するコミットメントがどの程度強固なものか，プロジェクトを支援する側にも疑問があったことだ．ネパールの水力発電資源としては，アルンIIIプロジェクトは，1990年代初頭時点では最小コストで最大量の電力が発電できるプロジェクトだった．しかし，発電された電力の

半分（当初は100%）をネパール国内の需要を満たすために使うから，当時の電力料金体系のもとでは，ネパール電力公社としては採算が合わない．財務的な健全性を維持するためには，電力料金の値上げとネパール電力公社の効率化を進めなければならない．当時のネパール電力公社には，大量の幽霊雇員がいて，彼らの給料は電力公社の幹部や公社に群がる政治家の懐に入っていた．しかし，ネパール政府にとっては，電力料金の値上げは民間企業と都市住民の不満を買うから，政治的な抵抗がある．ネパール電力公社の改革も，それを敢行するだけの政治的意思がない．さらに，アルンIIIプロジェクトは，400メガワット規模にしないと経済性がないから，少なくとも半分の200メガワット分はインド市場を見込まなければならない．インドとの間に売電契約を結ぶためには，ネパール政府側にとって相当の外交努力と対インド外交姿勢をより友好的なものに変えるだけの覚悟がなければならない．従来からの対インド外交姿勢を変えないで，長期の売電契約が結べるわけはない．しかし，当時のネパール政府に，外交姿勢を変えてまでアルンIIIプロジェクトを成功させようという覚悟はなかった．そして，アルンIIIプロジェクトを「見切り発車」させることによって，ネパール政府が現実的な対インド外交を展開するだろうと見込んでいたわたくしの判断は，まぎれもなく間違いだった．

　第2の理由は，開発に対する国際社会の意見の変化だ．すでに，1980年代から1990年代にかけて，環境問題に対する世界的な関心が高まり，多くの環境NGO活動が展開され，特にダム建設のような大型インフラ・プロジェクトに対する反対運動が繰り広げられるようになった．中国の三峡ダムに対する反対，インドのナルマダ・プロジェクトに対する反対は，その傾向を象徴的に表している．一方，経済発展のためにはどうしてもエネルギーが必要だ．環境と強制移住問題があるからといって水力発電を止めれば，代替的なエネルギー源としては，石油・ガスあるいは石炭を燃料とする火力発電に頼らざるをえなくなる．マクロで見れば，どちらが地球環境にとってより深刻な悪影響を及ぼすかは明白だ．それにもかかわらず，環境NGOの反対運動とそれを支援する国際世論に直面して，世銀をはじめとする国際開発援助機関は，争いのもととなる大型インフラ・プロジェクトから撤退した．1970年代前半までは世銀の融資は主としてハイウェイや港湾設備などの交通・運輸や水力発電などのエネルギーインフラ，あるいは農業発展のための大規模灌漑施設の建設にあてられてきた．しかし，1970年代の2度にわたるオイルショックとそれを原因

とする債務破綻を契機として投資プロジェクトに加えて構造調整借款が増えてきた．そして，ウォルフェンソンが総裁だった1990年代には，世銀の電力をはじめとする経済インフラに対する融資は大幅に減少し，代わりに教育や保健，そして貧困救済プロジェクトなどの社会発展分野の融資シェアが増えている．「ミレニアム開発目標（MDGs）」の掛け声のもとに，直接的に貧困層の生活水準を改善するような政策，プログラム，プロジェクトが重要視されたからだ[12]．もちろん，そのどちらを優先するかは，途上国の置かれた状況によるわけだが，2000年代になって途上国の間で電力不足などの「インフラ赤字（Infrastructure deficit）」が目立つようになったことを考えると，国際援助コミュニティの政策判断は，ネパールのような国にとって，決定的に害を及ぼしたといわざるをえない[13]．

第4節　民主化運動,「人民戦争」, そして連邦共和国の成立

アルンIIIプロジェクトの失敗は，1990年代前半に起こったことだ．それからすでに20年近くが経ったが，その間ネパール経済はどのように発展したか．わたくしは，1991年に世界銀行を去って以来しばらくネパールを訪れる機会がなかったが，2009年になってからまたカトマンズ詣でをするようになった．この20年近くの間に，ネパール経済はほとんど発展を遂げていない．たしかにGDPは低率ながら年々増え続けてきたし，その結果貧困率（全人口に占める貧困層の割合）も減ってきている．社会的な発展を示す「人間指標」なども良くなっている．しかし，ネパールの経済・社会の改善は，「政府の政策の失敗にもかかわらず」，いろいろな要因によってもたらされたもののように思われる．たとえば，この間のグローバリゼーションの進展は，ネパールの場合海外への出稼ぎ労働者の飛躍的な増大となって現れた．もともとネパールは歴史的にイギリス植民地へのグルカ兵の「輸出」の伝統を持った国だから，海外への出稼ぎに対する抵抗はない．中東やインドへの出稼ぎは，ネパール経済に対しては海外送金の増加となって現れて，いまではGDPの25〜30％に

---

[12]　国際開発援助をめぐる論争については，浅沼・小浜（2007，第6章）参照．
[13]　先に引用した世銀とウォルフェンソンを描いたマラビーも，おおむね同様の判断に達している（Mallaby 2004, Chapter 13, "Back to the Future"．）．

上る送金が経済に流入する[14].そして,それが経済成長の大きな原動力になっている.

ネパール国内では,相変わらず電力不足が続いていて,カトマンズでは1日10時間以上の停電が普通にさえなっている.ネパールの南のインドに隣接するタライでは,30年以上前に始まった「緑の革命」が中途半端になっている.カトマンズ盆地やタライの都市部の産業,特に製造業も拡大していない[15].むしろGDPに占める製造業の割合は減ってきているのが現状だ.内戦,政治不安,治安の悪化,電力不足,政府の腐敗と無能,等々の投資環境の悪化から,製造業への投資が行われなかったツケだ.要するに,政府の経済開発政策は,ここ20年間はほとんど経済発展に寄与してこなかったのだ.失策,あるいは無策の経済運営が続いてきたとしかいいようがない.

その理由は,いうまでもなくネパールの政治だ.わたくしがまだ世界銀行に勤務していた1990年に「人民運動(People's Movement)」と呼ばれる民主化運動が起こった.政府の失政を理由に,学生やその他の若者を中心にした街頭デモ,警察と軍隊による弾圧,それに呼応してのデモの暴動化という途上国に典型的な政治的混乱を経て,新しい憲法のもとでの立憲君主制と政党ベースの議会民主主義制度が実現した.人民運動の成果だ.それまでは,政党による政治活動は禁止され,議員選挙は行われてもパンチャヤト(Panchayat)と呼ばれる翼賛会が政治を行ってきたが,人民運動によって初めて(第二次世界大戦後の短い一時期を別にして)ネパールは立憲君主制という枠の中での民主化に成功した.

しかし,それも長くは続かなかった.政治の混乱は続き,その中から武力によってネパールの完全民主化を達成しようとするネパール共産党(毛沢東派)(the Communist Party of Nepal(Maoist))を標榜する極左政党による「人民戦争(People's War)」が始まった.プラチャンダ(Prechanda)という名前で知られるプシュパ・クマール・ダハル(Pushpa Kumar Dahal)がリーダーと

---

[14] ネパールの政府統計(中央銀行と財務省)は,インド以外の国に出稼ぎに出ている労働者の送金に限られている.インドとネパールの間のヒトの行き来は自由なので,インドからの送金額はおおざっぱな推計しかできない.2010年のインド以外からの送金総額はGDPの20%に達した.世界銀行の推計によると,インドからの送金は,GDPの6〜7%に上る.World Bank (2011, p.3).

[15] 世界銀行の統計によれば,2000年には製造業はGDPの9.4%を占めていたが,2010年にはこの比率は6.6%に低下している.

なったこの武力闘争が，マオイストとして知られるようになったのは，議会民主主義の枠組みを放棄して，「農村から都市を包囲して政権を奪い革命を起こす」という毛沢東の戦略を採用したからだ．1990年代半ばにネパールの西部山岳地方で始まったこの闘争は，一時は5,000〜10,000人の戦闘員と8,000人の支持者に支えられて，カトマンズ盆地とポカラの都市部をのぞいてネパール全土に浸透するまでになった（Whelpton 2005, pp.208, 218）．この闘争の過程で，政府サイドの軍，警察，マオイスト，そして市民の間に総数数万人といわれる犠牲者がでたが，2000年代に入って武力闘争はこう着状態に入った．政府サイドでは，またギネンドラ国王による憲法停止と議会解散の「王によるクーデター」があった．その武力抗争の膠着と政治の混乱を解決するために，2006年に包括的和平合意がネパール政府とマオイストの間に成立して10年の長きにわたる内戦は終結した．そして，翌年制憲議会議員の選挙があり，国政の表舞台に復帰したプラチャンダのマオイスト党が最大多数の議席を獲得した[16]．

　こうして，2世紀半にわたってネパールを征服・統治してきた「グルカ王のヒンズー王国（Shah Kingdom of Gorkha）」は姿を消すこととなり，代わって新たに「ネパール民主主義連邦共和国（Federal Democratic Republic of Nepal）」が建国されることになった[17]．ネパールの経済発展との関連で重要になるのは，現在のネパールの政治指導者たちが，どのような連邦制を作ろうとしているのかだ．2,600万人の人口を抱えるネパールは，多民族国家でいくつもの河川と渓谷で複雑に分割された地理を持つ内陸国だ．連邦制は，そのネパールを何らかの形で地域分割し，それぞれの地域に権限を移譲する地方分権を意味する．もし，その分権化政策を間違うと，ネパール経済と市場がバラバラになってしまい，経済発展に支障をきたす懼れがある．

　一方，ネパール国内では，連邦制は，マオイストをはじめとして主要政治政党の間で圧倒的な支持を得ている．特に，地方の農村部を中心に武力闘争を続けてきたマオイストは，カトマンズ盆地のエリート層に抑圧されてきたと感じ

---

[16] ネパール在住の日本人女性ジャーナリスト小倉清子は，長くマオイストの人民戦争をカバーしてきて，小倉（1999, 2007）でその記録と分析を行っている．
[17] UNDP（2009, Part 17, Article 138(1A)）．王権を剥奪されたギネンドラ元国王は，一時インドに亡命していたが，現在（2012年時点）はカトマンズに帰還しており，事業家として活動している．

ている少数民族や被差別カーストの支持を得るために，ヒンズー王国を倒し，連邦国家を設立することを党是としてきたので，マオイストを支持する少数民族や被差別カーストを基盤とする政党は押し並べて連邦制を支持している．ネパールのような最貧国家では，国際援助コミュニティの政策的志向も国の政策に強く影響する．そして，国際援助コミュニティでは，連邦制や地方分権は，最近年では，一種のはやりにさえなっている．政府の役割は国民に対する公共財の供給にあるわけだから，政府はなるべく国民に近いところにいたほうがよい．国民に近い位置にいるのは地方政府だから，地方政府の役割を充実させることによって，国民が——あるいは地方政府の場合は，地域住民が——必要とする政策をとれるし，公共財を提供できる，というのがその論拠だ．今日では政治経済学的には地方分権は，ほとんど民主主義と同意だと受け止めることが多く，連邦制や地方分権化に反対をするのがはばかられる雰囲気が支配的だ．

もともと，経済学では，地方自治は政府の効率性を改善すると考えられてきた．いわゆるオーツ定理と呼ばれ，ウォレス・オーツ（Wallace Oates）という経済学者が提唱した説で，政府の役割は公共財を住民に提供することにあるが，公共財の種類や内容，そしてその量は地方によって同じではない．住民グループの選好に違いがあるからだ．だから，住民に一番近く，住民の選好をよく知る立場にある地方政府の方が，住民から遠い中央政府よりも地域的な特質を持つ公共財をより効率的に提供できる，というのがその主張で，地方自治を肯定的に捉える伝統的な経済理論だ（Oates 1972）．この考え方は，政治経済学的に拡大解釈することもできる．すなわち，住民に近い地方政府——そして住民に選ばれる地方政党——は，住民から遠い中央政府よりも，より住民の福祉を考えて政策を実行しているという説明責任を果たす立場（アカウンタブル）にある，という考えである．住民は，選挙民と言い換えてもよい．選挙民のお眼鏡にかなう政策をとれない政党は，地方政府の政権につくことはできないのだ．政治に腐敗はつきものだが，この説によると，地方政権の方が中央政権よりも，選挙民に近いだけ腐敗の度合が少なくなるはずだ，というのだ[18]．

しかし，ネパールのような途上国では，このような経済理論や統治の政治経済学は通用しない．地方に地方政府を監視できるシビル・ソサエティが存在し

---

[18] Boadway and Shah（2009）．これは，連邦制度論や地方分権化政策を財政論の立場から集大成したものだが，当初の地方分権化政策や地方自治を強く肯定的に捉える考え方は影をひそめ，最近の途上国における経験の実証分析に基づいて条件付き肯定の立場をとっている．

第4節 民主化運動,「人民戦争」, そして連邦共和国の成立　　　289

なければ,普通の市民が個人個人でできることには限りがある.何よりも,ある程度の知見を持ったジャーナリストがいて,自由に報道がされていることも前提になる.そのうえに,民主主義の根幹である,選挙が公平にかつ公明正大に行われているのか.地方政治が,金権政治に堕落していないか.政治家を補佐する立場にある地方政府官僚の能力は,中央政府の官僚に比べ劣っているのではないか.よく考えてみると,ここに列挙した条件を満たせる途上国は数少ない[19]｡

　それにもかかわらず,なぜネパールでは連邦制が支持されるのか.それは明らかに政治的な理由だ.そして,その根底にあるのは2世紀半にわたって続いてきたカトマンズのエリート支配に対する反対だ.王制の崩壊が新しいネパールの民主主義を意味するのであれば,当然いままで政治のメインストリームの外に置かれてきた少数民族や被差別カーストのグループの不満が噴出する.それぞれ異なった政治的主張を中央政府のレベルで集約することは難しくなる.地域的な不満が強いと,ある場合には地域の独立運動が勢いを増してくる.ネパールの場合には,幸いなことに,ネパールからの独立を主張するグループは出てきていない.2世紀半にわたったグルカ王国の統治は,ネパールを民族国家ではないがある種の国民国家の概念を形成するのには成功したようだ.その証拠が国内の地域的な不満が独立運動ではなく反王制あるいは反カトマンズ・エリート支配という形で出てきたのだ.

　ネパールでは,現在政治的な混乱が続いている.連邦制が合意されたからといって,一体どのような連邦制度を構築するかの政治的なコンセンサスができていないからだ.新しい制憲議会が作られたが,その制憲議会は自らが決めたデッドラインを何度も延長しながらいまだ新憲法を制定できていないのが,2012年末の状況だ.第1に,ネパールをいくつかの州に分けるとして,どのように分けるかについてそれぞれの政治グループの主張が合わない.ネパールのような多民族国家では,たとえば国を5つから15位の州に分けるとしても,どの州においても一つの民族が過半数を占めるように境界線を引くことは物理的に不可能だ.そのうえに,他のカーストと混じって住んでいる被差別カーストをどうするのかの問題が残る.連邦制を採用したとしても,多民族

---

[19] たとえば,1999年のインドネシアの分権化政策やそれに先立つ1992年のフィリピンの分権化政策の成果は,当初の期待にはとうてい達していない.Harold (2010, Chapter 4) およびAsanuma and Brodjonegoro (2003).

国家の問題が解決するわけではない．むしろ，事態をより悪くする可能性もある．ネパール第2の都市であるポカラを例にとると，歴史的にはこの地域はグルンという民族が居住していたが，現在ではマガールもいればネワリも多い．さらにこれらチベット-ビルマ系の民族のほかに，アーリア系のいわゆる上位カースト（バフンやチェトリ）もいる．グルンは，決して人口の過半数を占める勢力ではないのだ．

　第2に問題になっているのは，州の経済的な自立可能性だ．民族構成を重視して，州を作ると，財政基盤の弱い州ができあがる可能性がある．そのうえに，逆に突出して経済的に豊かな州ができあがるかもしれない．たとえば，ネパールの西部地域は未開発な所が多く，マオイストが当初活動の拠点としていたロルパ県は，有数の貧困県だ．一方，インドに隣接するタライが一つの州になると，ネパールとインドの交通・運輸のルートをすべてコントロールすることになるから，ネパールの他の州は，内陸国の中の内陸州となって，地理的に非常に不利になる．だから共和国以前には，経済発展の可能性を考慮したうえで，ネパールは14の地区（Zone）とそれをさらにおおむね南北に切る形にまとめて5つの開発地域（Development Region）に分けていた．このような考え方を取り入れようというのがその主張だ．

　第3の問題は，ネパールの天然資源をどのように管理するかの問題だ．ネパールには南北に流れる河を中心とした水資源がある．農業のための灌漑に使用できるだけでなく，水力発電の資源にもなる．また，いまだ豊富な森林資源もある．さらにヒマラヤ山系には，貴重な観光資源が存在する．そして，少数民族が多数いる地域では，これらの国の天然資源は，これまで主としてカトマンズ盆地のエリートの利益のために開発されてきて，天然資源がある地域の地域住民に十分な利益還元がなされてこなかったという意見が強い．州にどこまでの権限を与えるか，天然資源の管理するかについても国民的な合意には程遠いのが現状だ．

　このほかにも，新しい憲法を制定するにあたっての未解決の問題点は多いが，何よりも一番の問題は，主要政党とそれを支持するグループの間で，新生ネパールの将来像をどう考えるかのヴィジョンについての議論がないことだ．あまりにも，民族やカーストといった狭い観点からの利害に絡んだ論争が多すぎる．いまネパールは政治の季節のただ中にあって，政治とはグループ間の利害関係の調整だから，それはそれで仕方のないことなのかもしれない．し

かし，ネパールのような途上国の場合には，それを超えた国の発展を考える必要がある．民族やカースト，あるいは女性などのジェンダー等の絡む政治のことを，アイデンティティ・ポリティックス（identity politics）と呼ぶが，いまのネパールの政治は，まさにアイデンティティ・ポリティックス一色だ．しかし，それらの要素はヒトの生活の一部分にすぎない．それ以外の社会生活があり，経済活動がある．途上国の場合には，経済発展と貧困削減が重要な課題だから，「経済成長にまつわる政治」という意味で，「グロース・ポリティックス（growth politics）」を政治の別の重要な側面と考える人たちもいる[20]．当然，ネパールの連邦制を考える場合，この両方の政治的視点が重要になるが，現在のネパールでは，この議論はほとんど皆無といってよい．ネパール国内ばかりでなく，ネパールに大きな比重を持つ国際開発コミュニティも同様だ．

　パンチャヤト時代には，ネパールには国家のスローガンとも呼べるようなものがあり，それは「単一言語，単一の服装，単一の国家（Ek Bhasha, Ek Bhesh, Ek Desh）」だった（Whelpton 2005）．いわば，多民族国家ネパール全土にゴルカ王国の文化を広げようという国家ヴィジョンを示したものだ．たとえば，それに代わるような新国家のヴィジョンを示せないだろうか．わたくしは，2009年から幾度かネパールの制憲議会議員や主要政党の政治指導者と新ネパールの経済成長と発展の戦略を議論する機会があった[21]．これらのセミナーや会議を通じて，わたくしが議論のたたき台として提示したのは，パンチャヤトのスローガンに擬して，「単一国家，多文化の文化，単一の経済（One Nation, A Culture of Cultures, and One Economy）」だ．このスローガンを使って，わたくしが言いたかったのは，おおむね次のようなヴィジョンだ．

　まず「単一国家」だ．ネパールの内戦時代を通じて，マオイストやその他の民族政党がカトマンズ盆地のエリート体制に反対をしてきたが，それにもかかわらず——そしてネパールが多民族国家であるという事実にもかかわらず——

---

[20] Growth politics あるいは Politics of growth は，しばしば白石隆が開発国家（Developmental state）の政治と政策を論ずるのに使う言葉だ（大塚・白石 (2010) の第1章「インドネシアにおいて経済成長の政治はいかにして復活したか」）．政治あるいは政治学における Development paradigm や Developmental perspective（e.g. Boyd and Ngo (2005)）と，ほとんど同義で，経済成長を達成することによって，政権の座にあるあるいは政権の存続を正当化することを意味する．

[21] Government of Nepal and Japan International Cooperation Agency, *Nepal State Building: Economic Growth and Strategy*, JICA Nepal Office, Kathmandu, 2009, 2010 and 2011.

ネパールから分離独立をしようという政治グループは存在しない．過去2世紀半の間に，ネパールという国家概念は国民の間に強く根を張ってきたのだ．過去数十年にわたって，アジアでも国家の崩壊を招くような紛争があった．東パキスタンだったバングラデシュの独立戦争，スリランカのシンハラ族とタミル族の長く続いた内戦，東チモールのインドネシアからの独立，最終的には失敗に終わったスマトラ北部のアチェのインドネシアからの独立運動，そしていまもくすぶり続けるフィリピン南部のイスラム・ミンダナオの反乱．しかし，ネパールの紛争は，これらと根本的に違っていた．分離・独立運動ではなかったのだ．だから，ネパールのアイデンティティ・ポリティックスは，いわばダブル・アイデンティティの問題だといえる．たとえば，バングラデシュを例にとるとわかりやすい．東ベンガルの人たちは，パキスタン建国に参画した当時は，自分たちのことを「ベンガルのイスラム教徒」と考えていた．インドから分離してパキスタンを建国した最大の理由は，イスラム国家を作ることにあったからだ．しかし，経験を背景に独立を果たした後は，西パキスタンの政治エリートから二級市民扱いを受けた自分たちのことを「イスラム教を信奉するベンガル人」と考えるようになった．ネパールの場合には，「ネパールの統治下にあるネワリ族の人間」ではなく，「ネワリ族に属するネパール市民」としての自覚が確立している．その意味で，ネパールのアイデンティティ・ポリティックスは，ダブル・アイデンティティの問題だ．意識の中で，自身の文化的・社会的な属性と政治的な国家帰属意識は，別のことなのだ．
　そこで，第2の「多文化の文化」がネパールにとって必要になる．地方の不満が，多民族や被差別カーストの独自の文化的・社会的な属性が否定されてきたこと，それが端的に現れていたのは，従来のカトマンズ盆地エリートの権力の独占であったことを反省して，多民族国家としてのネパールを認め，多文化を寛容するだけでなく，むしろ積極的に多文化を推奨するような文化，すなわち「多文化の文化」をネパールに根付かせることが望ましい．新しいネパールのヴィジョンに，ぜひとも必要な要素だ．アンナプルナの麓，ネパール第2の都市ポカラの郊外にある国際山岳博物館を訪れると，ネパールの主要民族の住居や生活習慣や生活道具が展示されていて，ネパールの豊かな多文化的側面がよくわかる．ネパールの連邦制は，これら民族のそれぞれが，独自の言語や文化を自由に花開かせる政治的な装置であるべきだ．そして，連邦制，地方分権，地方自治といった制度や政策は，ネパールの場合この点――すなわち「多

文化の文化」を支えるものとして理解されるべきだ．ネパールを紛争に導いたのは，カトマンズ盆地の王族あるいは政治的エリートの権力独占であったことを考えると，地方政府に言語，文化，社会政策，地域開発についての決定権を与え，政治的な自決権を与えることによって真の民主化と共和制度の構築が可能になる．

　第3に，新生ネパールの将来ヴィジョンを考えるうえで重要なのは，ネパールの経済成長と貧困削減をどのように達成していくかだ．近隣のアジア諸国の経済成長と発展の経験を見ても，国民の生活水準の向上を長期にわたって図れない政権が長続きした例はない．ネパールの将来には，経済発展というもう一つのディメンションが欠かせない．地方自治や地方分権を経済政策や資源の開発政策面で推し進めると，ともすればただでさえ小さいネパールの経済を分断してしまう．ネパール経済の財やサービスの市場，資本や企業の活動の自由，労働の移動の自由等々に支障が出てくると，経済成長を阻害することになる．経済成長が重要なのは，国民の生活水準だけでなく，地方政府が「多文化の文化」を支えるための財政収入が確保されなければならないためでもある．これが，「単一経済」の意味で，いわばネパールの財・サービス，資本，労働の市場機能を担保して，経済成長と貧困削減を図ろうという考え方だ．

　さらに重要なのは，単一経済の考え方なしには，ネパールに極端な地方格差が生じる怖れがあることだ．ネパールは，経済発展のための地理的な障害や制約が多い．先にも書いたように，今後四半世紀位の間にネパール経済の成長の源泉になりそうな可能性を考えてみると，タライの「緑の革命」と中部山岳地帯の茶，香料，果実等々の農業，豊かな水資源を利用した水力発電・輸出事業，ヒマラヤの観光資源開発，タライの都市部とカトマンズ盆地における製造業やサービス産業の発展，に限られるのではないだろうか．もしそうであるとすると，ネパールの経済発展が可能な所は，地域的に限られてくる．経済発展と開発政策を地方に任せるとすると，成長と発展の過程は，成長の源泉があるかないかによって，地方によって違ってくる．連邦制を敷いたうえで，地方格差が目立つようになると，取り残された地方に不満が募り，地方の不満解消のために作り上げた連邦共和国ネパールは，元の木阿弥に戻ってしまう．

　もし「単一国家，多文化の文化，単一の経済」というスローガンに基づいた連邦制をデザインするとすれば，どのような連邦制になるだろう．世界中に連邦制やそれに似た制度をとっている国は，2007年時点で28カ国，単一国家で

実質的に分権化を制度化している国が20カ国あって，これらの国の人口を合わせると世界人口の3分の2を占める（Boadway and Shah 2009, p.vii）．そうはいっても，これらの国々の制度は千差万別で，連邦制とは何かとなると，動機にしても制度の内容にしても，それぞれの国の事情に合わせて決めたものだということがわかる．だから，ネパールに適した連邦制が，特異な性格のものになったとしても問題ではない．分権化された国家体制を構築する場合考えられなければならないのは，まず中央政府と州政府の間で，どのような権限と責任を分担するかだ．そして，そのうえで中央政府と地方政府がその権限と責任を行使するために必要な財政収入をどのようにして調達するかだ．財政収入の調達には，税源移譲もあれば，いわゆる政府間移転——すなわち中央政府から地方政府への財政移転——もある．

「多文化の文化，単一の経済」というスローガンに従えば，何よりもまず社会的，文化的な分野は州政府の専権事項とされなければならない．初等・中等教育や保健医療，それにコミュニティ・ディベロップメントや，言語政策は，すべて州政府の自治権に任せられる．もちろん，これらの分野に中央政府が一切かかわらないというわけではない．たとえば，教育においては，教員養成や教科書づくりなど中央政府の手助けが必要なことはある．また，保健医療分野では医師の養成や病院経営については，中央政府の助けが必要だ．しかし，地方における初等・中等教育の政策や方針，そして保健医療の地方住民に対するサービスの実施においては，州政府は政策方針を自主的に決定すべきである．中央政府は，この分野に関する限り補助的な，補佐的な役割を負うことになる．

一方，経済政策，開発政策，それに財政・金融分野は，外交や防衛と同じく，中央政府の専権事項とするのが望ましい．もちろん，これらの分野でも，地方政府の関与はあるが，それは中央政府の政策に基づいて，中央政府の代理人（エージェント）としての関与だ．こうすることによって，ネパール経済の市場機構を保全し，ネパールの資源の最適利用を図る．連邦制を論じるときに，常に問題になるのは天然資源だ．ネパールの場合，主として水資源と森林資源がこれにあたるが，これら資源の管理と開発は，中央政府の専権事項にすることが望ましい．州政府の管轄になれば，どうしても州経済と州財政の利益が優先される．他の途上国の経験からわかるのは，地方政府は天然資源を国のために開発する能力を持っていないし——たとえば多国籍企業と水力電力プロ

ジェクトを交渉したり，必要な保証を提供したりする能力——それに汚職防止や環境保全において地方政府が中央政府に勝っているという事実はない．地域的に限定されたコミュニティ・ディベロップメントを例外として，経済的な資源管理と開発は，中央政府の権限とした方が，国全体の発展によい．

　それでは，財政分野では，どのような中央・地方の役割分担を考えるべきか．地方分権を勧める財政学者は，地方政府は独自の財源を持って，なるべく中央政府からの財政移転に頼るべきでないという．そうでなければ，真の地方自治は達成されないというのだ．地方政府のアカウンタビリティを高めるためにも，また財源を通じて中央政府が地方政府に必要以上の影響力を発揮するのを防ぐためにも，地方政府は独自財源を持つべきだというのがこの議論だ．しかし，現実は違う．途上国の場合，地方政府が課す税や科料から得られる歳入は，歳出のごく一部に限られ，大半は中央政府からの財政移転に頼らざるをえないのが実情だ．地方税として適当な税目としては，不動産税等地方の経済活動に大きな影響を与えない税がよいとされている．たとえば，ある州で高い法人税を課せば，企業は他の州に移ったり，あるいはその州で起業しようとする企業に逆のインセンティブを与えることになる．しかし，経済活動が高くない地域では，不動産取引等も不活発で，地方政府が必要な歳出をまかなうだけの税収はとうてい得られない．一方，地方政府に独自財源の捻出を強いると，地方政府はえてして好ましくない——すなわち地方の経済活動を阻害するような税を課すようになる．たとえば，ネパールの場合には，外国からの財はほとんどタライを通じて国内に入る．タライの州は，そこを通過するトラックに一種の通行税を課すこともできるが，これはネパールの他の地域に輸入税をかけたと同じ効果を持つ．また，天然資源のある州では，その利用に対して税をかけることも可能だが，そのような税は天然資源の開発に抑制的な効果を持つ場合も多い．さらに，先にも述べたように，経済発展のペースとパターンは地方，地方によって違ってくるから，地方の独自財源に頼るのは，地方に大きな不平等を生じる原因になる．成長拠点を持った州の財源は大きくなり，経済発展が遅れた州ほど財源の不足に苦しむことになる．

　このように考えると，現在のネパールにとって最適なのは，州政府が社会政策やコミュニティ・ディベロップメントに必要とする財源は，ほとんどすべて中央政府からの財政移転でまかなうという制度だ．考えられなければならないのは，この財政移転の制度をすべての州にとって公平に財政移転が行われるよ

うに，また同時に州政府の政策に中央政府の政治的な干渉がないようにすることだ．そのような「中立的な」財政移転の制度を作るのはそう難しいことではない．現にオーストラリアやインドといった連邦国家にはそのような制度が存在している．

最後に，ネパールの場合にどのようにして州を決めるのかの問題が残る．民族分布を中心に考えるのか，それとも経済的自立基盤を中心に考えるのかが，これまでの議論の流れで，まだコンセンサスができていない点だ．わたくしは，州を作る基準としては，そのどれも十分ではないと思う．世界に多民族国家は多い．そのほとんどは，民族がいわばモザイク的に分かれて住んでいる場合が多い．たとえばスリランカの場合には，タミル族は北部に集中しているし，中西部と南部は圧倒的にシンハラ族の地だ．そして，民族紛争のもとになるのは，東部などの両民族が混じって住んでいる地域だ．一方のネパールはというと，「モザイク」国家というよりは，むしろ「大理石」国家といった方がよいくらいだ．すなわち，ネパールの民族の分布は，大理石に混じる多彩な色彩のように，どの地域にも渾然と混じりあっているのだ．ネパールは現在5つの開発地域（Development region），14の地区（Zone），75の県（District）に分かれているが，75の県の内で一民族グループが過半数の人口を占めるのはわずかに13県だけだ[22]．

ここから明らかなのは，ネパールの場合連邦制にしたところで，しょせん多民族問題は消滅しないことだ．ネパールの場合には，一つの民族なりカースト・グループが民族自治を目的として一つの州を作ることは不可能なのだ．すなわち，グルン州，リンブー州，マガール州，タマン州，タルー州，ネワル州，等々はまったく不可能な夢に過ぎない．では，なぜ連邦制なのか．わたくしは，ネパールの場合には，思考の転換が必要だと思う．連邦制は，すべてのグループが地方という身近のレベルで，「多文化の文化」に基づくアイデンティティ・ポリティックスに参加する政治的な装置であるべきだ．そうすることによって，従来のモザイク国家に適した民族共和国連合のような連邦制ではなく，「多文化の文化」に根差した多民族やカースト・グループが活発に参加する地方政治の場としての連邦制を作ることができる．そして，一方の中央政府レベルでは，国の発展に欠かせないグロース・ポリティックス（経済成長の政

---

[22] Whelpton (2005, Map 3, p.100) による．1991年人口調査（センサス）に基づく．

治）が実現できる．このような発想の転換の後では，州の範囲をどのように決定するかについては，民族分布を基準にしたり，あるいは経済自立性を基準にしたりする必要もない．最新の経済地理学理論によらないでも，国の中に自然発生的に都市が生まれる．その都市は周りのヒンターランドから孤立して存在するのではなく，周辺の農村部に対するマーケットとなり，また農村部に対していろいろなサービスを提供する．やはり自然発生的に都市と農村の間に共生関係が生まれるのだ．インフラ，取引コスト，便利さという便益，等々の要素が，その関係を構成する．ネパールにおける州の構成も，そのようにして自然発生的に形成されてきた都市を中核とする経済・社会・政治の広がりをベースに規定することができる．多少乱暴な言い方だが，ネパールを5から10の連邦に分割するとすれば，その数に対応する大きな規模の都市を見つけ，その周辺地域を州に組み込むようにすればよい．

　わたくしは，2009年以来いく度かネパールの主要政党であるネパール国民会議派，マルクス・レーニン派共産党，そしてマオイスト派共産党の政治指導者と制憲議会議員と新しいネパール連邦共和国のヴィジョンについて議論する機会を得た．そして，ここに述べたような意見を申し述べてきた．ネパールは，いまだ政治の季節で，政治の安定には程遠く，また新しい憲法の制定もできていない．もちろん，そのような状況でネパールの将来を左右する開発戦略に関するコンセンサスもない．本書の各章では，いろいろな国が経験した開発戦略の策定や経済政策の形成を，ある時期のあるエピソードに託して議論してきた．そうすることによって経済発展のプロセスやメカニズム，あるいは動因についての教訓を得ようとしたのだ．しかし，本章の最後の節は，例外だ．ネパールの連邦制・分権化政策は，現在進行形の政策問題だ．ネパールの将来を明るいものにするためにも，ネパールの政治指導者が，テクノクラートと一緒になって，連邦制と開発戦略に関して賢い政策決定をしてくれることを，ネパールの一友人として，切に願っている．

第10章　ブータン：公共政策としての GNH
(国民総幸福量)

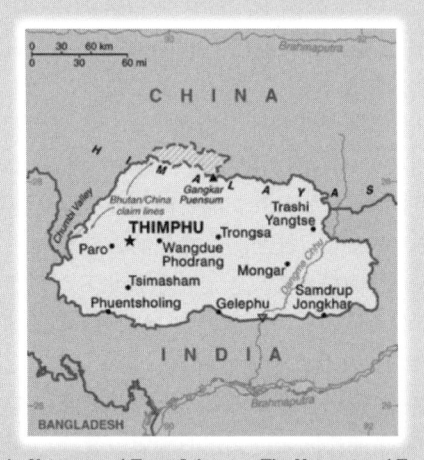

Courtesy of the University of Texas Libraries, The University of Texas at Austin.

ブータンの GDP 成長率と1人当たり所得

資料：WDI.

第1節　イントロダクション：ブータン国王のGNH提言

　国民総幸福量（Gross National Happiness: GNH）という言葉は，ヒマラヤ山系の北東の小国ブータンの国王，ジグメ・シンゲ・ワンチュック王（The Fourth King of Bhutan, His Majesty Jigme Singye Wangchuck）が1972年に提唱して以来，国際的な開発コミュニティでよく知られた概念になった．ブータン国王がGNHを国家発展の基本的な指標でかつ開発政策の目標にしたのは，われわれが日ごろ使っている国民総生産（GNP）概念は，あまりにも国民生活の物質的側面だけを強調しており，国と国民の発展を物質的な面――すなわち経済的側面――だけでなく，社会的，文化的のみならず，精神的，知的，感情的な面からも捉えかつ開発するべきだと主張するためだった．GNHが世界的に喧伝されるようになって，ブータンではこれら国民生活の全域をカバーする指標が開発された．文化，教育，保健，余暇，等々からなる9分野について，さらに細分化し，国民各層からの聞き取り調査に基づいて作成する指標だ．政策的には，持続可能な開発，文化的価値の維持，自然環境の保全，そしてよい統治（グッド・ガバナンス）が政府の政策目標の4本柱となる[1]．

　ブータンのGNH指標のほかに，同種の試みがなかったわけではない．国民所得統計自体に内在的な問題点を別にしても，1990年以来UNDPが発表している「人間開発指標（Human Development Index: HDI）はそのよい例で，経済至上主義の批判を免れないGNPに代わって教育，保健等の社会的開発度合いを指標化したものだ（UNDP 1990）．最近では，フランスのニコラス・サルコジ大統領（当時）がコロンビア大学のジョセフ・スティグリッツ教授を座長に招待して設立した「経済活動と社会進歩の計測に関する大統領諮問委員会（The Commission on the Measurement of Economic Performance and Social Progress）」が，ハーバード大学のアマルティア・セン（Amartya Sen）や同じくロバート・パトナム（Robert Putnam）をメンバーに迎えて，GNPにとって代わる指標を検討している（Stiglitz, Sen, and Fitoussi 2010）．また日本で

---

[1] GNHについては，ブータン研究センター（http://www.grossnationalhappiness.com）のウェッブ・サイトに多くの説明資料が発表されている．しかし，GNHに関する最も権威ある説明としては，ブータンの国連大使や外務大臣を歴任し2012年現在首相の座にあるティンレイによるThinley（2004, Chapter 9）がある．

第1節　イントロダクション：ブータン国王の GNH 提言　　　301

も，内閣府にある経済社会総合研究所に幸福度研究ユニットがあって毎年「国民生活選好度調査」を実施して，国民の幸福度の推移や要因を調査している（内閣府『国民生活選好度調査』毎年発表）．

　ブータンの GNH 指標の特徴は，幸福感といったきわめて個人的で，かつ主観的な感情を国民全体について総合的に把握して，それを公共政策の指標や目標にしようとしていることだ．人の幸福という個人の精神的状況が，公共政策の場に持ち出されることに違和感を抱く人は多い．かつて，一橋大学の都留重人教授は，アメリカに留学したての頃に，下宿の女主人に「あなたはいま幸福？」と聞かれ，「そんな哲学的な質問に，どんなふうに答えればよいのか」と困惑した経験を『パイプの煙』と題したエッセイ・シリーズに書いている．後になって，アメリカの生活に慣れた後で，アメリカ人は単純な性格を持った人たちだから，たぶん質問は，「いまいろんなことはうまくいっている？　気がかりなことはあるの？」といったぐらいの軽い気持ちの世間話だと理解できたとのことだ．わたくしも，公共政策や開発政策との関連で，主観的かつ哲学的な幸福論を持ち出されると困惑する．たしかに経済学はもともと倫理学や哲学的な問題も扱う学問だから，哲学的な問題を扱ってはいけないということではない．しかし経済発展と人間の幸福との関係を直接に結び付けて，公共政策の目的に据えた議論は珍しい．たとえばケインズは，彼の 1930 年のエッセイ『われらの孫たちのための経済的可能性』で，資源の希少性に由来する経済問題を解決して初めて，人間の文化的・社会的な可能性が広がると論じているし，またアーサー・ルイスは，『経済成長の理論』の中で，経済成長の結果人は高い水準の自由度を手に入れ，生活のために労力と時間を使う代わりに，より満足度の高い知的活動や芸術活動等の文化的活動に能力を発揮できるようになる，と言っている（Skidelsky 2000, p.278, Lewis 1965, Appendix）．もっと最近では，アマルティア・センが，経済発展の目的は，物質的な豊かさ自体の追求というよりは，物質的な豊かさによって社会の構成員の社会生活上の能力（Capabilities）の増大とその結果得られる選択の自由（Freedom of choice）の広がりなのだと論じている（Sen 1999）．

　最近の幸福度指標の議論は，さらに個人や社会の幸福度——経済学では厚生（welfare）という言葉で扱ってきた——を非物資的（non-material）な領域にまで広げて議論しようとしている．ここでは，社会厚生関数の計測可能性に関する難しい厚生経済学的な問題はひとまず横に置いておいて，もっと現実

的に，社会の幸福度指数は現在の公共政策の有り様を大きく変えるだろうかと問うてみよう．途上国一般の開発政策や貧困削減政策が，幸福度指数によって大きく変えられるとすれば，それは重要な政策問題だ．幸福度の実証研究は，その性格上個人の「自己申告による満足度」の大規模なアンケート・サーベイとその結果の分析だ．すべてが主観的で，しかし社会の構成員の幸福感を高めたり低めたりする要因は何かがわかる．いままでの研究では，経済的な「所得」の多寡のほかに，健康や，結婚，家族，それに市民としての社会活動や社会における人間関係，社会・文化・自然環境等の要因が重要だということがわかっている．また，仕事を持っていることは，その結果得られる所得以上に人の幸福度に影響することもわかっている．さらにまた，ここに挙げたような個人の性格に結果として現れてくる厚生（outcome utility）のほかに，そこに至るまでのプロセスや手続きから生まれる厚生（procedural utility）も大切なようだ．いろいろな社会的な政策決定に参加すること——すなわち権威主義的な体制のもとでの生活よりは民主主義的な体制下における生活が幸福感を高める[2]．

先進国でも途上国でも，現実の政治あるいは公共政策は，多かれ少なかれ幸福の経済学が示唆するような要素を考慮している．貧困削減政策や保健・老齢年金制度や失業対策や地方自治制度等々がそれだ．たしかに国民幸福度指標は，国民が満足・不満足に思っていることは何かを示してくれるから，政府として公共政策を通じて何をすれば良いかを考えさせてくれる．しかし，幸福度指標は，公共政策のためのいろいろな指標の一つ——ワン・オブ・ゼム——で，ブルーノ・フライが主張するような「経済学上の革命（revolution in economics）」のような大げさなものではないだろう[3]．

しかし，わたくしのブータンの GNH についての疑問は，その当否ではなく，むしろ，なぜブータン国王は，そのようなことを提唱したかだ．ブータン国王は，一体何を考えて，何を目的として GNH を国の公共政策の礎に提唱したのか．この疑問に答えるためには，ブータンとはどんな国かを考える必要がある．その置かれた状況に応えるために，GNH が最適な政策的対応だった

---

[2] 幸福の経済学については，Frey (2008)．城山 (1967) には，人生いかに生きるべきかと哲学的に思い悩む若い日本銀行マンが，闇市で「元気の出る仕事があって，気に入った女が居れば，それだけで人は幸福なんだよ」と言う闇ブローカーの言葉に眼を開かれる場面がある．
[3] Bok (2010) や猪木 (2012a, 第 6 章および第 11 章) もおおむね同じような結論を出している．

のかもしれないからだ．ブータンの GNH の議論を聞いていると，ブータンは現代のシャングリラ（仮想の桃源郷）のように印象を受ける．そして，ブータンの GNH がこれほどまでに世界的に有名になったのは，現代のシャングリラというイメージが人々の想像力を刺激したからかもしれない．たしかに，ブータンは，最貧国ではない．1 人当たりの GDP は，2,000 米ドル（世銀，アトラス方式）以上で，比較的豊かだし，貧困率も 26％ と低い[4]．政治的にも安定している．しかし，ブータン国王が GNH を公共政策の基本として提唱した動機は，むしろ独立した民族国家としてのブータンが存続できるかどうかに対する強い危惧の念ではなかったか，というのがわたくしの印象だ．

第 2 節　ブータンという国

　ブータンは，ヒマラヤ山系の東の麓にある小さな山岳国家だ．わたくしがブータンを訪れたのは，1988 年 6 月で，わたくしは世界銀行の南アジア諸国を担当するアジア第 1 局長に着任してほぼ 1 年が経過した時期だった．当時世界銀行とブータンの関係は薄く，ブータンに割ける予算も少なかったが，局の担当範囲に入っている限り，世界銀行としてブータンに対して何らかの貢献ができるのではないか——それを探索する目的でバングラデシュ訪問の帰りにブータンに寄り道をすることにした．

　ブータンに行くには，ダッカあるいはコルカタ（カルカッタ）からブータンの唯一の空港がある西部の町，パロに飛ぶほかない．当時，定期航路を持っていたのはブータン国有のドゥルック・エアー（Druk Air）だけ．しかも旧式のドゥーニエという 20 人乗りのプロペラ機 2 機だけが就航していた．このプロペラ機は，客室キャビンの気圧調整ができない．だからせいぜい高度 2,000〜3,000 メートルが限界だ．しかしブータンの中央高原はもっと高い山々に囲まれている．だから，海抜 2,400 メートルにあるパロ空港に行くには山と山の間の谷を辿っていく．狭い航路だ．もし天候が悪く，谷に霧が出ていれば，引き返して晴天を待つしかない．わたくしは，ダッカからドゥルック航空に乗った．ダッカから真っ平らな東ベンガルの平原を北に進むと突然眼の前にヒマラヤ山系が現れる．飛行機は，谷の入り口を探して少し進んだが，そのときパイ

---

[4] 2009 年現在で 1 人当たり GNI は，2,030 米ドル．貧困率は，1 人当たり 1.25 米ドル/日を基準として PPP ベース．World Bank（2010b）．

ロットが客室を振り返り,「パロ行きの渓谷のドアは閉まっている．これからコルカタに帰還する」と叫んで旋回した．コルカタで一泊して，翌日再度のトライでようやくパロに着くことができた．着陸も，それまでわたくしが経験したものとは違っていた．ブータンは，山々に囲まれた狭い盆地と渓谷の集合体だ．数キロメートルにわたってまっすぐに高度を下げることはできない．そこで，着陸するためには，クルクルとトンボのように舞い降りるのだ．しかも，周囲の山の斜面すれすれに旋回しながら．

ブータンは，ヒマラヤの麓の山岳地帯にある小国だ．面積は，ネパールの3分の1にも満たない．ネパールと同じように，北はヒマラヤ山系で，その北はチベット，南はインドの東北部に続いている蛭とジャングルの低地帯だ．西側にはかってシッキムという王国があったが，いまはインドに併合されてインドのシッキム州になっている．ブータン第2の都市パロとブータンの首都，ティンプーのある西部は，多少の道路網もあるが，東部に行けば行くほどすべては未開発だ．西部では，稲作が可能だが，東部ではトウモロコシや稗，粟等の穀物しか栽培できない．ヒマラヤのおかげで，北から南に流れる数本の河があるから，ブータンは豊かな水資源と国土の3分の2を占める森林資源に恵まれている．

ブータンの人口には，常に2説がある．わたくしが訪れた1980年後半のブータンの人口は50万人位とされていたが，これは政府の公式発表で，本当は100万人以上という説もあった．現在でも，世界銀行は70万人（2009年現在）という数字を使っているが，国連機関は2004年までは215万人という数字を発表している．なぜ2説あるのかが，実はブータンの抱えている問題の一つを示している．少ない方の数字は，ブータン人，すなわちブータン族の人口で，多い方の数字はブータン領内に「不法に？」居住するネパール人を含めた数字だというのが通説だ[5]．ブータン政府は，ブータンの人口に関する議論を嫌がる．理由は明らかだ．ブータンの現在の政治体制は，立憲王制だ．しかし，将来多数決民主主義が徹底して，そのうえネパール族の長期居住者にブー

---

[5] 最近では，国連機関ではUNCHRを例外として，ブータン政府発表の人口統計を使っている．UNHCRの2010年年報（UNHCR 2011, p.141）によると，ブータンからネパールの難民キャンプに避難している人の数は約73,000人だが，そのほかにUNHCRが "Population of Concern to UNHCR" と定義している居住地のはっきりしない人口は82万人程度とされている．ブータン国内にいるがブータンの居住者と認識されていないネパール系の人たちだと考えられる．

タン市民権を与えるとすれば，ブータン人はたちどころにブータンの少数民族となってしまう．もともとインドの辺境とネパール，シッキム，ブータンの国境は厳密には管理されていない．人々は自由に行き来してきたし，土地を求めての人口移動は珍しくない．だから，ブータンの市民権を定義するのは難しい．しかも，ネパール人を別にしても，ブータン族という単一民族が存在するかどうかもわからない．ブータンは，チベットのカム地方から移住してきて西ブータンに住みついた人々の子孫のほかに，「チャーチョップ（東方の民）」と呼ばれる原住民の子孫がいる．ブータン人は，どてらに似た「ゴ」という着物を着る．ゴはブータンの国民服で，公務員は勤務中必ず着用しなければならないことになっているが，これとてブータンの東部の部族では着用されない．たとえば，インドのアッサム州に近い東部ブータンの「ダクパ」と呼ばれる遊牧民がいるが，彼らの服装は全く違う（西岡・西岡1998，pp.107, 214）.

　ブータンの「少人口問題」は，たぶんに文化的，歴史的な性格を持っている．ブータン人は，チベット系の民族で，チベットやインドのシッキム州の民族と同じく，一夫多妻とは逆の「一婦多夫（Polyandry）」の習慣を持っている．先代国王は4人の妻（4人姉妹）を持っていたが，これは例外で農村部では一婦多夫の習慣が残っている．この習慣はチベットやブータンの自然環境に根差したもので，また少子化の原因だと考えられている．チベットやブータンといった寒冷の地では，農業の可能性は限られている．だから，牧畜——特に遊牧——が主たる経済活動になる．このような自然環境に根差した経済状況のもとでは，マルサスの法則は生きており，人口増はただでさえ貧しい生活水準をより貧しくする．したがって，ブータン人の男性の多くが一生妻帯しないで，長兄の居候になったり僧院に身を寄せたりする．さらにまた，遊牧といっても，寒冷のブータンでは冬になると春夏の放牧地から南の高度の低い地域に家畜を移動させなければならない．その間，定住地近くで農業を営む妻と家族を助け，外部の侵入者から守るのは自分の兄弟で，その「助け」には，夫の不在期間「夫としての務めを果たす」ことも入っている[6]．もちろん，それが原

---

[6] これは，長い間シッキムの首相やブータンの国王顧問を務めたインドの公務員，ナリ・ラストンジ，の意見だ．Rustomji（1987, p.8）．もちろん，別の解釈も可能だ．すなわち，チベットやブータンでは，伝統的に女性は夫の所有物とみなされていて，留守中に外部者に略奪されないように，親族に預けておいて，その間の「使用」は許す．自分が帰って来たときに所有者としての権利が守られていれば，なんら問題はないと考えている——女性蔑視も甚だしいが——というのがこの解釈だ．

因でできた子どもたちは，家長の子どもとして皆平等に扱われる．

一方，ヒンズー教を信ずるネパール人——特にパルバチア（Parbatya）と呼ばれるアーリア系のネパール人——は，一夫多妻の習慣を持っており，多子の傾向が強い．当然ネパールの耕作可能地は限られているから，余剰人口は歴史的に近隣地域，すなわちシッキム，ブータン，インド東北部に移住してきた．このような人口趨勢が続くとすれば，ブータンにおけるブータン人の数の優位は，早晩覆されるし，すでにブータン人がブータンの中での少数民族化していると考える人もいる．ブータンの人口が，70万人ではなく，本当は200万人超だと考える人たちだ．

ブータン民族の存続についての危惧は，人口趨勢によるものだけではない．ブータンが真の主権国家といえるかどうかについては，常に疑義が唱えられてきた．ブータンを流れる河の渓谷や盆地に国を築き，統一したのはもともとチベットからヒマラヤを越えてこの地に入ったチベット仏教を信奉する一派で，チベットと同じように「化身」による聖俗一致の政治を行ってきた．それが，1907年になって聖俗分離がなり，政治はそれまで摂政の役割を果たしてきたワンチュック家の世襲王制が確立した．その時期には，チベットは清朝中国の保護領のようになっており，ブータンに対する北からの脅威はないに等しかった．南のベンガル平野はすでにイギリス植民地政府が成立していたが，天然の要塞に守られて孤立するブータンに対する野望はなく，ブータンもまたネパールや，シッキムと同じ辺境の緩衝国家に過ぎなかった．ただ，ブータンの戦士たちは，毎年米の収穫が終わる頃に山からベンガル平野に降りてきて，米と女性を略奪することを年中行事の一つにしていたから，イギリス植民地政府にとっては，ブータンは厄介者で，2度にわたりブータン討伐の遠征軍を送っている．ほとんど海抜ゼロのベンガル平野からブータンに入るには現在のプンツォリン（Phuntsholin）という町辺を通過するのだが，このあたりは当時道路もなく，人が通れば蛭が雨のように降ってくるジャングルを通りぬけなければならない．ブータンはまさに天然の要塞に守られていて，2度の遠征軍は，そのために戦闘をほとんどしないでベンガル平野に帰還せざるをえなかった．

これを契機にブータンとイギリスの間に友好条約（1910年）が結ばれ，植民地政府が毎年ブータン政府に対して援助金を支払う代わりに，ブータンはベンガル平野への略奪行為をやめる約束をした．いってみれば，金で解決をしたのだ．その友好条約では，ブータンは一応独立国と認められているが，それは

条件付きでブータンの防衛と外交は，イギリス植民地政府の「指導のもとに」とり行うとなっている．イギリス政府としては，ブータンにチベット経由の中国の影響が及ぶことを怖れ，ブータンを緩衝国家として存在せしめることにしたのだ．イギリスからの独立を果たしたインドは，ネパールやシッキムやブータンに対しては，イギリス植民地政府の後継者としての地位を主張し，1949年にブータンとインドとの間で結ばれた条約にも，同じ「指導条項」が入っている．インドがブータンをある種の保護国をみなす根拠がこれで，ブータンは完全な主権国家ではないとする疑義の原因だ．

　第二次世界大戦後，ブータンはやはり国際政治情勢に翻弄される．それは，中国とインドの間に存在する緩衝国家として避けられない運命だった．1958年のインドの首相ネルーのブータン訪問は，ブータンにとっては日本幕末の黒船到来に等しい出来事だったらしい．これを契機に当時のブータン王，ジグメ・ドルジ・ワンチュック（Jigme Dorji Wangchuk）は，ブータンの開国と近代化に乗り出す．中国で共産党による支配が確立する過程で，もともと清朝の保護国とみなされていたチベットは中国支配下に置かれ，自治を主張して反乱を起こしたチベットの支配者，ダライ・ラマはインドに亡命した（1957年）．ブータンにもチベットからの難民が流れ込み，中国と国境を共有するブータンにとっても，中国の脅威は無視できなかった．これが，従来の鎖国政策を開国に方向転換させる契機になったのだ．しかし，開国と近代化即インド保護国化という事態はなんとしても避けなければならない．そこで，独立国ブータンの存在を国際的に認知させる政策が必要になる．国際世論を味方につけて，中国もインドもブータンを力で支配できないようにしようという戦略だ．ネルー自身がカシミールの出身で，ヒマラヤの緩衝地帯にある程度の同情を持っていることを梃に，ブータンはインドの仲介によって，まずコロンボ・プランの加盟国になり（1962年），ついで悲願の国連加盟を果たした（1972年）．

　開国と近代化といっても，鎖国を国是としてきた国が急速に方向転換するのは並大抵ではない．国内には，多くのラマ僧をはじめ保守と守旧に既得権益を持つグループが存在する．1964年の進歩派の首相，ジグメ・ドルジ（Jigmie Palden Dorji）の暗殺は，いろいろな理由や動機があるといわれているが，基本的には新勢力で開国・近代化推進派と守旧派の抗争が背景になっている[7]．

---

[7] これについては，当時国王の顧問をしていた Rustomji（1978）に詳しい．

さらに，ブータンの国際化が，インドの影響力を削ぐためだと考えられると，逆にインドの反感を買うことになる．現実に，ブータンの西隣で，ブータンとは文化的に同根と見られていたシッキムは，1979年にインドに併合されている．

　シッキムで起こったことは，ブータンとって無視できない教訓だ．シッキム王国（現在のインド，シッキム州）は，ブータンとネパールの間にあった王国で，民族的にも，文化的にもブータンに近い．シッキムの王族は，伝統的にチベットの支配階級から嫁をとり，ブータンの王族とも血縁関係にあった．シッキムもまたインドの保護国的なステータスだったが，ブータンに比べてインドの影響力はより強かった．インドとブータンの条約と違って，インドとシッキムの条約（Indo-Sikkim Treaty of 1950）は，「インド政府は，シッキムの防衛と外交の責任を負う」となっている．また，シッキムの首相職は常にインドから派遣された公務員によって占められていたのは，実に象徴的だ[8]．シッキムでは，長い間ネパールからの人口流入が続いており，第二次世界大戦後には，すでにシッキムの原住民であるチベット系のブチア-レプチャ族（Bhutia-Lepcha）は少数民族になっていた．そのシッキムで，1963年にシッキム王がニューヨーク出身のホープ・クック（Hope Cooke）という生粋のヤンキーを第2夫人に迎えた．彼女は，シッキムを何とか国際的に独立国として認知されるよう，ニューヨークの社交界の誰彼をシッキムに招待し，派手な招待外交をくりひろげた．インド政府は，シッキム王と王妃が，あたかもシッキムが主権国家であるかのごとくに振る舞うのを快く思わず，シッキムのネパール人社会の政治組織，シッキム国民会議派（Sikkim National Congress）の活動を支援し，そのうえでシッキムの民主化と民族間協調を推進する名目で，一人一票に基づく議会の設置と民族間の公平のためと称して行政府の長はインド政府から派遣することを提案した．1975年にシッキム王の廃位とシッキムのインドとの併合を議決したのは，この議会だ．この議決にしたがって，国民投票が実施され，その結果今度はインドの議会がシッキムを併合してシッキム州とすることが決定された．

　さて，ブータンに話を戻すと，ブータンが開国と近代化を推し進めると同時

---

[8] Nari Rustomjiは，ブータン国王の顧問に招聘される前に，インド政府からの派遣でシッキムの首相を務めていた．シッキムがインドに併合される事情は，Rustomji（1987）に詳しく説明されている（p.225）．

に，ブータンの文化的・社会的独立性を保持しようとするときに，避けて通れない問題は，どのようにして経済発展を達成するかだ．まず大きな地理的ハンディキャップがある．ブータンは，ヒマラヤの麓にあって，農業開発の可能性は著しく限られている．北に中国，南にインドに囲まれた内陸国であるうえに，人が住んでいるのは高度 1,000 メートルから 3,000 メートルという厳しい気候にさらされた，ほとんど孤立した狭い渓谷や盆地だ．いまでも国土を横断，縦断する道路網は不完全で，驢馬に乗って歩いてしか行けない地域は多い．西部では稲作が可能だが，東部では雨量も少なく粟，稗，トウモロコシしかできない．ただ，リンゴ，梨，桃，プラム，アーモンド，ウォールナッツのような果樹は将来性がある．鉱物資源としては，石灰石，白雲岩，石膏石等があることは知られている．しかし，これらの分野がブータンの将来の経済発展の原動力になるとは期待できない．とすると，残るのはまだ調査さえも満足にされていない森林資源と南北に流れる河川を利用した電力発電のための水資源ということになる．そして，木材も水力発電も，市場はインドということになる．

　ブータンという国の存続も経済発展も，そのカギを握っているのはインドなのだ．1962 年にコロンボ・プランの加盟国になって経済開発計画に手をつけたが，当初コロンボ・プランのもとでブータンに経済援助を始めたのは，オーストラリアと日本で，オーストラリアはトラックを提供し，日本はパロに農業試験場を作り「若い日本人夫婦がパロにやってきた」(Nari Rustomji 1978, p.41)．これが，それからの 28 年間をコロンボ・プランあるいは JICA の農業技術専門家としてブータンに住み着き，ブータンの稲作発展に貢献した功績で，ブータン国王からダショー (Drasho) という政府高官の位を授けられた西岡京治・里子夫妻だった[9]．ブータンに対する援助の太宗は，この時点から今日までインドの援助だ．インドには，インドの国境を守る屯田兵のような国境道路機構 (Border Roads Organization) があるが，この機構がブータンの道路建設を援助した．また，ブータンの首都，ティンプーからインドと国境の町，プンツォリン (Phuntsholing) の幹線道路沿いを流れるリダック河 (Ridak River) 渓谷にチュッカ (Chhukha) という場所があるが，調査の結果ここにブータン最初の大規模水力発電所を建設するのが費用の面からもアクセ

---

[9] ブータンでは，国王から授かるショールの色で位が定まるが，最上級にはオレンジ色のショール，その次に赤のショールが来る．ダショーは，公式の場で着用する赤のショールを授かる．

スの面からも最適であることがわかっていた．しかし，このような大規模の水力発電プロジェクトは，資本，技術，市場の面からブータン独自で実施できないことは明らかだ．海外援助を受けるにしてもブータンとのかかわりの薄い国では無理だ．やはり，ブータンの外交，防衛，通信・運輸インフラストラクチャーに深くかかわってきたインド以外にチュッカ・プロジェクトを現実のものにできる国はない．そこで，チュッカ・プロジェクトの実現にはインド政府が全面的に関与して，資本と技術を提供し，市場としては発電される電力のほとんどを西ベンガル電力公社に売却する長期供給契約をアレンジし，プロジェクト建設の労働力にはネパールから流入した労働者を使った．チュッカ・プロジェクトをはじめとして，その後もインド市場のための大規模電力プロジェクトが実施されたし，まだ未開発のポテンシャルも残されている．内陸国で農業・工業の発展可能性の低いブータンは，水力資源と膨大なインド市場を背景に天然資源国になる可能性を手に入れたのだ．

　インド市場向けの水力発電プロジェクトが，ブータンの経済成長に対する貢献度は大きい．統計が入手可能な最近年の数字（FY2008/09）によると，歳入の25％は電力収入になっている．これは実にGDPの10％だ[10]．しかしこの数字はブータン政府が水力発電から得る歳入で，水力発電事業——特に新規のプロジェクト実施——がブータン経済に与える影響は，GDPの10％を大きく超える．水力発電の運転自体は，雇用を生み出さないが，プロジェクト建設過程で建設や輸送に大きな需要を生み出す．間接的な効果もあるからはっきりした推計はできないが，ブータンの第二次産業がGDPに占める45％のうち，製造業の占める割合は6〜7％に過ぎないから，水力発電事業の生み出すGDPは，その30％をくだらない．その意味では，ブータンは，中東の産油国ならぬアジアの水力発電国なのだ[11]．違いは，石油は世界中どこにでも運べるが，水力発電は送電線のある所にしか運べない．インドへの依存の根本原因だ．

---

[10] ちなみに，インド政府からこれとほとんど同額の贈与が供与されており，財政のインド依存度は大きい．
[11] 統計の出所は，World Bank（2010a, 2010b）．

第 3 節　ブータンの国家存続戦略

　1988 年にわたくしがブータンを訪れたのは，世界銀行はブータンに対してどのような貢献ができるか，ブータンの指導者たちは世界銀行に何を期待しているのかを探りにいくためだった．わたくしなりに，ブータン援助戦略を作りたいと考えたからだ．わたくしは，その戦略は，通常の戦略文書と違って貧困削減の美辞麗句に飾られたものではない本音の戦略であるべきこと，そのうえに人口 100 万人足らずの小国に対してワシントンに本拠地を置く世界銀行ができることには大きな制約があること，そして何よりブータンの政治指導者の意見を重視したものであることが何よりも重要だと思っていた．開国と近代化が始められてから四半世紀以上がたっているその時点で，わたくしが得た印象は，やはりインド政府の影響力が大きく影を落としていたと同時に，UNDPをはじめ UNESCO や FAO 等の国連専門機関が現地事務所も持ち，経済・社会開発の面では国連機関の存在が目につくような状況だった．それも，首都ティンプーでだ．開国を実施した 1960 年代には，外国人専門家等が数多く入り込んでブータンの伝統的な生活のパターンを乱さないようにと，ブータン王の居城デチェンチョリン（Dechencholing）宮のあるティンプーを避け，近くのパロを開発政策の拠点にしたのはもうすでに遠い昔だった．それでも，まだ外国人観光客の受け入れに慎重で，できればブータンの民衆との接触を避ける，いわゆるエコツアーに限定していた．一方ではまた，教育の普及には熱心で，インドの高校教師を招聘して小学校での英語教育にあたらせたりしていた．自国語であるゾンカ（Zongkha，チベット語系のブータン語）での教育では，ブータンのラマ教僧侶に頼らざるをえない．その場合ラマ僧侶の保守性と閉鎖性が近代的な教育の邪魔になると考えたのだ．

　わたくしのブータン訪問は，予定したより長くなった．というのは，ブータンのパロにある唯一の飛行場に飛行機が来なかったからだ．先にも述べたように，パロ盆地に雲がかかっていれば飛行機は降りられない．そのような曇天の日が 1 週間以上続き，わたくしはティンプーから水力発電プロジェクトのあるチュッカを通り，プンツォリンでインドとの国境を越え，ダージリン経由バグドーグラ（Bagdogra）というインド空軍の基地のある空港まで，車で降りなければならないことになった．山岳道路に慣れたブータン人のドライバー

が運転しているとはいえ，危険極まりない行程だったが，それでも全くの徒労というわけではなかった．ブータンの南部に降りることによって，チュッカ・プロジェクトの現場を見ることができた．インドの土木建築企業とネパール人労働者だけが目につくプロジェクト現場だった．ティンプーからダージリンに車で移動することで，ブータンに対するインドの影響力の強さも垣間見ることができた．まず，インドの東北部は政情不安を理由に長い間外国人立ち入り禁止区域になっているから，わたくしがダージリンを通過するためには特別の許可をとらなければならない．だから，ティンプーでインディア・ハウスと通称されているインドの高等弁務官オフィスに出頭して，高等弁務官と話をしなければならなかった．それからまた，ティンプー，チュッカ，プンツォリンと移動する間に何度もチェック・ポイントがあり，身分証明証の提示を求められたが，同行してくれたブータンの役人によれば，人の移動をチェックしているのはインドの国境道路機構の職員だとのことだった．

　しかし，天候不順でブータンからの出発が遅れたおかげで，何よりもよかったのは，ブータン政府の人たちと時間をかけて話をすることができたことだ．ブータンの政府指導者は，ブータンをどのように発展させていこうとしているのか．また，世界銀行は，どんな形でブータンのために貢献できるか．その2つの問題に対して，ブータン指導者たちの本音の回答がほしかった．その結果わたくしが得た答えは，おおむね次のようなものだった．第1に，ブータンの開国と近代化の大方針は変えることはできない．これはブータンの国是だ．第2に，経済発展のペースは，なるべく社会に激しい衝撃を与えないように，激しい早い発展は望ましくない．政府の財政は，水力発電プロジェクトと西ベンガル州への売電から得られる収益で，教育制度と健康保健制度を構築し，最小必要限度の道路網を構築するだけの余裕がある．しかし，急速な経済成長が必ずしも望ましいわけではない．成長のために手っ取り早いのは，ブータンの豊かな森林資源の採取——すなわち，森林伐採と木材のインドへの輸出だ．しかし，いまだに全国的な森林資源調査が実施されていない状況での森林伐採は，無秩序な乱獲と森林資源そのものの枯渇のつながる危険性がある．また，そのうえにブータンに道路網等のインフラ投資は必要だが，それが急速に行われると，外国人労働者——特にネパール人労働者——の流入が増える．また，経済成長は，マルワリ商人等の外国人商人や企業家がブータンの都市に増えることになるし，都市化が進む一方で，第三次産業セクターの雇用が同じペー

スで増えることは期待できない[12]．都市における若年層の失業者，あるいは不完全雇用が増えることは，社会的不満の原因になりうる．また，都市経済が潤っていても，国民の大多数は農村居住者なので，都市部と農村部の格差が顕在化するのも心配だ．それに当時のブータンの民間部門で際立って繁栄を謳歌していたのは，王妃の祖父にあたるビジネスマンのカジ・ウゲン・ドルジ (Kaji Ugyen Dorji) が築いたグループだった．雑貨商，木材商，製材商，土建業，ホテル業，建設業等々，経済成長から利益を受ける事業のほとんどの分野を牛耳っていた．このドルジ・グループの繁栄ぶりが，その政治力によるものだと考えられると，王政に対する批判にもつながる[13]．第3に，最も懸念すべきなのは，ブータン民族に属する人たちが，開国と近代化のために，自分たちの文化的なよりどころが失われると感じるようになる可能性だ．これだけは，何としても防がなければならない．国民の不満が，何らかの形で政治不安や紛争に結びついたとき——それが王政反対であろうと，反インド感情であろうと，あるいはまた国内のネパール人に対する反感であろうと——ブータンもまたシッキムの運命を辿ることになる．

　世界銀行は，このような状況にあるブータンのためにどのような貢献ができるのだろう．これが，わたくしがブータンにいた間に絶えず抱いていた疑問だ．ブータンやシッキム，そしてインドのアッサム地方（現アルナチャル・プラデシュ）で顧問，首相，行政官を経験したナリ・ルストンジ (Nari Rustomji) は，特にアッサムの経験を記した本の中で，「インド東北部の政治不安は，主として（その地域とそこに住む民族についての）理解の欠如が原因だ．地域の経済発展を軽視してきたことが原因だという人は多いが，民族の文化的基盤が危機にさらされているという危惧ほど，文化的侵略者に対して敵意と憎悪を惹起するものはない」と述べている (Rustomji 1983, pp.1-2)．わた

---

[12] マルワリ商人は，「インドの近江商人」ともいわれる．インド西部ラジャスタン州のマリワール地方の出身で，カースト制に属さないジャイナ教信者で，インド各地で行商を営み，強力なビジネス・グループに成長した．ネパール，シッキム，ブータンにも進出している．経済力を武器に政権に近づき，政治力を持つにいたる．シッキム王国の崩壊も，マルワリ商人の影響が一因だったといわれている．

[13] ワンチュク家の第4代の王（先代の王），ジグメ・シンゲ・ワンチュック王には4人の王妃がいるが，実は4人姉妹を王妃にしている．これは非常に賢明なやり方だと思う．たぶん，先々代の王，ジグメ・ドルジ・ワンチュック王には側室がおり，それが原因となって王室内で紛争が起こり，王妃の兄で当時首相の任にあったジグミ・ドルジが暗殺された事件を教訓にしているのだと推察される．

くしは，彼の言葉を肝に銘じたうえで，中間的な結論を出し，それを世界銀行のブータン支援戦略とすることにした．いずれにしても，ワシントン D.C. をベースに世界中の発展途上国を相手のしている世界銀行において，人口 100 万人のブータンの比重はあまりにも低い．だから，世界銀行がブータンに対してできることは，非常に限られている．しかし，ブータンに貢献できそうなことは，いくつかある．第 1 に，国際的世論の中にブータンの存在を印象づける必要がある．シッキムのように，その努力の度が過ぎると，インド政府の反発を受け，国自体の存続を逆に脅かされる心配があるから，その努力は地味で誰の反発も受けないような性格のものでなければならない．その当時，世界銀行をはじめとするドナーは，重要な途上国には主要ドナーで構成する援助グループを主宰し，年に 1 回あるいは 2 年に 1 回援助協調のための援助会議を開いていた．被援助国として重要でない小国の場合は，世界銀行ではなく UNDP が中心になって，何カ国かをひとまとめにしてジュネーブで，ラウンド・テーブル会議と称する会議を開き，それらの国の開発課題，経済政策問題，援助ニーズと援助協調を話あっていた．ブータンは，できれば世界銀行に援助会議を主催して欲しいと考えていたが，これはできない相談だった．そこで，世界銀行と UNDP が共同主催で，ネパールの援助会議の後に，パリで特別のブータンのためのラウンド・テーブル会議を開くことにした．通常のラウンド・テーブル会議と違って，世界銀行のブータン経済報告が準備され，援助ニーズについての見解も議論される．

　第 2 に，ブータンの対インド外交政策——特に経済外交政策——は尊重して，一切の干渉や介入はしない．ブータン滞在中にブータンの指導者層の人たちと話し合った折に，最も印象的だったのは，彼らの真剣さと賢明さだった．国際政治，特に緩衝国家をめぐる国際政治の現実をよく理解したうえで，国益を守るための外交政策を作っている．これは，外部者が入り込む余地のない領域だと思われた．しかし，インドとブータンでは，知識，情報，技能，等々で大きな違いがある．たとえば，水力発電プロジェクトの交渉をするにしても，ブータン政府は著しく不利な立場に立たされる．そこで，世界銀行はこれら技術問題について「第三者の意見」を提供することにする．このような技術援助はブータンの経済外交を強化する．

　第 3 に，世界銀行はブータンの森林資源をどのように経済発展に役立てるかに関心を持っていた．環境保護と森林資源の保全の政策的枠組みを作り，そ

の枠内で伐採・製材等の活動を活発化したかったからだ．しかし，この技術援助は難しい政治問題を孕んでいた．ブータンの森林資源を調査することは，ブータンの地図を作ることに等しい．そして，インドと中国の緩衝地帯の地図は，大きな軍事的な意味を持つ．調査のためにブータンにヘリコプターを持ち込もうとしたが，これはインド政府に阻止された．そこで，西ドイツの衛星写真会社に頼んでブータンの衛星写真を撮ってもらったが，だれかが通報したらしく，写真はカルカッタの税関で没収されてしまった．だから，調査も政策作りも満足にできなかった．

　第4に，世界銀行のブータンとの関係を維持するためには，やはり開発借款を供与すべきだと考えたが，経済発展よりは社会発展を重視することにして，小学校教育に投資することにした．もともと，その当時には国連機関——UNDPをはじめとして，FAOやWHOやUNICEF——がティンプーにスタッフを置いていたから，社会的な開発支援には事欠かなかった．世界銀行の教育借款は，ほとんどシンボリックなものだった．

　これが，わたくしのブータン訪問の結末だ．ちょうどその頃——すなわち，1980年代の終わりから1990年代の初めにかけて——先代のブータン王，ジグメ・シンゲ・ワンチュック王は，国民総幸福量（GNH）という言葉を使うようになり，たちまちその概念は国際的に認知されるようになった．もちろん，その基本的な考えは，ブータン王や政府高官のよって国際的な場で披露されてきた．ブータンは1971年に国連に加盟したが，その加盟式典での演説で，ブータン王は国民の幸福を政府の政策の目標であると述べている．さらに，1991年に発表されたブータンの「第7次五カ年計画（1992～1997年）」では，「ブータンの発展は，自明のGDPの増大等のほかに，他の数量化が難しい目標，すなわち，国民の精神的な安寧，ブータンの文化的遺産の守護，およびブータンの多様な天然資源の保護を目標とする」と述べている[14]．おそらく，GNHという言葉をある種の流行語にしたのは，ブータンにブータン研究所が設立され，国民の意識調査等を通じて「数量化の難しい」国民の幸福度を

---

[14] Royal Government of Bhutan, *Planning Commission: Seventh Five-Year Plan (1992-1997)*, Vols.1 & 2, Thimpu, 1991, p.22. Quoted in Stefan Priesner, "Gross National Happiness: Bhutan's Vision of Development and Its Challenges," in Partha Nath Mukherji and Chandan Sengupta (eds.), *Indigeneity and Unviersality in Social Science: A South Asian Response*, Sage Publications, New Delhi, 2004, Chapter 10, p.215.

指標化しようという試みがなされるようになってからだろう．

わたくしがブータン訪問で得ることができたブータンの置かれた状況とブータンの指導者層の戦略的思考をもとに，発展目標あるいは公共政策の目標としての国民総幸福量の考え方は，実にブータンの現状に即したものであると思う．GNH が指標化できるか，指標化できたとして，それをどのように政府の開発政策に結びつけるのか，そのようなことに意義があるのか，等々の疑問はもっともだが，わたくしは，そのような問題設定に重要な意味があるとは思わない．突き詰めて考えていくと，この章の冒頭で紹介したスティグリッツ委員会の結論のように，発展や開発は多面的な事象だから，唯一の指標を政策の目標にしたり，成果の計測に使ったりするのは適当ではない．複数の指標と目標があってしかるべきだという結論から逃れられないからだ[15]．

ではブータンという限定的な場に限って考えた場合，なぜ GNH が適切だといえるのか．それは，GNH の考え方の根本にある複数の目標の間のバランスと調和，それが目指すところの安定的な国の運営と発展が，まさにブータンが目指さなければならないものだからである．第 1 に，ブータンの人口問題，民族問題がある．経済発展とともに，労働力として流入するネパール系人口の伸びに押されて，ブータン民族は少数民族化することは免れない．その過程で，ブータン系とネパール系の民族間で政治紛争が持ち上がらないとも限らない．ともすれば，ブータン系の国民は，ブータンの伝統的な文化的基盤が失われるという怖れに敏感だからだし，またネパール系の国民は，歴史的に移民であるからという理由だけで二流市民として扱われることに反発するからだ．

第 2 に，経済成長の原動力は，近い将来やはりインド市場向けの水力発電だ．経済成長の原動力であると同時に，財政の基盤でもある．インド市場の需要は，ブータンにとっては無尽蔵に近い．だから，供給側であるブータン政府は，水力発電プロジェクト実施のペースをコントロールできる．水力発電プロジェクトの開発ペースが速いと，その分財政収入は増大するが，それがブータンのインフラ構築に向かうと，水力発電プロジェクト建設と相まって，外国からの労働者の流入を呼び起こす．また，外国からの資本流入もあり，ブータン

---

[15] Stiglitz et al. (2010, pp.92-95)．元ハーバード大学総長を務めたデレック・ボックも，「幸福度研究の結果を公共政策にどのようにして生かすか」という自身の設問に答えて，人々の幸福感は，複数の要因に左右されるうえに，そのいくつかは公共政策として——すなわち政府の問題として——扱える領域を超えていると結論づけている（Bok 2010）．

国の対外債務も増えざるを得ない．外国企業や資本家が，都市部で目立つようになるし，都市部には，若年層の失業者が増えるだろう．これは，いまだ人口の4分の3以上が農村部で暮らすブータンに，いろいろの面での格差を際立たせることになる．やはり政治不安の原因となる可能性を秘めている．

第3に，ブータンにとっては，そのインドと中国に挟まれた緩衝国家としての国際政治環境は将来にわたっても変わることのない前提と考えなければならない．ひとたびブータンに政治不安や政治紛争が起これば，インド政府は躊躇することなくブータンに干渉してくるし，ある場合にはインドに併合されるというシッキムの運命も可能性がないわけではない．経済的にも，ブータンはインドに隣接する内陸国であるし，ブータンの水力発電の開発はインドの市場に依存している．対インド外交戦略を立て，それを支障なく実施することが，ブータン社会経済の発展の鍵になる．

ブータンが直面する複数の政治目標の間の絶妙なバランスと調和——それがブータンの指導者が目指すものだろう．ブータンの政治指導者たちは，ブータン民族の伝統と文化の存続，ブータンの社会・自然環境の保全，そしてブータン人の国として独立維持といった非物質的要因が，何よりも——もしそれらの目的が経済発展と矛盾するならば，経済発展よりも——重要な国家的・国民的要請だと考えているようだ．そして，それを国民総幸福量という言葉で表現したのがジグメ・シンゲ・ワンチュック王だ．国民総幸福量の開発政策は，このような意味で，ブータンにとっては最も妥当な政策目標だ．しかし，それを政府の公共政策の形成に反映させるとは，簡単ではない．総国民幸福量を何とか指標化しようという努力が続けられている．わたくしは，結果としての指標よりも，その作業過程での国民の意識調査や世論調査等々の国民との対話を通じてのブータンの政策課題の認識が大切だと思う．そのうえで，ブータンの政治指導者は，国民のどのグループにも政府に対する不満が累積しないような政策形成をしなければならない．それは，賢明なブータンの指導者層にとっても生やさしいことではないだろう．しかし，ブータンの国の存続は，そのような政策努力にかかっている．

第11章 戦後日本の高度成長：産業政策は成功したか

Courtesy of the University of Texas Libraries, The University of Texas at Austin.

日本のGDP成長率と1人当たり所得

資料：WDI.

第1節　近代経済成長と国際経済との統合

われわれの前著（浅沼・小浜 2007）の目的は，単純化して言えば，クズネッツの言う「近代経済成長」をどう実現するか，その原動力は何かを明らかにすることであった．そこで書いたように，近代経済成長をクズネッツは理論ではなくプロセスとして描いた．クズネッツは，近代経済成長の原動力は技術進歩であると考えていたようである．その点では，経済成長理論の結論とも差異はない．

今日の途上国にとっての問題は，先進工業国の技術進歩の結果をどのようにして最も効率的に導入するかにほかならない．過去の例によれば，国際貿易・投資による技術進歩の伝播が経済成長の促進に効果的であった．ここから出てくる結論は，近代経済成長に成功するには，国際経済との統合が重要であるということである[1]．東アジア諸国で成功した輸出指向型の工業化は，国際経済との統合を目的としたために成功した（浅沼・小浜 2007, 序章）．

人々は，百姓であれ[2]，製造業者であれ，サービス業者であれ，インセンティブ（誘因）に反応する．これはビル・イースタリーが繰り返し強調している点である（Easterly 2001）．いかに人々がインセンティブを発揮することができる経済環境を作るかが，政府にとって極めて重要な役割である．前著（浅沼・小浜 2007）を読んでもらえばわかるように，われわれはナイーブなワシントン・コンセンサスによって，持続的経済成長が実現するとは考えていない．それぞれの国の経済社会条件は千差万別であり，国際経済環境も時代によって異なる．

マクロ経済の安定は，経済成長のための必要条件であるが，戦争直後の日本でも3桁のインフレが進行したが，その収束はドッジ・ラインによって達成された[3]．マクロ経済の安定とともに社会の安定も必要条件である．マクロ経済の安定，社会の安定を前提として，この章で問題にしようとするのは，「国際経済との統合」と戦後日本の高度成長との関係である．

需要の側面から見る限り戦後日本の高度成長は輸出主導的ではなかった．国

---

[1] この点については，浅沼・小浜（2007, 第3章）も参照．
[2] 「百姓」を差別用語と考える人々に対する反論としては，網野善彦の一連の論考を参照のこと．
[3] 戦後日本のインフレとドッジ・ラインについては，小浜・渡辺（1996, 第2章）参照．

民経済計算の支出項目としての輸出のウエイトという観点からは高度成長期の日本の輸出のウエイトは韓国と比べればかなり小さいことは歴然としている（大川・小浜 1993，表 8-1，p.283）．しかし，輸出主導的であったかどうかというような議論は開発政策の観点からはほとんど意味を持たない．重要なことは，日本の企業家が輸出という目標に向けて効率向上ということに極めて熱心であったという事実であり，それをもたらした日本の市場構造なのである．

　日本の企業家は技術改良・技術輸入に熱心であった．貿易自由化，資本自由化を控え，外国企業との（潜在的）競争が厳しく，その競争圧力が企業をして熱心な技術改良，生産性上昇努力に駆り立てたことは，間違いない．

　「幼稚産業」保護は経済的に合理化されると教科書には書いてある．しかし，政策論として，すなわち事前的に幼稚産業を特定することは難しい．ラテンアメリカの経験を見ればわかるように，輸入代替のための保護政策は引き伸ばされる可能性が高い．戦後間もなくの時期，日本の工業は手厚く保護されていた．しかし，繰り返し述べているように，多くの日本人は近い将来貿易の自由化，さらには資本の自由化を実施しなくてはならないことを知っていたのである．

　一定の発展局面では，国内産業保護という政策は経済的に合理化できる場合があるだろう．ポイントは，そのような保護された国内市場で効率的な経済運営ができるかどうかという点である．そのために政府は，それぞれの産業の競争力の程度，国際競争力改善の速度などを考慮しつつ，一定の年限を決めて自由化のスケジュールを国民に発表しなくてはならない．そして一旦発表したら，そのスケジュールを変えてはいけない．しかも自由化は漸進的なものであるべきである．この様な環境が設定され，政府に対する信認が確保されれば，民間企業は生き残りのため，生産性上昇，国際競争力増強のため，最大限の努力をする．

　このような，効率志向的な経済運営，保護された，しかも寡占的な国内市場でのきびしい競争，外国企業との世界市場での競争の重視といった日本の経験は，現在の発展途上国にとっても，いまの日本にとっても，重要な意義を持つ．

　ここでは，まず国際貿易への復帰を概観し，次に社会の安定に関する政策哲学について考える．第 4 節で貿易自由化について述べ，最後に産業政策と国際競争の関係について考える．

第2節　国際貿易への復帰[4]

「ドッジ・ライン」は，1949年度から51年度までの財政金融政策全般に関わる強力なデフレ政策であった．その内容は大きく3つに分けて考えることができる．第1は，超均衡予算の編成[5]と復興金融金庫[6]の活動停止であり，第2は，各企業の補助金に依存した非効率な生産体制を改め，自立した「市場経済」への復帰を促すことであった．

第3がここで問題にしている単一為替レートの設定である．第二次大戦後，貿易の国家管理のもとで，国内の価格体系と海外の価格体系は完全に分離され，為替レートは，輸出入別・商品別に円価格と外貨価格との比率として事後的に計算できるだけで，統一的な為替レートは存在しなかった．輸出為替レートは商品により1ドル160円から600円，輸入為替レートは37円から636円に分布していた（表11.1，1949年1月現在）．1949年4月25日に1ドル360円レートが採用され，これによって輸出入価格と国際価格とが正常な連係をとりもどすこととなった．表11.1に示したように，一般に，輸出品についてはこれまで円安に決められており，360円レートでは採算がとれないものが多く，輸入品については円高に決められており，360円レートはそれだけ国内のインフレ要因となる危惧があった[7]．

ドッジ・ライン実施によって経済安定化が実現し，単一固定為替レートの設定が可能になったことは，日本経済が国際市場に直結することを意味していた．また，統制経済の枠が外され，自由な企業活動が可能な経済体制へと移行していったことは大きな成果である．しかしながら，超均衡予算の実施，復金融資の停止，補給金の減廃は，各企業に合理化努力を強制することともなった．しかもこの当時の企業合理化は，人員整理，操業度の向上，企業内での非効率部門の切捨てといった形で行われたため，失業の増加や中小企業の倒産な

---

[4] 本節の記述は，小浜・渡辺（1996，第2章）によっている．
[5] 国債や復興金融金庫債の日銀引き受けの禁止．
[6] 政府が設立した経済復興のための開発銀行．
[7] その後の日本企業の合理化努力や世界貿易の拡大などにより，360円レートへの日本経済の適応は進んだ．この為替レートは1971年12月のスミソニアン合意まで続く．なお，為替レート設定の影響に関する検討作業は，経済安定本部内での「K作業」「R作業」など日本政府内でも行われていた（経済企画庁編1976，pp.54-58など参照）．

表 11.1 複数為替レートの実態：主要輸出入商品の円・ドル比率
（1949年1月28日現在）

輸入商品	対ドル比率（円）	輸出商品	対ドル比率（円）
パラフィン	636	板硝子, 鏡, セルロイド製品, 陶磁器	600
染料	610	アルミニウムおよび軽合金板	580
軽油	595	ラジオセット, 綿製敷物, 鉛筆	550
B重油	284	一般用照明電球	540
マニラ麻（下）	220	鉄鋳物製品	530
無煙炭, マニラ麻（中）	182	玩具, 染料, 陶磁製碗皿, カメラ	500
強粘結炭	178	自転車, タイヤチューブ	470
小麦	165	竹製品, 目覚, 懐中時計, 金網	430
ボーキサイト	158	生糸	420
生ゴム, 燐鉱石	154	絹人絹布, 綿製品, トタン	410
大豆	132	肥料, 自動車タイヤ, チューブ	390
鉄鉱石	125	青果・椎茸, 継目なし鋼管	340
原皮	120	茶, 有刺鉄線	330
塩	103	セメント, スフ織物	320
マニラ麻（上）	101	絹織物	315
カリ（肥料）	82	缶詰類	300
綿紡用棉花	81	絹製雑品	270
製綿用棉花	76	生薬, スフ糸, 味の素, 綿糸	250
銑鉄	67	人絹糸, 棒鋼	240
飼料（表皮）	51	苛性ソーダ	200
飼料（大豆粕）	37	寒天	160

出所：有沢・稲葉（1966, pp.77-78）．

ど多くの問題が残された．

1ドル360円という単一固定為替レートが設定され，外国貿易に復帰したといっても，日本の貿易が順調に発展したわけではない．さらに，1ドル360円というレートが，「過大評価」なのか，「過小評価」なのかについては，議論が分かれる．いまの人民元レートの議論のように，1ドル360円というレートが過小評価だったので日本は輸出ドライブがかかって，高度成長が実現したという論者もいる．

発展段階が違うといってしまえばそのとおりだが，1950年代，60年代日本の対外経済政策上の頭痛の種は，「貿易収支赤字」「経常収支赤字」であった[8]．「国際収支の天井」が，重要な政策課題として経済政策の教科書に説明

---
[8] この事実を持って360円レートが過小評価ではなかったという考え方もできるだろう．

表 11.2 日本の輸出構造（1953〜2010 年）

(単位：%)

	1953	1954	1955	1960	1965	1970	1975	1980	1985	1990	2000	2010
合計	100.0	100.0	100.0	100.0	100.0	100.0	100.0	100.0	100.0	100.0	100.0	100.0
食料品	9.4	7.6	6.2	6.3	4.1	3.4	1.4	1.2	0.8	0.6	0.4	0.6
繊維	36.1	40.3	37.3	30.1	18.7	12.5	6.7	4.8	3.6	2.5	1.8	0.9
織物用繊維	n.a.	n.a.	2.9	2.0	1.8	1.0	0.8	0.5	0.4	0.3	n.a.	n.a.
織物用糸	n.a.	n.a.	29.1	22.7	13.5	9.0	5.2	3.9	2.8	2.0	n.a.	n.a.
衣類	2.9	3.4	5.2	5.4	3.4	2.4	0.6	0.4	0.4	0.2	n.a.	n.a.
化学工業	5.7	5.5	5.1	4.5	6.5	6.4	7.0	5.3	4.4	5.5	7.4	10.0
非金属鉱物	4.9	4.6	4.7	4.2	3.1	1.9	1.3	1.4	1.2	1.1	1.2	1.4
金属・金属製品	15.1	15.6	19.2	14.0	20.3	19.7	22.4	16.5	10.6	6.8	5.5	n.a.
鉄鋼	10.9	10.3	12.8	9.6	15.3	14.7	18.2	11.9	7.8	4.4	3.1	5.5
非鉄金属	n.a.	n.a.	3.3	0.6	1.4	1.3	1.0	1.5	0.8	0.8	1.1	n.a.
金属製品	n.a.	n.a.	3.0	3.8	3.6	3.7	3.2	3.0	2.0	1.6	1.3	1.5
機械	15.9	13.5	na	25.5	35.2	46.3	53.8	62.7	71.8	74.9	74.3	51.6
一般機械	n.a.	n.a.	n.a.	n.a.	7.4	10.4	12.1	13.9	16.8	22.1	21.5	19.8
電気機械	n.a.	n.a.	n.a.	n.a.	9.2	12.3	11.0	14.4	16.9	23.0	26.5	17.6
輸送用機械	n.a.	n.a.	n.a.	n.a.	14.7	17.8	26.1	26.5	28.0	25.0	21.0	11.2
精密機械	n.a.	n.a.	n.a.	n.a.	3.9	5.7	4.7	7.9	10.1	4.8	5.4	3.0
その他	12.9	13.0	n.a.	15.3	12.1	9.9	7.4	8.1	7.7	8.5	9.5	n.a.

出所：大蔵省．

されていた．貿易収支の黒字化が定着するのは，1960 年代半ばである．

輸出構造も，途上国型，中進国型，先進国型と，急速に変化した．表 11.2 は，戦後日本の輸出構造変化を見たものである．1954 年に日本の輸出の 4 割を占めた繊維品は，2010 年では日本の総輸出の 1% にも満たない．典型的な中進国工業である鉄鋼輸出も 2 割近くのシェアを占めたが，2010 年には 5.5% を占めるに過ぎない．

第 3 節　成長・効率と公正の追求

日本の高度成長の背景には，「早く復興したい」，「豊かになりたい」，「先進国になりたい」という強烈な「想い」があった．これは国民共通の「想い」だった[9]．この「想い」を想像できなければ，日本の高度成長は理解できないだろう．しかしこの「想い」は弱肉強食一辺倒の効率主義ではなかった．

第3節　成長・効率と公正の追求　　325

　1954年8月に大蔵省が発表した『今後の経済政策の基本的考え方』では「コストの引き下げと雇用の拡大ということは相いれざる矛盾であるかに見えるけれども，この2つの要請を同時に達成することは，容易ではないにしても決して不可能ではなく，この点を解決して進むことこそ今後の経済政策の目標である」(有沢 1976, p.384) とはっきり述べている．

　たいていの開発経済学の教科書には「クズネッツの逆U字仮説」が出ている[10]．これは効率の追求と所得分配の追求はトレード・オフの関係にあるというもので，一定の発展段階までは成長や効率を追求すると，所得分配は悪化するというものである．「クズネッツの逆U字仮説」は「仮説」にもかかわらず，一般的命題かのように思われているようだ．しかしながら，日本のみならず東アジアの経験[11]は効率の追求と分配の改善が両立した好例だと考えられる．「成長・効率と公正の追求 (growth and equity)」は，この大蔵省の報告書にあるように難しいが両立可能な政策目標だと思う．このような的確な政策目標が日本政府によって1950年代半ばに明らかにされていたという事実をわれわれは忘れてはならない[12]．

　「所得倍増計画 (1961～70年)」の基本思想は，技術革新と近代化意欲に支えられた民間投資の急増を前提に[13]，高度成長によって生活水準を向上させ国際収支を安定させるというものであった (有沢 1976, p.428)．「所得倍増計画」はもともと「月給倍増論」であった．庶民にとって月給が上がることは望ましいが，生産性が上がらないことには単位労働コストが上がって国際収支の安定という目的が達成できない．そこに，技術革新のための技術導入が盛んに行われたのである．

　所得増加による需要の増加，それに対する供給増加による規模の経済の実現，この良循環が戦後日本の高度成長の一因であった．表11.3は，カローラ

---

[9] この「想い」が，自由化条件を受け容れてもOECDに加盟したいという政策判断の大きな要因だった．さらに1963年2月のGATT 11条国（国際収支を理由に輸入制限ができない）への移行，IMF 8条国（国際収支赤字を理由に為替制限ができない）への移行も重要である．
[10] たとえば，Hayami and Godo (2005, Chapter 7)．
[11] 緑の革命が農村を二極分解するという議論があったが，Hayami and Kikuchi (1981) は緑の革命が農村を二極分解しないことを明らかにした．開発政策上，きわめて重要な研究である．Hayami and Godo (2005, Section 7.3.1) にも紹介されている．
[12] 日本経済の二重構造論などの議論も忘れてはならない．篠原 (1976) 参照．
[13] いわゆる「投資スパート」については，大川・小浜 (1993, 第5章) 参照．

表 11.3　カローラの値段の推移と相対価格

(単位：円)

年	発表/モデルチェンジの月	モデル/仕様	排気量 (cc)	値段 (A)	現金給与月額 (B)	A/B
1966	10 月	スタンダード	1,077	432,000	40,510	10.7
1968	4 月	SL	1,100	557,000	52,699	10.6
1970	5 月	スタンダード 2 ドア	1,200	438,500	71,447	6.1
1974	4 月	スタンダード 2 ドア	1,200	581,000	146,464	4.0
1979	3 月	スタンダード 2 ドア	1,300	718,000	227,753	3.2
1983	5 月	DX4 ドア	1,300	863,000	279,106	3.1
1987	5 月	カスタム DX4 ドア	1,300	883,000	313,170	2.8
1991	6 月	DX4 ドア	1,300	898,000	368,012	2.4

注：カローラの価格は東京価格．各モデルチェンジの際のセダンの一番安いモデルの価格．車両の仕様差は考慮せず．
資料：トヨタ自動車；経済企画庁（1976, p.597），労働省『毎月勤労統計調査』．

の値段と平均月収の比率を見たものである．1966 年では，平均月収の 10 カ月分以上だったカローラの値段は，1991 年には 2.4 カ月分まで，相対的に安くなっている．

第 4 節　貿易自由化

戦後日本の高度成長を考えるうえで，「貿易・為替自由化計画大綱」は重要である[14]．「貿易・為替自由化計画大綱」は 1960 年 6 月 24 日に閣議決定され，自由化の基本方針・対策・商品別自由化計画を内容とし，「本計画を推進することにより，1960 年 4 月現在において 40% であった自由化率（政府輸入物資を除く 1959 年輸入通関総額において占める自由な輸入にかかわる商品額の割合）を，3 年後においておおむね 80%，石油，石炭を自由化した場合にはおおむね 90% に引上げることを目途とする」（有沢・稲葉 1966, p.372）とした[15]．商品別自由化計画では，自由化の時期によって商品を「早期自由化（1 年以内）」「近い将来自由化（2～3 年）」「所要の時日をかけて自由化（3 年

---

[14] 1963 年 2 月に GATT 11 条国（国際収支を理由に輸入制限ができない）へ移行し 1964 年 4 月に IMF 8 条国（国際収支赤字を理由に為替制限ができない）へ移行した．
[15] ここでいう貿易自由化は数量制限を撤廃するということであって，関税がゼロになることではない．

以内は無理)」「自由化は相当期間困難」の4つに分類したスケジュールを提示したのである．

分類原則は，①原料費を引き下げるために，原材料はなるべく早期に自由化する，②国産品が十分な国際競争力をもっている商品から自由化する，③合理化や技術開発の途上にある産業は，その進行状況に応じて逐次自由化する，というものであった（通商産業省通商産業政策史編纂委員会編 1991, pp.208-209）．なお，自由化計画のスケジュール（3年後に80％）は，1960年9月の「貿易・為替自由化促進計画」でさらに短縮され「2年後に90％」とされた．

このような輸入自由化政策は，現在でも多くの途上国で見られる．しかしポイントは，いったん発表された自由化スケジュールを守ったかどうかである．いったん決められた自由化政策を「総論賛成各論反対」で骨抜きにしたケースも多い．

輸入自由化促進の直接の契機は1959年9月に開かれた IMF 総会および同年10月に東京で開かれた GATT 総会の場での輸入自由化の強い対日要請であった（そこでの議論は『通商産業政策史 第8巻』pp.179-184 に詳しい）．その背景は，国際収支の悪化・ドル流出に悩むアメリカの自由化要求やヨーロッパ諸国の急速な自由化の進展である．ただし，国内でも，1959年5月28日の経団連「貿易自由化の世界的趨勢に対処すべき財界の決意と基本的要望に関する決議」，同年8月7日の有沢広巳，中山伊知郎，岩佐凱実ら8名による「自由化に関する共同提言」，さらに同年10月19日の経済同友会「貿易為替自由化に対する提言」など自由化への積極的態度の表明も見られた．日刊工業新聞社（1995）には「資本，貿易の自由化は政府がやったのではなく，石坂さんの強力なリーダーシップで実現した」（花村仁八郎，p.26），あるいは，「（資本）自由化に関して当時，石坂さんが経団連会長で『即時，自由化すべき．これを延ばすことは大人が乳母日傘だ』と言っていた」（中山素平，pp.36-37）という石坂泰三の信念が紹介されている．

製造業部門の企業家たちが，強い競争意識を持って，保護下の寡占市場でも（たとえば1950年代の鉄鋼業を想像せよ[16]），生産性向上・国際競争力増強に邁進したのは，突き詰めれば，将来の貿易・資本の自由化に伴う「外国企業との潜在的競争圧力」だった．自民党依存の農業や，護送船団銀行業にはそのよ

---

[16] この点については，小浜（2001, 第3章），Kohama（2007, Chapter 4）などを参照．

うなプレッシャーがなかった.

　潜在的であれ何であれ，強い競争圧力のないところに個性的な経営者の居場所はない．ホンダの本田宗一郎にしても，ソニーの井深大・盛田昭夫にしてもそうである（日刊工業新聞社 2001）．

　戦後のオートバイ輸入のエピソードなどを，本田の言葉で語ってもらおう（本田靖春「インタビュー：本田宗一郎　作る人は輝いていた」）．

　　──いよいよ東京に進出されたのが昭和25年でしたか．その時すでに社内には，世界一を目指せというような標語か何か貼ってあったそうですね．

　　本田：……人ができるもんなら，おれにもできるんだという昔から，人ができていて，おれにできないものが何があるかということをいつも言ったんです．

　　──そのころはやはり二輪車の分野でも，外国製が主流だったんでしょ．

　　本田：そう．アメリカのハーベイとインディアンと．

　　──国産のメーカーは何十社もあったそうですが．これはほとんどコピーですか．

　　本田：約200社ありまして，欧州物とかアメリカ物とか，全部，方々のコピーでやっていたんです．私もコピーでやろうと思うときもあったけど，人のまねするのは死んでもいやだというわけで，うちはうちだけでやったんです．だから苦労しましたね．まねしなかったから．

　　──まねしたメーカーで，本家と肩を並べるくらいの性能のものをつくっていたところはあったんですか．

　　本田：ないですね．今残っていません．

　　──やはりコピーはつねに本物より落ちる．

　　本田：まねするくらいだから，品物はその時代にはよかったには違いないです．……

　　──……本田さんは当時，外国のオートバイを輸入せよと主張して，通産省と派手にやり合ったんだそうですね．

　　本田：そうです．あの時代には，お役人のいうことは命令だと思われていたからね．私は入れろといったんです．入れなきゃ相手がわからないじゃないか．……向こうから，ちゃんと入れて，それがこういうよう

なものだってことがわかりゃ，その上を行きゃいいじゃないか．そういう意味で，私は輸入を許可しろということで断固，怒ったんです．みんな反対です．業界も反対．通産省も，国内産業を広げるために輸入制限はやらなきゃいかんと．それは，間違いでね．私は譲らないって言ってやりましたね．

　日本の方が遅れているんだから，勉強しなきゃならんのを，見本も何もなくて，手探りで方々歩くやつは馬鹿だっていうんです．だから輸入すりゃいいじゃないか．だいたい輸入するっていったって，そのころの日本には金がろくにないんだから大したことないって言うの．オートバイなんか，そんなに売れっこないでしょう．食う方が大事だもん．

　だから，入れろと言ったら，それが問題になっちゃって．でも私は随分，方々怒って歩いたから，少しは入ってきました．入れてもらってよかったですよ．それによって，遅れていた頭が進んだですよ．

　……国内産業を隆盛にさせるには，品物を入れなさい．輸入を許可しなさいと，私だけが一人主張して，業界みんな，私とは反対なんです．

――……当時，若手の技術陣を代表するかたちで水冷式を主張して，いうならば本田さんに徹底的に逆らった久米是志さんが，三代目の社長に就任……一般的にいうと創業者社長に逆らったら，まずろくなことはない．いくらせり合っても，本田さんにはしこりが残らないものなんですか．

本田：そりゃあ関係ない．

　それにね，私に逆らうぐらいの人でなきゃ，事業を任せられませんよ．

　有名無名の本田宗一郎や井深大・盛田昭夫が日本製造業を支えてきたのである．これまで日本ではメーカーと銀行では圧倒的に賃金格差が存在した[17]．同じ土俵で競争しているなら，銀行がいくら高い給料を払おうと誰も文句はない．しかし，護送船団方式によって世界との競争から遮断しておいて高い給料

---

[17] 製造業の給料が金融業よりも高かった時期もあったが，高度成長期以降（1970年代以降），バブル崩壊頃までは金融業の給料が製造業よりも高かった．

を払っては，モラルハザードが生ずる．皮肉なことに，製造業は1円あるいは何銭単位のコスト削減に努めてきた．技術革新とコスト削減，それが世界市場での競争に勝つための必要条件だったのである．戦後日本の高度成長は，需要面で見る限り輸出主導型ではなかったが，「世界市場での競争」という観点からすれば，「国際競争力の向上」「世界市場での競争」という強い意識は日本製造業の成功の根本要因であった．

第5節　産業政策と国際競争[18]

　戦後日本の高度成長期における急速な工業化，輸出拡大に対して日本政府，特に通産省が決定的な役割を果たした主張する外国人が多い[19]．そのような見解に基づいていわゆる「日本株式会社論」が出てくるわけである．たしかに戦後の日本において政府，特に通産省がさまざまな産業・輸出振興政策を実施したことは確かである．しかし，通産省が常に産業界をリードしていたわけではなく，また通産省の考えどおりに常に民間企業が反応していたわけではない．

　戦後日本の高度成長において最も重要なファクターは産業政策ではなく，民間部門のダイナミズムである．もちろん，産業・輸出振興政策も一定の役割を果たしたことは事実である．しかし，民間部門のダイナミズム，言い換えれば市場メカニズムに基づいた効率指向的な経済運営を助長するような形で産業政策が行われたところに戦後日本の高度成長の秘密があったといえる．産業政策による市場への介入や保護政策は市場の歪みをもたらし経済的不効率を生むといった静態的でナイーブな発想は間違いである．

　経済発展は長期的な構造変化の過程であり，民間部門の競争条件が確保され，生産性向上に対する強い意欲を企業家が持っている限り，それを助長するような産業政策は長期的発展政策としては合理的なものといえる．日本の産業政策は基本的には民間の活力，イニシアティブを重視したこと，さらには工業化の局面移行を促進するような働きをしたこと，そして民間は政府のいうことをきかなかったり，通産省の思うようには反応しなかった，といった現在の発展途上国の開発政策を考えるうえで示唆に富むアネクドートをいくつか以下で

---

[18] この節の記述は，大川・小浜（1993，第8章）によっている．
[19] たとえばチャルマーズ・ジョンソンなどが代表選手だろう．Johnson（1993）参照．

述べ，戦後日本の発展と産業政策の関係を考えたい．

　第二次大戦後，日本には自動車産業特に乗用車産業は必要なく，アメリカから輸入すればよいという意見がかなり強かった．このような声は戦争直後であればあるほど強かったはずである．通産省が戦後日本の工業化計画を強権をもって描いていたとすれば現在の日本自動車産業の隆盛はなかっただろう．戦後まもなくはトヨタ自動車も日産自動車も仕事がなく，日産も，さらに，いまでこそ無借金経営で有名なトヨタも復興金融金庫（復金）に対し融資申請を出している．政府主導の産業政策をとっていたとすれば，限られた資金から当時の自動車産業には融資しなかったはずである．たしかに復興金融金庫の理事の中には自動車産業への融資に強く反対した人もいたというが，最終的にはトヨタにも日産にも融資されている．このことは日本政府が民間のイニシアティブを終戦直後の復興期でも尊重していたことの表れだと解釈することができよう．

　復金や開銀（日本開発銀行）の役割は，電気，石炭，海運，鉄鋼といった基礎産業に資金を提供することにあった，同時に新技術を活用した工業化を振興するという目的もあった．SONY などがいい例である．SONY がトランジスターを開発しようとしたとき，多くの民間銀行は融資に消極的であった．しかし開銀は，技術集約的工業を振興するという目的で，SONY に融資したのである．トランジスター・ラジオ，テレビ，写真フィルムといった新産業を振興するため，税制も弾力的に運用された．トランジスター・ラジオは開発当初 2 年間，物品税が免除されたのである．

　次に工作機械の輸入から国内生産へ移行していく際の政策を見てみよう．工業発展にとって産業機械，さらにはそれを作り出すマザー・マシーンといわれる工作機械の供給確保はきわめて重要である．工業発展の初期には産業機械も工作機械も先進国からの輸入に頼らざるをえない．工業化が進展するにしたがって，工作機械は輸入しながら，産業機械の輸入代替が始まる．さらに工業化が進むと工作機械の国内生産も開始される．戦争直後の日本においても工業発展のためには機械産業の振興が不可欠であり，そのためには優れた工作機械が必要であるとの認識を通産省は持っていた．

　1950 年前後の機械輸出といえば，いまでは想像もできないが，ミシン位しか輸出されていなかった．このような時代にあっても日本製機械の品質向上のため通産省は 1951 年に工作機械輸入補助金制度を導入した．これは外国の優れた工作機械を指定して，それを輸入した場合には国が半分補助するという，

きわめて補助率の高い補助金制度である．1951年という段階で優れた工作機械の輸入に対し補助金を出したということ自体，特筆さるべきことかもしれない．

しかしこのような輸入補助金制度が長く続いたとしたら，工作機械のユーザーは優れた外国の工作機械を半額負担で使えるのだからよかっただろうが，外貨の節約にもならなかったし，国内の工作機械メーカーの技術水準も向上しなかったと思われる．しかるに通産省がこの特定工作機械輸入補助金制度に代わって次にとった政策は高性能工作機械の試作に対する補助金制度であった．この制度でも試作にかかった費用の半分が補助されている．すぐれた工作機械の供給確保という目的は同じであるが，輸入補助金から試作補助金への移行は，将来の輸入自由化を考慮すれば，日本の工作機械産業の効率化に大いに貢献したと考えられる．

次は日本政府の考えと民間の反応が乖離した例を見てみよう．

「川崎製鉄千葉製鉄所」

鉄鋼業の場合，戦前期には鉄鋼一貫生産の高炉メーカーは旧日本製鉄，日本鋼管の2社であったが，戦後は住友金属工業，川崎製鉄，神戸製鋼所の関西系平炉3社が高炉メーカーへと転身した．戦後日本の鉄鋼業の歴史の中にあっては，政府，既存のメーカーと新興のメーカーの間の対立事件が有名である．

1950年夏，川崎製鉄は一貫製鉄所建設計画を発表したが，これに対する政府，既存業界の反対は凄まじく，当時の一万田日銀総裁が「建設予定地の千葉にペンペン草をはやしてやる」とまで言ったといわれるエピソードは有名である．しかし川崎製鉄は第1次鉄鋼合理化計画の中の1953年6月，日産700トンのところを500トンと称して千葉製鉄所の操業を開始したのである．政府・業界の反対を押切ってまで鉄鋼一貫メーカーへ脱皮しようとする民間の強い投資意欲を示す好例だといえる．

このエピソードは一例だが，ここに見られるように，産業合理化は民間のイニシアティブによって実施されてきたのである．

「住金事件」

1965年のいわゆる「住金事件」も基本的には粗鋼減産をめぐる住友金属と

通産省,他の高炉メーカーとの争いである.当時,日本の外貨準備はきわめて少なく輸出拡大は至上命令であった.それで鉄鋼生産量の中に輸出義務量まで設定されていたくらいであった.住友金属はその輸出義務量を上回る輸出を達成していたが,通産省の鉄鋼生産割当ては国内向けと輸出の合計で決められていて,輸出を増やすには国内向け生産枠を食って輸出しなくてはならないというものであった.これが輸出拡大という大目的に反するとして住友金属が通産省と争った事件である.通産省は決められた生産枠に対応する量以上の原料炭輸入割り当てを認めないと主張するなどさまざまな圧力をかけたが,結局は輸出特認枠を通産省は認めたのである.これも輸出拡大という目的に反するような政策がとれなかったことの実例といえよう.

「エチレン 30 万トン基準」

鉄の場合とは少し違った意味で通産省の思惑と民間の反応が大きく乖離した例に「エチレン 30 万トン基準」という政策がある.いうまでもなくエチレンは石油化学産業の核であり,石油化学産業が規模の経済の働く代表的産業であることも周知の事実である.1967 年 6 月,通産省と業界の設備投資調整機関である石油化学協調懇談会は,規模効果によるコスト削減によって日本の石油化学産業の国際競争力を強化すると同時に,巨大プラント建設に必要とされる巨額の投資資金を賄える企業はそれほど多くはないとの判断による業界再編成を目的として,「エチレン 30 万トン基準」という政策を発表した.この基準の要件は,エチレン・プラント新設の場合は生産能力が年 30 万トン以上であること,適正な誘導品計画があること,原料ナフサのコンビナート内からの供給が確保されていること,センター会社が国際競争力のあるコンビナートを形成するにふさわしい企業であること,などであった.通産省はこのような基準を満たして名乗りをあげるのは 2,3 社であろうと当初は考えていたが,10 社以上が名乗りをあげ,石油化学産業でも通産省の考える以上に民間の投資意欲が強かったことがわかる.この基準があくまで,技術的最小最適規模に関する基準であって,産業における企業数を制限したものでない点に注目しなくてはならない.

「特振法とホンダの四輪車への参入」

日本の通産省とても,エチレンの場合の様な企業数の制限という発想がなか

ったわけではなく,「特振法(特定産業振興臨時措置法)」に見られるように,参入規制による政策介入という考えと,自由な競争による工業振興という,ある意味では対立する考えの間を振り子が振れるごとく,行きつ戻りつしていたというのが真実かもしれない.参入規制が強ければ強いほど,企業家の行動原理はプロフィットシーキングからレントシーキングへと移っていく.

特振法は,1963年3月22日に閣議決定されている.その目的は,「この法律は,貿易の自由化等により経済事情が変化しつつある事態にかんがみ,産業構造の高度化を促進するためその国際競争力を培養する必要がある産業について,生産又は経営の規模の適正化を通じ産業活動を効率化するための措置を講ずることにより,その振興を図り,もって国民経済の健全な発展に寄与することを目的とすること」と書かれており,「この法律で『特定産業』とは,特殊鋼業(合金鉄製造業を含む),四輪自動車製造業(自動車のタイヤまたはチューブの製造業を含む),有機化学工業製品製造業,その他候補産業として,政令で定める製造業であって,政令で指定するものを言う」とされている(有沢・稲葉 1966, p.402).

この法案だけ読むと,何か当たり前なような気がするが,この法案に先立って,1961年5月の産業合理化審議会で登場した「自動車工業3グループ化構想」というものがあった.それは,1963年以降の生産体制を,①量産車グループ,②特殊乗用車グループ,③ミニカー生産グループの3グループ化し,①にはトヨタ,日産,東洋工業が,②にはプリンス,日野,いすゞが,③には富士重工,本田等が想定されていたといわれる(鷲沢 1991, pp.113-114).この「3グループ化構想」が特振法に引き継がれていくのである.

特振法をめぐる本田宗一郎と通産省の佐橋滋企業局長との喧嘩は有名である[20].「国家のために努力している」と考える通産官僚(特に佐橋は当時の三木武夫通産大臣以上の実力者といわれており,「三木次官佐橋大臣」といわれたくらいだから)のスピリットと,「企業家は自己責任で投資を行い新しいものを作り,それが国民を幸せにする」と考える本田とのぶつかりあいであった.

特振法に関する本田の反対は,企業家の自己責任と自由な企業活動が人々を幸せにするという信念に基づいている.通産省が,「国産メーカーはトヨタ

---

[20] 佐橋滋は,『官僚たちの夏』(城山 1975) のモデルといわれる.

と日産だけで結構だ．今やっていないものは，やってはならなん．フォードやGMに勝てるわけがない」と言ったのはけしからんというわけだ．「つくるなとは何事であるか．われわれは自由だし，また株式会社だ．政府の指示じゃ動かない．文句があるなら，株を持ってから物を言いなさい」，「大きい物が永久に大きいと，誰が保証できる」，「われわれは自由主義の企業である．役所にたよらぬし，役所にくちばしをさしはさませぬ」というのが本田の信念であった（城山1988，pp.114-115）．「自由な企業活動」「企業家の自己責任」という本田の考え方は，戦後日本の民間企業のダイナミズムを象徴する哲学である．

　ホンダは結局四輪車メーカーへと脱皮し，その後の公害対策技術，海外生産戦略でトヨタ，日産をリードしたことは周知の事実である．

　ホンダはそれ以前の二輪車メーカー時代でも外国との競争を積極的に利用しようという哲学をもっていたこともよく知られている．前にも述べたように，1950年頃，日本のオートバイ・メーカーはオートバイの輸入抑制を政府に要求した．これに対し，ホンダは外国のすぐれたオートバイが入ってくるからこそ国産オートバイにもいい刺激になる．輸入を自由にして，国産オートバイ産業育成の原動力にすべきで，輸入制限などとんでもないと，大反対したのである．本田宗一郎の発想は単純明快である．日本の方が遅れているのだから良いものを勉強しなくてはならない．そのためには見本がなくてはならない．だから輸入すれば良いではないか，というものである．このような民間企業の活力が日本の急速な工業化に大きな力を発揮したことは間違いない．

　これらの例からもわかるように，通産省と民間企業はあるときは協調し，またあるときは対立しつつ，企業間の激しい競争と投資意欲が戦後日本の急速な工業化をもたらしたといえる．もちろん日本と現在の発展途上国を比較するとき，国内市場の大きさ，国際経済環境の違いなど考慮しなくてはならない点も多い．しかし，民間企業と政府が時には協調し，時には対立しつつも輸出拡大という大目的と将来の輸入自由化という与件のもと，厳しい競争的環境を維持しつつ効率指向的経済運営を図り，それが高度成長をもたらしたという日本の経験は今日の途上国の開発戦略を考えるうえで，大いに示唆に富むと同時に，今の日本の構造調整に関しても示唆に富むといえる．

　戦後日本の高度成長が輸出主導的であったかどうかという議論をした．国民経済計算の支出項目としての輸出のウエイトという観点からは高度成長期の日本の輸出のウエイトは韓国と比べればかなり小さいことは歴然としている．し

かし，輸出主導的であったかどうかというような議論は開発政策の観点からはほとんど意味を持たない．重要なことは，日本の企業家が輸出という目標に向けて効率向上ということにきわめて熱心であったという事実であり，それをもたらした日本の市場構造なのである．

歴史の中には未来が詰まっている（米倉 2011, p.283）．市場開放への反対は，1950 年代の日本にもあった．1959 年 5 月の経団連総会の会長挨拶で石坂泰三は，「商品，技術，資本の自由化は経済の究極の目標であるばかりでなく，現実の流れであるのに，日本ではこの流れに逆行して，『安易な産業の保護管理体制』がまかり通っている．……一例を外資導入政策にとってみても，極めて狭い見地からの産業保護政策や国際収支の問題にとらわれて機械的に運用を行っている．政府としては，もっと長期的かつ総合的視野にわたって大局を見失うことのないように特に強調する」と述べている（城山 1998, p.204）．

しかし，市場開放への反対は，先にも述べたように，1950 年代の日本にもあった．昭和 34 年（1959 年）5 月の経団連総会の会長挨拶で石坂泰三は，貿易・資本の自由化の必要性を強調していた．石坂泰三は，当時の日本経済を「小学校に入ったばかりの育ち盛り」に喩えている．それに対して自由化反対論者は，「子供だから保護が必要」と反論する．これに対して，石坂は，「子供だといっても，赤ん坊じゃない．もう学校に上がっている．それなのに乳母車に乗って，風車廻して喜んでいていいのか」と言い返す．すでに一部自由化しているという意見に対して石坂は，「蛇の目傘や下駄を自由化しています，と言っているようなものだ」と痛烈に批判していた（城山 1998, p.181）．

自由化も改革も，経済政策であると同時に，政治経済学の問題なのである[21]．「既得権益を壊して効率的社会に変える」ことは，かつてインドネシアの大臣が言ったように「三歩前進，二歩後退」なのである．

---

[21] この点は，World Bank（2005）もはっきり述べている．

終章　開発戦略と政策のナラティブ

第1節　アジェモール=ロビンソンの経済発展理論

　途上国経済の経済発展と貧困の撲滅が国際的な政治課題になったのは，多くの旧植民地が政治的独立を達成した第二次世界大戦後だ．この60年余に，世界銀行や国連の開発計画，アジア開発銀行をはじめとする地域開発銀行や先進工業国政府がそれぞれ設立した開発援助機関は，いろいろの形で途上国政府の開発努力を支援してきた．それを一つの国際的プロジェクトに擬えるとすれば，そのプロジェクトはおおむね成功だった．この60年間で，途上国経済は大きく成長を遂げたし，世界の貧困は小さくなった．もちろん，まだ残っている経済の停滞や貧困は存在する．そして経済開発や貧困削減に関わる課題も残っている．

　われわれが開発の旅の途上でしばしば考えたのは，経済発展はどのようにして起こるのか，経済発展を推し進めるエンジンは何なのかという疑問だ．この疑問は，個々の国や個々の政策課題に関する疑問と言うよりは，経済成長の究極的な動因は何かという，メタ成長理論の問題だ．MITの経済学教授のダロン・アジェモールとハーバード大学の政治学の教授のジェイムス・ロビンソンは，過去10数年にわたる研究の結果を『なぜ国家は失敗するのか：権力，繁栄そして貧困の起源』という500ページ余の大著を著して，この疑問に答えようとした（Acemoglu and Robinson 2012）．彼らの問題提起は，「経済的な繁栄と貧困の起源は何か？　またなぜ富める国と貧しい国が併存しているのか？」という実に根源的なもので，また考察は大航海時代から現代までの長期間の全世界的な歴史を扱う気宇壮大なものだ．しかし，その疑問に対して膨大な歴史事例を研究した後で彼らが到達した答えは，単純明快だった．すなわち，経済発展の一番重要な要因はその国の政治制度の性格だ．経済発展の動因

は，なんといっても技術革新であることに間違いはない．要は，新技術を社会が積極的に取り入れるか，あるいは何らかの理由で新技術の採用を抑制しようとするかが経済成長のペースを決定する．その際に，その国の政治制度——あるいは権力構造——の性格が重要な役割を果たす．もし，それが絶対主義的なものであれば，それはその国の経済を権力者あるいは権力者階級の利益のために搾取するような——これをアジェモールとロビンソンは，搾取的な政治機構 (Extractive political institutions) と呼んでいる——制度だから，既得権益を守るために，「創造的な破壊」を伴う新技術の導入に躊躇するだろう．躊躇するだけではない．ある場合には新技術の導入が権力者階級の独占的な経済的権益を害すると判断されれば，新技術の導入自体を政治的な権力で阻止する．すなわち，搾取的な政治体制の下では，経済体制自体が権力者層のための搾取的な性格のものになる．そこでは，権力者層以外の国民の私有財産権が保護されない等の技術革新のインセンティブもなく，むしろ各種の障害が人為的に作られるから，経済成長自体が阻害される．

　これと全く逆のケースが，政治体制が包摂的な政治体制 (Inclusive political institutions) になっている場合だ．ここで包摂的 (Inclusive) とは，政治権力が絶対王制のように一元的でなく，たとえ王制の場合でも，議会・国会 (Parliament) 等の機構を通じて王権の行使に制約が設けられている制度を意味する．権力者たる王の権力は絶対ではなく，大土地所有者や新たに出現してきた都市の大商人や製造業者たちブルジョア階級の経済的な利益は，国会というチェック機能によってある程度守られる．このように包摂的政治体制では，権力は一元的ではなく，多極に分散されている．アジェモールとロビンソンによれば，このような包摂的な政治体制のもとでは，一権力グループの経済権益だけを守るのではなく，権力を持っているすべてのグループの権益を平等に守るような経済体制，すなわち包摂的な経済体制 (Inclusive economic institutions) が作られる．何よりも，すべてのグループに平等に適用される法の支配 (Rule of law) が確立されるし，国王の勅許をベースにした独占的な経済行動は忌避される．私有財産の保護も保証されるし，特許法などの施行によって技術革新のインセンティブが与えられる．技術革新は，包摂的な政治体制と包摂的な経済体制のもとで起こり，経済は発展する[1]．

---

[1] 現在，世界銀行などで「包摂的成長 (Inclusive growth)」という言葉がよく使われるが，それは多くのセクター，多くの労働者が生産活動に参加することによって，経済が持続

第1節　アジェモール=ロビンソンの経済発展理論

　アジェモールとロビンソンの発展理論は，イギリスの名誉革命（The Glorious Revolution）によって市民社会が発展し，それが技術革新を盛んにし，その結果産業革命（The Industrial Revolution）が起こったのだとする因果関係を，全世界の歴史に敷衍して作り上げられたモデルだ[2]．イギリスの歴史を紐解くと，長い間イギリスの王家と家臣である貴族の間に政治的な緊張があったことがわかる．この対立関係が最もはっきりと現れたのが1688年の名誉革命だ．当時の王，ジェームス2世の絶対王制を確立しようとする政策に反対する貴族群は，オランダの統治者であったオレンジ公ウイリアムとジェームスの娘でウイリアムの妻となっていたメアリーをイギリス王に据えた．これが名誉革命だが，そのときに国会とウイリアムは憲法を制定し，国会の地位を強め，また領主である貴族だけでなく新たに勢力を持つようになっていた都市の商人や産業家も国会に代表を送れるようにした．憲法はいわば国会と王との社会契約だったのだ．その結果，財産権の保護はより確かなものになり，勅許をベースにした経済活動の独占体制は崩され，新たな技術革新に基づく産業の拡大が可能になった．この政治的な体制があったからこそ，18世紀の産業革命がイギリスで起こったのだ．包摂的な政治体制の土壌がなければ，包摂的な経済体制が作られることはなかったであろう．そうであれば，技術革新が産業に持ち込まれることもなかっただろう[3]．

　アジェモールとロビンソンの発展理論には，もう一つの歴史モデルがあるよ

　的に成長していくことを意味する．経済成長は貧困削減の必要条件だが，特に包摂的な成長は貧困削減への貢献度が高い．包摂的成長と同じ意味合いで，分配面を重視してShared growthとか，Broad-based growthという言葉も使われる．Elena Ianchovichinam and Susanna Lundstrom, "What is Inclusive Growth?," February 10, 2009 (http://go.worldbank.org/LG5Z4L6LR0).

[2] アジェモールとロビンソンは，彼らの前著で，独裁制や民主制といった制度がどのようにして歴史的に生まれるかを，ゲーム理論の枠組みを使ってモデル化している．そこで，民主主義のモデルとして使われたのがイギリスの歴史的事例で，「名誉革命」だ（Acemoglu and Robinson 2006）．

[3] イギリスの産業革命に関するこの歴史解釈は，ダグラス・ノースをはじめとする制度主義的政治経済学者によって支持されている．しかし，産業革命の権威であるロバート・アレン等は，これとは異なった主張をしている．アレンは，たとえばこの当時のフランスでは，イギリスと同等あるいはそれよりも包括的な経済体制が存在していて，それにもかかわらずイギリスで産業革命が始まったのは，当時のイギリスにおいてはエネルギー価格が労働賃金に比較して格段に低く，エネルギーを使った機械化が経済的に有利だったと論じている（Allen 2009, Chapter 6, "Why was the Industrial Revolution British?"）．

うだ．それはむしろ経済発展のモデルというよりは，経済停滞のモデルと呼んだ方が適切だろう．彼らが経済発展の歴史で重視する世界の大変動は，14世紀にヨーロッパの人口動態を大きく変動させたペストの大流行，15世紀の新大陸発見と大西洋貿易の繁栄，そして18世紀の産業革命だ．大西洋貿易の繁栄は，その後サブサハラ・アフリカに長く続く癒やしがたい傷跡を残すことになる．それは奴隷貿易が，サブサハラ・アフリカ諸国に与えた影響だ．奴隷制は，歴史的にはどこにも，どの時代にも存在していたようだ．しかし，17世紀初頭に，新大陸で——特にカリブ海地域で——砂糖きびのプランテーションが盛んになり，労働力不足が顕著になるとアフリカからの奴隷輸入が飛躍的に増大した．イギリスをはじめとするヨーロッパの奴隷貿易商人がアフリカに押しかけ，アフリカ側では奴隷輸出が重要な産業になった．奴隷は生産できないから部族間の戦争で捕まえた敵方の兵士が産物になる．要するに奴隷産業は狩猟活動だ．部族内では，奴隷狩りのための戦争遂行のために，専制的な政治体制ができるが，また同時にそれまでアフリカ内に勃興しつつあった国家の権威は失われ，国家体制は破壊される．奴隷貿易自体は，19世紀にはヨーロッパ諸国の反対で禁止されることになるが，アフリカ内の奴隷——いってみれば輸出のための奴隷ストック——は減らず，奴隷人口はサブサハラ・アフリカ内のヨーロッパ資本によるプランテーションに使われる．ヨーロッパの植民地支配が，アフリカの国家の発展を妨げたのだ．

　アジェモール＝ロビンソン理論は，このような歴史理論によって，現代の世界経済状況を説明する．すなわち，産業革命とその伝播の過程で現在の先進工業国群を説明し，奴隷貿易と植民地主義で現在のサブサハラ・アフリカ諸国の経済的な未発展と貧困を説明する．それでは，われわれが本書で物語ってきた開発政策のエピソードは，アジェモール＝ロビンソン理論の文脈で，どのように解釈すればよいのだろう．それぞれの国の長期的な発展過程にはほとんど影響を及ぼさない「歴史的な騒音」に過ぎないのだろうか．

　歴史の大きな——超長期的な——流れを説明する理論として，アジェモール＝ロビンソン理論は現時点では最もわかりやすいとわれわれは考えている[4]．

---

[4] もちろん，アジェモール＝ロビンソン理論には，よく知られた批判がある．経済発展の究極の動因は，政治制度ではなく，資源や環境を含む地理学的な要因だとする説がある．たとえばDiamond (1999) 参照．同書のNorton paperback edition, with Preface to the paperback edition and "2003 Afterword: Guns, Germs, and Steel Today" も参考になる．そのほ

しかし，問題はこの理論で使われている単純明快な概念にある．彼らの理論を説明するに際して，政治においても経済に関しても「制度あるいは体制」という言葉を使った．しかし，アジェモールとロビンソンが実際に使ったのは「インスティテューション（Institutions）」で，彼らは制度学派の始祖ともいえるダグラス・ノースに則って，「インスティテューションとは，社会のゲームのルール，あるいは人間が作り出した人間の関係を規制する制約だ（Institutions are the rules of the game in a society or, more formally, are the humanly devised constraints that shape human interaction）」と定義している（Acemoglu, Johnson, and Robinson 2005, p.388）．では経済的なインスティテューションとは何かといえば，マクロからミクロに及ぶ多くの分野にかかわる経済活動と市場にかかわる経済法，政府が課す規制，政府が作り上げた制度や組織，そして何よりもそのすべての運営と改革にかかわる戦略や政策がすべて含まれることになる．組織や制度，あるいは法的な枠組みといったフレームワークだけでなく，それらが実際にどのように運営されているかまでが，インスティテューションという概念で表現されるのだ．だから，現実の世界では，アジェモールとロビンソンが定式化したような，「包摂的な政治体制」や「搾取的な政治体制」，あるいはまた「包摂的な政治体制」や「包摂的な経済体制」といった白か黒かがはっきりした，二項対立的な世界が純粋な形で存在するわけではない．この両極端の間に，微妙な差異の灰色の，いろいろな性格のインスティテューションがスペクトルのように存在するのが現実だ．そして，そのために「政治体制が経済体制を規定し，経済体制が経済発展を決める」という命題が意味するのも，経済発展か停滞かといった単純な結論になるのではなく，政治体制を特徴づける要素とそのコンビネーションの数だけ，経済発展の軌跡も多数あることになる．産業革命を梃子に経済発展を遂げたイギリスや西欧諸国の先進工業国グループといまだ経済停滞と貧困にあえぐサブサハラ・アフリカの間に，多数の国の経済発展がある．われわれの分析的なカントリー・ナラティブは，この隙間を埋める試みでもある．

かにもいろいろな批判が出ているが，ここではアジェモール＝ロビンソン理論の全体的な批判や評価はしない．一般的なアジェモール＝ロビンソン理論の評価と批判については，Diamond (2012), Sachs (2012) を参照．さらに，Galor (2011) は，Jared Diamond の説に近い立場から，超長期的な経済成長のプロセスを理論化している．

第2節　われわれの「開発の旅」

　もっと具体的には，第二次世界大戦後に途上国が直面したのは，どのようにして先進工業国にキャッチアップするかという政策的課題だった．しかも，その課題の実現は，それ以前の時期に比べまったく変貌した世界経済の環境の中で達成されなければならなかった．その環境で途上国政府は発展戦略とそれを達成するための政策をとったのだが，どのような選択をしたかによって，その後の成長の軌跡は大きく変わってくる．われわれが旅した国々を比較して見ると，これがはっきりとわかる．

　キャッチアップの過程で重要なのは，先進工業国からの技術導入によって経済の生産性向上を図ることだ．多くの途上国は，そのための戦略として輸入代替工業化路線を選択した．1929 年から始まった世界大不況と第二次世界大戦によって壊滅的な打撃を受けた一次産品輸出の先行きが暗い当時の状況では，その選択は理解できる．また，資本蓄積もなく，活発な企業家層を持たない途上国では，国営企業を作って工業化を推進する主導的な役割を与えようと考えるのも，また理解できる政策選択だった．政府主導の混合経済体制と輸入代替工業化路線が採用されると，国内の「幼稚産業」保護のためにあらゆる政策手段が活用された．輸入制限，関税，政策金融，国営企業，投資規制，価格統制，為替政策，それに補助金政策．そしてその結末は，国際競争力の欠如した高コストの製造業，政治的腐敗の蔓延，そして最終的には財政破綻やインフレ，それに国際収支困難を原因したケースもある[5]．われわれが旅をした国の中では，スカルノ時代のインドネシア，1980 年初頭までのガーナ，第二次大戦後のアルゼンチンがそうだ．また，スリランカもそうだ．いずれも，輸入代替工業化とそれに伴う産業保護政策がどのような政治経済的なインパクトを政治・経済に及ぼすかを戦略選択のときに考慮しなかったからだ．保護された国内産業は，民間企業・国営企業の区別なく何らかの既得権益を生み出す．この

---

[5] 輸入代替産業工業化の政策とその影響については，浅沼・小浜（2007, p.61）を参照．輸入代替がいつもいけないといっているのではない．産業革命が起こったイギリスを除けば，すべての国が後発国で，工業化は輸入代替として始まっている．問題は，輸入代替工業化政策——これは保護政策になる——が多くの途上国で「引き延ばされ（prolonged）」，既得権益構造が生まれ，そのもとで非効率とレントシーキングが長く続くことである．

既得権益が失敗した戦略と政策を長続きさせるのだ．

　輸入代替型工業化路線を拒否した国もある．輸出主導型工業化政策を選択した国々だ．われわれが経験した事例では，マレーシアとシンガポールがその典型で，韓国もその仲間だ．日本と韓国は，輸入代替工業化を推し進めると同時に，産業の国際競争力を強化し，輸出産業を育てた事例だ．これらの国の中で，マレーシアの場合は，工業化路線の選択以前に，一次産品資源の開発問題——いわゆる「資源の呪い」——の問題を政策的にどのように解決したかにも関わってくる．マレーシアにとって豊かな資源の存在は，経済発展のための恵みだった．インドネシアは，アジアの国としては珍しく，資源の呪いの罠に落ちる直前までいった国だが，適切なマクロ政策と国営石油公社のガバナンスを改革して呪いを恵みに換えた．ブータンも，水力発電資源を国の発展のための恵みとして利用している国の一例だ．ネパールもブータンと同じように，豊かな水資源に恵まれた国だが，それを水力発電に利用するのに失敗してきた．ネパールの場合には，豊かな水資源の開発自体が挫折したので，資源の呪いとはいえない．

　われわれが旅した国の中で，資源の呪いを強く受けたのは，ある意味でアルゼンチンもそうだが，ガーナではなかろうか．ガーナはもともと「黄金海岸」と呼ばれたほどに，資源の豊かな国だ．しかしガーナの金生産は，エンクルマの輸入代替工業化戦略に浪費された．ガーナはまた植民地時代を通じてカカオ豆の世界第一の生産者だった．ガーナが植民地時代に作り上げたココア・マーケティング・ボードは，そのカカオ豆の流通を支え，生産者価格の安定化を目的とする機関だったが，ガーナの独立後はガーナの工業化のための資金を捻出する——すなわちカカオ豆の生産者を搾取する——ための政策道具になってしまった．そして，その結果ガーナのカカオ豆の生産は減退してしまった．

　キャッチアップ過程での新しい技術導入は，工業部門に限られたわけではない．東アジア諸国の場合，1950 年代，1960 年代を通じて稲作に起こったいわゆる「緑の革命」がこれら諸国の第二次世界大戦後の初期の経済成長に貢献したことはよく知られている．フィリピンのロスバーニョスにある IRRI（国際稲研究所，International Rice Research Institute）で開発された新しい高収量の稲の品種を導入することによってコメの生産が飛躍的に増大し，これら諸国の食糧供給に寄与しただけでなく，当時雇用の大宗を占めていた農民の所得を向上させ，これらの国々の「貧者に優しい経済成長」（Pro-Poor growth）を実

現させた．しかし，稲の高収量品種の導入は，それほど簡単なことではない．保守的な農民に新しい品種を採用させるには，農民に信頼される農業指導員や農業普及員の制度がなければならない．さらに，新品種を二毛作に使うためには，灌漑施設を完備させる必要があり，そのうえに肥料を提供する必要がある．大変なインフラストラクチャーが必要とされるのだ．東アジアやインドで成功した「緑の革命」が，バングラデシュで成功したのは1980年代から1990年代にかけてで，東アジアの国々より四半世紀も遅れたのは，灌漑施設と肥料供給のインフラ整備が遅れたからだ．農業部門の開発のための「緑の革命」戦略は正しかったが，それを実現するために必須の政策が機能しなかった事例だ．

　経済成長のためには，ハードとソフトのインフラストラクチャーが必要になる．インフラ投資の必要性といっても，すべての途上国が，その発展段階にかかわらず，まったく同じようなインフラを必要としているわけではない．ハードでは，道路，鉄道，橋梁，港湾といった交通・運輸のインフラがあり，またソフト面では教育や保健制度というインフラがある．どこに重点を置いたインフラ投資をするかは，それぞれの国の地理的環境と経済の発展段階によって違ってくる．たとえば，われわれが旅してきた国の中で，バングラデシュが必要とするインフラは，特異だ．ガンジス，ジャムナ（ブラマプートラ），メグナという3大河川のいわば氾濫原にあるバングラデシュでは，洪水やサイクロン等の自然災害から国を守るために大規模な交通・運輸インフラが必要になる．そして，バングラデシュのような低所得国は，インフラ投資の投資資金を国際的な開発援助に依存せざるをえない．インフラ投資が，国際援助をめぐる国際政治の影響を受けることになるのだ．そして，インフラ投資の成功・失敗が確実に経済成長に影響してくる．

　ここに挙げた開発戦略や開発政策——工業化戦略，「資源の呪い」，「緑の革命」，インフラ投資等々——の数々は，アジェモール＝ロビンソン理論でいうところの経済インスティテューションの重要な一部だ．しかし，それを策定し，実施するのは政治指導者グループと彼らを支えるテクノクラートだ．経済発展が成功するか，失敗するかに決定的な影響を与えるのは，政治的エリートが経済発展という政治課題に強くコミットしているかどうかだ．われわれが旅してきた国々の中で，マレーシア，シンガポール，韓国，そしてスハルト政権下のインドネシアの政治主導者たちは，経済発展に強くコミットしてきた．

高度成長期の日本についても同様のことがいえる．一方，アルゼンチン，ガーナ，スリランカの政治的エリートは，経済発展の重要性を認識しながらも，第一義的には別の政治課題を追求してきたように見受けられる．アルゼンチンの場合は，パンパの土地所有ブルジョワジー対都市の工業労働者という階級闘争的なイデオロギーに根ざしたポピュリズムだったし，ガーナの場合は自己利益を追求する政治エリート層の腐敗だった．スリランカでは，シンハリ対タミルの民族的対立を政治的な指導者層が煽りこそすれ，両者の利益を調和させて国の統一を測るような統治体制を作り出す努力がされてこなかった．これらの国々の経済成長が遅れたのは，ひとえに政治的なインスティテューションの失敗を原因としたのだ．

　序章に書いたように，われわれは長い間途上国に「開発の旅」を重ねてきた．本書に収められた11章は，われわれが旅で経験した開発戦略や政策を一連の分析的ナラティブとしてまとめたものだ．

　これらの分析的ナラティブからわかるように，経済発展の性格やペース——そして究極的には成功か失敗か——に大きく影響を与えるのは，その国がどのような開発戦略を策定し，その実現のために政策を考え，そしてそれらを実行するかに大きく依存する．政治指導者は，国の長期的な発展ビジョンを考え，テクノクラートの助けを得てビジョンを達成するための開発戦略を策定し，さらに戦略を政策として打ち立てる．そして，その戦略と政策に政治的なコミットし，同時に実際に政策を実施・運営するテクノクラートに政治的な支持をする．

　もちろん，長期的発展ビジョン・発展戦略・政策がすべてではない．それ以外の要因が影響してくるからだ．しかし，戦略・政策が国の経済発展の軌跡を左右する重要な要因であることは否定できない．当たり前のことだが，長期的発展ビジョン・発展戦略・政策は「理に適った」ものでなくてはならない．たとえば，韓国が1962年に始まる第1次五カ年計画で「IT産業を振興する」というビジョンを打ち出したとしたら，それは理に適ったものとはいえない．一定期間の保護政策による特定業種の振興は，経済合理性がある場合もあるが，そのような保護・振興政策が長期にわたって必要になり，永続化してしまうのは，国の経済発展にとって望ましいことではない．

　そして，戦略も政策も，それぞれの国の置かれた状況と発展段階によって変わってくる．途上国経済すべてに通用するような戦略や政策があるわけではな

いから，どの国についても詳しいカントリー・アナリシスが必要になる（Lin 2012, pp.189, 208）．

　これが，われわれが，途上国への「開発の旅」で学んだことだ．われわれは，長年経済開発の諸問題を主に途上国の現場から考えてきたが，まだまだわからないことがたくさんある．われわれの「開発の旅」はまだ道半ばだ．

参考文献

Acemoglu, Daron and James A. Robinson (2006), *Economic Origins of Dictatorship and Democracy*, Cambridge University Press.
Acemoglu, Daron and James A. Robinson (2012), *Why Nations Fail: The Originsof Power, Prosperity, and Poverty*, Crown Publishers. 鬼澤忍訳『国家はなぜ衰退するのか』上・下，早川書房，2013 年．
Acemoglu, Daron, Simon Johnson, and James A. Robinson (2005), "Institutions as a Fundamental Cause of Long-run Growth," in Philippe Aghion and Steven N. Durlauf (eds.), *Handbook of Economic Growth, Volume 1A*, Elsevier B. V., Chapter 6.
Allen, Robert C. (2009), *The British Industrial Revolution in Global Perspectives*, Cambridge University Press.
Amsden, Alice (1989), *Asia's Next Giant: South Korea and Late Industrialization*, Oxford University Press.
有沢広巳監修 (1976)，『昭和経済史』日本経済新聞社．
有沢広巳・稲葉秀三編 (1966)，『資料・戦後二十年史 2：経済』日本評論社．
Armandariz, Beatriz and Jonathan Morduch (2007), *The Economics of Microfinance*, The MIT Press.
Asanuma, Shinji (1997), "External Debt Management: Indonesia's Experience in 1975-85," in Moh. Arsjad Anwar, Aris Ananta and Ari Kuncoro (eds.), *Widjojo Nitisastro 70 Tahun: Penbangunan Nasional, Teori, Kebijahaan dan Pelaksanaan*, Fakultas Ekonomi, Universitas Indonesia.
Asanuma, Shinji and Bambang Brodjonegoro (2003), "Indonesia's Decentralization Policy: Origins, Issues and Prospects" and "Decentralization: The Philippines' Experience," in Hitotsubashi University and University of Indonesia, *Indonesia's Decentralization Policy: Problems and Policy Directions*, Hitotsubashi University.
浅沼信爾・小浜裕久 (2007)，『近代経済成長を求めて』勁草書房．
Auty, M. Richard (2001), "The Political Economy of Resource-Driven Growth," *European Economic Review*, 45, pp.839-846.
Bai Moo-Ki (1982), "The Turning Point in the Korean Economy," *The Developing Economies*, Vol.20, No.2, June.
Bates, Robert H. (1981, 2005), *Markets and States in Tropical Africa: The Political Basis of Agricultural Policies*, University of California Press.
Bates, Robert H. (2008), *When Things Fall Apart*, Cambridge University Press.

Beattie, Alan (2009), *False Economy: A Surprising Economic History of the World*, Riverhead Books.

Birdsall, Nancy (2002), "What Went Wrong in Argentina?," Remarks, Center for Strategic & International Studies Conference "Argentina: Weighing the Options," January 29, 2002, http://www.cgdev.org/content/article/detail/1423643/

Blustein, Paul (2001), *The Chastening – Inside the Crisis That Rocked the Global Financial System and Humbled the IMF*, Public Affairs.

Blustein, Paul (2005), *And The Money Kept Rolling In (And Out): Wall Street, The IMF, and The Bankrupting of Argentina*, Public Affairs.

Boadway, Robin and Anwar Shah (2009), *Fiscal Federalism: Principles and Practice of Multiorder Governance*, Cambridge University Press.

Bok, Derek (2010), *The Politics of Happiness: What Government Can Learn from the New Research on Well-being*, Princeton University Press. 土屋直樹・茶野努・宮川修子訳『幸福の研究：ハーバード元学長が教える幸福な社会』東洋経済新報社，2011年．

Bornstein, David (1996), *The Price of a Dream: The Story of the Grameen Bank and the Idea That is Helping the Poor to Change Their Lives*, The University of Chicago Press.

Boyd, Richard and Tak-Wing Ngo (eds.) (2005), *Asian States: Beyond Developmental Perspective*, Routledge Curzon.

BPS (Badan Pusat Statistik), *Statistik Indonesia*, 1975, 1981, 1985, 1994, 2003, 2006, The Government of Indonesia.

BPS (Badan Pusat Indonesia) (1994), *Statistik dalam 50 Tahun Indonesia Merdeka (Statistics during the 50 years since Indonesia's Independence)*, The Government of Indonesia.

Bresnan, John (1993), *Managing Indonesia*, Columbia University Press.

Bryce, Robert (2002), *Pipe Dreams: Greed, Ego, and the Death of Enron*, Public Affairs.

Chaudhury, Nuimuddin (1989), "Changing Food System: Storage, Transport, Marketing and Distribution Issues," in Bangladesh Planning Commission, The Government of Bangladesh, *Food Strategies in Bangladesh: Medium and Long-term Perspectives*, University Press Limited, Chapter 9.

Chua, Amy (2003), *World on Fire? How Exporting Free Market Democracy Breeds Ethnic Hatred and Global Instability*, Double Day (Random House). 久保恵美子訳『富の独裁者：奢る経済の覇者，植える民族の反乱』光文社，2003 年．

Cole, David C. and Princeton N. Lyman (1971), *Korean Development: The Interplay of Politics and Economics*, Harvard University Press.

Collier, Paul et al. (2003), *Breaking the Conflict Trap: Civil War and Development Policy*, World Bank and Oxford University Press.

Collier, Paul and Nicholas Sambanis (eds.) (2005), *Understanding Civil War: Evidence and Analysis, Volume 1 (Africa) and Volume 2 (Europe, Central Asia, and Other Regions)*, World Bank.

Collier, Paul (2007), *The Bottom Billion – Why the Poorest Countries Are Failing and What Can Be Done About It*, Oxford University Press. 中谷和男訳『底辺の10億人：最も貧しい国の人達のために本当になすべきことは何か？ 』日経BP，2008年．

Collier, Paul and Benedikt Goderis (2007), "Commodity Prices, Growth, and the Natural Resource Curse: Reconciling a Conundrum," CSAE WPS/2007-15, Center for the Study of African Economies, University of Oxford.

Collier, Paul and Stephen A. O'Connell (2008), "Opportunities and Choices," in Benno J. Ndulu, Stephen A. O'Connell, Robert H. Bates, Paul Collier, and Chukwuma C. Soludo (eds.), *The Political Economy of Economic Growth in Africa, 1960-2000, Volume 1*, Cambridge University Press, Chapter 2.

Commission on Growth and Development (2008), *The Growth Report: Strategies for Sustained Growth and Inclusive Development*, The World Bank.

Cruces, Juan J. and Christoph Trebesch (2011), "Sovereign Defaults: The Price of Haircuts," CESifo Working Paper Series No.3604, Center for Economic Studies (CES), October 13.

Cumings, Bruce (2005), *Korea's Place in the Sun: A Modern History*, Updated edition, W. W. Norton & Company.

Davis, Jaffrey et al. (2001), *Stabilization and Savings Funds for Nonrenewable Resources: Experience and Fiscal Policy Implications*, IMF.

Department of Information, Republic of Indonesia (1995/96), *The 1945 Constitution of the Republic of Indonesia*, Perum Percetakan Negra - RI.

De Silva, K. M. (1981), *A History of Sri Lanka*, Oxford University Press.

Diamond, Jared (1999), *Guns, Germs, and Steel: The Fates of Human Societies*, W. W. Norton & Company. 倉骨彰訳『銃・病原菌・鉄—1万3000年にわたる人類史の謎（上・下）』草思社，2000年．

Diamond, Jared (2012), "What Makes Countries Rich or Poor?" *The New York Review of Books*, June 7.

Dosman, Edgar J. (2008), *The Life and Times of Raul Prebisch: 1901-1986*, McGill-Queen's University Press.

Easterly, William (2001), *The Elusive Quest for Growth: Economists' Adventures and Misadventures in the Tropics*, The MIT Press. 小浜裕久・織井啓介・冨田陽子訳『エコノミスト　南の貧困と闘う』東洋経済新報社，2003年．

Eichengreen, Barry (2007), *The European Economy Since 1945: Coordinated Capitalism and Beyond*, Princeton University Press.

Fauconnier, Henri (1965), *The Soul of Malaya*, translated into English by Eric Sutton, Oxford University Press.

Fox, Loren (2003), *Enron: The Rise and Fall*, John Wiley and Sons, Inc.

Frey, Bruno S. (2008), *Happiness: A Revolution in Economics*, The MIT Press. 白石小百合訳『幸福度をはかる経済学』NTT 出版, 2012 年.

Friend, Theodore (2003), *Indonesian Destinies*, The Belknap Press of Harvard University Press.

藤田幸一 (2005),『バングラデシュ農村開発の中の階層変動：貧困削減のための基礎研究』京都大学学術出版会.

Fujita, Koichi (2010), "Bangladesh (With Reference to the Green Revolution)," a presentation for a Dialogue Program on Nepal State-Building: Development and Growth Strategy, JICA Nepal Office.

Galor, Oded (2011), *United Growth Theory*, Princeton University Press.

Goodhand, J., B. Klem, and G. Sorbo (2011), *Pawns of Peace: Evaluation of Norwegian Peace Efforts in Sri Lanka, 1997-2009*, Commissioned by NORAD Evaluation Department, Report 5.

Graham-Yooll, Andrew (2011), *Goodbye Buenos Aires*, Eland Publishing.

Haggard, Stephen, Wonhyuk Lim, and Eunsung Kim (2003), "Introduction: The Political Economy of Corporate Restructuring," in Stephen Haggard, Wonhyuk Lim and Euysung Kim (eds.), *Economic Crisis and Corporate Restructuring in Korea*, Cambridge University Press, Chapter 1.

Harold, Crouch (2010), *Political Reform in Indonesia After Soeharto*, ISEAS Publishing (Institute of Southeast Asian Studies).

Harrison, Frances (2012), *Still Counting the Dead: Survivors of Sri Lanka's Hidden War*, Portobello Books.

Hayami, Yujiro and Masao Kikuchi (1981), *Asian Village Economy at the Crossroads*, University of Tokyo Press.

Hayami, Yujiro and Yoshihisa Godo (2005), *Development Economics: From The Poverty To The Wealth of Nations*, Oxford University Press.

Henderson, Gregory (1968), *Korea: the Politics of the Vortex*, Harvard University Press. 鈴木沙雄・大塚喬重訳『朝鮮の政治社会：朝鮮現代史を比較政治学的に初解明〈渦巻型構造の分析〉』サイマル出版会, 1986 年.

本田靖春 (1990),「インタビュー：本田宗一郎　作る人は輝いていた」『Esquire エスクァイア日本版』Vol.4, No.3, 3 月.

Hossain, Mahabub, A. N. M. Mahfuzur Rahman, and Jonna P. Estudillo (2009), "Income Dynamics, Schooling, and Poverty Reduction in Bangladesh, 1988-2004," in Keijiro Otsuka, Jonna P. Estudillo and Yasuyuki Sawada (eds.), *Rural Poverty and Income Dynamics in Asia and Africa*, Routledge, Chapter 5.

Humphreys, Macartan, Jeffrey D. Sachs, and Joseph E. Stiglitz (eds.) (2007), *Escaping the Resource Curse*, Columbia University Press.

Iimi, Atsushi (2006), *Did Botswana Escape from the Resource Curse?*, IMF Working

Paper WP/06/138, IMF.
IMF, *International Financial Statistics Yearbook*, 1995, 2000, 2003, 2007, IMF.
猪木武徳 (2012a),『経済学に何が出来るか：文明社会の制度的枠組み』中公新書.
猪木武徳 (2012b),「歴史と思想に学ぶ：民主制は国債に流れる」『日本経済新聞』2012 年 5 月 8 日.
International Crisis Group (2010), *Sri Lanka: A Bitter Peace*, Asia Briefing No.99.
Johnson, Chalmers (1983), *MITI and the Japanese Miracle: The Growth of Industrial Policy 1925-1975*, Stanford University Press. 矢野俊比古監訳『通産省と日本の奇跡』TBS ブリタニカ, 1982 年.
経済企画庁編 (1976),『現代日本経済の展開：経済企画庁 30 年史』.
Kenen, Peter B. (2005), "How things went wrong in Argentina (Book Review: Paul Blustein, *And the Money Kept Rolling In (and Out)*," *Finance & Development*, Volume 42, Number 3, http://www.imf.org/external/pubs/ft/fandd/2005/09/books.htm#book1
Khandker, Shadidur R. Baqui Khalily, and Zahed Khan (1995), *Grameen Bank: Performance and Sustainability*, World Bank Discussion Papers No.306.
Khandker, Shadidur R. and Baqui Khalily (1996), *The Bangladesh Rural Advancement Committee's Credit Programs: Performance and Sustainability*, World Bank Discussion Papers No.324.
Khandker, Shadidur R. and Osman H. Choudbury (1996), *Targeted Credit Programs and Rural Poverty in Bangladesh*, World Bank Discussion Paper No.336.
Killick, Tony (1978), *Development Economics in Action: A Study of Economic Policies in Ghana*, St. Matin's Press.
Koch, Christopher (1978), *The Year of Living Dangerously*, Vintage Book (Random House), Miltons Point.
小浜裕久 (2001),『戦後日本の産業発展』日本評論社.
Kohama, Hirohisa (2007), *Industrial Development in Postwar Japan*, Routledge.
小浜裕久・渡辺真知子 (1996),『戦後日本経済の 50 年―途上国から先進国へ』日本評論社.
Kravis, Irving B., Alan Heston, and Robert Summers (1994), *World Production and Income: International Comparison of Real Gross Product*, Johns Hopkins University Press, reproduced in Athukorala, Premachandra, and Sisira Jayasuriya, *Macroeconomic Policies, Crises, and Growth in Sri Lanka, 1969-90*, World Bank, 1994, p.29.
Krueger, Anne (1998), "Contrasts in Transition to Market-Oriented Economies: India and Korea", in Yujiro Hayami and Masahiko Aoki (eds.), *The Institutional Foundations of East Asian Economic Development*, St Martin's Press (in association with the International Economic Association), Chapter 7.
Lal, Deepak and H. Myint (1996), *The Political Economy of Poverty, Equity and Growth: A Comparative Study*, Clarendon Press.

Lederman, Daniel and William F. Maloney (eds.) (2006), *Natural Resources, Neither Curse nor Destiny*, Stanford University Press and World Bank.

Lee, Edwin (2008), *Singapore: The Unexpected Nation*, Institute of Southeast Asian Studies.

Lee Kuan Yew (1998), *The Singapore Story: Memoirs of Lee Kuan Yew*, Times Editions and The Straits Times Press. 小牧利寿翻訳『リー・クアンユー回顧録―ザ・シンガポールストーリー』上・下, 日本経済新聞社, 2000 年.

Lee Kuan Yew (2008), *From Third World to First: The Singapore Story: 1965-2000*, Singapore Press Holdings and Times Editions.

Leechor, Chad (1994), "Ghana: Frontrunner in Adjustment," in Ishrat Husain and Rashid Faruqee, *Adjustment in Africa: Lessons from Country Case Studies*, World Bank, Chapter 4.

Leite, Carlos A. and Jens Weidmann (1999), "Does Mother Nature Corrupt? Natural Resources, Corruption, and Economic Growth," IMF Working Paper No.99/85.

Lewis, Arthur W. (1965), *Theory of Economic Growth*, George Allen and Unwin Ltd..

Lewis, Paul H. (1990), *The Crisis of Argentine Capitalism*, The University of North Carolina Press.

Lim, Wonhyuk (2003), "The Emergence of the Chaebol and the Origins of the Chaebol Problem," in Stephen Haggard, Wonhyuk Lim and Euysung Kim (eds.), *Economic Crisis and Corporate Restructuring in Korea*, Cambridge University Press, Chapter 4.

Lin, Justin Yifu (2012), *The Quest for Prosperity: How Developing Economies Can Take Off*, Princeton University Press.

Maddison, Angus, *Statistics on World Population, GDP and Per Capita GDP, 1-2008 AD*, http://www.ggdc.net/maddison/Maddison.htm

Mahmud, Ali S. (2010), *Understanding Bangladesh*, Columbia University Press.

Mahmud, Wahiduddin, Sadiq Ahmed, and Sandeep Mahajan (2008), *Economic Reforms, Growth and Governance: The Political Economy Aspects of Bangladesh's Development Surprise*, Working Paper No.22, Commission on Growth and Development, World Bank.

Mallaby, Sebastian (2004), *The World Banker: A Story of Failed States, Financial Crises, and the Wealth and Poverty of Nations*, Penguin Press.

間瀬明 (1993),『人間宗一郎―本田宗一郎写真集』エス・イーエル・インターナショナル.

McDonald, Hamish (1980), *Suharto's Indonesia*, The Dominion Press.

McMillan, Margaret S. and Dani Rodrik (2011), "Globalization, Structural Change and Productivity Growth," NBER Working Paper No.17143, June.

Mehrotra, Lakhan (2011), *My Days in Sri Lanka*, Har-Anand Publications.

Meier, Gerald M. (ed.) (1987), *Pioneers in Development: Second Series*, World Bank.

Meier, Gerald M. and Dudley Seers (eds.) (1984), *Pioneers in Development*, Oxford

University Press.

Meredith, Martin (2005), *The Fate of Africa: From the Hopes of Freedom to the Heart of Despair*, PublicAffairs.

Moore, Donald (1959), *The Sumatra*, Hodder and Stoughton.

Mundlak, Yair and Marcelo Regunaga (2003), "Agricultrue," in Gerardo della Paolera and Alan M. Taylor (eds.), *A New Economic History of Argentina*, Cambridge University Press, Chapter 8.

Muskat, Robert J. (2002), *Investing in Peace: How Development Aid Can Prevent or Promote Conflict*, M. E. Sharpe.

Mussa, Michael (2002), "Argentina and the Fund: From Triumph to Tragedy," *Policy Analyses in International Economics*, 67, Institute for International Economics, July.

Myrdal, Gunnar (1968), *Asian Drama: An Inquiry Into the Poverty of Nations, Volume 1*, The Twenty Century Fund and Pantheon Books.

Ndulu, Benno J. (2008), "The Evolution of Global Development Paradigms and Their Influences on African Economic Growth," in Benno J. Ndulu et al. (eds.), *The Political Economy of Economic Growth in Africa, 1960-2000*, Cambridge University Press.

Ndulu, Benno J. et al. (eds.) (2008), *The Political Economy of Economic Growth in Africa, 1960-2000, Vol.1*, Cambridge University Press.

Nepal Electricity Authority (1993), *Arun III Hydroelectric Project, Environmental Assessment and Management, Executive Summary*, The Government of Nepal.

日刊工業新聞社 (1995),『にっぽん株式会社　戦後50年』日刊工業新聞社.

日刊工業新聞社 (2001),『決断力（上）』日刊工業新聞社.

西岡京治・西岡里子 (1998)『ブータン：神秘の王国』NTT出版（『神秘の王国』学習研究社, 1978年の改訂版）.

Oates, Wallace (1972), *Fiscal Federalism*, Harcourt Brace Javanovich.

小倉清子 (1999),『王国を揺るがした60日：1050人の証言・ネパール民主化闘争』亜紀書房.

小倉清子 (2007),『ネパール王制解体：国王と民衆の確執が生んだマオイスト』日本放送出版協会.

大川一司・小浜裕久 (1993),『経済発展論—日本の経験と発展途上国—』東洋経済新報社.

大塚啓二郎・白石隆編著 (2010),『国家と経済発展—望ましい国家の姿を求めて』東洋経済新報社.

Oquaye, Mike (1980), *Politics in Ghana 1972-1979*, Tornado Publications.

Olson, Mancur (2000), *Power and Prosperity - Outgrowing Communist and Capitalist Dictatorships*, Basic Books.

Ondaatje, Michael (2000), *Anil's Ghost*, Alfred A. Knopf.

Oshima, Harry T. (1987), *Economic Growth in Monsoon Asia: A Comparative Survey*,

University of Tokyo Press. 渡辺利夫・小浜裕久監訳『モンスーンアジアの経済発展』勁草書房，1989 年.
Ozeki, Kuniyoshi (2011), "Development Potentials of Nepal's Water Resources for Electric Power," in JICA, *Nepal State-Building: Economic Growth and Development Strategy, A Follow-up Dialogue Program*.
Panagariya, Arvind (2008), *India: The Emerging Giant*, Oxford University Press, Chapter 6, " A Tale of Two Countries: India and the Republic of Korea".
Perkins, Dwight H. et al.(2001), *Economics of Development*, Fifth Edition, W. W. Norton & Company.
Prawiro, Radius (1998), *Indonesia's Struggle for Economic Development – Pragmatism in Action*, Oxford University Press.
Prebisch, Raul (1950), *The Economic Development of Latin America and Its Principle Problems*, United Nations.
Rahman, M. M. (1989), "Shaping the Agrarian Future: the Potential of New Agricultural Technologies," in Bangladesh Planning Commission, The Government of Bangladesh, *Food Strategies in Bangladesh: Medium and Long-term Perspectives*, University Press Limited, Chapter 8.
Rodrik, Dani (2003), "Introduction: What Do We Learn from Country Narratives?"in Dani Rodrik (ed.), *In Search of Prosperity: Analytic Narratives on Economic Growth*, Princeton University Press, Chapter 1.
Rodrik, Dani (2007), *One Economics, Many Recipes: Globalization, Institutions and Economic Growth*, Princeton University Press.
Rodrik, Dani (2011), "The Future of Economic Convergence," NBER Working Paper No.17400, September.
Rogers, Peter, Peter Lydon, and David Seckler (1989), *Eastern Waters Study: Strategies to Manage Flood and Drought in the Ganges-Brahmaputra Basin*, (Prepared for the Office of Technical Resources, Agriculture and Rural Development Division, Bureau for Asia and Near East, USAID), Irrigation Support Project for Asia and Near East (ISPAN).
Rustomji, Nari (1978), *Bhutan: The Dragon Kingdom in Crisis*, Oxford University Press.
Rustomji, Nari (1983), *Imperilled Frontiers: India's North-Eastern Borderlands*, Oxford University Press.
Rustomji, Nari (1987), *Sikkim: A Himalayan Tragedy*, Allied Publishers Private Limited.
Sachs, Jeffrey D. (2005), *The End of Poverty: How We Can Make It Happen in Our Time*, Penguin Books. 鈴木主税・野中邦子訳『貧困の終焉—2005 年までに世界を変える』早川書房，2006 年.
Sachs, Jeffrey D. (2012), "Government, Geography, and Growth: The True Drivers of

Economic Development," *Foreign Affairs*, September/October.

Sachs, Jeffrey D. and Andrew M. Warner (1995), "Natural Resource Abundance and Economic Growth," NBER Working Paper No.5398 (revised 1997, 1999).

Sachs Jeffrey D. and Andrew M. Warner (1999), "The Big Push, Natural Resource Booms and Growth," *Journal of Development Economics*, 59.

Sachs, Jeffrey D. and Andrew M. Warner (2001), "Natural Resource and Economic Development - The Curse of Natural Resources," *European Economic Review*, 45, pp.827-838.

Sala-i-Martin, Xavier and Arvind Subramanian (2003), "Addressing the Natural Resource Curse: An Illustration from Nigeria," NBER Working Paper No.9804.

Sen, Amartya (1999), *Development as Freedom*, Alfred A. Knopf. 石塚雅彦訳『自由と経済開発』日本経済新聞出版社，2000 年.

佐藤百合 (2011),『経済大国インドネシア：21 世紀の成長条件』中公新書.

篠原三代平 (1976),『産業構造論（第 2 版）』筑摩書房.

塩野七生 (2001),『海の都の物語—ヴェネツィア共和国の一千年』（上・下），新潮社.

白井さゆり (2010),『欧州激震』日本経済新聞出版社.

白石隆 (2000),『海の帝国：アジアをどう考えるか』中公新書.

城山三郎 (1967),『小説日本銀行』角川書店.

城山三郎 (1975),『官僚たちの夏』新潮社.

城山三郎 (1988),『本田宗一郎との 100 時間—燃えるだけ燃えよ』講談社文庫.

城山三郎 (1998)『もう，きみに頼まない—石坂泰三の世界』文春文庫.

Singer, Hans W. (1950), "The Distribution of Trade between Investing and Borrowing Countries," *American Economic Review*, 40, May, pp.473-485.

Skidelsky, Robert (2000), *John Maynard Keynes (Volume 3): Fighting for Britain 1937-1946*, Macmillan.

Smith, William C. (1989), *Authoritarianism and the Crisis of the Argentine Political Economy*, Stanford University Press.

Spence, Michael (2011), *The Next Convergence: The Future of Economic Growth in a Multispeed World*, Farrar, Straus and Giroux.

Stiglitz, Joseph E. Amartya Sen and Jean-Paul Fitoussi (2010), *Mismeasuring Our Lives: Why GDP Doesn't Add Up (The Report by the Commission on the Measurement of Economic Performance and Social Progress)*, The New Press. 福島清彦訳『暮らしの質を測る：経済成長率を超える幸福度指標の提案：スティグリッツ委員会の報告書』金融財政事情研究会，2012 年.

Tan Tai Yong (2008), *Creating "Greater Malaysia": Decolonization and the Politics of Merger*, Institute of Southeast Asian Studies.

田中素香 (2010),『ユーロ：危機の中の統一通貨』岩波新書.

Tanzi, Vito (2007), *ARGENTINA: An Economic Chronicle: How one of the richest countries in the world lost its wealth*, Jorge Pinto Books.

Taylor, Alan M. (2003), "Capital Accumulation," in Gerardo della Paolera and Alan M. Taylor (eds.), *A New Economic History of Argentina*, Cambridge University Press, Chapter 6.

Thinley, Lyonpo Jigmi Y. (2004), "Values and Development: Gross National Happiness," in Partha Nath Mukherji and Chandan Sengupta, *Indigeneity and Universality in Social Science: A South Asian Response*, Sage Publications, Chapter 9.

Tignor, Robert L. (2006), *W. Arthur Lewis and the Birth of Development Economics*, Princeton University Press.

Toye, John (1991), "Ghana," in Paul Mosley, Jane Harrigan and John Toye (eds.), *Aid and Power: The World Bank and Policy-based Lending, Volume 2, Case Studies*, Routledge.

通商産業省通商産業政策史編纂委員会編 (1991),『通商産業政策史第 8 巻　第 III 期　高度成長期 (1)』通商産業調査会.

坪井政雄 (2010),『シンガポールの工業化政策：その形成過程と海外直接津押しの導入』日本経済評論社.

UNDP (1990), *Human Development Report*, Oxford University Press.

UNDP (2009), *The Interim Constitution of Nepal (as amended by the First to Sixth Amendments)*, Second Edition, UNDP.

UNHCR (2011), *Statistical Yearbook 2010: Trends in Displacement, Protection and Solutions*, UN High Commission for Refugees.

USAID (Irrigation Support Project for Asia and the Near East) (1989), *Eastern Waters Study*, ISPAN Technical Support Center.

van der Ploeg, Frederick (2007), "Natural Resources: Curse or Blessing," OxCarre Research Paper No.2008-05, Oxford University (Revised June 2010).

van der Ploeg, Frederick (2011), "Natural Resources: Curse or Blessing," *Journal of Economic Literature*, 49, 2, pp.366-420.

van Schendel, Willem (2009), *A History of Bangladesh*, Cambridge University Press.

鷲沢亮一 (1991),「高度成長期の通商産業政策の基調」『通商産業政策史　第 8 巻』.

渡辺利夫 (1978),『開発経済学研究』東洋経済新報社, 1978.

Whelpton, John (2005), *A History of Nepal*, Cambridge University Press.

Williamson, John (2003), "From Reform Agenda to Damaged Brand Name: A Short History of the Washington Consensus and Suggestions for What to do Next," *Finance and Development*, September, IMF.

Woo, Thye Wing, Bruce Glassburner, and Anwar Nasution (1994), *Macroeconomic Policies, Crises, and Long-term Growth in Indonesia, 1965-90* (Comparative Macroeconomic Studies), The World Bank.

World Bank (1967), *"Balcarse" Livestock Development Project: Argentina*, Report No.TO-540a, World Bank.

World Bank (1970), *Current Economic Position and Prospects of Malaysia (in two volumes)*, EPA-11a, World Bank.

World Bank (1972a), *The Economic Situation and Prospects of the Republic of Korea*, EAP-33a, World Bank.

World Bank (1972b), *Land and Water Resources Sector Study – Bangladesh*, Report No.PD-13, Asia Projects Dept..

World Bank (1981), *Accelerated Development in Sub-Saharan Africa: An Agenda for Action* ("The Berg Report").

World Bank (1988), *Nepal: Power Sub-sector Review*, No.6899a, World Bank.

World Bank (1989), *Staff Appraisal Report – Nepal: Arun III Access Road Project*, No.7461-NEP, World Bank.

World Bank (Asia Region Technical Department) (1990), *Flood Control in Bangladesh: A Plan for Action*, World Bank Technical Papers Number 119, World Bank.

World Bank (1993), *The East Asian Miracle - Economic Growth and Public Policy*, World Bank. 白鳥正喜監訳, 海外経済協力基金開発問題研究会訳『東アジアの奇跡』東洋経済新報社, 1994 年.

World Bank (1994a), *Adjustment in Africa: Reforms, Results, and the Road Ahead*, Oxford University Press.

World Bank (1994b), *Staff Appraisal Report: Bangladesh Jamuna Bridge Project*, World Bank.

World Bank (1994c), *The Inspection Panel Report on Request for Inspection – Nepal: Proposed Arun III Hydoelectric Project and Restructuring of the Arun III Access Road Project (Credit 2029-NEP)*, Request No.RQ94/1, World Bank.

World Bank (1995a), *Staff Appraisal Report: Bangladesh River Bank Protection Project*, Report No.15090-BD.

World Bank (1995b), *Staff Appraisal Report: Bangladesh Coastal Embankment Rehabilitation Project*, Report No.15039-BD.

World Bank (2005), *Economic Growth in the 1990s: Learning from a Decade of Reform*, http://www1.worldbank.org/prem/lessons1990s/

World Bank (2010a), *Country Partner Strategy for the Kingdom of Bhutan for the Period FY11-14*, Report 56577-BT, World Bank.

World Bank (2010b), *Bhutan Economic Update*, World Bank.

World Bank (2011), *Nepal Economic Update*, World Bank.

World Bank/IMF (2012), *Global Monitoring Report 2012: Food Prices, Nutrition, and the Millennium Development Goals*, The World Bank. ただし, *Global Monitoring Report 2012* と引用.

米倉誠一郎 (2011), 『創発的破壊：未来をつくるイノベーション』ミシマ社.

Yunus, Muhammad with Alan Jolis (1999), *Banker to the Poor: Micro-Lending and the Battle against World Poverty*, PublicAffairs. 猪熊浩子訳『ムハマド・ユヌス自伝：貧困なき世界を目指す銀行家』早川書房, 1998 年.

あとがき

　浅沼さんは，前著（『近代経済成長を求めて』）の「あとがき」にも書いたように，「悪人」である．意図的に「聞き違い」して物事を動かすようなこともするらしい．「善人小浜」は，反省しきりである．

　「悪人」なのに，すなわち言っていること書いていることの真意は「過激」なくせに，言葉遣いは丁寧だ．本書にも「わたくし」という表現がたくさんでてくる．60年以上日本人をやっているが，小浜は自分から，「わたくし」「わたし」「私」などと言ったこともないし，書いたこともない．

　英語も浅沼さんは丁寧だ．まあ，ニューヨーク・ワシントンで何十年も仕事してきたのだから，小浜の「ターザン・イングリッシュ」とは違う．「小浜さんって，時々わけのわからない英語話すけど，相手が聞き返せない雰囲気ですよね」と仲間に揶揄されている．100回200回と海外調査には出かけているが，外国に住んだことはない．いちばん長くいた街はブエノスアイレスで，十数回行って合計すると7ヵ月くらい，いたことになる．構造改革の大変さ，「資源の呪い」など，開発政策を考えるのに，アルゼンチンの調査はとても貴重な経験だった．

　われわれは難しい経済学の方法は使いこなせない．この本のアプローチは「分析的記述（analytical description）」「analytic narratives」である．ロドリック編の *In Search for Prosperity* のような分析は趣味が合う．

　本文を読んでもらうとわかるように，われわれは歴史が好きだ．塩野七生は，学習院で立派な先生たちに習ったことを感謝しているが，彼女の卒業論文を，「これは歴史ではない」と言った歴史学の教授にぷんぷん怒っていて，「歴史学じゃないというなら何も言うことはない，でも歴史じゃないと言われたら納得できない」と．

　歴史「学」がどういう学問かよくわからないが，経済書で言うと，ガロール（Oded Galor）の *Unified Growth Theory*（Princeton University Press, 2011）より，*Why Nations Fail*（Acemoglu and Robinson 2012）の方が趣味に合うし，開発政策を考えるうえで役に立つと思う．「愚者は経験に学び，賢者は歴史

に学ぶ」と言うが，われわれは，経験からも歴史からも学びたいと思っている．

　この本では，各所に「比較」の視点が登場する．ハリー・オーシマの *Economic Growth in Monsoon Asia* は発展の比較分析の代表的研究だろう．本書ではできなかったが，「韓国と北朝鮮」，「ナイジェリアとボツワナ」など興味深い比較経済発展分析のテーマはいろいろある．

　学生に，「歴史は好きか」と聞くと，多くが「嫌い」だと答える．歴史ほど面白い教科はないと思うし，しかも，社会に出て役に立つのに，嫌いなのは，高校までの歴史教育の仕組みと歴史教師が悪いのだ．小浜ゼミでは，近現代史は「必修」である．ゼミ生に歴史の話をすると，「そういう風に教えてもらえば歴史は面白い」と言う．高校の歴史の先生も，自分の得意なところを1年かけて教えればいい．幕末の日本の開国でもいい，ベニスの歴史でもいいし（ちょっと『海の都の物語』に影響されていますな），パレスチナ問題でもいい．第2次大戦中のパレスチナにおけるイギリス，フランスの二枚舌三枚舌を詳しく知ることは，実社会に出ても役に立つだろう．

　ブータンの章で，浅沼さんが，城山三郎の『小説日本銀行』を引用して，「幸せ」を論じていたので，読み直した．出だしで，占い師が，「仕事と女，二つとも気に入って居れば，人生の宝は全部，手にしたのも同じだ．その人生は至上幸福，悔いなきものと思わにゃいかん」と言っている（城山三郎『小説日本銀行』角川文庫，7頁）．われわれが「悔いなき人生」を送っているかどうかは，わからない．

　山本兼一は，『利休にたずねよ』と『火天の城』のどっちがいいかとか，宮部みゆきは，時代物がいいか（宮部みゆき『〈完本〉初ものがたり』（PHP文芸文庫，2013年）に収録されている「鬼は外」などを読むと，時代物がいいことは間違いない），現代物も両方ともいいとか，そういった話はどんどん進むのに，原稿は遅々として進まなかった．編集の宮本さんには，いつも迷惑のかけっぱなしだ．勁草書房の宮本詳三さんとは，1986年に出た大川一司編『日本と発展途上国』以来のつきあいだから，浅沼さん同様，かれこれ30年になる．

　われわれは決して若くないが，開発を求める途上国の旅はまだまだ続く．

2013年7月

小浜　裕久

索　引

アルファベット
BRAC　→　バングラデシュ農村振興委員会
BRICS　12
FELDA　→　連邦土地開発機構
GNH　→　国民総幸福量
HYV（高収量品種）　231
ICOR（限界資本算出比率）　151
IFC（国際金融公社）　32
INTA　→　国立牧畜技術研究所
IRRI　→　国際稲研究所
JVP（Janatha Vimukthi Peramuna）の反乱　198, 210
MARA（Majlis Amanah Ra'ayat, Council of the Trustees for Indigenous Peoples）　213
PERNAS（プルナス, Perbadanan Nasional or National Corporation）　212

ア　行
アイデンティティ・ポリティックス（identity politics）　291
アウストラル・プラン（Austral Plan）　145, 150
アクフォ軍事政権　164
アジアの四小竜　67, 79
アジェモール（Acemoglu, Daron）　63, 205, 337-341
アスンシオン条約　155
アタリ、ジャック（Attal, Jacques）　238
アチェンポン中将（Lt. Gen. Acheampong）　172
アドバイザリー・グループ　98, 111, 164, 178

アナリティック・ナラティブ（analytic narrative）　5
アブドゥル・ラーマン　51
アフリカの黒い星（Black Star of Africa）　162
アベー、ジョー（Abbey, Joe）　187
アムスデン、アリス（Amsden, Alice）　68
アメリカ援助庁（AID）　74, 80, 99, 243
アリ・ワルダナ（Ali Wardhana）　109
アルゼンチン革命（the Argentine Revolution）　138
アルフォンシン政権　127
アルン　水力発電プロジェクト　273, 274, 279, 280, 282, 283, 285
アワミ連盟党　236
安定基金（Stabilization Fund）　119
イジア（Illia）政権　144
石川島播磨　56
石坂泰三　327, 336
イースタン・ウォーターズ・スタディー　240
イ・スンマン（李承晩）　69
一次産品輸出　9
井深大　329
イーラム（タミルの虎が設立しようとしていたタミルの独立国）　217
インダストリアル・ターゲッティング　79
インデクセイション　146
ヴァーノン（Vernon, Raymond）　57
ウィジョヨ・ニティサストロ（Widjojo Nitisastro）　99, 109, 110
ウインセミウス（Winsemius, Albert）　57, 59

渦巻型の政治　71
海の都の物語　44
エヴァ・ドゥアルテ　136
エチレン30万トン基準　333
エビータ　136, 157
エリート・クラス（指導者層）　6
エンクルマ，クワメ（Nkrumah, Kwame）　162, 163, 165, 169-174, 343
円借款　68, 82
エンドゥル（Benno J. Ndulu）　190
オイルショック　9
黄金海岸（Gold Coast）　164
オーシマ，ハリー（Oshima, Harry T.）　207
オーソドックスな政策　147
オランダ病（Dutch disease）　115, 118, 152

カ　行

海峡植民地（Straits Settlements）　210
海峡通貨委員会（Straits Currency Board）　21
海峡ドル（Straits Dollar）　21, 210
開銀（日本開発銀行）　331
開発援助　26
開発独裁　9, 94
開発独裁体制　73
開発のオリンポス山　133
価格の不安定性効果（Volatility effect）　117, 118
華僑・印僑モデル　203
カーサ・ロサーダ（大統領官邸）　138, 145
カースト制　266
ガスリー　17
カトマンズ盆地　262
カバーロ　156, 158
カラブレ（Kalabule）　172
カルドア，ニコラス　207
カレダ・ジア　235
カレンシー・ボード　154, 155
川崎製鉄千葉製鉄所　332

漢江の奇跡　65
韓国援助協議会（Consultative Group for Korea: CGK）　80
韓国開発研究所（Korea Development Institute: KDI）　75
ガンジス河（バングラデシュではパドマ河）　224
カントリー・ナラティブ（country narrative）　5
消えた人たち（los Disaparecidos, the Disappeared）　127
議会人民党（Convention People's Party）　165
技術革新　338
汚い戦争（the Dirty War）　127
既得権益　10, 236, 336
キム・ジョンピル（金鐘泌）　72
逆ベイツ・プロセス　164, 181, 190
旧体制（Old Order Regime）　100
ギルマーティン，ウイリアム（Gilmartin, William）　49
クズネッツの逆U字仮説　325
グラミーン銀行　228, 229
クリーガー（Adalberto Krieger Vasena）　138
グルカ王国（Shah Kingdom of Gorkha）　263
グロース・ポリティックス（growth politics, 経済成長の政治）　75, 291, 296
クローニー・キャピタリズム　93
クーンローブ　99
経済開発庁（Economic Development Board）　56
経済計画室（Economic Planning Unit: EPU）　27
経済政策研究センター（Center for Economic Policy Research: CEPA）　187
現代グループ　85
現代造船　9, 68

構造調整借款　278
構造調整政策　163
高ヒマラヤ（High Himalayas）　262
公用語法案（Official Language Act）　214
強欲効果（Voracity effect）　116, 118
強欲対不満論争　199
国営金鉱会社（National Gold Mining Corporation）　189
国際稲研究所（International Rice Research Institute : IRRI）　31, 231
国際収支の天井　323
国民生活選好度調査　301
国民総幸福量（Gross National Happiness: GNH）　12, 300, 302, 315, 317
国立ゴム研究所（Rubber Research Institute of Malaysia: RRI）　29, 40
国立牧畜技術研究所（Instituto Nacional de Tecnologia Agropecuaria: INTA）　139, 141
国連ミレニアム・サミット　7
ゴー・ケンスイ　44
ココア・マーケティング・ボード（Cocoa Marketing Board）　163, 165, 167, 169, 172, 176, 183, 188, 189, 343
ゴー・チョクトン　44, 61
コミラ・モデル　226
コリアー，ポール（Collier, Paul）　199
コリアー＝ホフラー・モデル　199, 200, 202
コリア開発モデル　92-95
コンディショナリティ　145
コンバージェンス（経済成長の収斂）　4

サ　行

サイクロン　225
歳入平衡基金（Revenue Equalization Fund）　119
財閥（チェボル）　73, 78, 82, 88, 96
4.19（サー・イル・グー）　71
搾取的な政治機構（Extractive political institutions）　338
ザ・トロイカ　98
佐橋滋　334
サリム，エミル（Salim, Mmil）　109
産業革命（The Industrial Revolution）　339
産業政策（Industrial Policy）　12, 330
産業保護政策　342
シェールガス　132
ジェリー・ローリングズ空軍大尉（Flight Lieutenant Jerry Rawlings）のクーデター　163, 173
塩野七生　44
4月革命（April Revolution）　70
シーク・ハシナ　236
シーク・ムジブル・ラーマン　227
ジグメ・シンゲ・ワンチュック王（The Fourth King of Bhutan, His Majesty Jigme Singye Wangchuck）　300
資源の呪い（resource curse）　10, 99, 106, 113, 114, 117, 119, 120, 126, 152, 154, 343
資源の恵み　113, 114
市場支配的少数民族（Market-dominant minorities）　203
市場自由化政策　68
シッキム　308
シーディー（Cedi）　176
資本自由化　321
シャツを着ない人々（Descamisados）　136
ジャムナ河あるいはヤムナ河　224
ジャムナ多目的橋梁機構　251
ジャムナ多目的橋プロジェクト　247, 251, 254
ジャンカ・トライアングル・プロジェクト　33
従属理論（Dependency Theory）　57, 170, 188
周辺地域（Periphery）　135
ジュロン工業団地（Jurong Industrial

Estate) 56, 59
ジュロン造船所（Jurong Shipyard） 56, 86
食肉マーケティング・ボード 144
所得倍増計画（1961～70年） 325
白石隆の『海の帝国』 46
白い石炭（White coal） 273
シンガー，ハンス（Singer, Hans） 116, 136
シンガポール開発銀行（Development Bank of Singapore） 60
新経済政策（New Economic Policy） 212
新産業促進法（Pioneer Industries Act） 31
新体制（New Order Regime） 99, 100
新日鉄 82
シンハラ 11
人民運動（People's Movement） 264, 286
人民行動党（People's Action Party: PAP） 19, 47
人民国家党（People's National Party） 185
人民戦争（People's War） 286
スカルノ 98, 109
ストオ，イブヌ 101, 102, 105, 110
スティグリッツ，ジョセフ（Stiglits, Joseph） 300
スハルト 99-101, 106, 109, 110
スブロート（Subroto） 109
住金事件 333
スミス，ビル（Smith, William） 243
生産分与契約（Production-Sharing Agreement） 102, 122
成長・効率と公正の追求（growth and equity） 325
成長と発展委員会（Growth and Development Commission） 39
成長報告書（The Growth Report） 39
政府投資公社（Government Investment Corporation: GIC） 62
世界銀行 32
セマウル（新農村）運動 76
セン，アマルティア（Sen, Amartya） 300
浅管井戸灌漑（Shallow Tube Wells: STW） 232
羨望の政治 204
増分の分配 213
ソブリン・ウエルス・ファンド（Sovereign Wealth Fund） 62, 119
1988年バングラデシュ災害支援法（Bangladesh Disaster Assistance Act of 1988, Law H.R. 5389） 240

タ 行

第3次五カ年経済発展計画 79
対決（Confrontation） 52
大マレーシア（The Greater Malaysia） 19, 21-23, 47, 49-51, 212
大約定（Big Bargain） 211
大来佐武郎元外務大臣 147
大理石国家 296
兌換法（Convertibility Law） 154, 155
タゴール 225
タマセック持株会社（Temasek Holdings Pte. Ltd.） 62
タミル 11
タミル語〔特別措置〕法案 215
タミルの虎（Tamil Tigers: LTTE） 195, 197, 219
タライ（Terai） 262
単一言語，単一の服装，単一の国家（Ek Bhasha, Ek Bhesh, Ek Desh） 291
単一国家，多文化の文化，単一の経済（One Nation, A Culture of Cultures, and One Economy） 291
単一固定為替レート 322
タンツィ，ヴィト（Tanzi, Vito） 134
チェボル → 財閥
地の民 17

チャーランド（Char） 240
チャン・ケヤン（Chang Key-young, 張基栄） 74
チャン・ミョン（張勉） 71
チュア，エイミー（Chua, Amy） 203, 205, 209
中継貿易 47, 52, 53
中心（Center あるいは Core） 135
中心国-周辺国理論（Center-Periphery Theory） 136
中進国の命題 68
チュン（鄭周永）会長 86
テイラー，アラン（Taylor, Alan M.） 137
テキサス・インスツルメント 59
テクノクラート 6, 8, 10, 99
テクノクラート・グループ 99
テクノロジー派（Technologists） 105
デノミネーション 184
デフォルト 130, 158
ドイフンクシ（Dual Functions，二重機能） 110
統一党（Alliance Party） 23, 48
トゥン・ラザック 26, 211
トゥンク・アブドゥル・ラーマン 20, 211
特振法（特定産業振興臨時措置法） 334
ドッジ・ライン 320, 322
奴隷貿易 340
トロント・ドミニオン・バンク（Toronto Dominion Bank） 108

ナ 行

中山素平 327
ナショナル・フロント（国民連合） 51
ナム・ダクスー（Nam Duk-soo, 南悳祐） 75
ナルマダ渓谷多目的ダム・プロジェクト 278-280
日本株式会社論 330
人間開発指標（Human Development Index: HDI） 300
ネパール連邦民主主義共和国（Federal Democratic Republic of Nepal） 287
ノース，ダグラス 4

ハ 行

ハイパーインフレ 10
バークレー・マフィア 99, 105
パク・チョンヒ（朴正熙） 67, 72, 73, 94
パク・テジュン（朴泰俊） 83
バスケット・ケース（Basket Case） 98
バッファー・ステート（緩衝国家） 263
パトナム，ロバート（Putnam, Robert） 300
ハビビ（Bacharuddin Jusuf Habibie） 105
ハリソン・クロスフィールド 17
バルカルセ畜産推進プロジェクト 133
パルバチア（Parbatiyas） 266
バングラデシュ国家党（Bangladesh Nationalist Party） 235
バングラデシュ農村開発アカデミー（Bangladesh Academy for Rural Development: BARD） 234
バングラデシュ農村振興委員会（Bangladesh Rural Advancement Committee: BRAC） 228
バングラデシュ水資源開発機構（Bangladesh Water Development Board: BWBB） 246
バンコ・デ・ラ・ナシオン（Banco de la Nacion） 139, 143
バンダラナイケ，S. W. R. D. 214
パンパ 134, 135, 137, 141, 142, 144, 159
パンパの農牧畜・輸出ブルジョワジー 135
反乱（Insurgency） 209
東インドの驚異的な富（Fabulous Riches of the East Indies） 100
ビッグプッシュ 82, 104
ヒラ・リマン博士（Dr. Hilla Limann） 185

貧困削減　4, 7, 11, 302
貧困の罠　25
貧者に優しい経済成長（Pro-Poor growth）　237, 257, 343
フォークランド諸島　131
フォコニエ，アンリ（Fauconnier, Henri）　16
深井戸灌漑（Deep Tube Well: DTW）　232
複数為替レート　323
ブシア政権（the Busia government）　172
プシュパ・クマール・ダハル（Pushpa Kumar Dahal）　286
ブータンの「少人口問題」　305
ブータンの「第7次五カ年計画（1992～1997年）」　315
復興金融金庫（復金）　331
ブミプトラ（Bumiputra，地の民の意味）　50, 208
ブラック・マーケット　181, 184
ブラマプートラ架橋プロジェクト　248
ブラマプートラ河　224
フランクリン・ナショナル銀行（Franklin National Bank）　108
プランテーション　9, 21, 26, 27, 30, 36, 39, 42, 196, 213, 340
プリトビ・ナラヤン・シャー（Prithvi Narayan Shah）　267
ブルーシュタイン（Blustein, Paul）　157
プルタミナ（Pertamina）　9, 99, 101-108, 110, 111, 113, 120, 122, 123
プレビッシュ（Prebisch, Raul）　116, 135, 136
プレビッシュ＝シンガー命題（Prebisch-Singer Thesis）　115
プロフィットシーキング　334
ベイツ，ロバート（Bates, Robert H.）　164, 173, 177
ベイツ・プロセス　181, 190
ヘテロドックス政策　145, 147, 150

ペトロダラー（Petro-dollars）　178
ベニス　44, 45
ヘルシュタート銀行（Herstadt Bank）　108
ペロニズム　126, 149, 152
ペロン，フアン　135, 136, 137, 144
ヘンダーソン，グレゴリー（Henderson, Gregory）　71
貿易・為替自由化計画大綱　326
貿易自由化　321
包摂的成長（Inclusive growth）　339
包摂的な政治体制（Inclusive political institutions）　338
ボチュウェイ，クウェシ（Botchwey, Kwesi）　186
浦項（ポハン）綜合製鉄所（POSCO）　9, 68, 81-87
ポピュリスト　126, 135, 149, 152, 153, 345
ポピュリズム　10
ホン・スイセン　44
ポン・ゼ・ショセ（Ponts et Chausses）　239
本田宗一郎　328, 329, 334

マ 行
マイクロ・ファイナンス　228, 229
マイヤー（Meiyer, E. J.）　57
マキアヴェリ　61
マハベリ開発プログラム　216
マラヤの魂　16
マルビーナス諸島　131
マレー・インド国民会議（Malayan Indian Congress: MIC）　23, 48, 211
マレー華人協会（Malaysian Chinese Association: MCA）　23, 48, 209, 211
マレー民族統一党（United Malays National Organization: UMNO）　23, 48, 211
マロニー（Maloney, William F.）　114

索　引

緑の革命　11, 113, 230, 236, 343, 344
ミレニアム開発目標　7
ムダ河（Muda River）　31
名誉革命（The Glorious Revolution）　339
メグナ河　224
メルコスール（南米南部共同市場）　155
モザイク国家　296
モハメド・サドリ（Mohamed Sadli）　109
盛田昭夫　329

ヤ 行

ヤムナ河　224
輸出志向型工業化　68
輸出主導型工業化　8, 79, 343
輸出主導的　320
輸入代替工業化　8, 10, 25, 40, 118, 136, 137, 342, 343
ユヌス，ムハマド　229
揚水ポンプ（Low lift pomp）　232
「幼稚産業」保護　321, 342
ヨー・ボアチエ空軍少将（AirVice-Marshal Yaw Boakye）　178
ヨーロッパ主義者（Europeanists）　105

ラ 行

ラディカル党　127
ラテンアメリカの呪い　135
ラパポート，ブルース（Rappaport, Bruce）　104
ラン・オブ・リバー（Run-of-river）　278
ランカスター，ティム（Lancaster, Tim）　241
ランカスター・ハウス　242
リー・クアンユー（Lee Kuan Yew）　19, 44, 212
リー・ションロン（Lee Hsien Loong）　62
リーダーマン（Lederman, Daniel）　114
リープ・フロッグ（Leap frog）　57, 59
リーマンショック　61
リパブリック・ナショナル・バンク・オブ・ダラス（Republic National Bank of Dallas）　108
リュエフ，ジャック（Rueff, Jacques）　21, 49
リュエフ・ミッション　21, 22, 28
ルイス，アーサー（Lewis, Arthur）　168, 170-172, 301
ルイス，ポール（Lewis, Paul H.）　134
レントシーキング・モデル（rent seeking approach）　88, 94, 334
連邦・シンガポール合併に関する政府間委員会（Inter-Governmental Committee on Federation/Singapore Merger: IGC）　49
連邦土地開発機構（Federal Land Development Authority: FELDA）　33, 35, 37, 38
連立政党国民連合　48
ロドリック，ダニ（Rodrik, Dani）　5, 8
ロビンソン，ジェイムス（Robinson, James A.）　63, 205, 337-341

ワ 行

ワシントン・コンセンサス　8, 24, 26, 40, 105, 159, 163, 164

著者略歴

浅沼 信爾（あさぬま　しんじ）
1961 年　一橋大学経済学部卒業
（株）東京銀行、世界銀行エコノミスト、クーンローブ投資銀行極東代表事務所代表、世界銀行計画・予算局長、同アジア第 1 局局長、S. G. ウォーバーグ（現 UBS 銀行）取締役兼ウォーバーグ証券東京支店長、千葉工業大学教授、一橋大学教授を経て、
現　在　一橋大学国際・公共政策大学院（アジア公共政策プログラム）客員教授および国際協力機構（JICA）客員専門員。
著　書　『国際開発援助』東洋経済新報社、1974 年；*Yen for Development,* Council on Foreign Relations Press, 1991（共著）；*Widjojo Nitisastro's 70 Years (Essays on the Economic Development of Indonesia, 1966-1990)*, 1998, Kompas（共著）；『近代経済成長を求めて』勁草書房、2007 年（共著）；など。

小浜 裕久（こはま　ひろひさ）
1974 年　慶應義塾大学大学院経済学研究科修士課程修了
現　在　静岡県立大学国際関係学部教授
著　書　*Lectures on Developing Economies,* University of Tokyo Press, 1989（共著）；『日本の国際貢献』勁草書房、2005 年；*Industrial Development in Postwar Japan*, Routledge, 2007；『近代経済成長を求めて』勁草書房、2007 年（共著）；『ODA の経済学（第 3 版）』日本評論社、2013 年など。

途上国の旅：開発政策のナラティブ

2013 年 9 月 15 日　第 1 版第 1 刷発行

著　者　浅沼信爾
　　　　小浜裕久

発行者　井村寿人

発行所　株式会社　勁草書房

112-0005 東京都文京区水道 2-1-1　振替 00150-2-175253
（編集）電話 03-3815-5277／FAX 03-3814-6968
（営業）電話 03-3814-6861／FAX 03-3814-6854
大日本法令印刷・牧製本

©ASANUMA Shinji, KOHAMA Hirohisa　2013

ISBN978-4-326-50386-5　Printed in Japan

JCOPY ＜(社)出版者著作権管理機構 委託出版物＞
本書の無断複写は著作権法上での例外を除き禁じられています。
複写される場合は、そのつど事前に、(社)出版者著作権管理機構
（電話 03-3513-6969、FAX 03-3513-6979、e-mail: info@jcopy.or.jp）
の許諾を得てください。

＊落丁本・乱丁本はお取替いたします。
http://www.keisoshobo.co.jp

開発経済学の挑戦

森壮也・山形辰史
障害と開発の実証分析
社会モデルの観点から
A5 判　3,360 円　54603-9

高橋基樹
開発と国家
アフリカ政治経済論序説
A5 判　4,410 円　54602-2

黒崎卓
貧困と脆弱性の経済分析
A5 判　3,570 円　54601-5

戸堂康之
技術伝播と経済成長
グローバル化時代の途上国経済分析
A5 判　3,465 円　54600-8

浅沼信爾・小浜裕久
近代経済成長を求めて
開発経済学への招待
A5 判　2,940 円　50296-7

福井清一・高橋基樹編
経済開発論
研究と実践のフロンティア
A5 判　2,940 円　50307-0

大坪滋・木村宏恒・伊東早苗編
国際開発学入門
開発学の学際的構築
A5 判　3,465 円　50327-8

―――勁草書房刊

＊表示価格は2013年9月現在，消費税は含まれております．